荣光

成都农商银行口述历史访谈

成都农商银行口述访谈组◎编著

新华出版社

《蓉光——成都农商银行口述历史访谈》
编纂人员

顾问委员会

总 顾 问 梁其洲

顾问委员 朱映阶　祝志清　成先明　贺新岗　魏　雄

　　　　　　毛尚庸　练世清　林　佳　杨　格　周礼明

　　　　　　肖久高　刘建德

编纂委员会

主　　任 黄建军

副 主 任 徐登义　李　瑾

委　　员 蔡　兵　夏怀刚　张　林　黄　春　姜洪波

　　　　　　王忠钦　尹华锋

编纂办公室

周成健　袁　戈　刘寒松　罗　捷　刘晓月　廖薇薇

郑朝晖　张　焱　王一淼　张小军　马　玥　熊玥伽

李晓玲　姚田田　肖雨桐　张　梅　祝雪梅　巩冬云

陈　晖　汪智昊

序言

2022 年，成都农商银行迎来成立 70 周年历史性时刻。

1952—2022 年，70 年，只是历史长河中的弹指一挥，却已足够奋斗者们创造不凡的传奇。

70 年，改变城市面貌的除了时光，还有一代代成都农商银行人（以下简称"农商人"）以梦为马、开拓前行。

70 年岁月，我们投身广袤的农村大地，扎根田野，勤恳奉献，以初心诠释服务"三农"的情怀。

70 载光阴，我们立足成都、坚守本源、向阳生长，实现了从农村信用社到现代商业银行的跃升。

时光不语，但已见证无数由改革创新带来的奇迹；岁月无声，却总给奋进者以礼赞与回报。

从昔日艰难起步到如今资产超过 8000 亿元，从一名员工到超万人的企业，从早期自备办公用具的"挎包银行"到智能化设备齐全的现代商业银行……

翻开这本口述史，呈现在您眼前的是一幅农商人奋斗的画卷。

在一段段生动讲述中，那些艰难的抉择，那些关键的转折，那些闪亮的时刻，都跃然纸上。一个个令人感怀的细节里，我们更得以窥见层层跨越背后的艰辛与付出，感知激情岁月里的坚韧和力量。

一部成都农商银行史，半部成都金融史。

成都农商银行始于成都，服务成都，也始终伴随成都成长。从金融的切口进入城市，我们看到一家银行服务实体经济的孜孜以求，农商人身上，也映射出普通成都人执着坚定的奋斗身影。

那是困局里"蹚出一条新路"的决心，那是擦亮"农"字招牌的恒心，那是"永葆服务热忱"的诚心……深入田间地头，融入基层实体，服务区域战略，赋能成都发展——这既是一家银行成长与壮大的历程，也是一座城市迈向现代化国际大都市的记录和见证。

纪念，是为了更好地铭记，更是为了坚定理想使命，接续前行。金融是国民经济的血脉，是国家核心竞争力的重要组成部分。成都农商银行作为市属国有企业，始终牢记服务"三农"、服务实体经济职责，用金融力量福泽社会、普惠万家。

70年来的追梦之光照耀着我们，农商人心中的使命感与责任感，也变得越发深远、越发光亮、越发广大。

迈向未来，我们正向着"上市银行、万亿银行、标杆银行"目标接续奋斗。但无论何时，无论走得再远、走到再光辉的未来，我们都不能忘记走过的路，不能忘记为什么出发。

时光是变量，也是奋斗者的常量。每个讲述人的记忆深处，过往的一幕幕中，那些全心为农的热情、坚如磐石的信心、只争朝夕的劲头，都令我们深深动容。

感谢每一位农商人，感谢每一个人在过去的日子里所做的一切，新的征程充满光荣和梦想，让我们踏着前人的足迹，传承农商人的精气神，在时代的旋律中，以奋斗书写更加美好的未来。

成都农商银行口述访谈组

2023 年 12 月

目录

第一篇

出发：
探路金改　勇毅求索

回望来时路，砥砺再前行。

一间小屋、两名员工、三尺柜台，从1952年诞生首家信用社，到2000年成立市联社、2010年挂牌成为西部地区副省级城市首家农商银行，再到2020年回归国有开启高质量发展新征程……纵有万般艰辛，农商人仍勇毅前行，在夹缝中成长，在自强中不息，不断谱写发展新篇章。

70年栉风沐雨，农商人将怀揣赤子之心，再出发。

第一章

艰难起步：
蹚出一条路来

潘再富，1954 年参与筹建新丰乡信用社，2024 年因病去世。面对新丰乡信用社建立初期无资金、无办公用具、无房子的"三无"状况，潘再富积极宣传动员，逐渐赢得村民信任，将信用社发展起来。20 世纪 80 年代，他更是助力发放贷款支持省体育馆建设。在岗期间，潘再富不仅用心守好每一笔钱，更是两袖清风到退休。

潘再富：白手起家建信用社

采访、文字稿整理、拍摄｜成都农商银行口述访谈组

从零起步

1950 年，中国开始土地改革 ①（以下简称"土改"）。同年六七月，我在

---

①　1950 年 6 月 30 日，中央人民政府颁布《中华人民共和国土地改革法》，其根本目的是"废除地主阶级封建剥削的土地所有制，实行农民的土地所有制，借以解放农村生产力，发展农业生产，为新中国的工业化开辟道路"。到 1952 年底，除部分民族地区外，全国绝大多数地区基本完成了土地改革。

华西协合大学①宣誓，加入中国新民主主义青年团（以下简称"青年团"）②；之后，在 1971 年 10 月加入中国共产党。我一辈子都忠于党，奋战在农村金融一线。

土地改革期间，成都成立了成都市郊区土地改革委员会和土地改革工作团，下面分设工作队和工作组。③每一个乡里都有几个工作组，工作组的成员主要负责向农民宣传土改政策，帮助农民丈量和记录土地亩数。因为我是土地改革工作组的一员，也是加入青年团的进步青年，所以经常去乡下开展土地改革宣传工作。

1953 年 2 月，土地改革结束以后，成都相继成立了乡、镇人民政府，并开始筹备建立信用社。1954 年，在中国人民银行（以下简称"人行"）干部的指导下，我和郭开成筹建了新丰乡信用合作社（以下简称"信用社"），郭开成担任主任。地址在新南门。成立信用社对我而言是件新鲜事。在那之前，我从来没有做过相关工作，便只能听人行的要求，叫我怎么做我就怎么做。

我们那时是白手起家，上班需要的黄挎包、算盘等都要自己买。由于没有现成的房屋和资金，我和主任两个人只好去外面借钱和物资。最终借来了一张写字台、一条独凳和一把椅子等木质家具，就这样东拼西凑地拼出来了一个信用社。

---

① 1910 年，华西协合大学（今四川大学华西医学中心）在成都正式成立，是当时中国西部地区唯一的一所由美国、英国、加拿大三国基督教会五个差会联合创办的基督教会大学。1951 年，学校更名为华西大学。1953 年院系调整后更名为四川医学院；1985 年更名为华西医科大学；2000 年与四川大学合并组建新的四川大学，并成立四川大学华西医学中心。

② 1949 年 4 月 18 日，中国新民主主义青年团正式成立。1957 年 5 月改名为中国共产主义青年团，简称中国共青团，是中国共产党领导的先进青年的群团组织。

③ 1950 年 7 月，成都市委市政府根据《中华人民共和国土地改革法》，开始在成都市郊农村着手土地改革的试点工作。土地改革首先在成都市郊的青龙乡、驷马乡、隆兴乡等地开展试点。从 1951 年 2 月起，成都市的土地改革，在前期试点并取得经验的基础上，进入彻底废除封建土地所有制的全面土地改革时期。1952 年春，成都土地改革基本完成。1952 年 12 月起，成都郊区农村开始进行土地改革复查工作，制发土地房产所有权证，巩固土地改革的胜利成果。这项工作到 1953 年 2 月结束。至此，成都土地改革取得伟大而历史性的胜利。

当时工作很忙，没有下班的概念，也没有固定的吃饭时间。如果信用社没事，我就背着包下乡，一边向农民宣传信用社，一边动员他们入股。村民没有钱的就给他们登记姓名，等他们卖了粮食再交股金。就这样，在我们的努力下，信用社的资金力量一点一滴地累积起来，慢慢走上发展道路。

积极展业

新丰信用社刚成立时，各方面条件都很差，没有办公用具，没有房子，也没有资金，被称为"三无"信用社。

1954年3月，我作为代表参加了四川省首届农村信用合作代表会议。当时农村信用合作社是很庞大的金融机构，覆盖了各个县、镇、乡。会议地址在省政府礼堂，那是当时成都很高级的一个地方。会议内容主要是讲如何发展业务，宣传农村金融理念，强调尊重基层，为农业服务、为农村生产服务、为农民服务。会议结束后，我和当时所有参会人员一起合影留念，照片上印有"重庆成都职工活动小组"的字样。

在当时的背景下，我们的主要工作就是把存款组织起来贷给养猪、养牛、买农药、买种子的农民。但组织存款并不容易，村民都爱去银行存款，再加上对信用社不了解，对我们也就不太信任，很少有人主动来信用社办理业务，他们甚至有点儿看不起信用社。

为了让村民信任我们，到信用社来办理业务，我们想了很多办法。比如，当时我国有一本金融杂志是宣传信用合作社的，我们就让村民通过这本杂志来了解信用社。与此同时，我们也加强宣传和动员。我们耐心向村民宣讲，不要把存款放在家里，如果发生火灾和偷盗事件，就会白白失去辛苦挣来的血汗钱，以此动员他们把钱存到信用社。每当大队晚上开会的时候，即使是面对村民不信任的眼光，我们还是会厚着脸皮去积极地宣传和动员。

当时有一个富农，他的钱从来不存，全部绑在身上。他的衣服兜里面装着满满的钱，就算干活的时候，他也不愿意把衣服脱下来，害怕钱被人偷走。他也不相信信用社，害怕我们骗他的钱，便不肯存款。秉着存款自愿的原则，我一次又一次去做他的思想工作，劝说他把钱存到信用社。

那时候，大家的经济条件有限，私人存款很难有大额资金业务，所以靠私人存款很难支撑信用社的发展。于是，我们就以生产队为单位，通过接收集体存款的方式，把各个生产队的存款拉进来，慢慢地增加信用社的资金力量。

当时信用社的安保工作并没规范起来，没有设置保险柜。再加上我在新丰乡信用社的工作地域范围很大，东起玉林路，西到牛市口，南到三瓦窑，北到衣冠庙，没办法当天去人行存钱，就只能在每天下班结完账之后把钱和账本都背回自己家里。等到一定数量的存款后，再把钱背去存。因此，我父母常常嘱咐我，一定要把公家的钱管好，千万不能挪用一分。当地派出所也很重视这件事，专门派人来看我，叮嘱我一定要把钱放好，晚上少出门，保障存款的安全。我也不负重托，用心守好每一笔存款，在职期间没有出过任何问题，直到退休都是两袖清风。

支持地方发展

1978年，中共中央召开十一届三中全会，作出实行改革开放的决策部署。之后，国家开始推进经济体制改革，人们贷款的用途发生了很大变化，贷款额度也变大了。我们信用社有个客户胆子很大，一次性贷了3000元。那个年代的3000元是很大的一笔钱，我们还把这个客户的案例当作典型来宣传。

20世纪80年代，省体育馆准备修建，需要20万元资金。[1] 我进行了很多次贷前调查，严格遵守贷款"三查"制度，即贷前调查、贷时审查、贷后检查。省体育馆的贷款必须有还款来源，且来源必须稳妥，这是原则问题。经过与各方沟通协调，我促成了这笔贷款。这算是当时成都市金额很大的一

---

[1] 四川省体育馆于1984年开工，1989年竣工，是一座较为现代化的多功能万人体育馆。

笔贷款，可以说没人像我这么大胆。这笔贷款还没收完，新丰乡信用社就和桂溪信用社合并了，后续的收款工作交给了别人。

新丰乡信用社和桂溪信用社虽然进行了机构合并，但只是统一了机构名称，各自还是在原来的地方办公。当时，桂溪信用社特别穷，几乎一分钱都没有，办公的房子也是借的。看到桂溪信用社经营得如此困难，我们不仅拿了5000元给桂溪信用社做经营资金，还拿出8万元帮助桂溪信用社修房子。

我一直在信用社工作了近40年时间，到1992年2月退休。在我退休时，桂溪信用社已经发展得比较好了，在整个成都的信用社中都是比较富裕的。

陈俊敏，1954 年入职蒙阳信用社，现已退休。几十年来，陈俊敏一直秉持服务"三农"初心，兢兢业业坚守一线，是早期农信人艰苦创业、坚守主责主业的缩影。

陈俊敏："两个人"的信用社

采访、文字稿整理、拍摄｜成都农商银行口述访谈组

吃这碗饭不能怕苦

　　我是 1954 年加入蒙阳信用社的。信用社当时只有我和另一位同事两个人，同事做会计，我当主任。那时，工作条件很艰苦，房子也很简陋，前面是铺面，后面就是寝室。为了方便工作，我们都住在信用社，常常忙得不可开交，只能是早上的饭中午吃，中午的饭晚上吃。人民的生活要紧[①]，想尽快把信用社的工作做完，我们就必须赶工。但是再艰苦也不能后退。既然吃了

---

① 编者注：1951 年 5 月 15 日，人行组织召开第一届全国农村金融会议，决定大力发展农村信用社。就此，我国农村信用社成立的初衷就是服务农村发展和农民群众的利益。故文中有此一说。

这碗饭，就不能怕苦。

我没有读过太多书，只能识点字，为了做好工作，我坚持努力提升自己，摸索着学习打算盘、算利息等。算利息时，两位数和三位数我都能乘下来，但四位数比较复杂，就乘不下来。后来我遇到一个外乡人，当时没有工作，但她的算盘打得又快又好，于是我便介绍她来蒙阳信用社当会计。她非常感激我，在蒙阳信用社工作了好几年。她来蒙阳信用社以后，帮会计分担了门市业务，减轻了我们的工作负担，让我们有更多精力去组织存款。

为了让老百姓把钱存到信用社，每当他们卖粮或卖猪，我们就会去积极劝说，甚至编一些口号，以加深他们对信用社的了解。比如，"卖米换了钱，放在家里容易丢，存在信用社最保险""信用社，用好多取好多，安全保险利息高"。老百姓听后觉得我们说得有理，就会到信用社来存钱。这样，我们信用社的存款就越来越多了。

下乡支持农业生产

每天早上一睁开眼，我就开始考虑如何发展信用社的业务。下乡做业务，十几里路全靠双腿走过去。那个年代没什么人骑车，有时运气好，我会遇到粮站或公社的熟人骑自行车，他们就会搭我一程。但有一次，搭我的人连人带车摔到田里，我的腿也严重扭伤。从那之后，我就落下了病根。

为了帮到更多有需要的人，我通过下乡走访，了解百姓缺什么、少什么，然后做年度贷款计划。当时有规定，一家信用社一年有几万到十万不等的放贷额度，可以贷款给农民养猪、买种子，把他们的生活扶持起来。

我在信用社工作了几十年，我的孩子也都在信用社工作。我二儿子38岁时，调去罗万信用社当主任。他刚调过去时，罗万信用社亏损20多万元，在他的努力经营下，罗万信用社不仅扭亏为盈，还把烂房子装修好了。有一天下班后，我二儿子去收两家客户的贷款。结果在回来的路上，不幸出

信用社欢送陈俊敏（前排右三）退休留影

车祸去世了。我没敢去现场看，是我爱人去的。当时他骑的是摩托车，走的时候人是趴着的。把身体翻过来，还能看到他衣服两边的兜里揣着刚收到的贷款。钱是用纸包着的，每家收了多少钱、客户叫什么名字，都在纸上写得一清二楚。

今年我已经 97 岁 [①]，退休好几十年了。从前那些和我共事过的人都陆续走了，现在就只有我还在。曾经经历过的事情，现在回想起来，恍若隔世。

---

① 2022 年 12 月 7 日，《成都农商银行口述史》采访组采访了陈俊敏女士，故文中的今年为 2022 年。

袁圣如，1956 年入职丰乐信用社 ①，现已退休。作为早期农信社工作人员之一，袁圣如脚踏实地、吃苦耐劳，尽管身兼数职、全年无休，但乐在其中，对于工作从未懈怠。

袁圣如：一个人也要顶上去

采访、文字稿整理、拍摄｜成都农商银行口述访谈组

背上娃娃去工作

1956 年 5 月 4 日，我进入丰乐公社工作。仅工作了一个月左右，组织部部长就找我谈话，称丰乐信用社当时的会计要去考高中，准备调我到丰乐信用社工作。

那时丰乐信用社只有一个主任和一个会计。主任经常要下乡搞中心工

---

① 1958 年 9 月，丰乐信用社所在地丰乐乡并到郫县（现郫都区）;1959 年 7 月，丰乐乡划归彭县（现彭州市）管辖。

作①，我这个会计就要留在信用社办公，啥事都要顶上去，所有的事都要会做。比如说守库②、去银行存取钱③等，都是我一个人。

当地有条河叫土桥河，河上有座土桥。信用社需要存钱、取钱的时候，我就要骑自行车过土桥去河对面的银行办理。办完后，还得赶紧回到丰乐信用社工作。记得有一次下雨，我去河对面取完钱回来，发现河水猛涨，已经淹到我的腰部了，我只能把自行车扛在肩上，钱拿在手里，蹚水过河。等过了河，也没心思管衣服裤子有多湿，赶紧骑上自行车回信用社。

一般情况下，每天上午的半天时间，我都在信用社。按规定，信用社是早上8点开门营业，但有时候，有人天不见亮就要来取钱买氨水④，我们就得赶紧起床，甚至连头发都来不及梳好，就要把门打开给别人办取款。

到了下午，我一般就会背包下乡，去组织存款和收贷款。尤其是每年农村年终分配⑤的时候，我都会去。下乡的路很不好走。当时公路少，都是崎岖不平的山路，距离也远，动辄就是几十里。有一次，我骑车走在田坎路上，结果一个跟头连人带车栽到田沟里去了，一身都是泥，车轮子也陷在泥里，我站起身来，弄了很久才慢慢地把自行车弄出来，然后继续上路。

信用社成立的初心就是支持农业发展，因此当时我们会贷款给贫苦农

---

① 20世纪五六十年代，党中央强调一切工作都要服务于农业，要以农业为中心，以粮食生产为中心，因此农村工作便被称为中心工作。

② 当时信用社没有专门的安保人员，因此放在库房的钱需要信用社工作人员自己保证安全，也就有了守库这一项工作。

③ 20世纪五六十年代，信用社要根据自身业务发展情况，将多余的资金存到主管银行去，当发展贷款业务资金不够时，则要到主管银行去取。

④ 20世纪60年代末，中国开始使用化学肥料，使农作物产量大幅度提高。氨水是当地生产队使用最早的本地产含氮化肥，含氮量高，使用方便，主要用于小麦追肥。

⑤ 当时，农村每年末会按照劳动工分进行收益分配，这时信用社人员就会下乡去组织存款和收贷款。

民，让他们有钱买猪、买种子、买农具、买粮食^①等。我们也会支持农民种植经济作物。比如丰乐乡三大队有一个种花专业户，他挣了钱就存在我们信用社，需要钱买化肥、买种子，钱不够了，我们就贷款给他。

当然，我们的贷款不是随便发放的，而是要审查农户有没有还款能力。为了能及时把贷款收回来，我们还有针对性地制定还款计划，如农户什么时候用钱、买了什么、打算多久归还等，都有详细注明。等还款期一到，就要去通知农户。

有时候晚上我要带娃娃，遇到工作上需要紧急处理的事情，我就背上娃娃去处理，那个时候工作就是这么辛苦。

在丰乐信用社工作期间，我从来没有考虑过休息，一年到头就只有过年那一天耍假^②，或者家里有特殊情况，休假一天。但哪怕工作再艰苦，我也从来没有懈怠过，依然安安心心、一心一意尽力做好工作。

用真诚换信任

彭州联社营业部成立后，我被调去当出纳。刚成立时人员不多，各科室只有几个人。^③联社领导知道我踏实肯干，很相信我。每当要出去办业务时，他们就对我说："我们出去办业务了，家里有什么事你要管好。"我说："好！"他们很放心地把我留下看家。

在彭州联社营业部工作期间，我非常重视服务态度，不管什么样的客

---

① 买粮食是指口粮贷款，存在于村级组织。当农民粮食不够吃，又没钱时，就可以通过贷款去购买国家供应的粮食。

② 编者注：四川方言，同"休假"。

③ 根据国务院批转《中国农业银行关于改革信用合作社管理体制的报告》中在县一级建立信用社的联合组织——信用合作联合社（以下简称县联社）的规定，1984年8月、9月两个月，成都市郊15个县（区）陆续成立了县（区）联社。1984年底，成都市共建立联社15个。1986年成都市有4个县（区）联社设对外营业部。1987年成都市增加了2个对外营业部。1988年增加到10个，营业部职工人数109人，联社职工总数达到303人。在这种背景下，彭州联社应势成立，并对外设立营业部。

户，都尽心尽力去接待。大约在 1987 年，白水河有个人背着背篓到我们信用社来，有个同事觉得他穿得破破烂烂的，看起来像个疯子，就想让我把他赶走。我说："你不要担心，我来帮他办业务。"接着，我走到那个人面前，问他："老乡，你是干吗的？是不是找我们有事？"他说："我看到你在（营业部）门口宣传存款，我想和你去办公室说。"结果到办公室后，他告诉我他想存款的事情，并且存了好大一笔钱。这件事也说明，我们不能以貌取人，人家穿得再不好，也不能嘲笑或者歧视。

　　我在信用社工作了 39 年。本来 1992 年就该退休的，但彭州联社营业部领导重视我，把我留任了三年，到 1995 年我才退休。

　　回顾信用社的发展之路，全靠大家的努力。一路走来，我一直提醒自己，要跟上时代发展的脚步，积极提升自己。同时告诫后辈，做工作要吃苦耐劳、脚踏实地，多动脑筋，想办法给单位增加收益。

　　我相信成都农商银行的发展前途是十分光明的。因为我们面向的是广大农村群众，而群众也都很相信我们。只要我们守好农村这个阵地，就会发展得很快。

徐德华，1954 年 8 月参与筹建花园信用社，现已退休。花园信用社成立初期，面对信用社资金薄弱的情况，徐德华创新发展储蓄的方法，帮助老百姓了解信用社，扭转了大家对信用社的看法，为花园信用社的储蓄打开新局面奠定了良好基础。同时，作为农信系统中的一员，徐德华坚持办社为民的初衷，积极帮助老百姓解决难题，赢得了他们的信任。

徐德华：办法总比困难多

采访、文字稿整理、拍摄｜成都农商银行口述访谈组

庙门香案筑成的信用社

花园信用社于 1954 年 8 月 12 日成立，是郫县当时筹建的第一批信用社，我在这里一直干到退休。花园信用社原址在正街的茶铺旁边，门面很小，狭窄简陋。我们从别的地方拆了庙门做大门，柜台用的是庙里的香案。刚成立时，花园信用社只有两个人，一个主任和一个会计，一起开展工作。

当时附近几个乡都没有信用社，领导要求我适应形势，开展贷款业务。但是花园信用社的经营基础很薄弱，工作条件也很简陋。虽然有 2600 多户人家入股了信用社，收到股金约 1 万元。但是要解决全乡 3000 多户人家的贷款

需求，这些资金是远远不够的。农民贷款的数额虽小，但需要贷款的农户数量多，信用社的钱不够。

为顺利开展贷款业务，我就要想尽办法宣传储蓄，吸引存款。但当时花园信用社刚成立，大家对我们不了解，基本上不会到信用社来办理储蓄。就算有人来，看到信用社只有我和会计两个人，就觉得我们很不靠谱，不愿意把钱存到我们这里。

我知道，如果直接和农民讲储蓄，他们听不懂，也理解不了储蓄的重要性。为了打开花园信用社储蓄发展的局面，多多吸收存款，也为了农户的财产安全，我想了很多办法，以老百姓喜闻乐见的形式把储蓄讲给大家听。

发展储蓄方法多

根据老百姓喜欢有韵律的口号的心理，我将信用社存款的口号——爱国、保密和安全，与民间谚语结合起来，改编成顺口溜，在平常与老百姓交流中宣传。例如，在生产队开年终分配大会的时候，我会到场用顺口溜向老百姓宣传怎样合理安排资金，珍惜自己的劳动成果——"粒米积成多，滴水积成河""挣家犹如针挑土，浪费犹如水冲沙""细水长流，精打细算，钱放家中不安全，存入银行才保险""有了钱不算账，票子就往包包装。吃的用的胡乱买，短时间里就花光。急需用时无钱用，想方设法到处跑。借得钱来要归还，还了以后又困难。常将有时想无时，不要无时想有时""有了钱算算账，如何安排才恰当。当用开支需多少，节约计划安排好。细水长流精打算，省俭余钱存银行。钱粮都要留储备，生活越过越美好"。

我也会将与储蓄相关的真人真事，通过顺口溜来讲给大家听。我经常讲一个"钱进打米机"的故事："我社一个女社员，省吃俭用很能干。分配现金几十元，拿回放在谷中间。急急忙忙出工去，当时未向爱人谈。爱人也是闲不惯，忙将谷子担上碾。窸窸窣窣打米机，机声隆隆遍房间。等到发现吃惊时，票子打得稀巴烂。钱放家头不安全，存入银行才保险。"

那时候放电影是个稀奇事，每到放电影的时候，十里八乡的人们都会跑来看。我主动向公社的党委书记请示，允许我们在电影播放前宣传储蓄。在征得负责人的

徐德华在信用社工作期间编写的顺口溜

同意和支持后，我就在电影前插入两张我们自制的幻灯片。我在第一页用顺口溜宣传公社的中心工作，写上："堰修好，沟修通，防旱保苗不放松。放水员，辛苦点，腿要勤，保苗用水不可少，秋收才有好收成。"生产工作是老百姓非常关心的问题，这样就能更吸引他们的关注。在第二页的地方，我才宣传储蓄，写上信用社存款的口号：爱国、保密、安全。这样一来，大家就把生产和储蓄关联在一起了，宣传效果更好。

为了动员老百姓存款，我连妇女会都要见缝插针地参加。参加妇女会不仅有奖品可以拿，还能学到很多东西，所以妇女们很愿意参会。这些参会的妇女一般都是勤俭持家的好手，能把家庭生活安排得非常妥当，也很容易被动员来存款。另外，我还在市场门口的墙壁上，写了一个很大的"钱"字，吸引人们的注意力，再在下面用小一点儿的字写上"存到信用社"字样。

除了创新储蓄发展方法，我还思考如何发动群众力量来帮助我宣传储蓄。农村老百姓众多，分布广泛，仅凭我一个人的努力是远远不够的。

那时每个生产队都有一个社员代表，还有理事会。为了更好地宣传业务，我发动了很多理事帮我做老百姓的工作，宣传信用社储蓄业务，吸引老百姓存款。为了鼓励他们，我会给他们购买毛巾，并在毛巾印上"信用社理

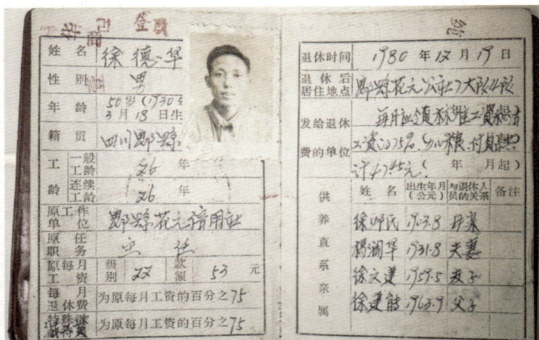

徐德华的退休证

事会"字样，发给那些支持信用社工作的理事。理事们拿到这些毛巾，会觉得是一种荣誉。就这样，我花了少少的钱，带动了大家宣传储蓄的积极性。

与此同时，我也深切明白，宣传储蓄不仅仅是为了信用社的利益，也是为了保障老百姓的财产安全。我亲历过一个真实案例，有一户农民家中发生火灾，家里放着的300多元钱全都被烧毁了。当时我们的工资才20多元，可见这300多元是多么重要。我立刻安排信用社人员下乡，实地帮助这家农户清理烧毁的现金。清理后有部分钱能还原，我们就把那部分钱兑给他，其他实在不能清理的现金只能算了。我们清理的时候还特意留存了一张照片，在我看来这也是一种宣传，让大家明白钱放家中不安全，存到银行才保险。

以老百姓为先

我们就这样通过积极宣传储蓄业务，让花园信用社的资金慢慢积累起来，我们的工作也开展得越来越顺利。随着花园信用社的储蓄量慢慢增加，老百姓遇到困难时，我们也有了更多的钱来帮助他们渡过难关。我记得有个村民叫吴才华，他的父亲一见我就哭了，因为他生病了，但是他们家没钱给他医治。我就走路去十三大队，贷款给他，让他顺利得到救治。吴才华一直很感谢我，也很感谢信用社。

我记得还有个人，他现在看到我还非常感激我。他说，如果不是我，他女儿已经死了。因为当时他女儿病重，我去他家查看了情况，给他提供了贷款，让他赶紧带孩子去看病。后来他女儿的病治好了，贷款也慢慢还上了。

我在组织存款方面方法多、效果好，老百姓工作做得不错，得到了县上的认可。1956 年夏天，我作为先进分子到人行温江支行参加座谈会。参会的李华廷[1] 在会上分享了一个故事：他们那里有一个农民很穷，煮饭的"灶"是用几块石头垒起来的，上面放锅，下面放柴。因为生活太穷苦，他的爱人跟他离婚了。在信用社帮助下，这个人的生活逐渐改善，日子越来越好，离婚的爱人也回来了。我听了他的例子很受启发，只有关心老百姓，积极帮助老百姓解决困难，才能给信用社找到出路。

自进入花园信用社以来，我一直认为它是在老百姓的帮助下发展起来的，我们信用社也应该在发展起来后以老百姓生产生活为先。我在信用社这么多年，即使是最初条件很艰苦的时候，也没想过离开。因为我是共产党员，一直相信困难只是暂时的，在大家的努力下，信用社的将来会更好。

---

[1]　李华廷作为 1956 年"全国农村金融先进工作者"，去北京参加过表彰会，受到过毛泽东主席等中央领导的接见。

谢正镒，1958 年入职华严信用社，现已退休。在信用社工作期间，谢正镒克服艰苦条件，白天下乡做业务，晚上就着煤油灯做账、勾账，坚持日清日结，讲究精益求精，一辈子一心一意把账做好。

谢正镒：一心一意把账做好

采访、文字稿整理、拍摄｜成都农商银行口述访谈组

逼着自己学习

1955年，华严信用社成立。当时招股每股股金是4万元老币①，相当于现在的4元钱，我们家也入了股。1958年，我21岁。这年9月的一天，我正在大队工作，乡上来人通知我："谢正镒，你和生产队打个招呼，明天要到信用社去报到。"当时，华严信用社的一名员工被调走了，让我去顶一下。因为我上过私学，能识字算数，在农业生产队当副会计。

刚去华严信用社的时候，我什么都不懂。社里的老会计拿了1000块钱

————————

① 华严信用社成立时，我国采用旧币体制，农民的股金以万元为单位。

的一元纸币给我，让我先学数钱。我从来没见过那么多钱——厚厚一捆，看得我心里一惊。之后，每次他工作时，我就在旁边看他怎么做，跟着他学。但半个多月后，这位老会计就被调走了。由于信用社主任不识字，我只有逼着自己边做边摸索，通过学习文件、报纸，了解金融政策和相关知识。

那时人行也会派人来协助我们工作，有时检查账目，有时一起学习文件。我就趁着机会，有不懂的地方，抓紧时间向他们请教，他们也乐意解答。在他们的指导下，我才知道算利息要先乘天数，再乘利率，再乘本金。

白天下队，熬夜勾账

我刚到信用社时，信用社只有一间房，还处在很偏僻的地方。那时，我们没有上下班的概念，也没有星期天。一般来说，我白天下乡去组织存款和收贷款。当时工作很是辛苦，记得有一年秋天，我到弥牟镇粮站收存款，骑车过弥牟镇的诸葛桥时，车轮打滑，人一下摔到河里，浑身湿透。幸好账本挂在车龙头上，车子倒在桥上，没有摔到河里。

那时发展业务有两个重要机会：第一，我们利用每月开理事会、监事会的机会，动员各村理事、监事回村组织存款和回收贷款；第二，生产队每年年终决算后进行分配。每到那个时候，我们就背着包走路下生产队去组织存款和收回贷款。

生产队会计手里有一张分配表，写着各户的分配数额。因此每次组织存款、收回贷款前，我会先找他了解情况，清楚每户人家的分配情况后，再去动员群众存款和还贷：那些能分到几十元并在信用社有贷款的农户，我们就动员他们还贷，告诉他们有钱先还点，以后没钱了还能再贷，他们还是愿意还的；对于没有贷款的农户，我们就动员他们存款，告诉他们把钱存在信用社比放在家里保险、安全。有时候，一个生产队就能收到几百元，这在当时是很大的数目。组组存款和收回贷款后，我们才回家休息，第二天继续上班。

我坚持日账日清，即使白天忙着下乡发展业务再辛苦，晚上回家都要就着煤油灯把账做完。只有把当天的账算清楚了心里才踏实。

此外，我还有一项重要工作，那就是经手集体业务的账务，要勾对核账。那时，除了年终决算时的分配和其他零星开支用现金，生产队买肥料、种子和耕牛，所有集体对集体的业务，都不用现金交易，而是通过信用社开凭证转账。本区购买就开转账支票，跨区购买就开信汇委托书①，小额付款则开农村付款委托书②。

转账支票是当时最常开的凭证。比如，生产队要向供销社购买 300 元的肥料，凭取款单，我们就会开 300 元的转账支票给生产队出纳。生产队出纳拿着转账支票，就能去供销社买肥料。供销社和信用社的钱都存在银行，供销员带着生产队出纳给的转账支票去银行，银行就能从信用社账上划 300 元给供销社，这样才能完成交易。

生产队卖蔬菜、水果等物资时，也是通过转账支票收款。但并不是转账支票一开出来，生产队就能拿着支票来信用社取钱。银行划账存在时间差，一般要用三天时间账目才能划到信用社头上，三天后生产队才能存取转账支票上的钱。

转账支票有金额限制，至少要 30 元起开。但是农村付款委托书没有限制，几元都能开。每个生产队都有一名现金保管员，他们会拿着农村付款委托书来信用社办理，钱捆起来都是几十张一摞。转账支票、委托书开出后，我们都会记账，后面还会一笔一笔地核对勾账。为此我经常熬夜，有时一熬就要熬好几个晚上。后来，我们才想了一个办法，把 100 元、200 元、500 元、800 元、1000 元的相同金额分别归类到同一本账本里，从而节省核账时间。

---

① 信汇委托书，亦称信汇凭证，是付款单位向外地收款单位或个人办理汇款的书面证明。

② 农村付款委托书结算是我国农村转账结算的一种方式，亦称"农副产品采购结算方式"，适用于县内国营企业、供销合作社向农村社队、乡镇企业或个体户收购农副产品的价款结算。

谢正镒正在拨打以前工作使用过的算盘

在信用社工作期间，我最关心的就是把账做好。银行是铁算盘，讲究精益求精。我每天都要用四柱轧账法[①]，清每天的账。如果哪天账没有对，我心里就悬着，账算好了，心情才愉快。我这一辈子只干一件事，那就是一心一意地把账做好。

名列前茅

1964 年，我们在四川化工厂（以下简称"川化"）旁边修了两间房子办公。因为工厂本身经营状况好，工人工资也高，加之修建时占了不少土地，群众有赔款，更加富裕。搬到那里以后，信用社的业务量也越来越大。

那时，我们服务态度好，办理业务以储蓄优先，储户来存钱方便，就愿意到信用社存钱。很多川化的职工，发了工资就会把钱存到我们信用社。那些职工一个月的工资有三四十元，算是高收入人群，他们每月留 10 多元作伙食费，能在信用社存 20 元左右。为了方便职工中午下班后办理存款，我们信用社中午都不关门，换班吃饭，从早上 8 点一直营业到下午 6 点。

以前华严乡赶场很热闹，很多广汉群众都到华严乡置办物品。他们看到信用社开着门，也会来存款。群众对我们的服务态度很满意，说我们办业务速度快，都把钱存到信用社来。我们信用社的职工，都是从农村招来的，非常了解农村生活，在为群众服务的时候都态度诚恳、尽心尽力，因此群众都

---

① 四柱账法，中国古代记账方法之一，即旧账余、新附、支出、剩余四部分，比收、支、余的三柱多出一部分，是完善、先进的财务记账方法。

很喜欢我们。

随着华严信用社的实力壮大，我们的员工人数也在增加，从 20 世纪 60 年代的 4 个人，增加到改革开放后的 10 多个人，网点也随之增多。20 世纪 90 年代时，华严信用社已在全市名列前茅了。

1992 年，我到青白江县联社做了两年稽核员。后来爱人生病，为了照顾她，我又调回华严信用社。1997 年，在信用社工作近 40 年后，我办理了退休手续。

徐基槐，1961 年入职安靖信用社，现已退休。在信用社发展的初期阶段，徐基槐既是出纳，也是会计，还要守金库，虽然工作繁忙，但仍坚持做好每一项工作。徐基槐的经历具有鲜明的时代印记。

徐基槐：信用社人有"三头六臂"

采访、文字稿整理、拍摄｜成都农商银行口述访谈组

一个人要干几个人的活儿

从 20 世纪 50 年代土地改革起，我就一直在互助组①、小社、大社、大队、管理区②、乡上工作，在互助组是当计分员，在小社、大社是当会计。郫县当

---

① 互助组，指中国劳动农民在个体经济基础上组成的带有社会主义性质的集体劳动组织。在农业生产合作化运动中，发展成为初级农业生产合作社。

② 在 1984 年人民公社撤销前，管理区是公社的派出机构，一般管理 5～10 个大队，一个公社有七八个管理区。管理区有固定的办公场所，设管理区书记、文书、会计网长等，代表公社管理下属大队。1983 年 10 月，中共中央、国务院联合发布《关于实行政社分开，建立乡政府的通知》，决定撤销人民公社。1984 年底，人民公社全部改为乡政府，管理区也随之撤销，改为工作片。

时有 5 个乡：合作、犀浦、安靖、团结、红光。1959 年，我调到安靖乡上当会计，当时还要去各个村收集生产进度，也就是统计每个村每一天做了什么事情，比如栽秧栽了多少亩田。把各个村的数据收集起来后，每天晚上跟乡党委书记汇报。在安靖乡上工作了没多久，我先后被调到犀浦和红光继续做这项工作，没过多久又被调回安靖，再过了一阵子，就被调到信用社了。

我刚参加信用社工作时，信用社还由人行领导，没有规范的钱账分管 ① 制度，所以我一个人把会计、出纳的活儿全部揽下。1964 年，钱账分管制度有了正式的规范，我就一直当会计。

作为一名信用社人，在艰苦的条件下我不得不锻炼出"三头六臂"的特异功能，忙的时候一个人要干几个人的活儿。

有时连饭也顾不上吃

1980 年，我从安靖调到本县的团结信用社当主任。担任主任时，我遇到最大的困难是给信用社修房子。之前的人把房子修得一塌糊涂，我刚过去的时候，房子只有一层楼的高度。我对团结信用社的人员也不熟悉，不好指挥调度他们，所以修房这个问题很让我头痛。后来，我只能把在安靖的熟人周开富和他的修建队找来帮忙，用了至少两年时间，历经千辛万苦，才把房子修好。

那段时间我非常劳碌，每一天都休息不好，工作压力很大。团结比安靖要大，业务量也大，逢场的时候办业务的人很多，起码有一两百人排队，即使闲天也有百十个人。

排队的人多了，我一坐就是半天，那时椅子的设计也没有什么讲究，都

---

① 钱账分管，是银行会计出纳工作中为保障资金安全、防止差错事故的一项重要原则，即凡是涉及款项和财物收付、结算及登记的任何一项工作，必须由两人或两人以上分工办理，以起到相互制约作用。

是木桌木椅，坐着不舒服。只有上厕所时才有机会活动活动。

因为人太多，信用社中午都不关门。按理说，团结信用社早上8点开门、中午12点暂时关门，下午1点接着开门，晚上5点关门。但是人太多了，我中午根本关不了门，有时连饭也顾不上吃。

我刚去时，团结信用社还有个老会计，他对我的工作提供了很大支持。他熟悉信用社情况，我依靠他，他也帮助我。但他不久后因为肝病去世了，我相当于失去了一条"手臂"。

那时晚上还要值夜班。信用社没有金库，我一个人就背着保险柜，走到哪里就背到哪里。春节走亲戚时，我把保险柜的钱和账用背包背着，才觉得安全。

后来，信用社要建金库，我们在修房子时就安排了一间房间作为金库，面积只有几平方米，四周的砖砌得比较厚，上面是水泥倒的天花板，还有一道大木门。金库建好后，我们就多了一个工作——守金库，因为账本等重要材料，都是用箱子装好放到金库里面的。一般是两个人一起守夜，大家都在金库外面的房间睡，守一晚能得两角钱补贴。这样的情况持续了很长一段时间。

二十多年的年终结算

当了信用社主任后，主要处理个人、生产队、社队企业的存取款业务。当时没有现在的电子化系统，全部都需要手工操作，办起来很麻烦。比如，我们的存单就需要手写，一个人拿20元的存单或者存折来取5元钱，办理时就需要写传票，或变换存单。我作为会计，需要进行的操作就是在客户存取钱后，给他们重新填写存单。一张存单能写七次取款情况，七次写完，就要调换存单。由于全是手工抄写，所以很费时间。那时，能稍微减轻手工作业的设备就是刻钢板。用蜡纸蒙在钢板上，一推过去，就能复印材料，减轻了手抄誊写的负担。

从20世纪60年代到80年代，基本上每年我都被调到县上来做年终结算。每一年县里年终结算时，我都将一把紫檀算盘作为工具。这把算盘是1961年左右在成都旧货市场买到的，材质很好，比较珍贵。像年终结算这样重要的场面，我都用这把算盘操作，算账就离不开它。从来到信用社，我就开始用它，用了一辈子，算盘的竹签都被算珠刮到只剩一半，已经不完整了。

年终结算在12月31日，主要是将全县各个信用社的经营状况汇成一张大表，上交到市里。我自从进信用社后，就没有元旦假期了，因为这几天必须要进行全县的年终结算。

表上所有的项目都算上，起码有1万条数据，全部靠手工操作处理。上万个数据，不能修改一个。复印数据时，我聚精会神，有时候好像连呼吸都要停止了，直到把表完整地复印下来。元旦的时候天气很冷，我们就把油印机的蜡纸、报纸拿来点燃烤火。

几块钱也要贷给农民

人行管理信用社时期，农金股^①会给每一个乡镇的信用社派一个成员帮助、指导工作。中国农业银行（以下简称"农行"）代管信用社时，信用社也没有自主权，人事权、财务权、财产权这些都交给农行统一管理和指挥。资金管理严，贷款也有指标，我们的业务受到约束。在农行管理下，我们的情况用一句俗话来讲很贴切，就是"吃不饱，也饿不到"。

由于信用社发展条件有限，我对资金守得很紧，在贷款上就比较胆小，有些贷款不敢放，很谨慎，害怕损失资金。但组织上交代我要关心农民，所以给农民的贷款还是比较多。在"三年困难时期"，我们给农民贷款，几块钱都可以贷，不像现在，贷款是讲上千、上万（元）。那时物价低，米才卖几分钱一斤，所以几块钱就是救命钱。

———————
① 即农村金融股。

以前农民生病得贷款、生活困难也得贷款。站在农民的角度，没有信用社，有些人的基本生活都没有办法保证。供销社属于经营单位，以商品买卖、钱货交换为目的；信用社虽然收利息，但利息相对较少，所以以维护农民的生存、生活利益为目的。农民生疮害病、养猪种田、修房结婚都能找信用社。我们看着农民觉得很亲切，农民对我们也很亲切。所以农村信用社，一直到现在都还存在，并且和农民的关系很好、很密切。

1984 年，组织把我调到了县联社当副主任。我在县联社时工作单纯得多，主要负责会计方面的工作。1986 年我被任命为稽核科科长，一直干到退休。最多时，稽核员有 10 多个人。如果内部职工犯了经济上的错误，不论是全县哪一个信用社的人，我都得参与他们的稽核工作。有些账户上有贪污的员工，就更要进行清理。"脱钩"之前，农行管稽核的人员也同我们一起去解决这些问题。我遇到过好几个犯经济问题的员工，也处理了好几个。

以前在工作上的很多困难，我都是自己克服。既然组织上信任我，我就要负责。同时作为一名党员，我必须努力工作以完成组织交代的任务。不仅要完成，还要朝好的方面去做，不讲条件地积极去完成。

工作的时候，我受到过一些表彰，但我觉得自己很平凡。因为这些工作都是我应该做的，没有什么条件可讲。2017 年，总行评我为"优秀党员"，我都退休了这么多年，很不好意思去接受这个荣誉称号。我这个人不愿意表露自己，只是觉得身为一名共产党员，要严格按照党章来要求自己。

如今，我的孙子也踏上工作岗位了，他工作很认真。我一直教育他、用党员的标准要求他，让他好好工作、听党的话，把工作做好，不犯错误、不在经济上受贿，不能对不起组织的培养。

范国芳，1963 年入职日新信用社，2023 年因病去世。在职期间，范国芳一路自学算盘、记账，认真敬业，与老百姓建立了和谐关系，成为信用社技术标兵和先进员工。

范国芳：到了信用社就再也没离开

采访、文字稿整理、拍摄｜成都农商银行口述访谈组

现学现用

我在 1946 年出生，是青白江城厢镇人。1963 年，时任人行营业所主任黄继禾和日新信用社主任白眉清一起到我家，让我到日新信用社做会计。我那时什么都不懂，连算盘也没摸过，便没有立马答应，想着去信用社试一下再做决定。结果一试，觉得比较合适，就再也没走脱（离开）。

报到那天，我从城厢走了 10 多里路到日新信用社。日新是丘陵地貌，信用社在一个小山坡上，站在坡顶能看很远。信用社挨着乡政府，大门隐藏在一个小巷子里，屋子只有一间，分隔成一间寝室和一个门市。

我第一天到信用社时，主任简单地和我交代了几句就去忙了。我没有干过会计，也没有经手过许多钱，心里很紧张。那时不像现在有实习，能操练一下，我就是被"一个萝卜一个坑"地填到工作岗位去的。

会计工作有一定专业性，刚开始我也犯过错。有一天，一笔40元的账不知道错在哪里，我伤心坏了。那会儿一个月工资才20多元，错40元钱，意味着一个月工资都不够赔。我着急万分，伤伤心心哭了几场。最后是我大哥汇了40元钱过来，才把账赔了。

一开始的起步很难，全靠自己摸索，先打算盘，再学记账。我现学现用，一再叮嘱自己做事情要仔细。有不会的，就等开会时向其他老同志请教。差不多半个月后，我才慢慢熟悉了工作，可以自己操作了。同时，对于那些进进出出的账，以及收入、支出和算利息，自己也都琢磨会了。

刚开始在日新信用社工作时，信用社没有修金库，我隔两天就要去城厢人行营业所存钱。我背着挎包，取道乡间小路，还要坐渡船。有时我走在路上，旁边生产队有干农活的人认识我，就会大声喊："范会计来了，包包里背着钱！"那时候民风淳朴，没有人起坏心思，所以我也并不感到害怕。取钱一般是主任去取，如果他没有时间，也需要我去取。每次存取款，我都是当天去，当天回，有时还要走夜路。

那时候，信用社在安保工作上的要求并不严，比如我在门市工作，要去乡政府背后的洗手间，把信用社的门拉上就好了，都不用锁。账本、材料等也都摆在办公桌上。不过，晚上还是要有人守信用社库房的。原本是主任住在信用社里守库房，但遇上主任不在的时候，我就要值夜班。

1973年，我生了大女儿，之后常常带着女儿守库房。我在日新信用社工作了12年，1975年被调走的时候，女儿都两岁了。女儿陪我在信用社守过不少长夜，那段岁月真让人难以忘怀。

范国芳（左）旧照

和老百姓打成一片

1975 年，我从日新信用社调到玉虹信用社。玉虹信用社在城厢街上，因为靠近城镇，业务量比日新信用社大一些。常规的存取款、放贷、收贷等业务，都要在门市上处理。相应地，玉虹信用社的员工也更多，有主任、一个外勤人员和一个老会计。老会计在的时候，我主要负责出纳。后来他被调到农行，我就会计、出纳一把抓。

我和当地老百姓之间就像街坊邻居一样。老百姓走到信用社，就算不办理业务，也会坐一会儿，摆一下龙门阵。由于玉虹信用社条件有限，有些老百姓来办理业务没有板凳坐，就坐在柜台上，守着我办业务。

为老百姓服务，我提倡多多体谅。我对每一个人都一视同仁，不管是农村的、城镇的，还是哪一家单位的，在我这里办业务，都一样接待，没有高低之分。他们来找我帮忙，就是因为不懂业务上的事，所以我尽量给他们解释清楚。玉虹信用社曾举办过一个"有奖储蓄"活动，吸引了不少储户。有一个供销社的代销员也参加了这个活动，但他存款后就忘记这件事了。两三个月后，开奖时间到了，我并没有因为他忘记了这件事而糊弄过去，反而特意去通知了他来抽奖。这个代销员直到现在都还记得这件事，也一直很尊敬我。

玉虹信用社在服务当地老百姓的同时，还扶持当地一些企业。我记得以前玉虹信用社主任的同学办了一个木器厂，他因为要进山买木材，经常到信用社办贷款业务。他将木器厂经营得不错，也很讲信誉，有钱就会把贷款还了，如果有余钱还能在信用社存上一笔，因此我对他印象深刻。

在信用社工作期间，我一直兢兢业业，干事麻利，始终热爱这份工作，并在记账比赛、点钞比赛中多次获奖，还被评为"先进个人"。我和老百姓的关系也非常好，走到哪里，都受人尊重。在工作中，我还交到了很多知心朋友。直到现在，我们都还有联系。我退休以后，到菜市场买菜，很多日新、玉虹的人看到我，都会和我打招呼。为此，我感到心满意足。

张世玉，1970年入职青龙信用社，现已退休。工作期间，张世玉兢兢业业、认真负责、坚守原则，宁愿被撤职，也不妥协。为此，张世玉得到领导肯定，多次获得"优秀共产党员""先进个人"等荣誉称号。

张世玉：就算撤职也不能违规贷款

采访、文字稿整理、拍摄｜成都农商银行口述访谈组

壮着胆子来到信用社

1970年12月6日，经青龙乡公社推荐和金牛区财贸部批准，我被调到青龙信用社担任主任。当时领导跟我说："你来就要当主任。"听到这话，我心里有点打退堂鼓，因为我没做过这方面的工作。听说信用社工作要算各种利息，我心里非常紧张，担心自己不能胜任这份工作。我爱人耐心地鼓励我说："你去嘛，事在人为。"我就这样壮着胆子来到了信用社。

信用社办公的地方是从房管所租来的，铺面只有一间，大概10多平方米。里面是库房，用来放传票、保险柜和单人床，整个房间一共不到30平方米，位置在街上的一个厕所边。信用社里的设施也很简单，只有一个老柜

台、两张办公桌、两个板凳和一张长条椅。

我刚到信用社时，整个信用社只有两个职工：一个会计，一个信贷员。如果遇到年终决算，就会有一个专门记账的出纳来帮忙，平时出纳和会计都是同一个人。主任由青龙农行营业所的一个主任兼任。当时的信用社由人民公社管理，平时会从社里抽人去做中心工作，主要是支持农业生产，如改田改土、修路和实地劳动等。我除了完成公社安排的工作外，还要抓紧时间学习业务，记账、数钱、裹硬币、算利息等，一切都要从头开始学。

由于我是党支部委员，还要负责管理乡上所有企业和街道的青年和团员，那时候每天的工作都很忙，但是信用社的日常业务也不能荒废。为了保证信用社不关门，我和同事们只能周末轮流休息。除此之外我们每晚还要值夜班，一人值一个礼拜。值夜班的时候就睡在保险柜旁边的小床上。经过长时间相处，大家对彼此非常信任。

20世纪70年代，信用社的工作主要是组织存款和回收贷款。我刚到信用社时，信用社存款不多，只有40多万元。当时的农村经济条件比较困难，很多20世纪五六十年代办理的农村贷款很难收回。这里面大部分都是农民用来买农具的贷款，比如买锄头2元，最多可能就是5元。那时候我们只能利用年终决算的机会尽量把贷款收回来一些。不同的大队经济状况不同。条件好的双水大队和红旗大队，因为种蔬菜，一家人一年就可以收获几百元。其他经济条件不好的大队，回收贷款就非常困难。最穷的大队，他们一天的工作，按10个工分计算，一天就只能得五六角钱。

如果年终时，大队的某家人分了100多元，我们就要去跟他们商量还贷款，那时候要先交农业税，有余钱再说信用社收贷款的事情。如果一家人一年只收入几十元，我们就收不回太多贷款。

1974年，青龙信用社申请修房子。申请批下来后，我们修建了一栋两层楼，一共6间屋的房子。这是青龙信用社第一次有了自己的房子。

绝不能违背原则

我觉得在信用社工作，最重大的责任就是搞好农村的金融工作，组织好存款，放好贷款，不要让信用社受损失。有一次，客户在我们信用社存钱，我算错了 2 元。因为是自己的失误，我很难过，一整天都闷闷不乐。后来我努力回想，找回了这 2 元钱。那个时候觉得账目错了 2 元钱，真是天大的事。只要工作出了差错，我心里就会很愧疚。

我对待工作中的任何事情，都认真负责，坚持原则，哪怕是得罪人也不动摇。20 世纪 80 年代初，有一次新山二队放耕牛贷款，我们信用社有一个放贷员，没有把第一手资料交给我，就要支款。他不按流程办事，我是不会把钱给他的。当时这个放贷员是乡政府领导的儿子，因为我不给他贷款，乡政府领导就威胁我说要去告我，撤销我的主任职务。我说："告就告，大不了我不做这个主任，没得材料，我不能放贷。"我明白在信用社工作不能出任何差错。即使是领导的要求，也不能退让。

20 世纪 80 年代中后期，当时的县联社主任让我贷款给一家企业。但是这家企业没有担保人，我们也不了解它的基本资料，贷款流程也不对，这种情况肯定不可以贷款，所以我拒绝了。我并不是唯唯诺诺没有主见的人，而且这涉及原则问题，更是不能有半点妥协。

结果在那一年的干部选举中，我从主任降为出纳。我当着全公社四百多个人做总结报告，给他们讲我这么多年的工作情况。我在会上说，如果哪个社员或者大队对我有意见，觉得我在经济上有问题，欢迎揭发我。全场没有人说话。我下台的时候，坦坦荡荡。虽然被撤职，但我问心无愧。如果我不绷紧思想这根弦，就会犯错误。

1981 年正月初四，我爱人因病去世。当时我的两个娃娃一个 9 岁，一个 10 岁半，都还在上学，日子过得有些拮据。但哪怕我再没有钱，也不会去信用社借一分钱，因为我们有规章制度，员工不能借信用社的钱。

　　我既不会因为别人的威胁就违背原则，也不会因为自己的困难监守自盗。我这个人很坦荡，不可能贪污受贿。一是我是一名共产党员；二是我干工作实事求是，一是一，二是二；三是我要给娃娃树立好榜样，不能犯错被处罚。所以不管在哪个工作岗位上，我的工作态度都一样。我也因此得到领导的肯定，即使我后来不再是信用社主任了，也依然获得多项荣誉称号，如"优秀共产党员""个人存款先进""个人先进"等，还当过多届青龙乡政府的人民代表。我这辈子从未辜负自己，在工作中，也履行了一名党员应有的责任与义务。

张自禹，1971年入职龙潭信用社，2024年因病去世。任职期间，张自禹不仅以贷款助力地方经济发展，还以耐心、热心、匠心赢得了客户的信任与点赞。"天晴时身上尘，天雨时身上泥；一把算盘两条腿，铸就农信一生情"，张自禹见证了农信社的发展和成长。

张自禹：一把算盘两条腿

采访、文字稿整理、拍摄｜成都农商银行口述访谈组

最忙的是春耕时节

到信用社工作之前，我在公社当会计。那时龙潭信用社只有两个人，其中一个人又当会计又当出纳，另外一个人跑外勤。1971年，乡镇府把我推荐到龙潭信用社工作之后，信用社就有三个人了。我的主要工作就是跑外勤、搞信贷。我一边工作一边通过看书自学做信贷调查，那个时候搞贷款实行"三查"制度，即"贷前调查、贷时审查、贷后检查"。

当时的农民条件很艰苦，常常需要通过贷款来发展生产，搞种植业和养殖业。但贷款不是人人都能贷的，在贷款给农民之前，信用社要看农民符不符贷

款标准。比如，有人说要贷款养猪，那他有没有猪圈？把猪关在哪个地方？这些都是要通过严格调查的。要是连关猪的地方都没有，就不符合贷款标准。

当时我们每年最忙的时段就是春耕时节。

一是正值播种季节，农民一般要贷款买肥料和买猪崽。因彼时肥料缺乏，种下的庄稼常常因缺肥而长得特别差，收成自然也不尽如人意。所以，国家鼓励农民养猪，更有着"小小的一头猪，就是一个小小的氮肥厂"的说法。通过这样的方式解决庄稼的缺肥问题，收成也渐渐好起来。

二是贷款养猪的农民在过年时把猪卖了，此时要再去买一头或两头猪崽。这时，我们就需要注意去收贷款了。不然，等农民把钱用了，到哪里去收贷款？让我印象深刻的是，一次，有一个农民把猪卖了后不还款。我追着他让他把贷款还了。我告诉他："你卖了猪不还贷款是不行的，如果你再买猪崽，钱不够，还了再贷都可以。"这也是我们做贷前调查的原因——要看贷款人的信用好不好。有些农民拆了东墙补西墙，把猪卖了钱却不还贷款，这是不行的，可以欠一部分，这也是为了真正做到支持农民发展。

当时生猪养殖技术比较落后，搞生猪养殖并不容易，这就存在农民还不起贷款的情况。可即便如此，信用社也要贷款给农民，因为信用社的责任之一就是帮助农民发展。我记得新民大队有一个支部书记，穷得不行，一下子贷了18笔贷款，连买个扁担、挑粪桶都要贷款。

不过"馍馍"只有那么大，信用社的资金就那么多，太多人贷款的情况下就只能每人少贷一点。毕竟，当时信用社也很穷，还处于亏损状态。

当好信用媒介

龙潭寺归金牛区管理时，整个国家经济还处于起步阶段。当时金牛区区长到龙潭寺考察，都是骑自行车。龙潭寺的路上全都是黄泥，而且都是黏土，一旦遇上下雨天，在路上推个自行车，推一丈远不到就要被糊住走不动了，人一脚踏下去，脚要陷到很深的泥浆里。正如俗话说："晴天像把刀，下雨一团糟。"因此，很多干部都害怕来龙潭寺办公。

可以说，我没见过哪里的路况有龙潭寺那么糟糕。当时我每天上班的交通工具是一辆烂得不行的自行车，"除了铃铛不响，周身都响"。一旦下雨，我就要背着自行车走两三里路。我患有气管炎，所以我老婆也经常帮我把自行车抬到公路上，再让我慢慢地骑车出去。

20 世纪 70 年代末，国家开始大力发展经济。龙潭寺立足黄泥多这一资源特性，决定建立砖厂。于是，很多人跟风创办砖厂。可是，一开始没有人买砖，一是当时人们资金贫乏，建房都是泥巴墙，即墙体是用泥巴和玉米秆等混合物做成的，不用买砖；二是当时的烧砖技术不成熟，砖的质量不好。改革开放之后，得益于国家经济发展，人们收入水平提高，砖厂效益日渐变好。一个好的砖厂一年能有几十万元的收入。尤其是 20 世纪 80 年代，龙潭寺的砖厂更是得到飞速发展。1981 年成都遭遇特大洪水①，很多建筑被水淹没。洪水退后，成都大面积搞基础设施建设，而砖成为必不可少的材料。如此情况之下，龙潭寺砖厂的生意变得非常红火，有的砖厂甚至可以有几十万元、几百万元的进账。

实际上，砖厂的发展更得益于龙潭信用社的资金支持，否则是修建不起来的。那时候，砖厂经常会去建筑方那里卖砖。一般而言，砖厂会让建筑方先给一部分钱。可是，建筑方又害怕砖厂拿钱跑路，于是就把我们信用社牵进去，货源由我们信用社负责，买方先给预付款。同时，我们信用社也要和砖厂一起去找建筑方要预付款。就这样，我们信用社相当于建筑方和砖厂双方的信用媒介，彼此都稳当。

我们信用社之所以要如此费心费力，稳定好买卖双方的关系，是因为我

---

① 1981 年 5 月开始，四川省内发生连续强降雨，7 月 10 日开始，盆地内大面积暴雨，7 月 13 日，降水量已达 220mm/h，形成特大洪水灾害。

们给予砖厂贷款，害怕砖厂砖块积压过多，贷款难收。只有砖卖出去，砖厂才能还贷款。

因此，我们信用社人员天天都要去砖厂转一下，看它的生产状况如何、库存有多少。只要保证"钱不在，货在"就行，要是钱也没有、货也没有，那就完了。此外，信用社人员每个星期都要去联社开会，汇报这个星期砖厂的状况，比如砖厂有多少积压、有多少贷款。

在改革开放的大环境下，以砖厂为代表的乡镇企业快速发展，龙潭寺的经济快速发展起来，龙潭信用社也逐渐扭亏为盈，好起来了。

坐柜有门道

1986 年以后，我就没有搞信贷了，开始坐柜，一直到退休。在这期间，有两件事让我印象比较深刻。

第一件事是我拒绝收受群众的钱财。一次，有两个人来信用社柜台上取钱，一共取了 7000 元。当时，信用社整理 1000 元，是将 10 元面值的钞票共 100 张捆为一沓，我一共给了他们 7 沓。等这两人回去之后，他们却死活说拿回去的只有 5000 元，怪我没有把钱给他们拿够。我告诉他们这是不可能的，因为我心里知道，自己离开信用社的时候是轧了账的，账本清清楚楚，一分不多，一分不少。而且我不是一个会拿公家钱的人，更不会拿客户的钱。于是，我和这两个人一起跑回信用社去查看。当把信用社的门打开时，才发现两沓 1000 元的钞票还在。原来是因为那天要下雨，这两人慌里慌张的，钱都没拿够就跑了。发现是一场误会之后，两人诚恳地跟我道歉，还从那些钱里面抽了十几张左右给我，作为他们误会我的补偿。我说："我不'吃'这个钱，要是我'吃'这个钱，我早就下台了。"在信用社工作，吃群众、储户的钱，是犯罪的。

第二件事是我以真诚服务赢得客户的信任。20 世纪 90 年代，市场上出现假钞的情况非常多，不仅做生意的人，甚至我们坐柜人员都会遇到假钞。

为此，验钞机成了信用社的必备工具。有一次，一位做生意的客户向我询问验钞用的是什么，居然可以识别出假钞。我告诉他，用的是验钞机，通过其发出的紫光灯就可辨别钞票真伪。于是，他问我能不能帮他买到一台验钞机。当我找到信用社主任说明情况后，主任说可以不收客户的钱，拿一个验钞机免费送给他，这不仅方便了客户的工作，也方便了我们的工作。而且，如果客户觉得我们这里的服务态度好，他心里就会更稳当，也就更愿意信任我们，从而继续把钱存在我们信用社。我也觉得这样做最好。当我们给客户送去免费的验钞机时，他很感动也很开心，不停地说着"感谢感谢"。

因为我为人真诚，常与客户交流，很多客户都非常信任我。有些客户更是只愿意由我来存钱，如果不是我坐柜，他就把钱揣回去，第二天看见我来坐柜才把钱拿来存上。而且，有的时候客户取钱，我不小心把钱拿多了，他们也会毫不犹豫地退给我。这样的信任，让我越发感到，只要我们真诚服务，多与客户交流沟通，客户就会相信我们。

干好工作凭良心

在信用社工作这么多年，看着龙潭信用社从一个小小的信用社，发展成如今的成都农商银行龙潭支行（以下简称"龙潭支行"），荣获"适老化服务示范网点""中国星级银行网点（四星）"等诸多荣誉，我由衷地感到高兴。龙潭支行是成都农商银行光辉发展历程的一个缩影，是一代代农商人的心血和汗水铸就而成的。

我觉得干好工作最重要的还是看自己的心。我不仅自己工作凭良心，也教育自己的孩子："公家的钱不是你的钱，一分都不能要，公私必须要分明。"总之，不要妄想吃公家的钱，才能在单位做得长久。

我的儿女很好地传承了我的品性，从没想着干工作发大财，而是踏实做事情。他们在工作中的表现都十分不错，走到哪个地方都有人尊敬，这是我最为自豪的地方。

高国勋，1966 年入职西江信用社，现已退休。任职期间，高国勋立足信用社主责主业，不畏艰辛、主动担当、奋力作为，在重视信用社资金质量的同时，亦团结职工做好本职工作，让西江信用社不断发展壮大。

高国勋：信用社需要用心经营

采访、文字稿整理、拍摄｜成都农商银行口述访谈组

一心努力做好工作

1953 年西江信用社成立。成立时，我国采用的是旧币体制，农民的股金以万元为单位，按照后来币制改革 ① 的标准，当时的 1 万元就等于改革后的 1 元钱。有个入股户在建社时入股了 3 万元，1988 年的时候找信用社打官司，索要本金加利息 10 万余元。按照新版人民币的标准，他入股时的 3 万元价值等同于后来的 3 元钱。但这个客户不接受，还把信用社告上法庭。最后他输

---

① 1953 年，中国发布全国发行新版人民币，调换旧人民币的通知，通知中具体规定了新旧币的比价为一元比一万元。1953 年 3 月 1 日起发行新版人民币，新、旧人民币在市场上同时以比价流通。

高国勋在西江信用社的工作证

掉了官司，信用社把 3 元股金退还给他。这件事情给我的印象非常深。

1966 年 10 月，西江信用社原来的主任调任公社书记，我就被派去西江信用社当主任。当时信用社的地址在朱氏街，那里以前是水路码头，是个很繁华的地方。

那时的西江信用社只有两名员工，一个是我，另一个是会计。信用社的工作主要由会计负责，会计每天开门运营，接待客户。主任则需要长期下乡协助公社组织工作，每个主任协助一个大队。

信用社的主要工作就是吸收存款、发放和回收贷款。但在 20 世纪 60 年代，信用社没什么存款，发放贷款的钱主要来源于国家信贷。那时经济条件有限，整个县城只有学校、医院、商店在信用社有存款，其余都没有。

信用社放贷款的时间聚焦在每年三四月份。我们有时候下乡给农户办理，有时候直接在信用社办理。比如，当生产队的人来申请买肥料的时候，我们就把款转到供销社，他再去供销社拿肥料。

放贷款的时候是信用社工作最忙的时候。每当生产队开始种植庄稼搞生产时，信用社主任就要回到信用社，准备发放贷款的事情。因为我长期下乡，久而久之，全公社的基本情况我都非常熟悉了。只需要几天时间，就把贷款放得差不多了。然后等到收获的季节，信用社主任再去乡下收贷款。收贷一般是以集体的生产队为核算单位，农民把粮食卖给国家以后，国家再把这笔钱转到信用社，信用社就能直接收回农民的贷款。

那时候确实很辛苦，但是如果不辛苦，工作就做不好。在岗的 33 年里，我一直在西江信用社任主任。工作期间我始终不甘落后，一心努力做好工作。

坚持贷款"三查"制度

改革开放以后，经济发展很快，企业发展起来，老百姓有了收入，信用社慢慢地就能够自己组织资金，解决全公社的资金需要了。

那时候，为了吸收更多的存款，凡是知道谁有收入，我们的信贷员就会去积极地做工作让他到信用社存款。

有个常年在外打工的客户，每年都会带来几万元的存款。因为害怕在路上被人抢劫，他就把钱藏在铺盖的棉絮里，然后把棉絮装在破烂的背包里。到了信用社以后，他才把钱从铺盖里拿出来。我们就帮他慢慢清理，整理好了再存起来。凡是从外地打工回来的人，我都会让信贷员去了解他们的情况。掌握他们的信息之后，再组织他们把钱存到我们信用社。经过我们积极的努力，西江信用社的存款多了起来，解决了全公社贷款的资金需要。

那个年代的贷款主体以企业为主，个人贷款很少。贷款的目的主要是发展经济和创办企业，如酒厂、石灰厂等，这些企业里既有私人企业，也有集体企业。每当有企业来申请贷款的时候，我们就会对它们进行多方面的审查，包括信誉、产品、贷款用途、产品销路和利润高低。即使是农民贷款买猪，对于他贷多少钱、什么时候偿还、买多大的猪、本人适不适合贷款喂猪、有没有能力和条件喂猪，以及买来以后猪在哪里养殖等情况，我们都会仔细了解，以此来决定是否可以放贷。

如果我们没有考察到位，他们的产品卖不出去，无法获取利润，信用社的贷款就收不回来，所以我们坚持贷前调查、贷中审查和贷后检查的"三查"制度。

我们调查完毕后就会向贷款方发放贷款，一段时间过后再对贷款方进行检查。调查一般由信贷员执行，审查由审批的人执行。这个过程中会再次核实贷款方的贷款用途。比如，贷款方是酒厂，想要贷款买粮食，那么信用社负责审批的人就要根据他的贷款金额，去核实他是否真的买了同等价值的粮食。平时我们也会对贷款方进行检查，查看他们有没有还款保障。比如，有企业贷了 10 万元，我们平时就要去仓库查看企业的产品库存，通过库存来评估他们的还贷能力。

针对贷后审查，我一向是严格要求员工，平时多去检查。我们西江信用社只有一个信贷员，每当他去检查的时候我也会跟着去。如果企业或者个人没有把贷款用在实处，我们就要及时追查贷款的真实用途，看企业购买的东西和生产是否相关。比如，企业贷款时说要买粮食，但实际买了煤炭，这也算生产需要，贷款只要真实地投入生产，问题就不大。

我在信用社工作的 33 年时间里，这里的企业发展得也比较好，信用社贷款有 1000 多万元，存款有 2000 多万元。直到我退休，放出去的贷款基本上收回了 90%，只有 10% 还没收。2000 年的时候，有些信用社的贷款收不上来利息，贷款成了死账，但我们西江信用社还有 70% 以上的贷款可以收到利息，这就说明我们 70% 以上的资金是活的。我整个工作生涯都为党、为人民尽心尽力，对得起自己的良心。

从倒数到先进

1979 年，当时的崇州县委①决定提拔我为西江公社党委副书记兼信用社主任，管理九个大队，任期 5 年。那时候，我基本上就在公社工作，信用社的工作是附带着做的。除了公社每周日放假以外，其余时间我都在大队跑生产。每天早上，我要参加政治学习，下乡跑生产。中午有时间就回公社吃饭，晚上必须回公社，接着参加学习。去跑生产的时候，没有自行车，九个

① 崇州市原名崇庆县，于 1994 年撤县设崇州市。

大队十几里的路全靠双脚走。

在九个大队中，二大队的生产一直搞得不好，在历年的评比中都是倒数第一名。以前的领导在公社开会，做完上传下达的工作后就走了。我上任之后，不仅会传达上级命令，而且还会把具体任务分配下去，让每一项工作落实到位。

同时，我还把干部队伍抓起来。二大队有六个生产队，主要有三个干部——书记、村长、会计，我就让他们一人负责一个生产队的工作，剩下的三个生产队由我亲自负责。我还告诉他们："如果再没有起色，我就找你负责，不找生产队长。"他们听了我的话，就这样把生产抓上去了。

1979 年，二大队的成绩好转起来。那时候每一季度都有评比，像种麦子、栽秧子、割麦子之类的农业生产活动都会评比谁做得早、做得好。在真抓实干的工作后，二大队的名次逐渐上升。比如，那时候栽秧子，二大队提早就栽完了，在全大队的评比中获得第三名。

在我去之前，很多书记都没能把二大队的生产抓起来。我去了之后，二大队很快丢掉了倒数第一的帽子成了先进，这个成效赢得了全公社的称赞。

我在担任副书记期间，还做了一件事。当时，我们种植的水稻品种产量较低，公社的人吃饭都很成问题。通过一个朋友介绍，我了解到温江那边有个高产的水稻品种，叫桂朝①。听到这个消息以后，我就带着农业技术员去了温江考察。因为粮食问题涉及全公社一万多人的生存，我不敢有丝毫马虎。我们考察了三天，先眼观，到田里去看每一窝水稻有多少根，每一根能结多少谷子。然后再去看粮仓，了解仓库存了多少谷子，地里产了多少粮食，再根据记录预估亩产量。通过具体的考察和计算，我们得出结论，这个品种的确高产。

---

① 桂朝，指桂朝二号，是由广东省农科院粮食作物研究所培育的一种籼型常规水稻。

回来之后，我们开会决定，第二年，也就是 1981 年，全公社统一种植桂朝这个水稻品种，大家的积极性很高，就这样连种几年，一万多亩田，产量得到提升，解决了全公社人民的吃饭问题。

信用社像家一样

在西江信用社的员工管理方面，我也有一套自己的办法。

为了让员工工作得更好，我会从他们的家属着手，做好家属的思想工作。曾经有几年，我每年都要召集员工家属来开座谈会。在会上，大家互相交换意见。比如，有的是员工父母参会，我就会请他们管理教育好自己的子女，配合子女做好工作。

通过开会，大家互相理解、化解误会，这样工作就要轻松一些，而且可以让大家在思想上团结起来。得到了家属的支持，员工就能在信用社安安心心地工作。因此，在西江信用社，不管人员多少，不管怎么分工，大家一直都很积极努力。

另外，我非常重视员工的精神教育，这是对他们负责，也是对信用社负责。比如，我会告诉他们贪污盗窃不仅会被开除、劳改、判刑，甚至会让人一辈子都不能翻身，还会对自己的儿孙不利，儿孙都抬不起头。如果因为违法而丢了工作，即使可以回去做工分，也比不上在信用社的收入。工作干好干坏是一回事，但违法的事情绝对不能做。通过这些思想教育，他们时刻警醒，明白工作来之不易，而且是一辈子的事，所以更应该珍惜。

我还会根据个人能力给员工安排工作。信用社主任就是什么事情都要考虑，要掌握每个员工的思想动态，虽然很难，却是必须的。知道一个人贪财，那就不能让他当会计或出纳，可以让他去跑信贷，到外面收贷款。收贷款是有单子作为凭证的，这样就不容易贪钱。有水平和能力的人就当会计，能力欠佳的就去做出纳，因为出纳工作比较简单，不需要非常专业的技术。

如果滥用人才，人用得不好，就容易出差错，给信用社造成负面影响。

从我接手西江信用社到退休，信用社的员工们没有出过大的差错，因为我能把他们安排在合适的岗位上，并做好家属工作，让他们免去后顾之忧，在信用社安心工作，和信用社的同事紧紧团结在一起。对他们来说，西江信用社就如同家一般温暖。

张文发，1958 年入职柑梓信用社，现已退休。在艰苦环境中，张文发不断勉励、提升自己，从未有过思想动摇。改革开放后，张文发依规依法做业务，并不断完善信用社规章制度。在张文发的带领下，柑梓信用社从未亏损过。

张文发：农村金融战士

采访、文字稿整理、拍摄｜成都农商银行口述访谈组

经常清账到后半夜

1958 年，我进入双流县柑梓乡柑梓信用社担任会计一职，当时，信用社一共有两个人，就是主任和我。之前，我在农业合作社① 当了 4 年会计，每个月负责公布社员的工分，大家觉得我做得好，很信任我，所以才把我调到了信用社。我在信用社的日常工作就是管理账户，做到账等钱清。刚进信用

---

① 农业合作社，即农业合作经济组织，是指农民为了维护和改善各自的生产及生活条件，在自愿互助和平等互利的基础上，遵守合作社的法律和规章制度，联合从事特定经济活动所组成的企业组织形式。

社时，我不会打算盘，只好埋头苦学，有时晚上睡不着，就回忆怎么打算盘。此外，我还常常晚上在家清账，甚至做到后半夜。

那时柑梓信用社各方面条件都很艰苦，办公室仅有一张桌子和一个保险箱，租借来的住房只有一张写字台和一张椅子。我们每两三天就要从柑梓树走路到农行双流彭镇支行取款，来回要走 10 公里。为赶在早上 8 点前回柑梓信用社开门营业，我们天刚擦亮就要出发，很辛苦。

对我来说，被组织选到信用社工作，是党和群众对我的信任。当时信用社的很多人员，都称自己是"农村金融战士"。作为"战士"，我就要做到干一行爱一行，哪怕工作再辛苦，也一定要把事情做好，要思想坚定，不怕困难。

那时候，由于群众还不太了解金融工具，对信用社心存怀疑，害怕存了钱就取不出来，也怕露富（被人知道自己有存款），所以组织存款对我们来说是一项艰难的考验。

为了组织存款，保证信用社不亏损，想办法动员存款，当时提出了存款三大原则："存款自愿，取款自由，为储户保密。"[①] 还有其他宣传存款的标语，如"爱国、保密、安全""功在国家，利在自己"。后者就是指存入的资金是为支援国家建设，同时自己获得利息也增加了收入。

与此同时，我还在 1962—1964 年间，兼职不兼薪地代管邮政，目的就是增加与群众的交流，更方便地动员群众将收到的汇款存在我们信用社。

以前经济条件比较差，存款面额小、户数多，很多人只能存二三十元，而且存了之后隔几天就会来取。我经常遇见一类人，他们一定要等没人，才来存款。有一次，我见一个人在信用社门口左右张望，就问他想做什么，他

---

① 存款自愿是指，群众存不存款，存多存少，什么时候存，存在哪个营业所，存哪一种储蓄等，都由个人决定；取款自由是指，储户什么时候取款，取多少，用途是什么，都由储户自己决定；为储户保密，是指不能宣传他人的存款数目，不代任何单位和个人查询别人存款情况。

说自己想存钱，但请我帮他保密，不能向其他人说。

1978 年改革开放后，市场化经营思路兴起，信用社之间的竞争也变得激烈。柑梓信用社地处温江和双流交界处，和温江区距离较近的一家信用社存在竞争关系。为在激烈竞争中发展信用社，我们一边想办法拉存款，一边利用机会不断提升自己。

我们发现，茶铺里的消息最为灵通，容易打探到消息，以就常去茶铺喝茶，听人聊天，还常去赶场，比如谁家买了多少东西，谁家新增了收入，谁家又买了猪仔等。一收到消息，我们就上门动员群众存款。这个方法非常好，我们因此拉到了不少存款。

20 世纪 80 年代，全国各地信用社陆续开设了干训班，让干部学习金融知识和管理方法。1982 年，农行在温江地区组织了为期一个月的培训。我被选去培训学习，这是我担任会计以来的首次正规培训，在此之前，我对金融和管理几乎一无所知。

在培训班，一位姓曾的会计辅导员教我们做账和管理账户。大家集体学习、分组研究，和以前读书一样，上午听讲，下午讨论，中间没有休息，并且是脱产学习，只有星期天能回家。

由于我们缺乏金融知识，对管理信用社也没有经验，就只有努力地学习。晚上躺在床上，我都在思考今天学了什么。通过这次培训，我才了解什么是货币和金融，提高了专业知识水平，而且学会了信用社规范化管理，如坚持按时开关门营业的必要性。

依规依法做事

改革开放之后，我们的贷款对象发生了转变，酒厂、汽车配件厂、建筑队，以及液化气厂等成为我们重点调查、重点放款、优先放款的对象。对于这个转变我们并不觉得奇怪，社会经济肯定会向前发展，那我们一定要配合国家政策，来帮助企业发展。

起初，企业老板存在贷了款却花不起的思想，担心企业倒闭后会负债，就不敢贷款谋发展。我们就告诉他们，这不仅是为了社会经济发展，而且能帮助他们赚到更多的钱。通过做思想工作，他们对金融工具的认识增加了，思想负担减轻了，贷款的企业多了。

当然，在放贷的时候，我们严格按照贷前调查、贷中审查、贷后检查的制度要求。通常，我们会对贷款人的资金、所干事情的利润空间、产品销路等方面进行深入了解。

有一家液化气厂想办理贷款。我们就针对液化气厂的情况进行多项调查，包括考察对方资金是否足够，技术是否过硬，员工人数多少，设备是否充足等。通过考察后，我们才给这家企业发放了贷款。还有一家配件厂，有销路，但没有技术，只能请师傅来做工。企业负责人决心要干成这件事，就提交了贷款申请。我们经过仔细调查，最终支持了这家企业。

有个农民创办养鸡场，最初养死了一些小鸡，但他没有放弃，而是通过看书学习了许多养殖知识。通过调查和他本人的陈述，我们决定帮助他，不仅给他发放贷款，还和他一起养鸡、割麦子等，最后他成功把养鸡场办起来了。就这样，经过我们的支持，很多企业发展了起来。

20 世纪 80 年代，个别信用社滥发贷款，产生了呆、坏账的情况[1]。我们信用社严格遵守贷款制度规定，成功避免了不少损失。但贷款无法收回的状况不可能完全杜绝，仍然有企业倒闭后无法还款。这时候，我们就会根据情况来催收贷款。

具体还款方式基本上有四种：第一，能还上的就全部还完；第二，可

---

[1]　20 世纪 80 年代，随着经济体制改革的不断深入，资金的供求矛盾越来越突出，企业的逾期贷款、长期占用不流动的资金也大量增加，农村信贷资金周转速度减缓，预期和呆滞贷款比重增加。1981 年至 1986 年底，全国农行、信用社逾期贷款达 500 亿元，占贷款总额的 4.2%。

以还一半；第三，收本不收息，本金收回，把利息免去；第四，针对经济条件足够却不愿意还款的人，我们会和法院联系，依法收贷[①]。为了收款，我还和法院的工作人员一起去雅安市天全县。那次我们没能找到贷款人，了解情况之后，由法院依法收贷，把他的汽车带走了。农村也是这样，有的人家里放着金项链却拒绝还款，我们只能依法把他的金项链带走。当然，为了避免还不上款的情况，我们会想办法发挥理事会的作用。我们每半年开一次理事会，在下半年的总结会上，就会给理事会成员们分配任务，要求帮助我们放多少款、收多少贷款。由于他们熟悉当地情况，能够帮忙预防一些不良情况出现，也能有效推动收款工作。

感谢党对我的培养

随着企业发展，人们收入增加，更多人来柑梓信用社办业务了。1991年，我们又增加了大概10位员工。

人手充足之后，我们就给信贷员划分片区，每个人要负责好自己管辖区域的贷款业务，做好调查工作。为了更好地管理员工，我改革了信用社内部的经营管理制度，规定信贷员每周或每两周要开会研究、汇报工作。通过这些有效的调查、分析和管理措施，柑梓信用社的贷款效益增加，解决了放款易、收款难的问题，尽量按时收回贷款，避免出现呆账。

就这样，信用社经营一年比一年好。在彭镇四个信用社里，我们信用社的呆账比例最低，业绩排名第二。每年年终结算时，一直是收入大、开支小，每年都有盈余，足够上交给县联社，还可以有余钱给信用社搞建设。我们不仅有了新的办公桌，还购置了一辆二手自行车。资金力量扩大之后，又买了辆汽车。

---

① 依法收贷指银行按规定或约定，通过催收、扣收、处理变卖抵押物，提前收回违约使用的贷款，加罚利息等措施，以及通过仲裁、诉讼等途径依法收贷。

我在信用社工作的 39 年里，柑梓信用社从未有过亏损。我很高兴，没有给信用社带来过损失。这些年里，我一直和钱打交道，始终坚守"贪污是犯罪"的底线。既然党和群众相信我，我就不能贪污、盗窃、受贿，做对不起他们的事情。我不摆架子，也没占过便宜，都是按政策办事。这也让我和群众的关系比较好，从没有人埋怨我。

1995 年，我 59 岁。在参加工作的 37 年后，我加入了中国共产党。其实，我在 20 世纪 80 年代就提交了入党申请。这一次，党和群众信任我，肯定了我的表现，让我如愿入党。一直以来，我始终忠实地为信用社工作，没有私心杂念，听从党的领导。如果我们每个员工都有这种思想，银行一定会有更好的发展。

第二章

迎难而上：
闯出一片天地

口述历史访谈

毛尚庸，1966 年由人行调入鹤林信用社，现已退休。1984 年，毛尚庸牵头组建双流联社，在特定历史环境下，双流联社为信用社争取发展空间、提升管理水平，恢复信用社"三性"[①]作出努力。

毛尚庸：在夹缝中成长

采访、文字稿整理、拍摄｜成都农商银行口述访谈组

发展不易

信用社的发展是非常不易的。诞生时，信用社的定位是农民参股的互助基层信用组织，但在实际发展过程中，由于管理体制的变化，信用社的"三性"越来越淡。20 世纪 50 年代初，它先是由人行管理，后交由农行管理[②]。人民公

---

① "三性"是指组织上的群众性、管理上的民主性和经营上的灵活性。

② 1955 年，农行成立后，开始负责指导农村信用社的发展。

社①建社初又下放人民公社管理，再其后，又收归人行管理②、1979年农行恢复后又交农行代管。1966年我调入鹤林信用社时，它已重新回归人行管理。那时候，信用社的业务属于人行管理，但实际上人民公社拥有最终决定权，对业务有干预，让你贷款你就得贷。但总体来说，当时的环境还算宽松，因为人行要为信用社说话。

但到了1979年，农行恢复后③，信用社再次被移交给了农行管理，问题就变得突出了。当时信用社网点多，不仅乡乡建社，还有很多分社。信用社当时已成为各县基层规模最大的信用单位，相比之下，农行在乡上没有分支机构，只有营业所④，且几个乡才设有一个营业所，所以农行在基层是竞争不过信用社的。⑤

因为对业务比较精通，我在1980年从信用社调入了农行双流县支行。刚开始任办公室副主任，后来正好农合股有同事要去读书，大家觉得我对信用社情况比较熟悉，所以推荐我来接替他的工作。

---

① 1959年4月1日，中共中央作出《关于加强农村人民公社信贷管理工作的决定》。根据这个决定，全省农村信用社陆续下放给人民公社管理，改乡信用社为信用部或信用股。但由于四川省人民公社的建制基本上是以乡为主，与信用社的组织机构是相适应的，因此，信用社只在名义上挂了人民公社信用部的牌子。

② 1957年4月23日，四川省人民委员会根据国务院关于撤销农行的决定，批准撤销省农行、并入省人行，内部增设农村金融管理处，管理农村金融业务。信用社主管部门为人行。

③ 1979年2月23日，国务院发出《关于恢复农行的通知》，标志着农行恢复建立。

④ 营业所，指农行设置在基层的营业机构。

⑤ 当时为"行社合一"，即国家银行农村营业所与农村信用社合并成为一个机构。1977年11月，国务院颁发了"关于整顿和加强银行工作的几项规定"，其中第七条规定："办好农村信用合作社。信用合作社是集体金融组织，又是国家银行在农村的基层机构。"1978年5月，人行又下文作了具体规定："在一个公社已有银行营业所，又有信用合作社的，所、社合为一个机构，实行统一领导，挂两块牌子，使用两个印章，办理银行和信用合作社的业务。只有信用合作社没有营业所的，只挂信用合作社的牌子，使用信用合作社的印章，由信用合作社承办银行和信用合作社的各项业务。以上两种形式，同样都是国家银行在农村的基层机构，执行统一的金融政策，统一的计划管理，统一的规章制度。"

恢复"三性"

为了恢复信用社的"三性"，1984年，成都市郊15个县（区）陆续成立了县级联社①。县联社大事只需要在农行县支行的领导下进行工作，信用社主动权要多一些。毕竟，县联社是基层社的联合组织②，有了它，就能代为协调很多事情，机动性更强。

我当时主持了双流联社的筹建工作，整个过程最重要的是拟写联社章程。按照要求，县联社的建立要召开代表大会，通过选举产生县联社领导。像

1984 年 7 月 23 日，双流联社正式成立

组建理事会、监事会和社员小组以及人员如何构成等，都需要在章程中作出说明。写完之后，我们就召集基层社主任，就章程内容进行讨论。讨论通过后开始制作选票进行选举，由农行双流支行行长兼任主任，我担任副主任。

县联社成立大会是在农行双流支行召开的，参会人员有上百人，包括县政府相关领导，人行、农行代表，市农行信用合作处全体人员，各县农行信用合作科/股负责人，信用社主任及职工代表。双流联社由基层社入股组建而成，有社员社 48 个、理事会成员 9 名，监事会成员 7 名。

按照要求，县联社成立后，各个基层社仍然是独立经营、独立核算、自

---

① 在国务院批转的《农行关于改革信用合作社管理体制的报告》中，明确提出"在县一级建立信用社的联合组织信用合作联社"。

② 据《成都农村金融志》，县级联社成立后的主要任务包括：在全县（区）范围内调剂信用社的资金余缺；从信用社利润中提出一定数量的互助基金，用于调剂盈亏；统筹解决职工退职退休经费；组织经验交流和信息交流；管理职工培训教育工作；综合并考核信用社各项计划执行情况；检查信用社执行方针、政策的情况。

负盈亏，日常业务信用社独立进行，涉及大额业务，就必须向县联社请示。县联社负责对基层社实施管理职能，刚成立时，县联社还没有设立营业部。

成立之初，联社设置了"两组一室"，即业务组、会计稽核组和办公室。信用社的经营指标由联社制定，联社每年对信用社进行考核。人员工资、升职、调级等，也由联社管理。联社管理，其实也就是农行在参与管理。只有一样，奖金分配农行不参与。

实际上，在行社"脱钩"前，除了奖金是分开的，营运资金没有完全分开，会相互通用。

头脑要灵活

在我看来，当时制约信用社发展的核心问题不是存款，而是结算。按照规定，信用社必须在农行开户，不能在其他银行开户，所有资金结算都只能通过农行进行。当时很多乡镇企业的资金结算需求大，从农行结算资金，不仅手续繁多，而且受到诸多限制，客户资金无法及时到账，影响周转。这种情况下，客户干脆就把账户开到农行去了。信用社的客户就这样白白流失掉了。

针对这种问题，我们就想办法向人行、农行申请成立了联社营业部，具有经营性质，可对外办理业务，并制定了联社结算往来的文件。营业部获批成立后，信用社的存款，就可以一部分放在联社营业部，一部分存入农行营业所，一定程度上缓解了结算问题。

在那种管理体制下，信用社既要发展，还要平衡各方面的关系，是非常艰难的。我们有意见，又不敢表现得太明显，毕竟还要在农行领工资。为了让信用社资金更灵活、更充足，我们想了很多办法。例如，考虑到信用社的业务重点是支农，有一年我们就向县政府打申请成立春耕资金专户，各信用社根据情况划拨一定比例的资金用于支持春耕生产。县上收到申请后表示支持。这样一来，农行也不能扣下这笔钱，我们就避免了资金被划走。

那时候，农行对于信用社的转存款①也管得很紧，要求我们必须保持固定限额。如果是年底等贷款收回来了，那没问题，但到了年初，钱要放出去，怎么可能继续保持呢？后来，我就给农行四川省分行行长当面提出意见，建议对转存款金额按照资产负债比来设定。在这之后，我们能用来支配的存款就更多了，业务发展空间也相对更大了。

除此之外，20世纪80年代成立的农村合作基金会（以下简称"基金会"）也是信用社强有力的竞争对手。它作为农村群众自己创办的资金融通组织，凭借机制灵活、运营成本低、未纳入正规金融监管，以及不上缴保证金、管理费、税收等有利条件，大量开展存贷款业务，抢占了信用社的业务。②

总之，信用社就是从缝隙里长出来的，得头脑灵活，才能提升管理水平，有更大的发展空间。

"全员练兵"

除了外部限制，信用社内部管理也相当薄弱。最主要的问题是员工学历低、业务素质低、管理水平低。

1988年，农行和信用社开展专业技术职称评定工作，我由市农行职改办指定担任邛崃、大邑、新津、蒲江职称评定组的组长。由于职称评定是硬性规定，跟工资挂钩，所以申请的人很多。依照流程，我们除了要审查申报材

---

① 转存款，指信用社营业机构将多余的库存现金转存至开户行。

② 20世纪80年代，农村实行家庭承包经营制度以后，面临两个问题，一方面人民公社时期的集体财务管理体制不适用了，新体制又没有建立起来，造成集体财务资产管理一定程度失控，侵占、挪用、挥霍浪费集体资金的现象比较严重；另一方面，农户发展生产缺少资金，银行、信用社信贷资金规模有限，远远不能满足农村经济发展需要。在这样的背景下，基金会应运而生。成立之初，基金会对改善和加强农村集体资金管理，增加农业生产资金投入，缓解农民生产、生活资金短缺困难，用活农村闲散资金，促进农业生产和农村经济发展发挥了一定作用。但发展到后期，则出现一些不容忽视的问题：有的违背办会宗旨，跨地区设置机构，违规经营金融业务，高息吸收和发放资金；有的内部管理不善，民主管理制度未建立或流于形式，办成了乡镇政府的"小金库"或营利性组织；有的资金投向不合理，清理回收资金不力，不良资产上升，亏损额增多，潜伏着较大风险。针对这些问题，国务院于1996年在《关于农村金融体制改革的决定》中，要求对基金会进行清理整顿。

料，还要组织理论考试。记得当时考"货币银行学"，有道题正确答案是"财政赤字"，结果有些考生写的是"财政吃子"，让人哭笑不得。但当时信用社太缺人了，理论知识只能占一部分，关键还要考察实际工作能力。

此外，为提高全员素质，除参加市农行干校举办的短期培训班外，我们与四川银行学校联合举办3届函授中专班、"全员练兵"活动等，通过制定相应的奖惩规则，鼓励大家提升业务技能，"全员练兵"活动也不断掀起高潮。而在全市信用合作系统开展的珠算、计息、记账、算成本、手工点钞等比赛中，双流联社获得全市第一名，后来全省开展这类比赛，成都市获得全省第一名。

为了提升信用社管理水平，农行成都分行从1989年起开始对信用社实施等级管理。由市农行成立评审委员会，县级联社组成考评委员会，农行县（区）支行行长（主任）参加，按照人员规模、管理水平、存贷规模、利润等指标进行综合评定，表现最佳的为一级。[①] 评级高的信用社，不仅获得更多奖金，而且自主权更大、业务范围也更广。双流的东升信用社、中和信用社、白家信用社都不错，评上了一级信用社。

有些等级低的信用社看到自己被比下去，心里很不是滋味。但我认为这不是坏事。评级是一种鞭策，当员工明白工作既和责任挂钩，也和收入挂钩时，就会更努力地工作，想方设法弥补差距。不然，信用社就是一盘散沙。

20世纪90年代初，双流联社还推行过"承包责任制"。简单来讲，就是把信用社效益与干部员工的奖金、考核挂钩。我们确定了几项考核指标，首先是政治上的，思想要端正，必须把政治放在第一位。其次要遵守信用社规章制度，业务要搞好，存款、贷款、利润不能出差错。在年终考核中，如果考评成绩高，奖励就高。这样一来，甚至有人奖金比县长还高，收入

---

① 《成都农村金融志》载，经市农行评委会最后评审，全市评出一级社13个，二级社163个，三级社140个，未上等级的社89个，暂时未评的社3个。

很可观。

除了考核与培训，我们也非常注重用文化将员工凝聚起来，其中最重要的就是要有家的氛围。我认为，只有关心信用社职工，才能提高大家的工作积极性，所以我大力主张办职工食堂，因为这个对于提升员工幸福感很重要。双流县办得最好的食堂在永安信用社，整个信用社的氛围很好。我们还有一个规定，就是职工生病，主任必须去探望。逢年过节，县联社领导还要去慰问老员工。哪怕是退休了，也要让员工知道，你永远是这个大家庭的一员，你没有被遗忘。

通过一系列的举措，信用社的经营状况大为改善。以前，经营状况不好的信用社，连正常的差旅费都无法开支，后来不仅能解决，员工福利也越来越好。还有些信用社，原来状态不佳，积极性调动起来之后，面貌大为改观。记得当时全国搞清产核资工作，这里的信贷资产清理得非常彻底。后来农总行工商信贷部部长来考察，给予了高度评价："要是全国所有信用社都能像你们这样搞，我们就放心了。"

总的来说，在当时的历史环境下，县联社的成立对促进信用社的发展起到了积极作用。现在，我们的发展越来越好，但要记得，这样的局面来之不易，当存珍惜之心。

练世清，1981 年入职文安信用社，2024 年因病去世。1984 年，龙泉驿联社成立后，练世清作为联社成员之一，深度参与服务"三农"、服务县域经济发展的过程。

练世清：始终不忘初心

采访、文字稿整理、拍摄 | 成都农商银行口述访谈组

规范内部管理

1981 年，我从部队退役后进入文安信用社工作。那时候，农行和信用社是领导与被领导的关系。信用社领导干部由农行任命，业务也受农行信用合作股（以下简称"信合股"）管理。信用社普通信贷员的贷款金额权限不能超过 2000 元，主任的权限也仅有 5000 元。超过这个金额的话，就要上报农行营业所，经同意后才能进行发放。好在当时我们当地营业所的领导还比较人性化，如果不是重大原则问题，就不会过多干预。

1984 年 8 月 29 日，龙泉驿联社成立[①]，我调入联社工作。联社成立时召开了社员大会，并组建了理事会和监事会。其中，理事会包括 8 名成员。联社主任由农行龙泉驿区办事处主任担任，副主任由农行信合股股长担任。我作为信用社代表，是其中的理事会成员之一。

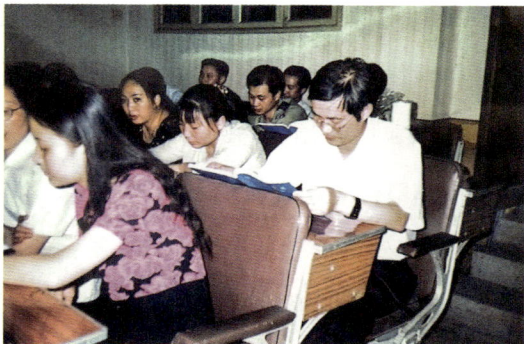

龙泉驿联社组织开展学习普通话活动

相比之前的信合股，县联社成立后最大的变化是，我们拥有了相对独立的身份。此后，信用社不再以信合股的名义对外发文，而是改换成了县联社。联社成立后，我们首先在规范内部管理方面做了很多努力。

以前，信用社员工文化程度普遍不高。有些主任甚至目不识丁，只会写自己的名字，管理也极不规范。记得 20 世纪 80 年代初，我亲眼见到有的主任在发工资的时候，把金额写在烟盒子上，名字一签，然后让员工摁上指纹就算完事。至于贷款业务，当时也存在问题，主要体现在没有严格遵守"铁款、铁账、铁算盘"的"三铁原则"[②]，有些甚至连利息都算不准确。

1984 年暑假，我参加了农行省分行组织的政治经济学教员培训。培训中，我系统学习了党的方针政策，对于如何执行规章制度、规范操作流程也进行了深入了解。这次培训对于我的业务能力提升帮助很大，想到自己刚进

① 1984 年 8 月，国务院批转了《农行关于农村信用社管理体制改革的通知》，提出把农村信用社办成自主经营、自负盈亏的群众性合作金融组织，恢复农村信用社组织上的群众性、管理上的民主性、业务经营上的灵活性。

② "三铁原则"，在 20 世纪 60 年代一般指铁算盘、铁制度（铁规章）、铁账本，在 70 年代一般指铁账、铁款、铁制度。后来，国务院要求金融业发扬"三铁原则"传统，严格金融业内部管理，中央金融纪工委秉承传统、结合现实，将"三铁原则"的含义确定为铁账本、铁算盘、铁规章。

信用社时也是一窍不通，所以有必要加强对员工的培训。回来之后，我就组织了转培训。

再后来，我们又陆续实施了一系列多层次、多渠道的职工培训。例如，邀请西南财经大学教授举行专题讲座，帮助员工了解金融、法律政策，树立竞争意识；组织员工积极参加微机、会计电算化、新财务制度等专题技能培训班，提升大家的业务技能；派遣信用社主任到泰国参观，了解别人是如何支持旅游产业发展的。他们回来之后，支持很多农户修建农家乐，带动了当地旅游业的发展。

此外，为了规范贷款管理，联社重点加强了"三查"制度的落实，确保做到贷前调查、贷中审查、贷后检查。基层信用社在发放大额贷款前，将调查情况上报联社业务组，由业务组、联社主任和基层信用社人员亲自到现场进行实地调查。综合考虑项目发展前景、法人代表管理水平和学识水平，以及信用情况，对贷款项目进行审核。符合要求的，我们及时发放贷款，跟进贷后检查，并根据实际发展情况，对贷款额度进行调整。对于风险较高的项目，我们则会直接拒绝。

曾经有个建筑公司想找我们贷款，但我们调查发现，这家建筑公司经营情况不佳，老板也不讲信用，就坚定地拒绝了。后来这家公司因经营不善破产了。

可以说，在严格落实"三查"制度后，员工风险意识更强了，不良贷款也得到了有效控制。个别兄弟联社，不良贷款率可能高达百分之七八十，我2004年调入彭州时，当地不良贷款率超过90%，但20世纪80年代龙泉驿联社的不良贷款率在5%以内，这在当时是非常少见的。

心贴心助农

联社成立后，在业务发展上的显著变化是加强了对农业的支持。通过加强和农业局、畜牧局沟通联络，利用三干会[1]的重要时机进行宣传推广，凡是涉"农"的事情，我们都努力去参与。

记得联社成立当年，我们就制作了一个大型的广告横幅，挂到驿马桥[2]桥头做宣传。我记得当时的广告标语是："手握手的承诺，心

练世清接受原中央电视台记者采访

贴心的服务"。实事求是地讲，我觉得我们切实做到了这一点。

龙泉驿区是全国著名的水果之乡，葡萄、水蜜桃、枇杷、李子等水果口感很好，非常受欢迎，但当时种植技术还不够成熟，病虫害多，农药使用也比较随意。为此，联社专门请来技术人员对农户进行现场辅导，如何套袋、如何防止病虫害、如何施肥，都手把手教他们。教完之后，又将相关操作要点整理成册，逐村进行发放，帮助大家实现科学种植。

当时，大多农户都有贷款需求，虽然每户金额不多——少则三五千元、多则一万元，但涉及范围广，所以我们配备了专门的信贷员挨家挨户去服务。个别村组面积比较大，一个村的信贷员能达到三名，确保符合条件的农户都能及时获得贷款支持。

除了生产环节，我们也在储存环节提供了大量支持。当时，主要的出川通道尚未修建高速，水果从成都运到重庆需要两天时间，很多在半路上就烂掉了，让果农非常痛心。在专家的建议下，洛带镇柏杨村的乡镇企业计划修

---

① 三干会，即"三级干部会议"，分为市级（市、县、乡镇三级）、县级（县、乡镇、村三级）。每年春节前后召开。

② 驿马桥，位于四川省成都市龙泉驿区春兰路。

建气调库 ①，将收购来的水果放到气调库里进行统一存储。但修建一个气调库至少需要 80 万元，靠自有资金无法解决，之前，他们也曾联系过其他银行申请贷款，但被拒绝了。

后来，龙泉驿区乡镇企业局、农业局有关领导找到我们，希望我们能给予支持。我们粗略估算了一下，如果气调库修好后运营得好，两年时间就能偿还所有贷款。但当时单个信用社还没有实力发放如此大额的贷款，于是，龙泉驿联社就协调辖内 4 个信用社进行联合放款，每个信用社放款 20 万元。合同由企业方和 4 个信用社分别签订，联社进行统一管理，代行"三查"制度，收到利息再分别划转给 4 个信用社。这也是全区范围内第一个投入使用的气调库。整个气调库长约 50 米，宽约 20 米，高约 20 米，承重可达 3500 吨，且 24 小时不间断供电，切实解决了困扰果农多年的存储问题。因为运营情况良好，我们放出去的贷款提前半年就全部归还了。后来，我们又陆陆续续支持了当地气调库建设，这些气调库直到现在都还在使用。

全心全意为地方服务

我们切实加强与地方政府的合作。尤其在 2000 年后，在西部大开发的战略背景下，龙泉驿区迎来了前所未有的发展机遇，我们乘势而上，充分发挥本地金融机构的灵活性，得到当地政府的高度认可。

2000 年 2 月，国务院正式批准龙泉驿区为国家级经济技术开发区，在 3 月正式挂牌。区政府希望挂牌前能新修一条马路，不仅方便交通，也提升龙泉驿区的整体形象。因为时间紧迫，区政府同时联系了多家银行申请贷款，但因为审批流程复杂，都至少要两三个月才能放款。作为本地机构，我们最大的优势，恰恰就是流程短、时效性强。虽然当时联社只有 100 万元的贷款权限，但可以联合辖内信用社共同放款。最终，我们联合 10 家信用社，仅用 3 天时间就将 950 万元

---

① 气调库，又称气调贮藏库，是当今最先进的果蔬保鲜贮藏方法。能在冷藏的基础上，控制温度、湿度、二氧化碳、氧气浓度等条件，抑制果蔬呼吸作用，延长果蔬贮藏期和保鲜期。

贷款批下来了。

之后，我们与政府的合作愈加顺畅。适逢国家级经济开发区正式开始建设，龙泉驿区要进行大面积拆迁和工业园区重建，许多配套项目都选择和信用社合作。可以说，我们全心全意为地方服务，做到四勤：嘴勤、腿勤、口勤、脑子勤。在原则框架下，我们不踩红线、不违规操作，实实在在为当地政府做事，急政府之所急、解政府之所需，政府自然也愿意支持我们。

在支持地方建设的同时，我们也为企业发展提供支持。其中一个比较典型的案例是支持广乐食品有限公司。它原本是西平镇的乡镇企业，前身是成立于20世纪80年代初的西平乡大头菜厂。最初，信用社给它的贷款额度只有一两万元，后来，随着市场规模不断扩大，产品越来越丰富，企业的资金需求也更多了。90年代，我们提供的贷款达到几十万元。2000年后，广乐食品有限公司把工厂扩建到经济技术开发区，我们对它的支持就更大了。通过季节性放款，我们的贷款金额最多时达到1200万元。现在，该企业是龙泉驿区的知名企业，也是省、市优秀农产品企业。

1999年后，龙泉驿联社进入快速发展阶段。我们每年的存款呈两位数增长，员工的福利待遇和幸福指数也随之提高。比如，我们在县级联社中，较早实现了统一着装，当时给员工定制的呢子大衣、西装和衬衣，有些人直到现在还在穿。秉持着"联社是我家，发展靠大家"的理念，每逢节假日，我们还会邀请员工家属一起开座谈会，请大家看电影、聚会，感谢大家的辛勤付出和全力支持。

在20多年的时间里，龙泉驿联社为政府排忧解难，让利于社会，让利于百姓，获得了很好的品牌声誉。在所有员工的共同努力下，龙泉驿联社稳步前进，为我们后来改制成为农村合作银行①奠定了基础。2007年，龙泉驿农村合作银行正式成立，我们正式取下了"信用社"的招牌。但我相信，无论叫什么名字，我们始终不忘立足当地、服务"三农"的初心。

---

① 农村合作银行主要是以农村信用社和农村信用（市）联社为基础组建，是由辖区内农户、农村个体工商户、企业法人和其他经济组织入股组成的股份合作制地方金融机构。

杨格，2000 年入职市联社，现为乡村振兴金融部（三农和普惠金融部）顾问。入职市联社之前，杨格曾在农行成都分行、人行成都分行工作，负责农信社管理工作，也因此深度参与了行社"脱钩"的全过程。

杨格：行社"脱钩"始末

采访、文字稿整理、拍摄｜成都农商银行口述访谈组

沉疴积弊

　　农信社诞生后，曾受到人行、人民公社等不同机构的管理。1979 年，随着农行设立，人行就委托农行代为管理农村信用社（以下简称"农信社"），当时对农信社的定性是，既是集体所有制的金融组织，又是农行的基层机构[①]。

　　尽管在农行的领导和管理下，农信社的存贷业务和队伍建设得到了快速发展。但由于两者在管理体制上存在着本质不同：农行是全民所有制，主要

----

① 1979 年 2 月，国务院发出《关于恢复农行的通知》，其中第六条提出，农村信用合作社是集体所有制的金融组织，又是农行的基层机构。

的客户群体是国有企业和大型企业；而农信社是合作制的经营机构，属于集体所有制，一直服务"三农"，主要客户以农户、小额农贷和小的乡镇企业为主。这样的管理混淆了国家专业银行和集体金融组织的界限，使得农信社逐渐失去了自主权，走上了"官办"道路。

1983 年，我参加工作，进入农行都江堰支行时，农信社的业务经营存在"所社合署办公""所社合一""所社联营""一口出"等形式，形成了农村的存款主要靠信用社吸收，农村的集体、个体贷款主要靠信用社发放，农行的存差、贷差计划的实现取决于信用社转存款增减的状况。也就是说，农行把信用社看作是自己的基层机构，它的存贷款业务在很大程度上依赖信用社的存贷款业务发展。

在人事管理上，农信社也受到诸多限制。当时农行有个政策：优秀的农信社干部可以转为农行员工。很多农行的领导，都来自农信社。农信社辛辛苦苦培养起来的优秀干部，被农行掐尖了。

整体来说，行社关系不顺的问题主要表现在三个方面。一是在管理上存在直接控制与间接管理的矛盾。农行通过联社管理信用社，名义上是间接管理，实际上是把联社当成附属机构，没有跳出"既是又是"的"官办"格局。因而也派生出不符合合作金融原则的问题。二是政策上存在"一刀切"与合作自主的矛盾。在实行宏观决策时，对合作因素的考虑不足，约束过多。而且信用社上缴资金负担过重，转存款、特种存款利率却很低，加上和银行一样开展保值储蓄，较多的信用社利率倒挂；同时按集体企业计征税款，致使很多社难以承受，亏损越来越多。在基层，有的行还以自身资金和现金松紧来定信用社的计划盘子。三是在利益关系上存在业务分工与交叉竞争的矛盾。由于两种所有制，两个经济实体，各自独立核算，在商品经济条件下，企业选银行，银行选企业尚未建立适度规范，有的经济行为离轨，出现盲目与内耗现象。有的甚至不顾职业道德，不择手段，导致金融秩序混乱。

各种问题不断堆积，农信社觉得，这样经营下去会越来越困难，所以就不断呼吁行社"脱钩"，由人行进行行政管理，从而解决利益冲突的问题。

路径之争

1984 年县级联社成立时，国务院批转了《农行关于改革信用合作社管理体制的报告》，很多人认为农信社应该由县联社来管。有地方的县联社意见特别大，出现很多矛盾。为了加强对农信社的管理，农行从总行到省地县的四级分支行，内设了信用合作管理部门（部、处、科、股）①，县联社主任由农行县级支行行长兼任，县级联社副主任由信用合作管理科科长担任。

县级联社的成立，并未使农信社处境得到根本改变。在这之前，农信社只能做一些小额贷款或消费性贷款。在这之后，也只能通过调剂资金间接参与一些重大项目，自己根本接触不到优质客户。

此后，社会上出现了很多理论性的研究，形成了关于行社"脱钩"的第一次理论碰撞。② 我记得 1989 年 9 月 1 日，农行成都市分行召开了首届农村合作金融研究会，针对农村信用合作社的性质，改革方向和模式等问题进行研讨。当时，成都市农村金融学会和信用合作处收集了各行、社推荐文章 80 篇，农行分支行、信用合作联社的人员都发表了自己的看法。

比如，关于农信社的经济属性问题，有人认为是合作金融组织，也有人认为是集体金融企业，还有人认为二者兼有，或正由合作向集体过渡。当

---

① 农行总行设信用合作管理部，省市级农行设信用合作管理处，地市级设信用合作管理科，县级设信用合作管理股。

② 国务院于 1984 年 8 月 6 日向各省、自治区、直辖市人民政府和国务院各部委、各直属机构发出通知，批转了《农行关于改革信用合作社管理体制的报告》，通知提到："为了适应当前农村经济发展的需要，促进商品生产的发展，信用合作社管理体制必须抓紧进行改革。要通过改革，恢复和加强信用合作社组织上的群众性、管理上的民主性、经营上的灵活性，在国家方针、政策指导下，实行独立经营、独立核算、自负盈亏"，"把农信社真正办成群众性的合作金融组织"。根据该文件，全国各地开始设立县级联社。

然，也有人说农信社是国家银行的基层机构。而关于改革方向和模式，概括起来有六种方案：第一种坚持以恢复"三性"，理顺内部关系为改革重点，维持现有模式；第二种主张因势利导，实行分类改革；第三种是实行行社联营；第四种是合并为农行的基层机构；第五种是自成体系，组建合作银行；第六种就是实行集体股份制。

对于信用社发展路径的问题，大家都很关心，各种观点百花齐放。在此过程中出现不同论点，甚至截然相反的争论也是正常的。信用社改革应该从部门利益出发，还是以发展社会生产力为归宿？是凭局部经验决策，还是用科学的理论指导？是着眼于理顺外部关系，还是着眼于理顺内部关系？是分类指导，还是"一刀切"？是分阶段进行，还是一步登天？都引发了大量争论。

在争论中，行、社之间的矛盾也愈演愈烈。为了突破限制，1992 年，成都市各县级联社联合组建成立了联合营业部，主要负责解决全市农信社的资金调剂和重大项目的筹资。直到 1999 年，南郊联社成立^①，联合营业部才结束营业。这算得上是特殊时期的一个特殊产物。

20 世纪 90 年代正在营业的农村信用合作联合营业部

1991 年，我被借调到农行成都分行信用合作处（以下简称"信合处"）工作。这时，我们的身份是很尴尬的，因为拿着农行的工资去管理农信社，必须得为农行说话，但我们又了解农信社面对

———

① 南郊农村信用合作社联合社于 1999 年 1 月成立，是由成都市体改办下辖的联合营业部，以及城郊联社所属的簇桥、石羊、永丰、桂溪、三圣、琉璃信用社，双流联社的金花、机投等 8 个信用社组建而成。

的问题，如果要支持农信社有效发展，就必然会触动农行利益。当时，凡是来管农信社的领导都换得很频繁。

　　1993 年，国务院下发了《关于金融体制改革的决定》①，提出"实现政策性金融和商业性金融分离"，并"先将农村信用社联社从农行独立出来，办成基层农信社的联合组织"。这让大家重新看到了行社"脱钩"的希望，并形成了第二次比较激烈的讨论。

　　有些地方还围绕"既是，又是"（既是集体所有制的金融组织，又是农行的基层机构）组织过讨论。很多员工私底下都觉得，农行和农信社是两个经营主体，但又不能说得太直接，害怕受影响。

　　一直到 1996 年，行社"脱钩"进程才真正开始加快。

　　　　时任人行行长戴相龙曾撰文："1996 年 4 月 2 日，时任中共中央政治局常委、国务院副总理朱镕基听取了我对农村金融体制改革工作的汇报，并基本同意我的汇报。他说：'农村金融有越来越乱的趋势。农村金融体制改革的核心问题是推进农村信用社的改革。我倾向于农信社与农行'脱钩'，把农信社的一部分改为农村合作银行，给地方更大权力，实行资产负债比例管理。'"②

"靴子"落地

　　1996 年五六月，农行成都分行做出了一些调整，各基层行长不再兼任县

---

① 《关于金融体制改革的决定》，即 1993 年 12 月 25 日国发〔1993〕91 号文件，文件提到："为更好地发挥金融在国民经济中宏观调控和优化资源配置的作用，促进国民经济持续、快速、健康发展，国务院决定改革现行金融体制。"金融体制改革的其中一个目标是："建立政策性金融与商业性金融分离，以国有商业银行为主体、多种金融机构并存的金融组织体系。"

② 戴相龙. 农村金融体制改革二十五年 [J]. 农村金融研究，2021（11）:3-9.

联社主任，而是配备了一批专职主任去管县联社。我们认为，这一举动实际上就是在为"脱钩"做准备。当年 8 月 22 日，国务院发布《国务院关于农村金融体制改革的决定》①，指出"改革的核心是把农村信用社逐步改为由农民入股、由社员民主管理、主要为入股社员服务的合作性金融组织。改革的步骤是：农村信用社与农行脱离行政隶属关系，对其业务管理和金融监管分别由农村信用社县联社和人行承担，然后按合作制原则加以规范"。

8 月 27 日，国务院成立了农村金融体制改革部际协调小组（以下简称"国务院部际协调小组"）②。这时，我就进入成都市农村金融体制改革领导小组办公室（以下简称"体改办"）。

8 月 28 日，国务院部际协调小组印发了行社"脱钩"的具体实施方案。我就负责根据上级要求，起草"脱钩"报告。

在这之前不久，我才刚写了一份总结报告，标题为《辉煌的 15 年，奋斗的 15 年》，讲的是 1980—1995 年农行在管理农信社方面的成效。接着，又要开始写"脱钩"报告，申请农信社和农行"脱钩"。

报告内容很短，只有一页多纸，重点是阐明成都市农村信用社已经完成"脱钩"前的准备工作，并具备"脱钩"条件，希望与农行脱离行政隶属关系，写完报告后并经成都市农村金融改革领导小组主要领导签批后，通过特快专递寄到北京，等待国务院部际协调小组批复。

---

① 《国务院关于农村金融体制改革的决定》（国发〔1996〕33 号文件）指出，"农村信用社与农行脱离行政隶属关系"，"今年（1996 年）下半年着手进行规范农村信用社的改革工作。今年（1996 年）下半年开始，各省（自治区、直辖市）可选择一、二个经济较为发达的县（市），开展组建农村合作银行的试点工作"，"今年（1996 年）秋收前，中国农业发展银行在地（市）及部分县（市）做好业务经营机构的设立工作，切实改进收购资金管理，明年（1997 年）夏收前完成所有应设机构的增设工作"。

② 《国务院农村金融体制改革部际协调小组办公室关于尽快成立农村金融体制改革领导小组及其办公室的通知》（农金改〔1996〕1 号文件）规定："省级农村金融体制改革领导小组办公室分别设立农村金融体改和农村信用合作管理部门；地级农村金融体制改革领导小组办公室比照省级农村金融体制改革领导小组办公室的组建办法执行；县级农村金融体制改革领导小组办公室不设农村信用合作管理部门，有关农村信用社的日常管理工作由县联社负责。"

在这期间，大家都关注着批复进展。我经常给国务院部际协调小组打电话询问。批复文件在 10 月就正式批下来了，还没寄回成都，我们就在电话中获知了这个消息。那一刻，体改办的同事都心情激动，这意味着行社"脱钩"尘埃落定。

按照批复的内容，我们从 11 月 1 日正式脱离农行。在正式"脱钩"后，就要着手对人、财、物进行处置。比如人员去留问题，以及共同投资的东西该怎么划分？双方的资产纠纷怎么解决？

关于人员，大的原则是，农行员工继续留农行，农信社员工继续留农信社，稍微特殊一点的是农合处、农合科的同志，可以双向选择 。我本来有机会留在农行，但选择了去体改办。当时的想法很简单，农信社被束缚这么多年，"脱钩"后肯定会是另外一番景象，想和大家一起创造一片新天地。当时农合处的人多数和我一样，选择去了体改办，我们一共 9 个人，加上当时借调过来的 6 位信用社同事，一起搬到联合营业部在磨子桥的办公室。记得我们搬过去的时间是在 1996 年 9 月，也就是说，在"脱钩"报告批复下来之前就已经搬过去了。

搬过去后的很长一段时间，我们都还一直"飘"着，虽然大家的人事档案已经从农行调出来了，但又不能挂靠到各级政府。直到 1998 年 1 月 1 日，人行成都分行专门设立了农村合作金融监管处（以下简称"农合处"），将原体改办的人员全部划过去，我们才算真的有了归属。而农合处当时除了体改办的人员，还另外新增了部分人行的同志，并设置了业务科、监管科、财务科、稽核科等科室，我担任业务科科长。

资产处置上，当时的处理规则是，县一级资产由各县联社负责处理，市一级资产则由体改办负责。由于农信社与农行的账目是分开的，所以大部分资产比较清晰，只有一小部分有争议。例如，农行使用的交通工具是农信社购买的，农行员工住着联社的宿舍楼。

对于这部分资产，就要先分清楚哪些属于农行，哪些属于农信社。我牵头处理了包括白果林干校、都江堰鹤翔山庄和京川宾馆等几宗资产，有些实在协调不了的，最后还走了法律程序。有农行的同事还对我说："你父亲都是农行的人，你住着农行的房子，还要跟我们扯（走法律程序）。"但我没有办法，当时的身份决定了我必须维护农信社的利益。最终，各种资产得到较为恰当的处理。

不过，比人、财、物的协调处置更重要的是，我们要思考如何让"脱钩"后的农信社发展起来。当时成都市有 384 个农信社，5000 多名员工，贷款 62亿元，存款 92 亿元。^① 我们不能简单地想象美好未来，而是要继续脚踏实地地做事，把农信社带领得更好，使其更快、更高效地发展起来。

---

① 1996 年，信用社与农行脱离行政隶属关系，当年底有县联社 15 个、信用社 384 个；年末贷款余额 620228 万元，存款总额 929150 万元；员工 5489 人。

蒋义友，1978 年入职农行金堂支行高板营业所，1996 年行社"脱钩"时任邛崃联社主任，现已退休。行社"脱钩"后，面对信用社的艰难处境，蒋义友带领全体员工创新求变、艰难求生，并联合其他信用社发出共谋发展的倡议。该《倡议书》已捐赠行史馆，成为信用社在过渡时期寻求发展的重要见证。

蒋义友：做"老百姓自己的银行"

采访、文字稿整理、拍摄｜成都农商银行口述访谈组

一封《倡议书》

　　1978 年，我进入农行金堂支行高板营业所，1990 年 2 月调任农行邛崃支行副行长，1996 年 7 月，行社"脱钩"前夕，我作为农行干部，调任邛崃信用联社任主任一职。原本，作为农行干部，我是有机会留在农行的，最终选择信用社，一方面源于当时信用社人手不足，另一方面源于早年在农村工作过，与农民结下了深厚感情。反正当时人也年轻，喜欢挑战，觉得越是困难的地方，就越需要我。我就是这么来到农村信用社的。

1996年7月26日，邛崃联社召开管理委员会成立大会，产生联社领导班子，负责管理辖内农村信用社

　　"脱钩"后，县联社在业务管理方面的重要性日益凸显。[①]无论是员工管理、制度建设，还是业务拓展，都得重新来过，靠自己摸索前进。虽然县联社之上还有体改办对信用社进行监管指导，但当时他们人手有限，所以这个过渡时期，联社更多是各搞各的，你唱你的调、我唱我的调，你出一个制度、我出一个制度，搞得是五花八门。

　　许多信用社不约而同意识到了凝聚共识、抱团发展的重要性，当年12月，由邛崃联社发起，都江堰联社、天缘信用社、青龙信用社、红岩信用社、赵镇信用社、郫县联社营业部及崇州联社营业部等联合拟写了一份《倡议书》，并由市体改办组织全市信用社干部在成都召开了一场声势浩大的动员大会。

　　记得那天的成飞礼堂，数百位干部聚在一起，场面非常震撼，很多人还

---

① 根据《国务院关于农村金融体制改革的决定》，农村信用社改革的步骤是先将农村信用社从农行脱离行政隶属关系，对其业务管理和金融监管分别由农村信用社县联社和人行承担，然后按合作制进行规范。

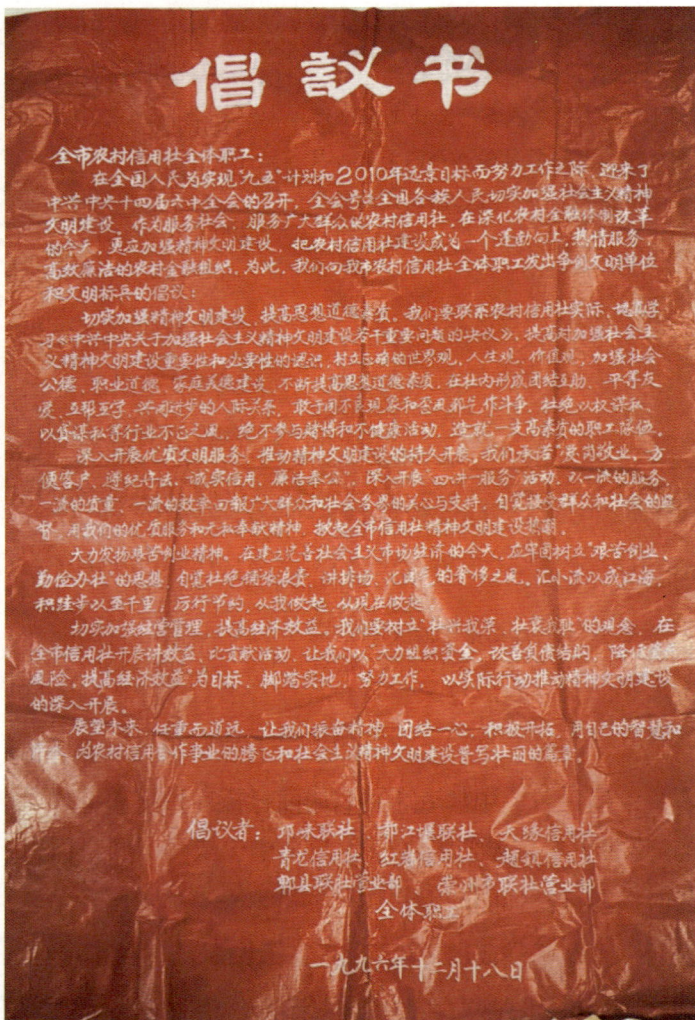

1996 年 12 月 18 日，蒋义友在全市信用社干部动员大会上领读的《倡议书》（目前已捐赠行史馆）

是头一次来成都。会场上，体改办的领导叫住我："老蒋，你是联社一把手，声音又洪亮，带头念《倡议书》的任务，就交给你了。"

当主持人叫到我的名字时，我就走上台，举起右手，带领大家一字一句地读，紧接着听到数百人的声音响彻礼堂：

"要把农村信用社建设成为一个蓬勃向上、热情服务、高效廉洁的农村金融组织……要切实加强精神文明建设……要深入开展优质文明服务……要大力发扬艰苦创业精神……树立'社兴我荣、社衰我耻'的观念……展望未来，任重道远，让我们振奋精神、团结一心、积极开拓，用自己的智慧和汗水，为农村信用合作事业的腾飞和社会主义精神文明建设谱写壮丽的篇章。"

念完后，礼堂里的掌声经久不息。未来的路要怎么走，虽然还存在许多未知数，但"脱钩"毕竟意味着信用社要恢复组织上的群众性、管理上的民主性和经营上的灵活性的"三性"①。这让大家有了当家作主的感觉，所以我们踌躇满志、干劲十足，想闯出一片天地来。

直到现在，每每回想起这个场景，都感觉热血沸腾。那份用蜡光纸写好的材料，我也一直保存着，算是过渡时期我们谋求发展的见证。

万事开头难

但此时的信用社，由于历史包袱重、管理不善，处境十分艰难，完全是在众多金融机构的夹缝中求生存。

记得刚过来那年（1996年底），邛崃联社的存款余额为3.62亿元，贷款余额为2.75亿元，有的基层信用社呆账达到了95%。要想正常开门，就得"找米下锅"，努力组织存款。但相比其他金融机构，它们有"银行"的招牌，而信用社牌子不硬，好多人信不过我们。在他们看来，人民公社和供销社都没有了，你信用社会不会也关了？他们不放心把钱存到信用社，要去专业银行。包括个别政府部门的同志也会问："你们这个摊摊②到底是做啥子的？"

---

① 1984年8月6日，国务院发布《关于农村金融体制改革的决定》，指出："为适应当前农村经济发展的需要，促进商品生产的发展，信用合作社管理体制必须抓紧进行改革。要通过改革，恢复和加强信用合作社组织上的群众性、管理上的民主性、经营上的灵活性，在国家方针、政策指导下，实行独立经营、独立核算、自负盈亏，充分发挥民间借贷的作用。"

② 摊摊，四川话，原指设在路边、市场上的小摊子，可以引申为生意，这里指代农村信用社。

2000 年，邛崃联社员工组成 100 人方队在"邛酒节"上进行宣传

1997 年，我和其他联社负责人一起前往西安，参加全国农信系统专业培训，就如何对信用社进行合作制规范进行系统学习。学习内容非常丰富，包括如何设计组织架构、如何规范运作等。这一个月的学习，让我的管理水平有了很大提升，回来之后就及时运用到工作中。此外，我们还安排优秀干部职工到高校去培训。通过这样的方式，努力提升大家的工作能力。

与此同时，我们还得努力想办法，提升自己的知名度。我们势单力薄，首先要寻求政府部门的支持。我们反复给他们解释，让他们先关注农村信用社的价值，然后再通过大小会议帮我们宣传。

面对质疑，我们也在思考：如何才能让老百姓把信用社和银行联系到一起？后来想到一个满意的口号——"农村信用社是老百姓自己的银行"，用来概括我们的发展定位和服务宗旨。

然后，我们开始铺天盖地做宣传。我们把广告打到电视台，把标语刷在大街小巷的墙壁上，还开着车四方巡游。印象最深的是，1998 年我们把社徽挂在车头上，开往邛崃各地去做宣传。无论城镇农村、大街小巷，还是田间地头，只要是车能开进去的地方，我们都去。通过这些努力，当地老百姓逐渐对信用社有了深入了解，也慢慢建立起对我们的信任。

后来有人跑来跟我说："老蒋，你们这个标语好，干脆、响亮！"其实，这背后都是辛酸。从严格意义上来讲，信用社当时只能算是非银行类金融机构，但为了生存，我们不惜打擦边球去做广告。在大家的努力下，邛崃联社的存款规模快速增长。1999年，我们的存款突破5亿元大关，存款总额居全市各类金融机构第一位。

为了轻装上阵，我们还利用多种清收手段，努力化解历史包袱。例如，加强与当地政府部门的联动，在各个乡镇拉上标语，对有钱不还的"老赖"，我们除了上门蹲守，还联合法院、公安进行强制执行。对于确实存在还款困难的，又有帮扶价值的，我们则继续给予信贷支持，帮助对方提高偿还能力。1999年9月，我们在全市范围内开展了一次清收攻坚战，各乡镇共成立清收领导小组36个，张贴清收公告近2万份，发出催收信件近1.7万封。短短一个月，32个信用社共收回贷款886笔，其中本金83.12万元、利息56.63万元。另有6698户主动与信用社订立了还款计划，涉及本金857万元，利息232万元。

就是想把业务搞上去

20世纪90年代，邛崃经济非常活跃，特别是白酒业，作为龙头产业，几乎达到了"乡乡办酒厂、村村都冒烟"的状态。

在他们最需要贷款的时候，国有大行却因为战略调整，开始上收网点、压缩业务。特别是私营企业、个体工商户，很难从大行拿到贷款。于是我们充分发挥信用社的灵活性，通过信贷政策倾斜，大力支持白酒产业发展。在保证贷款额度每年增长的基础上，我们努力精简审批流程、帮助客户建立销售网络，真正实现了一条龙服务。那时候，好多酒企、作坊都和我们保持着良好的合作关系，多的贷款几百万元，少的也有几十万元。

此外，我们也没有丢掉服务"三农"的本色。除了加大信贷投放，我们努力转变工作作风，发扬背包下乡、送贷上门的优良传统，定期组织信贷人员深入乡村，逐户调查资金需求，努力做到"农户贷款优先、社员贷款优先、农业贷款优先"，深受农户欢迎。

我们还重点扶持了当地养殖业的发展。例如邛崃南宝山[①]，那里温

2023 年 3 月 8 日，访谈组拍摄于邛崃蒋义友家中的储藏室。图为蒋义友保存的工作日记、工作报告和文件等

2023 年 3 月 8 日，访谈组拍摄于邛崃蒋义友家中的储藏室，他正在翻阅过去的工作材料

度适宜，草也丰富，老百姓有养山羊的习惯。1998 年我去考察的时候发现，有个农民只养了 3 只羊，我说为什么不能养 8 只、10 只呢，如果懂管理，甚至可以发展到几百只。他说没有钱。我说："信用社可以给你贷款。"他又说："如果遇到瘟疫，山羊死了咋办？还不起钱怎么办？"

为了打消农户顾虑，回来之后，我们首先联系防疫部门为农户传授防疫知

---

① 南宝山镇，是四川省成都市邛崃市下辖镇。

识。紧接着，又想办法帮农户降低贷款利率。就这样，通过以点带面的方式，让一户先发展起来，再逐渐带动其他农户，最后大家都得到了良好发展。

市联社成立后，开始强化对县级联社的行政管理和业务指导。不仅完善了组织架构和内控制度，也开始实施干部交流，我在 2000 年交流到了大邑联社。

到大邑后，遇到的困难与邛崃大同小异，刚开始很难打开发展局面，我们也是绞尽脑汁，想尽一切办法。有时候，这体现为工作中的灵活性，但如果过了，就把握不好尺度。例如，当时市联社开始推行"审贷分离"，也成立了信贷审查处，给到联社的贷款审批权限只有 50 万元，超过就要上报，比较麻烦。后来有一家龙头企业找到我们，贷款金额比较大。我心想，拿到上面去批，转一大个圈，走那么长一段路，还不如抄个近道。就硬着头皮，用"化整为零"的方式 ① 把项目做了。

虽然这个项目最后没有出现风险，但我却因此受了处分。要说违规，我肯定是违规了。但刚开始还是很难接受这个决定，心理落差很大，感觉委屈没处说。我没有谋私利，只是一心为了单位好，想把业务搞上去。但后来慢慢理解了，没有规矩不成方圆，作为一把手，我不能带头违规。

扪心自问，对于工作，我倾注了无数的心血和热情。想想以前在高板营业所当农金员 ② 的时候，我每天都要下乡，到各村挨家挨户地走访。那时候没有交通工具，每天要走几十里路。遇上高温天气，戴着草帽热得汗流浃背。有一次，外面下着瓢泼大雨，领导问我："你咋还不走（下乡）呢？"他一边说一边递给我一把伞。我硬是没想到，这么极端的天气，他竟然还要求我坚持下乡。刚走到门口，眼泪就哗哗地往下流，觉得这份工作真的太苦了。

但苦日子锻炼了我。不管有没有做干部，我始终带着激情工作，把同事

---

① 把一笔大额贷款拆分成多笔小额贷款来进行发放。

② 农金员，指农村金融管理工作人员。1978 年 11 月，蒋义友在农行金堂支行高板营业所工作。

当亲人对待。每天早上 5 点，我准时起床，收拾干净就去单位。到了之后，第一件事就是打扫卫生、迎接同事，数十年如一日。

即使现在退休了，我还专门找了一间储藏室来保存以前的工作材料，大到会议纪要、工作总结，小到工作证、宣传册、纪念品，我都留着。这里装满了我的青春和回忆，这里珍藏着我为之奋斗的事业。

至于曾走过的这条路，是近道还是弯路，当初看不清，等到拉开时间距离再审视，会有不一样的体会。

刘建德，1996 年入职青白江联社，现已退休。行社"脱钩"后，信用社迈上自主发展之路，既要规范制度、解决不良贷款，又要求发展。1999 年，刘建德带领青白江联社顶住压力，接收了青白江全区约 30% 的基金会，为青白江区农村信用社的稳定发展创造了良好环境。

刘建德：老百姓对信用社更认可了

采访、文字稿整理、拍摄｜成都农商银行口述访谈组

树立新形象

1982 年 12 月我退伍转业被安排到农行青白江支行工作，先后在农业信贷科、人事教育科、党政办公室等部门工作。1996 年，行社"脱钩"后，我被派往青白江联社工作，担任副主任一职。按照"脱钩"方针，信用社进入"自主经营、自我约束、自我发展、自担风险"的发展阶段。

进入新的阶段后，信用社获得更大的自主权。为了做好青白江联社的自我管理，我们从两个方面入手。

对外，我们树立了新的形象。首先是将职工服装进行统一，然后装修网

点，还做了一些宣传资料，宣传农村信用社的方针政策、服务方向、服务对象、服务理念等。1998 年，我们修建了青白江联社办公大楼。这座大楼非常气派，在当时是数一数二的，这让我们青白江联社的整体形象大为改善。

对内，我们加强管理，做好职工培训，加速职工观念转变，进一步开拓业务。首先是重新制定、完善各项管理制度，比如信贷、会计、稽核、人事的管理制度，还有年终的考核制度等，就像建立新家一样，很多事情都要从头开始。

之后我们开展了短期业务培训，例如信贷、会计、出纳等具体业务的培训。还开展了学历培训，支持高中以上学历的职工读大学；与西南财经大学合作了委培项目；办了 10 多期银行学校[①]，把初中以上文化程度的职工全部培养成中专生，把没有专业知识的职工，都通过培训培养起来了。

在业务拓展方面，青白江联社不断改进服务，组建营业部，开发商业项目。这也是我们当时迫切需要做的事情。因为青白江联社刚自主经营时，亏损多、存款少、不良贷款多。其中，不良贷款率就有 50% 左右。

为什么会有如此高的不良贷款率？一是以前信用社受到经营模式的限制[②]，收益一直不高。二是信用社给农户的贷款虽然金额小，但是笔数多，加上管理不善，这让信用社面临的业务风险也高。三是有的信用社背负了人情贷款、领导点贷，这都加重了不良贷款的情况。

当时，为清理不良贷款，各个信用社想尽了办法。有的信用社为了化解不良贷款，就采取以贷收贷、以贷收息的办法。例如，农户第一年贷款 500元，第二年还不上，信用社就再贷给他们 500 元，利息也是通过这样的方式来还。虽然财务报表上看起来有收益了，但却增加了不良贷款的风险。

---

① 银行学校指专门创办的培养银行业人才的学校，隶属于人行。

② 按照监管要求，乡镇企业和农户贷款属于信用社业务范围，城镇工商业、国有企业等属于其他银行。

在青白江联社，我们先是想办法盘活资产来解决不良贷款。比如有的企业有 3 亩土地，原来有 30 万元贷款，但没有国有土地证。我们就再给它贷 5 万元，让他们把国有土地证的手续办了，贷款总额就增加到 35 万元。这样，他们把土地抵押给我们之后，就能拍卖变现。当然，这个方法需要得到区政府的支持，才能办理相应的手续。

总体来说，清理不良贷款很辛苦，但看着信用社的包袱一点点减轻，我们心里还是很有盼头的。

除了要解决不良贷款外，在业务拓展中我们还面临着行社"脱钩"后品牌不够硬的现实[①]。对此，我们坚持以客户为本，充分获得了客户的信任，打开了业务拓展局面。

由于信用社是合作金融组织，属于集体所有制，所以它在业务开展方面受到很多限制。比如，国有企业的主账户不能在信用社开户，政府财政资金不能在信用社开户。

为了与政府、国有企业实现业务合作，我们就带上宣传资料到客户那里去拜访，并请相关负责人到我们信用社实地走访。同时，我们不断改进服务，比如放贷款，其他商业银行可能一个月都审批不下来，我们急客户之所急，很快就能办好，客户就觉得在我们这里办业务很便捷。在接收大额存款时，我们派专车上门收取，客户要取大额存款时，我们也派专车送钱过去。就这样，我们得到了客户的认可。后来，青白江区国土资源局土地整治中心、青白江区人力资源和社会保障局的社保资金中心、青白江区财政局的收费中心，川化集团、攀成钢[②] 等国有企业，以及青白江的许多中小企业，都

---

① 信用社虽然做着银行的业务，却没有银行的招牌，很难得到老百姓的信任。在农行代管信用社时期，老百姓觉得是在有保障的银行办理业务，所以愿意到信用社存款、贷款。行社"脱钩"后，信用社没有了银行的招牌，来办业务的人就减少了。

② 攀成钢是指攀钢集团成都钢铁有限责任公司。

与我们建立了业务关系。

我们的贷款业务是做得比较好的，服务的都是优质企业。客户对我们的上门服务、创新担保的方式很认可。同时，因为我们的存量资金占比高达60%～70%，所以我们还和城郊联社、南郊联社等其他联社联合放款，获得贷款利息收入。

大概在1998年，我们开始在人行新都分行的指导下做贴现业务。这项新业务的收益与贷款的收益相当，而且不占贷款规模。当时，青白江有化工一条街、化肥一条街、钢材一条街，这些街上做生意的老板收到汇票，就会来找我们贴现。此外，川化集团、攀成钢这样的大企业也有此需求。

具体做的时候，我们审查核对比较严格。一旦出现300万元以上的汇票，就要亲自去人行核查。有时候企业老板拿的是外地其他银行开的汇票，我们也会到当地的人行去查明，弄清楚了才能放款。由于采用这样谨慎的审查方法，我们的贴现业务没有出现一笔风险。青白江联社是全市最早做贴现业务的，业务总量达上亿元，在全市是最高的，所以其他联社都来学习我们。

通过加强内外管理，不断拓展业务渠道，我们的资金实力不断增强。2002年，青白江联社实现行社"脱钩"以来的首次盈利8.91万元。

双重压力下清理基金会

1999年，就在信用社刚步入正轨时，遇上了清理基金会的工作。[①] 这是

---

① 1994—1996年，基金会膨胀极快，带来一系列问题，如上级行业主管部门的规范化要求根本抵不过地方政府的不合理干预、以股金名义吸收存款现象非常普遍，高息揽储与信用社形成了激烈竞争关系。1996年8月22日出台的《国务院关于农村金融体制改革的决定》（国发〔1996〕33号）明确规定，要按国家的有关规定对基金会进行清理整顿。1999年1月8日，国务院办公厅转发《整顿农村合作基金会工作小组清理整顿农村合作基金会工作方案的通知》，主要提出三条：一是清理整顿工作由地方负责；二是风险自担，谁造成风险，谁承担责任；三是保护农民合法利益，保持农村社会稳定。当时，四川省基金会的存款规模较大，达到256亿元，因此，在全国率先开展清理整顿基金会工作，于3月11—12日在成都召开清理整顿基金会工作会议，提出"逐级负责，风险自担，对个人存款确保还本"的基本原则，要求各地认真搞好清产核资，争取在4月中旬以前完成。

一项艰巨任务，处理难度很大。

　　基金会普遍成立于 1988 年下半年，当时地方政府面对宏观调控的紧缩决策，想在本地多投放资金，就用行政手段组织了一个融资机构，由农业部合作经济指导司和经管总站负责。基金会在一定范围内经营货币业务，有借贷行为，也有信用授受，而且还有利息收支差，但本质上是一种为农业、农民、农村服务的资金互助组织。

　　1994 年 11 月 8 日，农业部和人行联合下发了《关于加强农村合作基金会管理的通知》，四川省农牧厅和人行四川省分行于 1995 年 1 月 10 日联合下发了《关于贯彻农业部、中国人民银行〈关于加强农村合作基金会管理的通知〉的意见》。这两个文件明确规定：基金会是社区内的资金互助组织，而不是金融机构，不得办理存贷款业务；人行依法对基金会的业务活动进行监督，并会同农业行政部门对违反规定办理存贷款业务的行为进行处理。[1]

　　由于基金会不是金融机构，金融法律、法规对基金会都不具约束力，致使基层人行难以对其依法监管。基金会做到"三不"就不会被干预，即"不吸储""不出村""不得收取利息"。[2] 可以说，基金会作为资金互助组织，却又做了金融业务。

　　当然，基金会曾缓解了农村金融体系对农业和农村发展的资金支持不足

---

① 中共四川省委党史研究室，中共四川省委政策研究室等.中国新时期农村的变革（四川卷）[M].北京：中共党史出版社，1998.11.

② 《文史资料选辑·第 167 辑》中的《农村合作基金会的兴衰与启示》载，1986 年 6 月，时任人行行长陈慕华在考察农村时就基金会发表重要意见，明确指出，利用集体积累资金开展融资活动要坚持做到三点：一是"不吸储"，即不能吸收存款，只能融通本金；二是不出村，即只能在本村范围内开展借款活动，不得跨村；三是不得收取利息。只要符合这三条禁令，人行就不会加以干预。

的问题。但 20 世纪 80 年代后期到 90 年初，它就逐渐背离了规则，甚至搞乱了正规融资渠道和金融秩序，并冲击了农村信用社的正常业务。[①]

有的乡镇政府把基金会视为自己的"小金库"，将基金会资金挪用于修办公楼等财政性开支。如果到期未能收回"借款"，有的基金会就单方自制凭证"借新还旧"，甚至数次变更起息日期，来掩盖"借款"逾期的真相，使逾期"借款"账面余额大大低于实际余额。

我们信用社是受到国家指令性指标控制的，基金会却没有。政府还给了它们各种优惠政策：不上缴保证金、不上交管理费、不交税、不受国家利率政策的管理、不受信贷规模的宏观控制，等等。因此，基金会在竞争中具有绝对优势。比如，信用社限制发放的贷款，它就可以去做。再举个例子，基金会在放款时会同时扣除利息，比如贷 100 万元，就要扣 15% 的利息，贷款户只拿得到 85 万元，基金会立马就有 15 万元的利息收入。而信用社遵守人行的贷款规则，不可能这么做。那些年，许多老百姓都到基金会贷款，不到信用社来，主要原因就是基金会贷款手续简单、审查条件更宽松。但它们这种做法有巨大风险，以至于后来有较高的不良贷款率。

我记得有一家面粉厂，我们给它贷款 800 万元，完全能满足流动资金需求，但基金会又给它贷了 1000 万元。这家企业拿了钱就盲目扩张，不仅修了二车间，扩大再生产，甚至办了纸箱厂、包装厂、面条厂，结果全部死掉。我们去核查的时候，这些厂都关闭了。最后，不管是基金会的钱，还是信用社的钱，都还不上了。

有的基金会还和企业合伙做生意，用吸收的存款资金买小麦、玉米等原料，转卖给饲料厂、面粉厂等，以此赚取利润。如果饲料厂、面粉厂付不起原

---

① 1987—1995 年，由于地方政府的干预导致基金会资金投向非农领域，基金会业务经营银行化，大量违规设点，"高进高出"开办存贷款业务，参与高利率的资金市场竞争，逐渐远离了合作金融目标，积累了大量的金融风险，局部地区出现挤兑风波。

料款，这笔钱就转为在基金会的贷款。但厂家倒闭后，这些都成了不良贷款。

当时，青白江全区的基金会大概有 3 亿多元存款，1 亿多元贷款，存贷规模不算大，但不良贷款的比例相当高，而且 80% ～ 90% 都是还不了的死贷款。

为此，青白江联社专门组织了清理基金会的领导小组，分片区成立了 3 个核查小组，由分管的副主任和科长带队，逐笔核查各乡镇的每一笔贷款，并做好记录。经核查，青白江地区有个别乡镇的基金会情况还不错，比如，福洪乡基本上没有不良贷款，弥牟合作基金会的不良贷款很少，资产质量也不错。而城厢、华严这两个镇的不良贷款就比较多、规模比较大。

我们把不符合规定的基金会名单整理出来，告知政府不予接收。① 但站在政府层面来讲，一定是希望我们尽可能多收。双方就会因为分歧而争执。

据了解，在清理基金会中，存在对资产评估有失偏颇、对账务处理不规范的情况。比如，1999 年 4 月 2 日，营管部核查组进入温江永宁镇基金会以"解剖麻雀"的方式进行核查。当日进场时该基金会账表反映固定资产为零，净资产为负数，但 4 月 6 日提供给核查组的账表中的固定资产变为 210 万元，净资产变"负"为"正"。该基金会实际账面亏损 203 万元，镇政府为使基金会达到并入农村信用社的条件，将在基金会借款 251 万元修建的办公楼按 210 万元作价"赠与"基金会，基金会则作固定资产"盘盈"的账务处理。

该基金会在核查组进场前，将 1996 年 1 月至 1999 年 2 月发放

---

① 当时国家并不是让信用社全盘接收所在区域的基金会，比如对资不抵债又不能支付到期债务的予以清盘、关闭，不能损伤信用社发展利益。同时，根据核查情况，对全市基金会的处置共分为 3 类：对有盈余和不良贷款未超过规定指标的整体并入农村信用社；对不良借款较多，而地方政府愿意偿还的将有效资产和负债分块划转农村信用社；对不属上述情况的实行自行清盘关闭，由区、县（市）乡镇政府清偿债务。

给镇政府的 3 笔共计金额 314 万元"借款"采取更换借款凭证的手法，将政府借款的借款人更改为"永宁镇工业公司"，借款时间改为"1999 年 3 月 16 日"，原用途"修建办公楼及其他"更改为"修建公路"，这样，对镇政府的逾期"借款"也就随之列入"正常借款"。其他大部分抵押担保手续不全的"借款"也以这种方式进行"处理"。此外，该基金会对核查组要求提供的有关资料也以各种借口不予提供，人为设置障碍。温江永宁镇基金会存在的问题是比较典型的问题。营管部以对其核查的经验作为培训内容，对抽调干部进行培训，并迅速在全市铺开核查工作。[①]

除了外部压力外，我们自身的压力也很大，员工们不愿意接收这个包袱，而且清理工作很辛苦，所以有抱怨情绪。我们就给他们做工作，坚决执行国家政策。

我们把争议的情况上报给人行成都分行营管部，并通过人行新都支行[②]出面协调，和政府再商议解决方案。最终，青白江联社接收了全区大概 30% 的基金会，存款有 3 亿多元，贷款有 5000 多万元。有的贷款不符合并入条件，我们就没有接收。例如，青白江祥福镇的基金会有会计贪污被判刑，按照人行的规定，基金会人员有犯罪行为的可以不接收，所以我们没有接收它一两千万的不良贷款。总的来说，青白江联社接收基金会的数量相对少一些，接收的资产质量也不错。

在清理基金会近半年的时间里，我们的员工非常认真、严谨，逐笔地核查材料，能吃苦、拼命干，甚至不分节假日、礼拜天，不分上下班时间。由

---

① 成都市银行业志编纂委员会.成都市银行业志（1990—2005）[M].成都：四川大学出版社，2009.05.

② 青白江信用社由人行新都支行代为管理。

于全联社忙着清理工作，还耽误了我们新大楼的搬迁工作。不过，对于接收青白江区 30% 的基金会的结果，我还是满意的。

对基金会的接收，增加了我们的不良贷款。企业有房产、设备、土地等做抵押，但由农户增加的不良贷款却不好处置。2004 年以后，由于拆迁、土地征用等，农户的不良贷款才收回来一些。2006 年前后，通过兑付央行专项票据，我们的不良贷款率又降低不少。由于当时我们接收的土地抵押比较多，随着地方经济发展，土地增值，我们最后还获得了一定的收益。

清理整顿基金会，让农村信用社组织资金的环境大为改善，农村金融秩序由乱到治，出现了前所未有的大好形势。而且，信用社积极参与清理基金会，在收回一些不良贷款的同时，大大改善了农村的信用环境，信用社招牌不够硬的问题得以解决，老百姓对信用社的认可度变高了。

肖久高，1975 年入职竹篙信用社，现已退休。1999 年全国清理整顿基金会时，肖久高作为金堂联社主任，深度参与了全县基金会的清理工作。

肖久高：平稳接收基金会

采访、文字稿整理、拍摄｜成都农商银行口述访谈组

烫手山芋

我是土生土长的金堂人。从刚开始进入竹篙信用社工作，到后来转为农行干部，再到 1996 年行社"脱钩"，我又重新进入信用社，担任金堂联社主任，始终服务金堂百姓。

1999 年，处在过渡时期的信用社，才刚刚步入发展正轨，又接到了一项更为棘手的工作——清理接收基金会①。

---

① 1999 年 1 月 8 日，国务院发布《国务院办公厅转发整顿农村合作基金会工作小组清理整顿农村合作基金会工作方案的通知》（国办发〔1999〕3 号）文件，停止新设基金会，对符合条件的并入农村信用社，对资不抵债又不能支付到期债务的予以清盘关闭，正式宣布统一取缔基金会。

事情来得非常突然。3月16日，我在温江参加培训时，突然接到紧急通知说，马上中止培训，因为第二天^①要开始清理基金会。因为清理基金会牵涉面广，事关社会稳定和广大农户利益，要求我们对外保密，以确保资金安全。

就在当天，县上召开了工作会，并成立了专项领导小组，由县委书记任组长。领导小组之下，又分设了办公室、宣传组、保卫组、清产核资组和催收欠款组。我被安排在清产核资组。到了深夜12点，开始查封基金会库款，所有资金收付活动全部停止，资产立即冻结，作封账处理。

根据国务院要求，清理整顿工作一开始，需要先完成清产核资，然后再按照不同情况进行分类处置^②。因为此事与信用社息息相关，所以得知消息后，我的心情很复杂。

一方面，我为国家整顿金融秩序感到高兴。基金会在10多年的发展中已经严重偏离了最初的定位，从社区农民的资金互助合作组织逐渐演变成了实质性的金融机构，并对信用社业务造成了强烈冲击。以存款业务来说，信用社的存款利率由人行管理，但基金会不是金融机构，相关金融法律、法规无法对其形成有效约束，人行难以对其依法监管。他们可以随意高息揽储，最高的利息超过了10%，导致信用社存款大规模搬家。信用社一直为基金会的存在感到困扰，并多次向人行反映情况。

从1988年起，成都市各县（市、区）先后建立了乡（镇）基金会和县（市、区）基金会联合会，到1995年底，全市共有独立核

---

① 从1999年3月17日开始，四川省在全国率先统一进行基金会的清产核资。

② 根据核查情况，对全市基金会的处置共分为3类：对有盈余和不良贷款未超过规定指标的整体并入农村信用社；对不良贷款较多，而地方政府愿意偿还的将有效资产和负债分块划转农村信用社；对不属上述情况的实行自行清盘关闭，由区、县（市）乡镇政府清偿债务。

算的乡（镇）基金会331个，非独立核算的分会50个，县（市、区）基金会联合会20个。1996年以后，全市基金会归并，到1998年底，全市共有基金会360个。

......

由于文件规定基金会不是金融机构，《中华人民共和国商业银行法》《储蓄管理条例》和《贷款通则》等金融法律、法规对基金会都不具约束力，致使基层人行难以对其依法监管。由于监管不力，基金会违规经营问题便屡见不鲜。有的乡镇政府把基金会视为自己的"小金库"，将基金会资金挪用于修办公楼等财政性开支。多数基金会的这类"借款"在到期未能收回的情况下单方自制凭证"借新还旧"，甚至数次变更起息日期。这种做法既掩盖了"借款"逾期的真相，使得逾期"借款"账面余额大大低于实际余额，又增加了维护债权的诉讼风险。一些地方乡（镇）领导人违章行政干预和指令放款，基金会逾期"借款"比例高达50%以上。同时，基金会风险保证金太少，难以抵御支付风险。按照成都市农牧局"基金会应按集资总额5%提取风险保证金"的要求，全市基金会迄至1996年2月底止应提风险保证金1亿元左右，实提3084万元，只占应提数的三分之一。基金会资金大量投向乡镇企业，成为乡镇企业生产资金的重要供应者，乡镇企业的经营风险就转移到了基金会。前述问题积聚成为潜在的社会金融风险。[①]

但另一方面，我又为接收这样一个"烫手山芋"而感到担忧。当时，金堂基金会数量多达43个，存款额占金堂金融系统存款总额11亿元的二分之

---

① 成都市银行业志编纂委员会.成都市银行业志（1990—2005）[M].成都：四川大学出版社，2009.05.

一，且运营情况普遍不佳。有的已无法调度资金，甚至不能正常营业。还有的基金会吸收了农户的存款，拿去炒股，结果股市低迷，亏损严重。如果这些包袱转嫁给信用社，势必成为我们沉重的负担。

艰难推进

四川在全国率先启动了基金会的清理整顿工作。因为没有过往经验可以借鉴，包括政府、人行及信用社在内，大家只能一起摸着石头过河。清产核资 ① 既是清理整顿工作的起点，也是后续分类处置的基础，因此尤为关键。

金堂县基金会的资产分布广、规模大，为了高效完成清产核资工作，我们组建了一支庞大的工作队。全县信用社 300 多名员工，有 200 多人都投入这项工作中。我们采取双线并进的方式，组织两队人马分别对基金会账务进行核查。一队由联社领导带队，负责核实账目的真实性，做到账平表等；另一队则由基层信用社负责人、主办会计、信贷员等组成，负责核查资产情况。逐笔核对、户户见面、签字盖印。为了更清楚地掌握情况，我们当时提出了"建卡摸底"的方法（信用社单方面建卡），即针对贷款上万元的客户，按照"一户一卡"的方式单独列账。根据列账要求，逐笔上门核对，将贷款户名称、经营项目、经营状况、财务报表、有效资产、信用情况等信息，详细记在一张卡片上。每张大片约为 4K 纸大小，每张卡片上还记载了调查人员姓名。卡片一式两份，一份交联社，一份留底。总之，谁调查，谁负责，如果出了问题，能找到负责人。

金堂当时共有 42 个乡镇。因为时间紧、任务重，大家每天吃住都在招待所。就这样一笔一笔地核对下来，前后共花了 1 个月时间。

到了 4 月 17 日，就正式进入接收资产的最终审核阶段。由专项领导小

---

① 清产核资的内容包括清理资产、清理负债、清理所有者权益、清理抵押、质押物品、清理政府借款、确认应收、应付利息的有效性。

组组长牵头，召集县政府、人行相关领导、各乡镇负责人、基金会负责人及信用联社、信用社负责人坐在一起，开始依据清产核资的结果来确定哪些资产能接收，哪些不能接受。讨论时，我们就对照卡片，一笔一笔地审核，看其是否符合接收条件，如风险大小、抵押物是否得到落实等，对符合条件的同意接收就当场签字。不够条件的当场剔除，可以说，如果没有当时制作的卡片，仅听基金会一方之词，信用社将接收很多不合格资产。

按照国家政策要求，清理基金会不能把风险转嫁给信用社，所以为了信用社的可持续发展，我们不能接收不合格的资产。但站在当地政府的角度，希望信用社尽可能多接收一些基金会。因此对于一些有争议的资产，我们花了很长时间进行讨论，有的乡镇是多次过会才最后敲定。甚至有一天工作到凌晨 3 点，我们还在和县委县政府领导一起讨论。

争论过程中也出现了许多的冲突。有人认为我们不顾全大局，劝我们要往前看。我就拿出政策来问他们，如果风险转嫁给信用社，那信用社以后怎么经营？

金堂县的情况在全市是最棘手的，所以省、市领导都很关注我们的情况，人行成都分行和体改办的同事也来帮助我们协调。

在清理基金会时，当时在市体改办工作的杨格负责了清理基金会的工作。以下是他的口述回忆：

在成都，金堂县的情况最难。政府最初希望把 26 家基金会并入农村信用社，自己出资一部分，并入 2 亿多元的资产，但其中的贷款有 1 亿多元。我第一次带队去的时候，核查完后认为金堂符合并入标准的基金会只有 4 个。

当天晚上 9 点多，金堂县领导带队来找我，问金堂可以并入多少个基金会。我很为难，但还是硬着头皮说了实话。他们听了之后对我说："如果只并 4 个的话，我们就不并了。"一起前来的工作人员把我拉到一边说："拜托你们了，要帮我们多想想办法，我们从清理基金会以来，没有一天是在凌晨 1:00 之前睡觉的。"

最后没办法，我说把核查的资料全部带回来，再向人行负责此事的领导进行汇报。当时需要金堂县上报的材料有 5 份，结果材料全是用复写纸手写的，连复印机都没有，也没有花钱去外面复印，情况已经难到了这个程度。

他们提交的单据也都是非常零碎的记录：某个五保户去世了，买了花圈、给了多少钱、补贴了多少钱……在这样的情况下，政府也实在拿不出更多的钱来为农户兑付存款。

第二次带队去金堂的时候，我们从大邑抽调了一些人，帮助他们设计解决方案。他们本来已经不抱什么希望了，但听说我们是去帮他们的，会场上很多人忍不住哭出了声。

除了外部支持以外，政府最终也通过各种渠道筹款，解决了约 3 亿元的资金缺口。当时甚至连全县公务员与教师都参与了筹资，通过这样的方式使更多基金会达到并入标准。

完成接收

一直到 5 月底，我们才最终确定接收 26 个基金会，资产 1.8845 亿元，负债 1.8841 亿元，收购 11 个基金会的借款 157 万元。在县委、县政府的工作总结会上，想到金堂之艰难，员工之不容易，许多领导、同志都感动得热泪盈眶。

从长远看，基金会的退出，给信用社的发展提供了新的机遇。但我们的业务也在一定程度上受到影响。

1999 年第一季度的前 70 多天，信用社的各项存款呈现超速增长的势头、年初顺利地越过了 5 亿元大关，到了 3 月中旬达到 52734 万元，完成全年任务的 73%。

......

但自 3 月 17 日以来，清理整顿基金会引起社会公众，特别是基金会入股会员的恐慌，进而波及社会公众对信用社的信任，信用社的各项存款急速下降，部分信用社头寸时常告急，土桥、云合、又新、竹篙等社甚至发生了挤兑现象。到 5 月末，信用社各项存款较 3 月中旬下降 4162 万元，没有保住年初余额。基金会并入信用社后，70% 左右的股金划转为信用社存款，6 月末信用社存款达到 64439 万元，可是好景不长，由于国家再次下调存款利率、征收储蓄利息所得税，加之基金会风波的惯性作用和全县大规模的农房改造等，信用社存款不断起伏波动，到年底只维持在不足 6 亿元的水平。一年来，部分信用社资金头寸频繁告急，联社做了极大的努力，适时调度资金，为保证支付和小额农贷投放，向人行再贷款 500 万元，救助了部分信用社的支付危机，保证了小额农贷的投放，并在全员职工的努力下从数字目标上完成了存款增长任务，但是剔除基金会的股金划转和转存因素，信用社的存款增长甚微，有相当一部分社还是下降的。①

此外，在接收的基金会的资产中，有不良资产 960 万元、固定资产 1730 万元、无形资产 315 万元。过高的不良资产比例和固定资产比例，以及用呆账借款补偿固定资产评估增值，划转的正常资产中也存在相当部分难以落实

---

① 摘自金堂县农村信用社 1999 年工作总结。

和实现的债权等问题，都只能慢慢通过时间来进行化解。

　　1999 年 5 月 30 日，成都市统一发布清理整顿基金会公告。经过清理整顿，成都市 255 个基金会整体并入当地农村信用社，并入资产 30.67 亿元，负债 33.4 亿元，105 个基金会实行清偿关闭，其中 58 个基金会通过置换分块划转给当地农村信用社有效资产 1.12 亿元，负债 1.3 亿元，由政府承担清偿的资产 13.68 亿元，负债 12.7 亿元。[①]

到 1999 年 6 月，接收基金会的工作就全面结束了。现在回想起来，在近 3 个月时间里，参与这项工作的同事没有休息过一天，大家顶住压力，夜以继日地工作，常常为了把一笔贷款弄清楚熬通宵。其他没有参与该项工作的同事也很辛苦，他们留在社里，维持信用社正常营业，除了白天开门，晚上还要负责安保工作，金库守库人员更是每天吃住在信用社里。清理工作结束后，好多人都瘦了，我的体重也减了整整 20 斤。

　　时任金堂县农村信用合作社联合社的副主任成先明在口述中回忆："我 1999 年下半年被调到金堂信用联社。当时最大的问题是清理整顿基金会引起存款下滑、头寸告急、发生挤兑等复杂局面。我们是除双流信用联社之外，接收基金会数额最大的。之后要把信用社的账算清楚，看有多大的缺口，再以时间换空间，去取得政府对信用社发展的支持。为解决信用社资金缺口，我们当时争取到政府对清理基金会的无息财政借款 1.3 亿多元，让要取钱的老百姓都可

① 成都市银行业志编纂委员会.成都市银行业志（1990—2005）[M].成都：四川大学出版社，2009.05.

以取到钱。同时争取人行成都分行的支持，迅速抓存款。另外，我们对信用社内部进行了整顿，引导职工转变观念，加强学习，提升自己的基本素质和实际工作能力。"

此后，信用社为基金会的股金兑付又做了大量的工作，诸如股金证兑付换存单，现金的准备、调运和保护，以及兑付现场的组织等，同时向政府贷款1000万元，有力地支持了政府对接收基金会兑现向社会做出的承诺。基金会退出农村经济领域后，信用社及时填补了其留下的空间，没有因此给农业和企业的生产经营造成损害，有效地防止了农村金融风波的发生，配合县委、县政府保证了全县社会、政治和经济的稳定。

吴道元，1972年入职红光信用社，现已退休。1996年行社"脱钩"后，吴道元在郫县联社参与合作制规范工作。从去北京参加培训学习，到回成都推动清股扩股工作，再到参与社员代表大会、理事会和监事会，吴道元是这段历史的亲历者。

吴道元：把信用社真正办成合作金融组织

采访、文字稿整理、拍摄｜成都农商银行口述访谈组

规范合作制

1972年，受组织委派，我到红光信用社当主任，那时，信用社按照统一规定，由人民公社成立的贫下中农管理委员会管理。1979年，农行恢复建立，代替人行接管信用社。[①]1984年，全国范围内成立县级联社，联社主任普遍

---

① 1979年，国务院颁布《关于恢复农行的通知》，农行第四次恢复建立，其主要任务是统一管理支农资金，集中办理农村信贷，领导农村信用合作社，发展农村金融事业，为更好地发展农村生产和实现四个现代化服务。农村信用社进入农行代管时期。

吴道元（右）工作照

由农行县支行行长兼任。①

1958—1978 年这 20 年间，我国农村信用社管理机构几经变化。

1958 年，国务院发布《关于人民公社信用部工作中的几个问题和国营企业流动资金问题的规定》，明确提出国家在农村的信用机构下放到人民公社。

1959 年，中共中央颁布《关于加强农村人民公社信贷管理工作的决定》，把下放到人民公社的银行机构重新收回，把原属信用社的经营管理权下放到生产大队，业务经营由生产大队和公社信用部双重领导。

1962 年，中共中央、国务院批准《中国人民银行关于农村信用社若干问题的规定（试行草案）的报告》，决定收回此前下放给生产大队的信用社的领导管理权，实行由人行完全的、彻底的垂直领导体制，社员代表大会是全社最高权力机关，信用社的一切重大事项，都必须由信用社社员代表大会决定。

1969 年，信用社下放给贫下中农管理，走亦工亦农的道路。

1972 年，中共中央主持召开银行工作会议，对农村信用社的管理做了新的规定：明确贫下中农管理委员会是群众性监督机构，

---

① 1984 年，国务院批转农行提交的《关于改革信用社管理体制的报告》，加快恢复农村信用社"三性"（组织上的群众性、管理上的民主性、经营上的灵活性）的改革。在这场改革中，影响最深远的就是县级联社管理体制的建立，是农村信用社走向完全自主管理和发展的一个重要标志。但是，县联社工作的开展仍然必须坚持农行的领导。

不是权力机构；决定农村信用社的存、放款利率，执行人行的统一规定；农村信用社的存放款计划和财务计划，经贫下中农讨论通过，公社革委会审查，报经人行县支行批准执行。

1977 年，国务院出台《关于整顿和加强银行工作的几项规定》，指出信用社既是集体金融组织，又是国家银行在农村的金融机构，这表明农村信用社成为人行的基层机构。

1978 年，人行总行就农村信用社的机构设置、领导关系、工作任务、业务经营、财务核算等方面的问题作了具体规定，统一交给人行管理。

1987 年，我到农行郫县支行信用合作科工作，这个时候的信用社还是在农行领导下开展业务、人事、保卫等各项工作。这就让信用社明显感到，发展还是深受束缚的。

1996 年，行社"脱钩"后，农村信用社管理体制进入新的改革阶段，核心是把农村信用社改成由社员入股、社员民主管理、主要为社员服务的真正的农村合作金融组织。[①]

同年 10 月，我听从组织安排，到郫县联社任主任。当时，郫县联社的经营情况很好，管理做得比较好，对发展方向把控得比较准，处于盈利状态，不像其他联社那样亏损严重。

---

① 1996 年 8 月，国务院颁发《关于农村金融体制改革的决定》，分析了农村经济发展的形势，提出要让多层次的金融需求与多层次的经济形式相适应，明确农村金融体制改革的指导思想是"建立和完善以合作金融为基础，商业性金融、政策性金融分工协作的农村金融体系"，农村金融体制改革的重点之一就是改革农村信用社管理体制，改革的核心是"把农村信用社逐步改为由农民入股、由社员民主管理、主要为社员服务的合作性金融组织"，改革步骤是"农村信用社与农行脱离行政隶属关系，其业务管理和金融监管分别由农村信用社县联社和人行承担，然后按合作制原则加以规范"。根据该文件，我国各地开始了农村信用社和农行的"脱钩"工作，到 1996 年末，脱钩工作基本完成，各地开始按照合作制来规范农村信用社。

　　从1983年农村信用社恢复"三性"改革到1996年与农行"脱钩"后，农村信用社一直在按照合作制原则进行规范，但在实践中没有得到实质性进展。1997年2月，经国务院同意，国务院农村金融体制改革部际协调小组和人行组织召开全国农村信用社管理体制改革工作会议，对恢复合作制、规范合作制提出了具体要求：把农村信用社真正办成合作金融组织，规范信用社，完善县联社，组建自律组织，加强金融监管，初步建立起我国合作金融新的管理体制等。同年3月8日，国务院农村金融体制改革部际协调小组办公室发布《关于开展规范农村信用社工作的意见》，对按合作制原则规范农村信用社工作的主要内容、政策以及实施步骤作了具体安排，标志着以合作制规范农村信用社的改革进程正式启动。①

参加培训

　　1997年4月，全国农村信用联社主任第一期培训班在北京举行。当时，成都被选去培训的人员有6人，我有幸被选中，成为首批学员。

　　培训地点在北京市怀柔县（现怀柔区）人行总行的一个培训中心。我一个人从成都出发，到北京下了飞机才跟大家汇合。在北京机场，怀柔县信用联社派了车子来接我们，把到北京参加培训的各地人员一批一批地送到了培训点。培训期间，全国几百名学员吃住都在人行干校，上课就在一个能容纳几百人的大礼堂。

　　培训从4月1日持续到9日，共9天。每天上午8点半到12点，由老师授课；下午2点到5点半，大家分组讨论，每个人都要发言。

　　培训第一天，时任人行行长戴相龙正式宣布培训活动开幕，并亲自作报

---

① 戴相龙.戴相龙金融文集[M].北京：中国金融出版社，2008.11.

告，告诉大家合作制是什么。他从全国形势讲到信用社当前形势，同时阐明信用社按照合作制规范，就是要农户之间彼此帮扶、团结互助，从而促进农村经济发展。

之后，不同领域的专家及人行的一些专业人员依次为我们讲课。培训内容包括信用社的安全保卫、业务发展等，其中，合作制是比较重要的内容。在 9 天的培训中，大概有两三天都在讲合作制。

北京培训实际上是落实中央文件精神、按合作制原则全面开展规范农村信用社工作的一次广泛的教育活动和动员大会，拉开了全国范围内规范农村信用社、推动农村信用社办成真正的合作金融组织的序章。

清股扩股

总体来说，各地信用联社的代表对合作制还是拥护的，郫县联社领导也支持合作制。所以，我一回到成都就马上开始进行具体改革工作。首先就是清股扩股，把家里的账弄清楚。

在清股扩股工作中，我们要先给农民做宣传，告诉他们，为了壮大信用社，将股本金扩大，资本实力扩大，要在原有的基础上清股扩股。于是，郫县联社领头，由联社先跟辖区内的信用社开会，告诉他们要搞清股扩股了。然后下辖各信用社的人员去摸排自己信用社管理的范围，由他们去跟乡、村里面的人宣传解释。

宣传工作由我带头。当时郫县信用联社下辖 20 个信用社，我和一个副主任一人负责 10 个信用社。每到一个信用社，就召集社员代表开会。一个生产队大概有一人参加，总共算下来，每次参会人数大概是七八十人。通过召开大会，干部先知道清股扩股整体情况，再去跟农户做思想工作，告诉农户信用社要先清股再入股，用这种方式将工作层层展开。

具体办理时，每一户都要先退出再重新入股。原来的老股民可以入股，新股民也可以入股。经过两三个月的清股扩股宣传，农户们基本上都自愿入了股。郫县有十几万户农户，被分摊到 20 个信用社，人数比较多。他们入股的钱一开始是 10 元，到后面就不限了，10 元、20 元、30 元，上千元、上万元的都有。

办理股金变更，农户需要带上社员证。社员证的办理方式有两种，一种是在我们门市上办，一种是我们到各个村给他们直接服务。到村上门服务的办公点一般在村委会，当时我们摆上一张桌子就开始办手续了，一个人就可以操作。我们每天早上 8 点开始，要忙到晚上 9 点左右。因为当时入股农户人数较多，大多数农户白天要搞生产，只有晚上才有空来办理入股事务。

社员证上要写清楚姓名、住址、股金份数，并要盖上信用联社的章——章上有"社员证"文字。当时换股和入股是一起办理的，比如原来是 4 元的股金证就添 6 元，换成一股 10 元的股金证。

农户入股之后，次年才会开始分红。入一股就相当于入 10 元，一年可以分到 4 角钱。信用社每年四五月份公布分红信息。有的信用社是年年分红，有的信用社是两年分红一次或者三年分红一次。两年分红一次，就可以分到 8 角钱。不过，分红不是年年都有的，只有当信用社有盈利时才可以分。

郫县的信用社都是盈利社，所以都能分红。分红有两种形式，一是将钱送到村里去，亲自给农户分红；二是找大队干部来信用社领钱，由他们给农户代发。两种分红方式，都需要农户拿社员证作为领取凭证。

我们郫县信用联社的清股扩股工作做得非常好，几十万份的股金证都给发完了。

民主选举

清股扩股工作完成之后，就要召开社员代表大会，建立健全社员代表大会、理事会和监事会制度。①

　　召开社员代表大会的流程是，由信用社主任向社员代表作清股扩股报告，讲信用社发展、信用社业务，再说合作制的目的与意义，最后说要选举理事会和监事会。当时乡党委书记、乡长也过来参加我们的社员代表大会，表现出地方政府对信用社合作制的重视。

　　理事会与监事会一般由 7～9 人组成，其中理事长和监事长分别为 1 人，其他都是委员。理事会、监事会的人员基本上都是领导班子成员，理事长一般是原领导班子里的主任，监事长当时是乡长兼任的，其他委员就由大队队员担任，如大队会计。

　　社员代表大会一般由各个信用社自己召开，县联社就在县联社召开。在召开社员代表大会时，同样会选出理事长和监事长。当时，我被选为县联社的理事长，县联社的副主任成了县联社主任。选举理事长的时候，大家都比较积极。

　　当时各个信用社召开社员代表大会的时间是不同的，有的早一点、有的晚一点。一般情况下，县联社先召开会议，然后县联社下面的信用社召开会议。

　　随着社员代表大会的陆续召开，合作制就层层铺开了。

---

① 据了解，农村信用社的最高权力机关是社员代表大会，按照"一人一票"制，选举产生理事会和监事会，理事会推选理事长、兼任信用社主任。

周礼明，1975年入职保和乡信用社，现已退休。在职期间，周礼明牵头负责行社"脱钩"后信用社的安保工作，为信用社安保工作制度化、规范化作出诸多贡献。

周礼明：一生金融在信合

采访、文字稿整理、拍摄｜成都农商银行口述访谈组

敲响警钟

1975年，我刚到金牛区保和乡信用社时，并不负责安保工作。因为信用社建社后的前30多年，都没有独立的安保组织机构，日常安保工作由所在地治安管理部门统一管理。1979年农行代管信用社后，信用社安保工作纳入各级农行目标考核，实行统一规划、统一布置、统一检查，各级农行行长是信用社安保工作的第一责任人。

直到1989年，农行成都分行才决定在各县（区）联社单设保卫股，由联社副主任分管保卫工作，并配备专职保卫干部2人。信用社这才算有了真正

的安全保卫机构，但安保力量依然薄弱。直到 1996 年，新都桂林信用社和成华区保和信用社接连发生两起重大案件，引起了大家对安保工作的重视。

那一年，我已调入农行成都分行信用合作处工作。新都桂林信用社发生抢劫案是在 2 月 26 日，正月初八，节后上班第一天。我生病在家休息，突然新都发案，虽然当时我并不负责安保工作，但由于人手不足，农行分管领导便给我打电话，让我跟他一起去事故现场。我们到了现场后了解到，网点当天有两位工作人员，其中一位去二楼烧开水，门市只留下一位女会计。罪犯瞅准时机，便在这个时候下手了。当时网点护栏也不高，只有 1.2 米，他踩上柜台，一搭脚就翻过去，把女同志打得受伤倒地。去二楼烧水的工作人员恰恰没锁抽屉，罪犯就直接把钱从出纳柜里抢走了，一共抢走了 20 多万元现金，只剩下点零钱。

同年 4 月，成华区保和信用社的票据交换员① 兼驾驶员钻了内部预留印章的空子，从买回来的现金支票中抽走了几张。当时买支票必须要盖上业务章和信用社预留章，章齐了才能买。本来每本支票都是有编号的，出纳应该每一份都数一遍，结果他没有一张张地数。票据交换员就趁这个机会把现金支票拿到，偷了章去盖，分两天到营业所共取走了 250 万元。后来，信用社在对账时才发现问题并报了警。市公安局和城郊联社组成专案组，市局派人和城郊保卫科科长一起去了广西，前后花了 10 多天时间，才将作案人抓回来。如果再晚一点，他就已经坐火车出国了。

亡羊补牢

这两起案件的发生，给所有信用社敲响了警钟，也成为我正式负责安保工作的一个重要因素。为了避免相同的案件再次发生，1996 年六七月，农行信用合作处从信用联社里抽调对财务、信贷等业务比较熟悉的精干人员 8 人

---

① 票据交换员，指银行办理票据交换的专职人员。

组成小分队，协助我们分两批对基层信用社情况进行全面检查。当时农行领导也很重视这件事，专门为我们购买了一辆车。

在下基层过程中，我们总结出当时信用社在安保方面存在的主要问题。

首先，安保设施不达标。当时公安部已出台了安防设施标准[①]，但由于信用社资金实力薄弱、经营情况参差不齐，很多信用社只有简单的物防[②]设施，如出事的新都桂林信用社就只有报警器、自卫棒，而且后面去检查的时候发现，当天报警器根本没有开，员工想报警都没办法。还有些网点，就简单拿一根棒棒当作自卫器械，柜台钢条护栏也只有 1.2 米高，没有直接封到顶。

其次，员工的安保意识不足。以新都桂林信用社为例，案发时，没有受伤的那名员工还把现场打扫干净了才去报案，完全没有保护现场的意识，这也给后期侦破案件带来困难。另外，按照规定，必须是双人临柜，大额现金也应该入柜，锁进保险柜里，门市抽屉里最多不能超过 5 万元现金。但新都桂林信用社都没有照规执行。

最后，安保检查监督上没认真落实，有点走过场，流于形式。信用社领导的工作重点是抓业务发展，未对安保工作给予足够重视。员工也抱有侥幸心理，认为"我天天都这样做的，从没出过事，无所谓"。

问题汇总出来以后，就要想办法解决。因为缺乏资金，物防问题没办法在短期内解决，我们只能从人防[③]着手，先是建立健全安保规章制度，再由小分队逐一去各信用社进行宣讲。

宣讲分片区开展，一般以联社为单位，对信用社主任、兼职保卫人员、联社分管领导及机关全体人员进行培训。一般两个小时左右，每次由小分队

---

① 1992 年，中华人民共和国公安部发布《银行营业场所风险等级和防护级别的规定》(GA38-1992)，对银行营业场所的风险等级及其相应的防护级别作出规定，成为确定银行营业场所风险等级和采取相应防护措施的依据。

② 物防，是安全防范的范畴之一，其防范设施一般包括警棒、高光手电、铁丝网等实物安防设施。

③ 人防，通过人力进行安全防范，比如人员巡逻巡视、做应急处理以及设置值班警卫等。

不同岗位的人来讲，保证课程的针对性，避免内容讲得太散。我还提出"别人亡羊，我们补牢"的思想，在其他信用社出问题的时候，我们要引以为戒、举一反三，采取措施去补漏洞，以避免本单位发生同样的问题。通过采取这样的措施，我们逐步让员工理解贯彻防范意识和执行规章制度的重要性。此后，员工对外的安全防范意识得到提高和增强，如何落实内部制度的问题也逐步得到解决。

1998年，人行、公安部出台了588号文件[①]，要求银行网点中有现金出纳业务的柜台，上方应安装金属防护栏（窗）并封到顶；县级营业场所的柜台上方还应安装防弹玻璃，可以将两块防弹玻璃错位连接。与之前相比，信用社安保工作的要求更高了。

根据文件要求，我们先把信用社的钢条护栏封顶了，这样罪犯就翻不进去，之后才逐步申请升级其他安保防范设施。但由于各信用社之间的经营情况不同，发展得很不平衡，所以防范设施无法一步到位。到市联社[②]成立时，我们的安保制度和机构、人员配置才日趋完善。

从一个人到一群人

市联社成立之后，安保方面只有我一个人在负责，平时要下基层去各网点检查。信用社网点具有"点多、面广、战线长"的特征。当时，我常开着车跑网点，每天要跑上百公里路。最终，我一个人跑完了成都市的600多个网点，也获得营业网点第一手安保资料，知晓信用社存在的安保问题，并及时采取措施。

---

① 1998年，人行、公安部出台《关金融机构营业场所、金库安全防护暂行规定》（银发〔1998〕588号），对金融机构营业场所、金库等的安全防范设施提出更高要求。

② 2000年7月8日，经人行总行批准，成都市农村信用合作社联合社成立，简称"市联社"，履行对成都市农村信用社的行业管理、协调、指导、服务职能，是当时四川省第一家地市级农村信用联社。

我去检查的时候，会通过一些方法来考验网点人员。比如，有意让营业员帮我倒杯水，看营业人员或者出纳起身之后，钱和印章有没有放到抽屉里，抽屉锁没锁，防尾随门①是否按要求关好了。通过这样的抽查，看员工的防范意识如何，是否真正记住了操作规程。

到了 2002 年左右，市联社成立了专门的保卫处，先是 3 个人，后来又增加到 4 个人，安保工作才算真正迈上专业化道路。在增加安保人员配置的同时，我们还组建了专门的经警②队伍——我们招了一些退伍军人，抽调年轻员工，上报省、市公安部门审批，经过集中训练，于 1998 年 5 月 8 日在成都武警指挥学校正式成立"成都市信合系统经济民警大队"，主要负责账款押运、守护金库、处置突发事件等。在经警集训中，我提出了"我是信合警，要为信合添光彩"的口号，要求大家认真执勤，努力完成任务，确保信用社资金财产和人身安全。

管理方面，我们也针对安保人员行为举止，制定了相应规范要求。例如，押运人员必须着装规范。当日当班的押运人员，出门时必须戴头盔、穿防弹衣、配上防暴枪——有 54 式手枪和 64 式手枪。押运完成后，则要看押运人员是否及时做到枪弹分别入库，有没有擦拭枪支等。成都市公安局对我们的安保工作多次给予充分肯定和表彰。2003 年，市联社经警队被成都市公安局评为"2003 年度内保系统治安保卫先进集体"。2005 年左右，信用社押运业务开始外包，慢慢地经警队就不存在了，而是换成了专职押运公司。我们就把更多精力放到安保设施建设、日常安保制度检查落实和提高安保意识上。

---

① 防尾随门，隶属于门禁控制系统，是银行出入口控制的重要组成部分之一。当时的标准要求银行防尾随门采用由两道门组成，必须达到在正常使用条件下，打开一道门时另一道门不能被打开，形成一个互锁式的进出通道。

② 经警，是经济警察的简称，是大型、重要企业事业单位的一支武装守卫力量。

　　2004 年，公安部发布《银行营业场所风险等级和防护级别的规定》（GA38-2004）[①]，将银行营业场所的安保防范设施等级标准再次提高，并要求升级技防物防设施。为促进信用社安保工作的规范化与专业化，我们按照公安部发布文件的要求，推动更多信用社网点加强安保建设。比如，让各级机构每年年初签订安全防范责任书，实行一票否决，纵向到底，横向到边，并下达任务——今年要改造多少个网点，需要补齐哪些安保设施，资金预算多少等。我们把安全防范设施安装作为任务下达，督促网点加快推进安保工作。然而，当时升级安保设施，一个网点要花几万元到 10 多万元。很多网点都拿不出钱，发展不平衡，就只能慢慢搞。我们总的原则是让各个信用社根据自身实际情况，分级、分批地把安全防范设施做到位。

　　同时，我们会为经营困难且存在安保隐患的信用社争取资金支持。当然，资金支持不是随便给予的，我首先去实地调研，确认实际情况，并把问题找到，给市联社领导汇报，看能安排多少建设资金。举个例子，青白江的公安机关检查一个金库时，发现其缺少值班室，这是不规范的，很容易出问题，我立刻去实地调查情况，并汇报给领导。最终，市农行信合处提供了资金补助，为这家信用社增加了值班室。

　　为了加强信用社员工对各项规章制度和法律法规的认识，2006 年左右，我们举办了全辖区的安全知识竞赛。目的是用竞赛的方式来看大家对安全知识掌握得怎样。我们按照一日操作规程，针对各个环节和不同岗位都出了题，让员工意识到不能只关注自己的岗位工作，要熟悉整个安保制度，关注全局问题。竞赛分三个片区进行，每个片区的联社先搞预赛，要求每个员工都参加。之后，从每个片区中选出前两名参加市里的决赛。通过竞赛的方

---

① 该规定是对《银行营业场所风险等级和防护级别的规定》（GA38—1992）的修订。修订的主要内容如下：对原标准的章节和内容作了较大调整，取消了原标准中有关管理内容的章节；将原标准中划分的四个风险等级和相应的防护级别改为三个风险等级和相应的防护级别；将原标准中划分风险等级的表达方式由表格改为文字描述，使风险等级的划分明了、易于操作等。

式，加深了员工对规章制度和法律法规的理解。

就这样，我们的安保工作越来越专业。但在网点点多面广的情况下，仍然存在风险，这就只能靠我们自己加强管理，要把安保防范工作放在前面，不能在事故发生后才去弥补。

因为工作性质特殊，很多安保人员不能长期离岗，很少离开成都，甚至有人几十年都没有出去旅游；为值守岗位，他们也不能在节日和家人团聚；每个人每时每刻都绷着一根弦，手机 24 小时开机并保证通信畅通，丝毫不敢松懈，随时准备面对紧急状况。安保工作非常辛苦，但大家都"在其岗，尽其责"。

我对信用社有很深的感情。不论在市农行、体改办还是人行，我的工作内容始终跟信用社有关。负责安保工作后，我更是把全部精力投入其中。哪怕退休了，我对行内的安保工作也一直关心，现在我有时散步到一些郊县，都会仔细观察这些网点的安保人员，看他们是否执行相关规定、工作细不细致，有没有蒙混过关，有时候还悄悄拍照。我对自己一生的总结是："一生金融在信合，深厚情谊自感觉。敬业勤奋几十载，功过留予后人说。"

王远庆，原温江第一城市信用社主任，2001 年因郊县城市信用社整体并入农村信用社，成为温江柳城农村信用社员工，现为新津支行纪委书记。从并入到融入，王远庆不仅在信用社感受到组织的包容性，更凭借自身努力在新的组织里找到归属感和价值感。

王远庆：从并入到融入 [①]

采访、文字稿整理、拍摄｜成都农商银行口述访谈组

心有不甘

温江县第一城市信用社（以下简称"温江城市信用社"）于 1987 年 3 月正式成立。待我 1992 年加入时，它已运转了 5 年时间。由于当时的信用社负责人踏实敬业，加之人行温江县支行监管适度，温江城市信用社运营情况良

[①] 《成都市银行业志（1990—2005）》载，从 1984 年底开始，成都各县（市、区）相继成立以"两小"企业为主要服务对象的城市信用合作社（以下简称"城市信用社"）……城市信用社的发展和壮大对成都市集体经济和个体经济的发展起到了有力的促进作用。但是，城市信用社由于内控机制不健全，部分管理人员特别是高管人员金融法规法纪意识淡漠，在经营业务活动中经常发生一些违法、违规、违章、违纪问题，有的县（市、区）城市信用社甚至存在支付风险和其他潜在金融风险。从 1990 年起，人行成都分行对全辖城市信用社进行清理、整顿，使其经营活动逐步规范，管理水平逐步提高。

温江县第一城市信用社（王远庆／供图）

好，从 1993 年起实现了年年盈利，还在 1998 年修建了一座办公楼。

尽管如此，城市信用社普遍存在的共性问题，在温江城市信用社也有所体现。例如，潜在经营风险、偏离业务定位等。每家城市信用社发展如何，很大程度上主要取决于一把手的业务素质及道德修养。在这样的情况下，为了实现收益最大化，信贷资金可能无法投入到真正需要的领域。在我加入之前，温江城市信用社就曾出现因拆借资金造成大额损失的情况。此外，由于各地城市信用社是独立法人，且规模小，抗风险能力较弱。一旦形成风险，就容易引发挤兑，破坏社会稳定。

1995 年前后，随着人行总行相关文件的出台，大家渐渐看到城市信用社改革的迹象。印象中，当时主城区的城市信用社与郊县（城市信用社）业务交流较少，郊县之间交流相对频繁，每个季度都会轮流组织召开座谈会，彼此交流经验。但真正到了 1996 年"靴子"落地时，各郊县（城市信用社）发

温江城市信用社（王远庆／供图）

现改革只局限于成都市主城区[1]，自己被排除在外时，还是感觉很失落。既找不到归属感，又觉得很迷茫，不知道未来何去何从。

1999 年，又正好赶上清理基金会，我们的业务受到冲击。在很多老百姓看来，城市信用社是集体所有制企业，牌子不够硬，担心我们步基金会的后尘。为了阻止业绩下滑，我们当时做了非常多的努力。例如，延长营业时间，从早上 7 点半一直营业到晚上 7 点半；外出揽储，特别是遇上有基金会要兑付，我们就去现场搞宣传，动员客户把钱存到城市信用社。农村信用社也被我们视为竞争对手，虽然当时它的主要经营范围在农村，但在乡镇企业、个体工商户等领域，我们也难免产生交集。那个时候，我们哪里能料

---

[1] 《成都市银行业志（1990—2005）》载，1996 年 12 月 30 日，由成都市地方财政、企业法人和个人共同发起，在成都市原 44 家城市信用社机构（含成都市城市信用联社及下属 7 个办事处、6 个城市信用社）基础上组建而成的四川省第一家城市商业银行——成都城市合作银行挂牌成立。1998 年，成都城市合作银行更名为成都市商业银行。

到，将来有一天会并入农村信用社，昔日的竞争对手又会成为并肩战斗的同事呢？

从 1998 年人行成都分行对未纳入改制的郊县城市信用社进行清产核资，到 1999 年进行合作制规范①，再到 2000 年人行总行发布 330 号文件②对城市信用社进行清理整顿，我们一直认为，未来大概率是要并入成都市城市商业银行的。毕竟，大家属于同一个系统，在情感上更亲近。但后来监管机构却启动了郊县城市信用社并入农村信用社的工作，提出将城市信用社更名改制为农村信用社，并纳入县级联社的行列进行管理。

得知消息后，很多同事心有不甘。一是大家在城市信用社工作多年，

---

① 城市信用社于 20 世纪 80 年代成立，1995 年底发展到鼎盛时期。由于急剧扩张，经营管理中暴露出来的问题和风险不断积累，严重干扰了当时的金融秩序，人行于 1995 年 3 月下发《关于进一步加强城市信用社管理的通知》，以文件形式明确："在全国的城市合作银行组建工作过程中，不再批准设立新的城市信用社"。通知下发以后，在全国范围内正式停止了城市信用社的审批工作。1997 年 9 月，人行按照较为严格"合作金融组织"的标准，制定并颁布了《城市信用合作社管理办法》。同年 12 月，中共中央、国务院进一步发布《关于深化金融改革、整顿金融秩序、防范金融风险的通知》，要求切实防范和化解金融风险，保证金融秩序安全、高效、稳健运行，强调要把城市信用合作社真正办成按照自愿入股、民主管理、主要为入股社员服务的合作金融组织。对于那些既没有纳入城市合作银行组建范围、又不能严格按照新发布的《城市信用合作社管理办法》进行规范管理的城市信用社，国务院办公厅于 1998 年 10 月转发了人行发布的《整顿城市信用合作社工作方案》，要求在地方政府的统一领导下，认真做好城市信用社的清产核资工作，彻底摸清各地城市信用社的资产负债情况和风险程度，通过采取自我救助收购或兼并、行政关闭或依法破产等方式化解城市信用社风险；按照有关文件对城市信用社及联社进行规范改造或改制；要求全国各地进一步加强对城市信用社的监管工作。截至 1999 年底，国家除了对少数严重违法违规经营的城市信用社实施关闭或停业整顿外，还完成了约 2300 家城市信用社纳入 90 家城市商业银行组建范围的工作。至 2000 年底，国家对城市信用合作社的第三次全国性清理整顿和清产核资工作全部结束。

② 1998 年 10 月，国务院办公厅转发《中国人民银行整顿城市信用社工作通知》（国办发〔1998〕140 号），目的是就部分城市信用社管理不规范、经营水平低下、不良资产比例高、抗御风险能力差、形成相当大的金融风险这一现实情况，切实采取整顿措施，防范和化解金融风险，保持社会稳定，确保城市信用社稳健经营和健康发展。由此，城市信用社的全面整顿工作开始。对城市信用社的干预、处置原计划在 1999 年底完成，但由于方案制定得不完善，以及人行体制改革等因素的影响，实际并未按期完成，以致人行不得不在 2000 年 10 月再次下发《关于对城市信用社整顿工作进行全面检查及进一步推进整顿工作的通知》（银发〔2000〕330 号）（即上述文中所提的人行总行发布的 330 号文件），以解决城市信用社整顿中存在的问题，进一步推进城市信用社整顿工作。

倾注了太多心血，情感上不愿意并入其他机构；二是当时温江城市信用社经营情况良好，是成都郊县最好的城市信用社之一，客户印象也好于温江联社。

在改革正式落地前，人行温江县支行还在努力争取将我们并入城市商业银行。2000 年 11 月，人行温江县支行将我社清产核资报告上报人行成都分行营管部时，建议由成都市商业银行收购温江县城市信用社，但最终无果。

背靠"大树"

为了推进并入工作，2000 年人行成都分行曾组织人行温江县支行、温江城市信用社及温江联社召开座谈会，就并入工作进行沟通。座谈会后，我作为城市信用社主任，负责牵头对接温江联社相关部门，就并入细节进行确认。

整个并入工作中让我印象深刻的，首先是资产移交。城市信用社最早购置在温江区东大街 116 号的铺面（原温江城市信用社营业办公地址），以及后来修建在东大街 59 号的办公楼，并入后都成为温江联社的优质资产。其中，东大街 59 号后来成为温江联社的办公地点，直到现在，还继续作为温江支行的办公场所。而东大街 116 号的铺面也增值不少，现在每次看到都感觉既亲切又自豪。

其次让我印象深刻的是人员安排。为了接收城市信用社员工，市联社专门组织了一次摸底考试。考试现场挺严格的，专业知识和计算机操作都有涉及，看得出来，市联社当时已经开始有意识地搞人才选拔了，也对员工素质提出了更高要求。考试合格后，我们在 2001 年 1 月被正式接收，原"温江县第一城市信用社"更名为"温江县柳城农村信用合作社"（以下简称"柳城信用社"），纳入温江联社管理。摘下牌子的那一刻，回想城市信用社成立之初，温江没有像其他郊县那样，只是单纯冠一个地区名字，而是在前面加上了"第一"，想必大家曾有过宏伟的蓝图，计划要开第二家、第三家，甚至更多家城市信用社。但这就是历史，不以个人的意志为转移。对于我们来说，如何尽快适应新环境，是当下更紧要的事。

让大家非常感动的是，并入过程中，温江联社没有将原来的同事分流到不同的农村信用社，而是全部留在柳城信用社。大家还在熟悉的工作氛围中，适应起来也更容易。

之后，我们也渐渐感受到一些可喜的变化。例如，制度管理更为规范。随着市联社成立，当时农信社已经形成审贷分离及贷审会制度，这是我们之前所没有的。因为有了确切的审核流程，贷款风险也能更好地把控，大家就可以把精力集中放在拓展业务上。另外，并入之后，我们的汇兑和结算也纳入县联社系统，改变了以前靠人行或中国工商银行（以下简称"工行"）代理的局面，提升了对客优势。

事实证明，并入之后，因为可以背靠农信社这棵"大树"，我们实现了更好的发展。并入前，温江城市信用社的存款一直在 1 亿元上下波动，2002年，更名后的柳城信用社存款达到 1.3 亿元左右，贷款也从原来的 5000 多万元增长到了 7000 多万元。

真正融入

进入农信社不到一年，我也很快迎来了全新的事业机遇。当时，市联社开始推行干部人事制度改革，其中一项是公开竞聘县联社干部。我想报名竞聘县联社副主任，但又担心刚并入不久，不符合报名条件，会在资格审查环节被刷下来，所以犹豫了很久。温江联社领导得知后，就鼓励我大胆试一试。在他们看来，当时柳城信用社经营情况良好，我作为负责人，是非常适合的竞选对象。为了打消我的顾虑，他们还告诉我，如果市联社对我的报名资格提出异议，县联社会出面陈述意见。

于是，我抱着试一试的态度报名。按照要求，各县联社要首先进行民主推选，确定人选后再推荐至市联社参加面试。为此，温江联社专门召开大会，上百位干部员工进行现场投票。到了最后环节，只剩下我和另一名同事。他是农信社老员工，跟同事们关系熟络。我原以为自己肯定没戏了，没想到投票结果让我大吃一惊：我竟然胜出了！惊讶之余，内心更多的是感动，感动于大家的包容和接纳。很多年后，有人问我，我是在什么时刻感到自己成为农商人。我能想到的就是那天的竞选现场，感觉自己真正融入这个集体。

之后，我又参加了市联社组织的面试。面试现场，我们要根据考官给出的题目作 5 分钟即兴演讲。记得当时向我提问的是时任市联社组织部部长、人事教育处处长李幼林。她问我："如何看待'业务跟着关系走'的现象？"我的回答是：关系也许短期能促进业务增长，但无法持久，更重要的是建立企业与客户之间的双赢机制。在这样的机制下，全员都可以通过努力稳定客源，这样才不会出现"离开关系户，业务就垮一大坨"的情况。我还举了自己的例子。我本人不能喝酒，也不善交际，如果"三天不喝，存款就滑坡"，我是做不到的，所以我靠的是其他方法，如通过提升服务价值来稳定存款。

整个竞聘工作持续了好几个月。在被正式任命之前，我们还经历了公示阶段。按照当时市联社的整体安排，竞聘出来的干部要到异地交流，我被安排到大邑联社。考虑到当时柳城信用社的业务尚未找到适合的交接人，组织暂时安排我担任半年时间的温江联社副主任兼柳城信用社主任。直到 2003 年 6 月，我才正式离开温江到了大邑。

在这之后，我又陆续接受组织安排，先后前往多家辖内机构及村镇银行任职。虽然在异地村镇银行任职某种程度上减少了对小家庭的照顾，但我认为，单位是一个大家庭，需要每个人的付出。

　　当时和我一起从城市信用社并入的个别同事，后来因各种各样的原因离开了这里，但我没有后悔过自己的选择。在我心里，这里就是我最好的归宿。

李幼林，1980年入职农行成都市分行，1996年行社"脱钩"后进入"体改办"工作，2000年市联社成立后担任组织部部长、人事教育处处长、市联社工会工作委员会主任、机关党委书记，现已退休。

市联社成立之初，人事教育处围绕"以改革促发展"经营理念，牵头实施"三项制度"改革，即干部人事制度、用工制度和劳动分配制度改革，为实现跨越式发展注入强劲动力。因为成效显著，"三项制度"改革获得人行成都分行肯定，并在云、贵、川三省农信社系统进行推广。

李幼林："三项制度"改革

采访、文字稿整理、拍摄｜成都农商银行口述访谈组

"到底怎么改"

市联社成立时，农信社还是三级法人的管理体制，市联社、县级联社、基层信用社都是独立法人机构。市联社主要行使管理职能，对业务发展进行指导。信用社发展遵循"自主经营、自我约束、自我发展、自担风险"的"四自"方针，各个信用社业务规模小、资产质量差、抗风险能力弱，再加上还有沉重的历史包袱，当时出现了很多资不抵债的信用社，在金融系统里地位很低，口碑也比不上其他金融机构。

即使市联社成立后，外界也并不看好农信社。印象中，一位领导就曾经

对我们说过："你们想搞银行，如果不彻底改变现状，就是给你一个'地球银行'，也搞不好。"

这种情况，的确让人很着急。几千名员工，以后该怎么办？新的农村金融机构，怎样才能搞起来？这是市联社成立后，领导班子反复思考的事情。再加上人行也跟新班子提出了要求，说要大胆改革、创新发展，所以大家明确了思路，要以改革促发展。

为此，市联社召开了很多会议，反复讨论到底该怎么改，最后还是确定要从人开始改。因为制约农信社发展的客观因素虽然很多，但最重要的还是员工素质。

跟当时的国有银行相比，我们的员工素质差了很多。市联社成立前，全辖 18% 的员工仅有初中以下文化水平，且员工年龄结构偏大、业务技能单一、工作效率低下、缺乏营销意识。由于多年来一直沿用计划经济体制下的人事用工制度，这支队伍已完全无法适应当时的市场竞争。

比如，别的银行都进入了微机时代，我们还有网点在用手工记账。即便有网点上了微机，员工适应起来也很费劲，好多人都是"一指禅"，一个指头一个指头地戳键盘，工作效率不高。

撼动"铁交椅"

人事改革事关每个人的利益，既要大胆，也要谨慎。在大面积铺开前，我们也在反复思考，应该先从哪个群体入手？人行的领导提议说，有一家银行的基层单位搞了干部竞聘，你们可以试一试。我们内部讨论后也认为，干部群体人数有限，从这里入手，矛盾不会太突出。再加上以前的信用社主任，在一个位置上一坐就是几十年，年轻人没有机会成长起来。于是，县级联社领导干部公开竞聘成为改革的突破口。

既然是公开竞聘，那就一定要创造公开、公平、公正的竞争环境，否则很容易搞成"走过场"。为此，我们专门制定了管理办法，对报名条件及公选程序作出详细说明。

选拔工作最先在双流联社进行试点。大家参与度很高，有能力、有干劲的年轻人很高兴。2000年9月，我们开始在各个联社全面铺开。根据县级联社提交的报名表，我们先从年龄、学历、从业时间等方面进行资格审查，符合条件的就进入综合测试环节，参加业务素养考试和演讲答辩。

这样大规模的干部公开竞聘，在农信社历史上还是头一遭。有些联社反响积极，有些联社却一直观望。特别是有些我们觉得比较好的年轻干部，无论怎么动员，就是不报名。为什么呢？因为管理办法里明确提出，竞聘上岗的干部原则上要到异地交流任职，而有的人不愿离开原来的地方，所以难以决定。

但在当时的发展环境下，异地交流是很有必要的。一个信用社的发展，和一把手的经营理念有很大关系。通过异地交流，班子实现新老搭配，老同志有经验，年轻人有活力、有干劲，既有助于年轻干部的培养和锻炼，又使干部队伍年轻化。

市联社领导给大家反复做思想工作："党员干部要服从组织安排。即使遇到再大的困难，也要想办法克服。"大家还是通情达理的。如胡桂文，当时安排他从青白江交流去崇州，崇州联社是一家经营非常差的联社，不良贷款率超过了96%，要改变这种状况，工作难度可想而知。面对这种情况，他的确有些畏难，但最终还是接受了组织安排，工作上非常能吃苦，带领全体员工艰苦努力，使崇州联社的状况逐步改善。从这一点看，我们农信社的干部基本素质是相当不错的，有大局观，有责任感。

到了2003年底，全市共进行101次县级联社领导干部交流，并择优选聘了165名县级联社中层干部和信用社主任。如当时城郊联社的冯华清，交流去了新都联社后，仅用一两年时间，就让新都联社发生了很大变化，业务发展速度也很快，经济效益明显提高，这也说明调整的方向是正确的。

内部公开竞聘的同时，我们在西部农信社中首开先河，面向社会公开招聘，通过引入国有大行或股份制银行的优秀管理人才，提升我们的干部素质。外来员工带来了先进经验，但个别的也存在水土不服、不接地气的问题，而这正好是农信社干部所擅长的，通过内外结合，我们实现了干部间的优势互补。

为了让新任干部更好地工作，我们还多次组织培训会，邀请专业培训机构及西南财经大学的教授前来授课。就这样，从招聘到配套培训，信用社干部队伍素质逐步提升，我们也逐渐建立起能上能下的干部人事制度。为加强对领导干部的动态管理，市联社对 16 家县级联社领导班子和成员年度经营状况、作风建设、党风廉政、管理能力等情况进行民主评议和组织考核。截至 2003 年底，先后对年度考核"差"的 4 个领导班子进行了调整，对年度考核"不称职"或其他原因不胜任工作的 27 名成员进行降职或免职处理。

打破"铁饭碗"

实施干部人事调整的同时，我们针对普通员工制定了改革措施。我们先是在 2000 年 6 月组织开展全市员工持证上岗"双考"① 工作，紧接着又针对员工年龄偏大、业务技能单一、文化程度低等问题，提出了内部退养（以下简称"内退"）的思路。

对于这件事，管理层存在不同的声音。有个别领导认为，如果员工不愿内退，我们的工作就不好开展，所以应该取消自愿申请。但我认为，我们制定"内部退养办法"要坚持按劳动法规定来，不能剥夺员工的劳动权利，因此必须是自愿申请。无论如何，让员工自己考虑清楚，自行决定。

当时我们尚未搞薪酬改革，沿用的是原来的行员等级工资制，这种情

---

① "双考"是指业务考试和微机操作考试。

况就是"亏社不亏人"——信用社哪怕亏损再多，员工收入一分钱不会少。后来我们就说，"亏社一定要亏人"，你自己躺在那儿不动，拿老百姓的存款去发工资，怎么行呢？有人就算了算账，如果改革影

李幼林（第二排右一）在首届职工岗位业务技能大赛现场

响在岗员工工资，这时候申请内退，薪资待遇说不定挣得比上班还多，绝大多数符合条件的员工就办理了内退。

后来的事实也证明，我们的坚持是对的。薪酬改革后，在职员工的收入与业绩挂钩后，有了显著提升，内退员工和在职员工因工资收入产生了矛盾，对管理层也有意见。他们说当初是领导要求自己这么干的，现在要求复工。我就说："无论领导怎么跟你做思想工作，申请是你自己写的，字是你自己签的，那么你就应该为自己的决定负责。如果想复工，我们也给机会，上岗工作的，必须通过'双考'。考不上的，就待岗学习，学完了继续考。"结果没有人来参加考试。后来市联社整体扭亏为盈后，我们也考虑到老员工为信用社发展作出了贡献，要让大家共享改革成果，所以也为他们增加了补贴。

三年间，共有 649 名员工通过内退退出工作岗位，为我们大面积招聘高等院校毕业生、补充高素质人才腾出了空间。刚开始，我们名声不大、品牌不硬，很难招到知名院校毕业、专业对口的学生，都是靠上面分配的。直到 2005 年后，我们发展得越来越好了，大学生才越来越多，研究生、博士生也慢慢增加了。

人员调整之后，我们就开始推动全员合同制改革。按照国家规定，用人

单位必须和员工签订劳动合同。但在这之前，信用社的劳动合同签订不够规范。只有部分人签订了合同，而且合同内容只有一页员工的个人档案，并不能实际发挥劳动合同真正的作用。

为此，我和同事们以国家的劳动合同范本为基础，借鉴其他银行的相关条款，再根据信用社的实际情况制定了100多条合同细则。这其中包括双方的权利与义务，以及员工福利待遇等。

因为涉及员工和信用社的具体权益，所以要做到字斟句酌，每句话、每个字都要考虑后果，不能马虎。在拟定的时候，每一项条款都要思考在执行中可能出现什么问题，出现问题后又该如何解决。对于合同条款，我们要进行充分的分析研究，不断修改和补充。这项工作不仅量大，而且特别费脑筋。大概半个月的时间，我们几乎天天都在熬夜加班，草拟、讨论、修改合同办法。

合同草拟完成以后，我们还多次面向县级联社征求意见，经过上下努力，才形成最终版本。在全员签订劳动合同之前，我们还给每个县（市、区）联社主管人事的人员培训，给他们解释每一项条款，并告诉他们如果遇到问题，应该如何解答、解决。

到2001年底，全辖已经与5358名员工签订了劳动合同。签完劳动合同，就实现了"三定"[①]，我们就能对岗位进行考核，实行末位淘汰制。但末位淘汰制实行了一阵以后，很多联社就搞不下去了。不管怎么淘汰，总有人排最后，所以一味淘汰也不行，要给他们机会。因此，我们就让末位的员工下岗学习一个月，重新考试再上岗。当时考核的要求很严格，员工也有了危机意识和竞争意识。

---

① 三定即定岗、定责、定员。

破除"大锅饭"

"三项制度"改革中，最难的是劳动分配制度，这也是我们最后着手的一项工作。早前，我们在收入制度上有过改革尝试，把收入分为基本工资、岗位工资和年终奖励，但因为经营效益和员工收入没有完全挂钩，所以激励效果不明显。后来我们开始搞绩效工资改革。

2004年上半年，我们先在龙泉驿联社开展试点。主要措施有：薪资总额直接与整体效益挂钩；简化薪资体系，增大考核部分；以岗定薪，适当拉开距离等。从试点结果来看，还是很不错的。这说明绩效工资制具备可行性，所以2005年初，我们开始在全市范围内进行推广。

> 龙泉驿联社绩效工资试点的阶段性成果包括：
>
> 激励员工努力工作的动力。员工绩效收入最高的十陵和大面信用社的半年人均收入为2.6万余元，比最低的界牌信用社多1万元。
>
> 员工收入与工作成果联系更紧密。龙泉驿十陵信用社半年人均月工资4430元，同比增加430元，比龙泉驿联社员工平均月收入高1028元。上半年出现了部分基层信用社主任收入比联社理事长高600元、员工收入比主任高400多元的现象，改变了完全以行政职务定收入的状况。
>
> 促使网点和人员的重新配置。方案推行后，各基层社开始对网点人员配置进行重新评估，调整网点布局、裁减部分机构，甚至有基层信用社提出减少人员的希望。[1]

要想让绩效工资制充分发挥激励作用，就需要配套的经营计划。刚开

---

[1]　摘自市联社内部报告《调查与研究》第十六期，李幼林、黄强、周兰于2004年8月20日发表的《对龙泉驿农村信用社绩效工资试点的调查与分析》一文。

始，由市联社向各县联社下达经营计划，就会有人来讨价还价。有些经济环境和条件不好的联社，任务根本就下不下去。所以每年市联社都要为派发任务而绞尽脑汁。绩效改革三年后，我们决定把每一项指标和绩效配比公开，由联社自己报下一年的经营目标。这样，就把各联社的积极性都调动起来了。要想多拿钱，就要想办法提高经济效益。

每一年，各个信用社的绩效分配方案必须上职代会，由全体员工讨论通过才能推行。有一次，一个联社的绩效分配方案没有获得通过。我看方案本身没什么问题，就问了几位员工意见，原来他们是不满意领导收入高。于是，我专门去联社开会进行沟通。我对员工们说："你们回家以后，就是享受天伦之乐，该散步散步，该带小孩带小孩，但是领导还要到处去找存款贷款。他们付出更多，也承担了更多的责任和风险。"

后来，员工理解了，方案也通过了。回头我也跟联社领导私下沟通："你们工作明明很辛苦，为什么不能理直气壮地把道理摆出来呢？"

值得一提的是，当时的绩效工资改革采取的是自下而上的模式，既调动基层联社大力抓改革、抓发展、增效益的积极性，也解决了经营任务分配的难题。有人曾经问过我："基层联社都动起来了，我们市联社什么时候搞绩效工资改革？"我说："不急，先把基层工作做好。"市联社的发展，本身就是建立在基层信用社的发展之上的，要先考虑基层利益。因此，基层信用社推行改革一两年后，市联社才跟着进行改革。

通过绩效改革，我们也附带解决了一些其他的人事管理难题。例如，为了克服工作中的短视行为，我们建立起风险金制度。任期内一定比例的绩效工资要作为风险金，放在市联社不能动。等到任期满了，稽核审计没问题，纪检监察没案子，风险金就退给你，还给予一定的奖励。

此外，为了推动干部交流，我们还建立了互助金制度，让条件好的联社贡献一部分绩效工资，来补助经济效益差一些、工作很努力但考核合格的联社。总之，不能让老实人吃亏。否则的话，以后谁还愿意到艰苦的地方去？这样搞下来，大家还挺满意的，不会觉得被市联社放在条件差的地方就不管了。

总体而言，绩效工资制让信用社员工的收入结构更加公开透明。员工们劳有所得、劳有所获，通过努力工作实现了工资增长，积极性大幅提高。农信社的经营发展与工资收益实现同步增长。

因为形势所迫，要为发展扫清障碍，所以当时各项改革工作都是紧锣密鼓同步推进的。只有绩效工资制动静比较大，时间稍晚一点。主要的人事改革工作，是在一年多的时间里完成的。

整体来看，"三项制度"改革推进还算比较顺利。一方面，这得益于市联社领导班子对改革有着强烈的决心和勇气。另一方面，也离不开基层员工的拥护和支持。大家都希望通过改革，让农信社变得越来越好。虽然我们有这样或那样的不足，但最宝贵的品质是质朴、能吃苦，执行力强，对于提出的合理要求，都能照做。

改革过程中，我们没有标准的模板可供借鉴，只能根据自身情况和发展需要，摸着石头过河，一步一个脚印，把每一项工作做扎实。随着改革推进，信用社实现了跨越式发展。记得市联社成立时，各项存款余额仅165亿元，但到2009年底，成都农村商业银行股份有限公司成立时，我们的存款规模已经突破千亿元。对于我们来说，这样的成果令人欣慰。

胡桂文，1983 年入职秀水信用社，现已退休。2002 年，胡桂文临危受命，出任崇州联社理事长。当时，崇州联社不良贷款率高达 96%，出现严重经营危机。在全行的帮助下，胡桂文带领员工以"愚公移山"的决心和勇气推动改革和发展，使崇州联社起死回生，为全市信用社改制破除了障碍。

胡桂文："过冬"

采访、文字稿整理、拍摄｜成都农商银行口述访谈组

"三无"信用社

我是 2002 年 4 月前往崇州联社任职的。去之前，虽然对崇州情况有所了解，但到任之后，才发现实际情况远比想象中更严重：头一年，这里的不良贷款率已经达到 96%，是全市 16 个信用联社中最大的困难户，被戏称为"三无"信用社。

通常，我们把优质的信用社称作"三无"信用社，即无逾期、无呆滞、

无呆账 ^①，而崇州联社当时的"三无"，是指无正常、无逾期、无呆滞，因为只有呆账。

因为现金不足，连开门都很困难。为了保支付，我们向市联社申请资金调剂，但因为当时是三级法人，各联社独立核算，有些联社担心我们还不上钱，不敢借给我们。实在逼得没办法，最后还动用了存款准备金 ^②，并向人行崇州支行申请了存款支付再贷款。

2000 年前，由于政策、市场影响和自身管理失控等原因，加之政策性破产改制，农行和基金会不良资产并入，以及崇州地区投资和金融环境较差等，农村信用社不良贷款居高不下，存款滑坡，经营巨额亏损。形成高风险的主要原因有四个。

一是因行社"脱钩"形成不良贷款 9591 万元，已全部列入呆滞呆账。

二是 1999 年 6 月，全辖 14 个乡（镇）基金会将 6749 万元贷款并入农村信用社，经多年清收，目前尚结欠余额 3,577 万元，已全部列入呆滞呆账形成风险。

三是 1998 年至 2002 年期间，辖内贷款企业改制破产等因素导致信用社贷款债权悬空 11118 万元（其中已呆滞 360 万元，列入呆账 10.758 万元，占 96.8%），已基本形成损失。

四是农村信用社内部管理混乱，监督失控，行社"脱钩"后至 1999 年，全辖农村信用社普遍存在以贷还贷，以贷收息，搞虚

---

① 1993 年，财务部颁布的《金融保险企业财务制度》将贷款划分为正常、逾期、呆滞、呆账四种类型，后三种合称为"不良贷款"，又称"一逾两呆"。其中，"逾期贷款"指借款合同约定到期（含展期后到期）未能归还的贷款，"呆滞贷款"指逾期超过一定期限仍未归还的贷款，"呆账贷款"则是指无法收回的贷款。

② 存款准备金，是金融企业为应付客户提取存款和资金清算而准备的货币资金。

盈实亏，甚至个别社大量高息揽存，从事账外经营，加剧了经营风险。据不完全统计，在这期间因内部管理不到位而形成的不良资产近 4 亿元，其中崇阳信用社因账外经营造成的损失就达 2 亿元以上。[①]

在这种情况下，不仅主管部门有了将我们退出市场的打算，连员工自己也丧失了信心。因为亏损严重、收入下滑，很多人抱着得过且过的心态混日子，迟到早退时有发生，违法违纪屡禁不止。全辖受过行政处理的违纪员工有好几十人，还有两位基层社负责人被判了刑。

如果信用社真的关门了，怎么向组织交代？怎么向几百号员工交代？一想到这些，我就焦虑得整夜睡不着。不到一年时间，头发就白了。但我是军人出身，从来没想过退缩。即使困难如泰山压顶，我们也要拿出愚公移山的决心和勇气去面对。

要开始"过冬"了

为了支持崇州联社，市联社前后派来了 4 位交流干部。整个领导班子，除了一位是本地人，其余都是外地人。为了保持队伍稳定，新班子到任后没有立刻进行人事调整，而是加强向市委市政府、监管部门进行汇报沟通，以及调研基层信用社情况。差不多用了两三个月，我们将整体情况摸透了，对于哪些人能胜任工作，哪些人不能，心里也有数了。

这个时候，就体现出我们作为外地人的优势。人生地不熟，我们处理问题不会瞻前顾后、畏首畏尾。我甚至在开会的时候公开说过，"要专门整治搞关系的"。

印象最深的是，当时有几位因违规经营被追究刑事责任的员工，服刑结束

---

① 摘自胡桂文于 2008 年撰写的《对困难农村信用社实现央行专项票据兑付的思考》一文。

后照样回到社里领工资，简直太不可思议了。这样的人，继续留在单位，岂不是在助长犯罪？后来经党委研究决定，把这些人全开除了。

我这种硬派的作风免不了得罪一部分人，但大部分干部员工是拥护的。道理很简单，只有单位好起来了，自己的小日子才能好起来。所以，当那些不作为的干部被撤换下来、勤奋优秀的同事被提拔起来后[①]，联社上下精神面貌焕然一新，为后续工作营造了良好的氛围。

为了开源节流，我们大力倡导"勤俭办社"的理念。从我本人开始，为了节约，我把烟戒了。领导班子也全部取消了接待费。确实有特殊情况需要请客吃饭的，都是自掏腰包。到了年末，每个班子成员的抽屉里，都装着一大摞没有报销的餐饮发票。有人不理解，跟我说："从来没见过哪个信用社是被吃垮的。跟贷款比起来，这点儿小钱算个啥？"钱虽不多，但我们希望通过这样的方式，向员工传递一个信号：要开始"过冬"了。

记得2005年年终总结会，其他联社效益好，给干部员工发了不少奖金。但我们拿不出钱，又想表达对员工的关怀，怎么办呢？后来想到，前一年政府奖励了我们领导班子5万元钱。协商之后，我们把这笔钱拿出来，再把其他的补贴七七八八凑起来，给每个员工发了800元奖金。当时，市联社领导也在现场，看到这么艰难的情况，哭着对我说："为了鼓舞士气，你们做出了这么大的牺牲。"

化解历史包袱

存款是信用社的立社之本、生存之基，针对当时崇州联社"负债大于资产、贷款大于存款"的情况，组织存款显得尤为重要。为此，我们加大存款工作的考核力度，从考核月平增长改为旬平增长。我们还加大了宣传，并采取一系列

---

① 据统计，2002—2006年，崇州联社共有80余人因违规受到处罚，9人被辞退，13人被安排下岗学习，7人被末位淘汰。

胡桂文与辖内二级机构负责人签订《经营目标责任书》

提升服务的举措，以此吸引储户。例如，当时的联社营业部和怀远信用社推出了金融服务车和旧钞、破钞兑换专用车，受到社会好评。

此外，为了化解历史包袱，我们在清收工作上也下足了功夫。但是因为当时的不良贷款以呆账为主，清收难度可想而知。但很快，我们迎来了千载难逢的机遇。2003年，国务院下发《深化农村信用社改革试点方案》，让我们有机会借着改革的东风，在短短几年时间内将不良贷款大量压降。

此轮改革中，中央给予了大量政策支持，对于我们来说，最重要的是可以申请专项央行票据。但这个钱，中央不是白给的，而是"花钱买机制"，即将资金支持与农村信用社改革效果挂钩，推动农村信用社产权进一步明晰，进而完善法人治理结构和激励约束机制，最终推动农村信用社的可持续发展。

在成都市出台的农村信用社改革实施方案中，各个联社结合各自实际情况，选择了不同的改革方向。有的申请改制合作银行，有的申请统一县乡两级法人，崇州当时为了降低改制难度，选择了维持县乡两级法人的改革模式。在这个模式下，按照政策，我们可以以 2002 年底实际资不抵债数额的 50% 来申请央行票据，共计 3.8963 亿元。但这需要我们在不良贷款率、资本充足率、盈利水平等方面达到相应的条件。对于当时的我们来说，是很难实现的。

> 在以 2002 年 12 月末资不抵债额的 50% 取得央行专项票据 3.8963 亿元的基础上，要使全辖信用社资本充足率达到零，需在 2004 年 6 月末的基础上新增股金 22333 万元。要实现专项票据兑付，一是在 2004 年 6 月末的基础上新增股金 23687 万元，使资本充足率达到 2%，二是要使全辖不良贷款占比较 2002 年 12 月末下降 50%，化解不良贷款 10744 万元，即将不良贷款占比控制在 43% 以内。[①]

好在改革工作引起了地方政府的高度重视。2004 年 12 月，崇州市专门成立了以市委副书记、常务副市长为组长，分管副市长为副组长，市级相关部门主要负责人为成员的"深化农村信用社改革工作领导小组"，并对相关工作进行专题研究、统一部署。

紧接着，政府各部门采取行政手段和法律手段相结合的方式，帮助我们清收不良贷款。例如，对于公职人员到期未还款的，政府采取了"三停""五不"措施，即停职、停薪、停岗，不提拔、不调动、不评先、不加薪、不晋级；对辖内乡镇政府及乡镇站办所等行政事业单位形成的不良贷款，到期未还款的，由政府协调有关部门，采取公开拍卖办公楼、汽车等固定资产的方式来偿还债务；加大对经济刑事案件的侦破力度，对恶意逃废农村信用社债务的行为予以打击；对于因接收基金会等形成的不良资产，有关部门也通过有效资产打包置换的方式来帮助解决。

---

① 摘自崇州联社于 2005 年编写的《崇州市深化农村信用社改革实施方案》。

胡桂文（右一）参加崇州联社信贷营销暨增扩企业法人股工作会

　　崇州改革成功与否，不仅关乎地方金融稳定和数百名员工的生存，也将对市联社整体改制有着重要影响。所以，我们的工作也得到市联社的大力支持。因此，任何时候遇到问题，我们一个电话打过去，市联社都不遗余力地帮忙解决。印象最深的是一家做猪皮加工的皮革企业，这家企业的贷款总额有6000多万元。出现逾期贷款后，每年都用新贷款来支付旧贷款利息。但如果长期这样，贷款余额会不停增加。为了盘活这个项目，我们一方面联系企业负责人，增加抵押资产，然后请求市联社放宽条件，对他再增加一部分贷款，支持他恢复"造血"能力，逐步提高偿还能力。后来，很多企业也采取这种形式，企业有了喘息机会，渡过难关，不良贷款也慢慢得以压降。

救社就是救自己

　　除了压降不良贷款，整个改革工作最难的环节还包括增资扩股。按照央行票据的申请条件，我们需要增扩股金 2.23 亿元，但当时市面上有很多唱衰农村信用社的声音。

为了提振信心，我们采取"先内后外"的思路，即先发动广大员工入股。经过研究后，最终设定的入股方案是：普通在职员工和内退员工，每人入股 10 万元，中层干部每人入股 20 万元，领导班子成员每人入股 40 万元。

我们还成立了专门的宣讲团，深入各个基层社进行宣传动员，让广大员工充分认识到增资扩股对信用社摆脱经营困境的重要性，同时要坚定信念，未来一定会有光明的前景。

对于入股的方案，大多数员工能理解，也有个别员工刚开始很抵触。那几年，我们经营情况差，大家收入少，吃饭都成问题，突然拿出这么大一笔钱，难度非常大。但在那种生死存亡的紧要关头，"救社就是救自己"。最终，大家选择咬紧牙关、勒紧裤腰带支持我们的工作。2005 年 1—5 月，全辖信用社共对内募集职工股 4271 万元，占全辖股本总额的 16.57%，也为我们对外募集股本金起到表率作用。

为了消除公众的误解和偏见，我们开始面向社会广泛宣传，通过广播电视、报纸杂志、宣传车、宣传单等渠道，让全市老百姓充分了解农村信用社对稳定社会秩序、支持地方经济发展和促进农民增收的重要作用。对于入股后的好处——社员可以享受贷款优先、利率优惠，我们也进行了重点宣传。

同时，由市"深化农村信用社改革工作领导小组"牵头，人行崇州支行和银监办参加，市工商局组织全辖中小企业负责人和部分个体工商户召开动员大会。我们也充分利用春节时机下乡宣传动员。渐渐地，局面打开了，2005 年春节期间，全辖每天募集股金达到数百万元。

2006 年 3 月，在各方共同努力下，崇州联社 3.8963 亿元专项央行票据正式获准发行，也标志着全市所有农村信用社票据发行工作全面完成。到 2008 年，我们又顺利实现了票据兑付。2009 年，在我离开崇州的时候，不良贷款率已经降到 10% 以下，市联社满足了改制要求，为后来统一法人、挂牌成都农商银行创造了条件。我想，我没有辜负组织的重托。

　　取得这样的成绩，不代表我本人有多大能耐，而是源于市委市政府、人行、银监办和市联社的大力支持，源于全体信用社员工的牺牲奉献。在崇州的 7 年时间里，大家对我的工作给予了足够的理解和包容。那个时候的员工，也没有跳槽的想法，进了信用社就是一辈子，把这里当成家，不管遇到多大的困难，我们都一起勇敢面对。我想，这就是农商人最宝贵的精神财富。

陈燕辉，1987 年入职永丰信用社，现为业务发展总监兼成华支行党委书记。2006—2007 年，陈燕辉参与全市首家农村合作银行——龙泉驿农村合作银行的筹建工作，并成为改革后首任董事长。龙泉驿农村合作银行的成立，是成都市农村信用社向现代商业银行过渡的标志。

陈燕辉：“脱了草鞋穿皮鞋”

采访、文字稿整理、拍摄｜成都农商银行口述访谈组

试点

2003 年 6 月，国务院发布《深化农村信用社改革试点方案的通知》（国发〔2003〕15 号）[①]，启动了新一轮农信社改革。在这样的背景下，龙泉驿联社被确定为全省首批进行农村合作银行改革的试点机构。

之所以会选龙泉驿联社，主要原因有两点：一是在全省各个县级联社

---

① 2003 年 6 月 27 日，国务院下发《关于印发深化农村信用社改革试点方案的通知》（国发〔2003〕15 号），主要内容是提出以法人为单位改革信用社产权制度，改革试点工作由原银监会负责组织实施。文件明确提出："按照明晰产权关系、强化约束机制、增强服务功能、国家适当支持、地方政府负责的总体要求，加快农村信用社管理体制和产权制度改革，把农村信用社逐步办成由农民、农村工商户和各类经济组织入股，为农民、农业和农村经济发展服务的社区性地方金融机构，充分发挥农村信用社农村金融主力军和联系农民的金融纽带作用，更好地支持农村经济结构调整，促进城乡经济协调发展。"

中，龙泉驿联社资产质量较好，改革条件较为成熟[1]；二是龙泉驿联社资产规模适中，更具有代表性。

到我调任时，改革工作已进行了一年多并具备一定基础：2004年12月，进行清产核资；2005年2月，向区改革领导小组上报《关于改革试点实施方案的请示》；同年4月，组织召开社员代表大会，表决通过关于实施"农村合作银行"等5项改革决议[2]；5月，完成龙泉驿信用社改革实施方案[3]。之后，清理股金、清收不良、申请专项中央银行票据[4]、完善法人治理结构等工作也陆续启动。

到2006年，改革工作进入攻坚阶段。为了加快工作进度，省联社[5]、市联社成立了一个督办组，并为龙泉驿联社选配了工作专班。我就是在这样的情况下加入的。

攻坚

根据方案，我们要在保留合作制的基础上，改制为股份制的现代金融企

---

① 截至2004年末，各项存款余额16.88亿元；各项贷款余额8.92亿元，分别占当地金融机构的18.51%和14.05%；不良贷款余额7352万元，占各项贷款余额（剔除贴息）的10.4%；核心资本充足率达15.12%；实现利润1100万元，业务经营状况良好，资产质量在全省农村信用社中位于前列。

② 龙泉驿"农村合作银行"改革5项决议是指：龙泉驿联社实施"农村合作银行"改革；龙泉驿联社与辖内11家信用社组建为龙泉驿农村合作银行；龙泉驿辖内信用社委托受权龙泉驿联社的法人代表签署相关的法律文件，向四川银监局提出组建农村合作银行的申请；龙泉驿联社统一组织对全辖信用社进行清产核资和确认净资产；龙泉驿联社所辖信用社债权债务由新设立的龙泉驿农村合作银行承继。对原龙泉驿联社所辖信用社原有股金在量化的基础上按照自愿原则转为龙泉驿农村合作银行股。

③ 龙泉驿信用社改革实施方案：一是对信用社原有股金的总量、结构、股东构成情况进行清理，逐笔逐户进行核实，妥善处理；清退原有股金7690万元，对无法确认身份的股金打包转为规范后的新股金299万元；二是增资扩股宣传，对自愿转股的，在清退原有股金的基础上，为其办理转股手续，对坚持要求退股的为其办理退股手续；三是动员良好的合作关系，对业务发展有支持的企业和广大农户，城乡居民认购信用社新股金7435万元。

④ 2005年6月2日，龙泉驿所辖信用社经过人行总行批准，获得2492万元专项中央银行票据，成为全省首批获得专项中央银行票据支持的县级联社之一。

⑤ 2005年6月，四川省农村信用合作社联合社成立，是全省农村信用合作社的联合组织。

业。这是一个系统性工程，涉及增资扩股、清收不良、建章立制、调整机构职能等一系列工作。时间紧、任务重，要想在维持发展的同时高效推进改革工作，我认为最重要的是在内部形成共识，调动大家的工作积极性。形成认识不是"画大饼"，而是让大家真正理解，这项工作事关每个人的切身利益。

我们专门召开职工代表大会，详细讲解改革背景、改革意义及未来发展规划。总体来讲，员工对改革工作持拥护态度，但也有极个别干部态度散漫、不作为，对于严重影响改革工作顺利推进的，最后作免职或降职处理。这样一来，内部精神面貌大大改观，各项工作要求能及时贯彻落实。

改革工作也得到区委区政府的高度重视。为了推进改革进度，区上专门成立了改革领导小组，由常务副区长任组长，财政局、工商局、税务局、国土局等部门共同参与，我担任改革领导小组办公室主任。

整个改革工作中，大家最头痛的是资产质量问题。坦率地讲，龙泉驿联社资产质量当时在全省范围内算得上很好的，但要想在短期内化解所有不良贷款，依然困难重重。其一，这些不良贷款大多源于早年接收基金会和20世纪八九十年代乡镇企业不良贷款形成的历史包袱，化解难度高，单靠自身力量很难实现，还需要协调政府相关部门给予支持。其二，为了实现轻装上阵，当时我们已成功实现专项中央银行票据"进门"（成功申请到专项中央银行票据），但尚未达到"出门"（成功兑换专项中央银行票据）条件。按照要求，我们要在规定时间内将不良率压降到要求以下，才能获得"真金白银"的支持。因此，无论从哪个角度来说，这项工作都是极为紧迫的。

那个时候，我和班子成员三天两头往区上跑，汇报改革进程，争取支持政策。如果改革成功，龙泉驿区将会诞生本地第一家银行，即真正意义上"自己的银行"。我们一再表态，（改革成功后）我们要坚持"转制不转向"，不仅不会动摇服务"三农"和地方经济发展的决心，还要逐年加大对"三农"和地方经济的支持力度。为了支持改革工作，区上多次组织召开协调会，我们真切感受到，大家在全力以赴，为同一个目标奋斗。

在区政府的协调下，各乡镇和区有关部门加大了对信用社不良贷款清收、查办力度，打击逃废债行为，并对政府部门及公务员积欠的不良贷款进行重点清理。区委区政府给了我们 1 亿元左右的财政资金，用来支持我们化解不良贷款。另外，为了深化农村金融改革，当时中央也出台了支持政策。例如，针对接收基金会和历年乡镇企业不良贷款形成的不良资产，出台了税收减免政策。

还有一项极为重要的工作是增资扩股。农村合作银行在产权制度上属于股份合作制，既需要解决传统合作制所有者缺位的问题，又要防止股份制过分追求盈利最大化而偏离支农方向。按照"股权结构多样化、投资主体多元化"的要求，我们结合自身经营定位，将招股重点放在了当地农户、个体工商户和有代表性的民营企业，并据此划定片区开展宣讲。

宣讲中，大家最关心的是资金安全及投资回报。我们重点讲解了龙泉驿联社的发展历史、经营状况及未来发展前景。总体来讲，大家对于龙泉驿合作银行的成立还是持支持态度的，还有个别投资者希望多入股，但是我们对单户持股比例是有要求的，不能追求越多越好。最终，我们共筹集到 1 亿元 [①] 股本金。

随着各项条件逐步达标，改革工作进入冲刺阶段。那段时间，加班成为常态。印象最深的是 2007 年"五一"假期，我们一天都没有休息。从早到晚，一个接一个的会，最晚一天，会议开到凌晨 3 点还没结束，我看大家已经困得不行了，就说："先休息 10 分钟，然后继续开。"没想到筹备办的一个女同事当场就情绪崩溃，哭着对我说："我不干了。"那一刻，我的心情很复杂。我知道大家都很辛苦，但改革是历史赋予我们的使命，再难也要坚持。我也

[①] 龙泉驿合作银行有 1261 名发起人，共筹集 1 亿元股本金，股东包括中小民营企业、城乡居民、内部职工，以及当地农户和个体工商户。

2007年8月2日，成都龙泉驿农村合作银行举办开业庆典

相信，若干年后回头再看，这一定会成为大家职业生涯中最难忘的回忆。

挂牌

2007年5月10日，龙泉驿农村合作银行创立大会暨首届股东大会第一次会议举行。会议通过了机构设置方案、主要管理制度等，还表决通过统一法人机构，由龙泉驿农村合作银行作为一级法人，乡镇一级取消二级法人，改为分支机构。当天，经全体董事投票，我被选举为龙泉驿农村合作银行首届候任董事长。

2007年6月，我们正式拿到原银监会①的开业批复，成为全省第二家、全市第一家农村合作银行。之后，我们在一个多月的时间里完成了换牌、刻章等准备工作，确保挂牌开业就能正常运营。

2007年8月2日，我们在博瑞花园酒店举行了隆重的开业庆典。省政府、人行成都分行、四川银监局、市委市政府、省联社和市联社领导，以及股东代表和企业代表，全都到场祝贺。全体员工精神振奋、意气风发，有一种发自内心的自豪感。大家戏称这是"脱了草鞋穿皮鞋"。

穿上"皮鞋"，首先意味着我们的经营管理质量有了显著提升：公司治理上，我们真正搭建起三会一层②的架构。比如，在董事会，职工董事、外部董事、外部监事、独立董事都有配备，其中，民营企业家和当地村干部担任外部董事和监事，西南财经大学的金融学教授曾志耕担任独立董事，成为

---

① 银监会，2003年成立，2008年撤销。

② 三会一层，指董事会、监事会、股东大会和管理层。

全省首家引进独立董事的农
村合作银行。我们还定期召
开股东大会，重要事项要通
过股东大会进行表决，真正
做到为股东负责；组织架构
上，我们根据发展需求调整
了部门设置。例如，强化风
险防控，分设了会计部门和
财务部门；强化审计监督，

改制前，龙泉驿联社开展柜面服务礼仪培训，旨在
展现良好的精神风貌

加强稽核队伍建设；成立结算中心，代替之前的联社营业部负责资金清算工作。

　　穿上"皮鞋"，还意味着我们拥有了全新的企业形象。我们在内部努力
传达一种价值观，即银行是金融服务机构，不能有高高在上的优越感，不能
等客上门，而是要主动走出去，从"坐商"变成"行商"。此外，全体员工
也要具备银行人应有的精神风貌。我特别强调工作纪律、会议纪律、着装规
范，要求全体员工形成现代化企业管理理念，打造良好的职业形象。

　　经营方面，我们围绕区域实际情况，找准切入点，想办法推动当地产业
发展，为百姓排忧解难。以"三农"为例，龙泉驿多个乡镇曾经面临缺水问
题。我刚调来龙泉那一年，恰逢干旱，为了保障老百姓的生活用水，政府每
天都得安排送水车，一车一车送过去。为了解决这个问题，政府后来启动了
龙泉山山区生态移民项目。我们积极配合，提供资金支持。再如，汽车产业
是当时政府重点发展的产业，我们银行也积极参与其中，除为一汽大众、吉
利汽车等车企提供金融服务，还配套支持诸多中小企业。印象最深的是 2008
年"5·12"汶川大地震发生后，我们第一时间向市联社申请，获得 10 亿元
授信用于支持当地抗震救灾和灾后重建。因为总在最关键的时刻站出来，政
府对我们的工作很认同。

　　我们不搞面子工程，而是实实在在做好服务，因此在当地建立起了坚实的业务基础。论业务覆盖面和渗透率，当时没有一家银行能和我们比。2008年末，龙泉驿支行存款 51.23 亿元、贷款 34.23 亿元、资产规模 54.16 亿元、净利润 0.89 亿元、不良贷款余额 0.68 亿元，不良贷款率 1.99%，员工收入也快速提升，真正从改革中获得了实惠。

　　再后来，曾参与农村合作银行筹备工作的业务骨干，还被调到市联社，深度参与后续改革工作。[①] 尽管龙泉驿农村合作银行存续的时间不长，但能借此实现跨越式发展，并为全市农村金融改革贡献"龙泉驿经验"，算得上是一次有益的改革探索。

---

① 因 2009 年全市农村信用社统一法人、2010 年成都农商银行挂牌开业，故成都市实际实施农村合作银行改革方案的仅有龙泉驿联社一家。

祝志清，2001 年入职市联社，后任成都农商银行党委副书记、行长，现已退休。作为成都农商银行挂牌后的首任行长，祝志清参与并见证了市联社成立后，信用社通过改革化险、扭亏为盈，转型为农商银行的全过程。

祝志清：成都农信社改革化险探路

采访、文字稿整理、拍摄｜成都农商银行口述访谈组

从"看戏"到"唱戏"

在进入市联社工作前，我分别在人行成都分行营业管理部和分行合作金融管理处（以下简称"合作处"）工作。因为对农信社情况较为熟悉，2001 年 12 月，分行领导找我谈话，说因为缺人手，要调我到市联社去。

领导专门嘱咐说："这是党委的决定，必须去，没商量。我们会为你保留两年行籍，你还可以选择回来。但要记住两点：第一，要大胆工作，有啥困难，可以回来找分行党委汇报；第二，要规范管理，不能乱来，乱来的话，我们一样会处理你。"我就是这样调入市联社的。

2000 年 7 月 8 日，市联社成立

对于当时农信社的大致情况，我是了解的。一是流动性风险大。成都各县（市、区）联社，大部分都动用了存款准备金，有的还向人行申请紧急再贷款来保支付。

理论上来讲，各县、乡的农村信用社是独立法人，自负盈亏，破产了跟其他信用社没关系。但实际上不能如此操作，因为一旦成都市某一个乡的信用社取不了钱，全市就可能发生挤兑。我还在人行工作的时候，节假日都有值班电话，如果储户发现取不到钱，问题就大了，我们都害怕出事。

二是不良贷款占比很高，而且呆滞、呆账占了大部分。2001 年底，全市农村信用社不良贷款率为 57.54%，更麻烦的是，在 75 亿元的不良贷款中，逾期贷款只有 6 亿元，绝大部分都是"双呆"贷款。这意味着贷款能够收回的可能性比较小了。

三是存贷比接近 70%，这意味着可用资金是很少的，没有腾挪空间。

要运营这样一家机构是很难的。不仅领导班子，上上下下都很着急。我们就担心，如果经营不好，大家的收入不高。这种情况长期存在的话，人心会散，看不到希望，工作又天天接触钱，那时的安防设施很多也不到位，计算机系统没建立，柜面普遍是单机手工操作，作案机会多，会出大问题。

那几年，接连出了好几个案件，刑事案件、经济案件都有。记得有位员工盗窃 40 万元之后，给所在的信用社主任打了电话说："主任，对不起了。我知道你会因此受牵连，但这个钱是我一辈子才能挣到的。"虽然后来案件破获，钱也收回来了，但让人唏嘘不已。40万元，在当时的他看来，是一辈子才能挣到的数目。我们也越发担心，如果大家走不出困境，案件是止不住的。

我记得当时一个县联社理事长跟我说："祝主任，你是从'看戏'的变成'唱戏'的了。"这虽然是句玩笑话，但对于我和当时的班子来说，还是沉甸甸的。

扭亏为盈

在这种情况下，我们就开始思考从哪儿着手，如何来破解这个难题。要扭转困境，第一个举措是首先恢复金融功能。但这句话说得简单，背后却存在很多障碍。以双流为例，当时的双流县联社营业部动用了存款准备金，按监管规定，双流全县的农村信用社都只能发放小额农户信用贷款，金额必须在5000元以下，其他所有贷款都停掉。但2000年之后，随着城市化进程加快，大量农民成为市民，双流的华阳、中和、白家这一带的农信社，涉农客户变得越来越少，这些农信社面临着有钱却贷不出去，没有贷款利息收入的困境。

于是，我们给人行总行合作司来调研的同志汇报，能否先在一些城市化很快的地方试点，发放一定金额以下的贷款，不局限于小额农户信用贷款。比如，城市化以后，华阳、中和的房子很好卖，我们是否可以发放按揭贷款和给好的小微企业贷款。我们管控好风险，效果好，我们再推开。

我讲了三点理由：第一，所有农村信用社都是独立法人机构，它们自负盈亏，自担风险；第二，这些地方已经城市化了，很多农民变成市民，也算对农户的延伸服务，如果不准它发放其他贷款，它就没业务做了，这样也不是实事求是；第三，如果信用社发展不了，以前的亏损无法解决，员工看不到希望，这样下去会出事的。

当时合作司的同志对此也表示赞同，对我说了一句话："连贷款都不能发放，还算银行吗？"相关部门就这个问题在双流开会讨论，有人反对，有人支持。合作司的同志也表了态，会议同意了我们的意见。

接下来，我们就在双流，包括华阳、中和、白家在内的5个信用社进行试点。最初我们提议贷款额度在500万元以内，双流联社胆子比较小，实际操作中是按300万元以下来做的。后来试点取得了很好的效果，我们就逐渐推广到全市。那些已经城市化了的地方，本身经营比较好，没有动用存款准备金，作为独立法人，可以在一定金额范围内，发放除小额农户贷款之外的其他贷款。

第二个举措是完善考核办法。我们要求所有信用社，不管经营得是好是坏，必须先制定经营计划。大家根据不同的情况，能赚钱的就赚钱，能解决不良贷款的就解决不良贷款，能吸收存款的就尽力吸收存款。总之，不能"躺平"，必须进入工作状态。

当时印象比较深的一件事，崇州联社经营状况很不好，不良贷款高达95%。在这种情况下，市联社给崇州联社定的存款任务是减亏额。原因是崇州联社一边亏损，一边要发工资。如果自己的存款连亏损都填不平，还要市联社调资金填亏损，这是没道理的。

今天看起来，这样的措施可能有点可笑，但当时，崇州联社的全部存款余额只有10亿元，存贷比为108%，所有者负1.5亿元，完全丧失了银行机构的功能。吸收存款是非常难的，但没办法，只能这样做。我们先跟崇州联社的领导班子和中层干部做思想工作："你们愿意长期痛苦，还是一时痛苦？如果是破罐子破摔，那就是长痛。按照现在的考核办法拿不了多少钱，还要做非常艰辛的工作，包括去增值扩股、清理不良贷款、拓展客户等，也痛苦。如果业务发展起来了，改变了面貌，那就是短痛。"直到现在，想起这些，还是觉得他们很苦，但是心慈不带兵，要发展，就一定要把规矩立起来。

第三个举措是争取外部支持。主要包括申请专项中央银行票据兑付[①]，协调市级部门、各县（市、区）政府支持化解存量债务、依法减免税费等一系列举措。以申请专项中央银行票据为例，根据国务院的农信社改革政策，人行以农村信用社 2002 年底实际资不抵债额度的 50％ 为基数，通过发行专项中央银行票据置换其不良资产，票据期限两年，人行按年利率 1.89％ 按年给付利息。票据到期后，如果农信社在资本充足率、资产质量、经营机制等方面达到央行的改制标准，可以此票据兑付现金，用以补充农信社的资本金。如果到期时资本充足率和不良贷款比例未能达标，可以延期两年；如果两年后仍未达标，人行将以其不良贷款和历年挂账亏损置换回专项票据。

这就意味着，只有达到兑付条件，我们才能享受这项扶持政策。为了顺利兑付专项中央银行票据，市联社当时还组织了一个班子，努力吃透政策，并率先在新都、龙泉驿等条件成熟的地区开展试点工作。2006 年 3 月 15 日，在崇州联社 3.89 亿元的专项中央银行票据正式获准发行后，全市 16 家县级联社 21.79 亿元的专项中央银行票据发行工作全面完成。

2007 年 8 月，新都联社和龙泉驿农村合作银行各项改革工作经人行总行和原银监会共同审查，达到国家规定标准，成功兑付首批 1.94 亿元专项中央银行票据。经过上上下下的努力，到 2008 年，全市所有县级联社申请的专项中央银行票据得到全额兑付。不仅在四川地区属于兑付时间较早的，而且放眼全国，我们也算是速度较快的。这 21.79 亿"真金白银"的支持，对我们来讲，真的是"雪中送炭"。

---

① 2003 年 9 月 3 日，人行印发《农村信用社改革试点专项中央银行票据操作办法》和《农村信用社改革试点专项借款管理办法》。根据上述文件，中央按照 2002 年底农信社实际资不抵债数额 3300 亿元的 50％，也就是 1650 亿元，提供两种可选的资金支持方式：一是由央行安排专项再贷款；二是央行发行专项票据，用于置换不良贷款。中央用"真金白银"支持农信社改革目的非常明确，就是通过国家"输血"，帮助其卸下历史包袱，培育和恢复农信社"造血"功能，推动其尽快转换经营机制，建立完善的法人治理结构，逐步增强盈利能力，最终实现"花钱买机制"。

2005年3月，成都按照全国统一部署，启动了农村信用社改革试点。在信用社改革过程中，除了专项中央银行票据支持外，地方政府也配套出台了相关政策措施给予支持：一是按照四川省和成都市文件要求，成都各县（市、区）人民政府以属地化原则帮助化解原成都市农村信用联社因政府举债、乡村债务和基金会并入形成的不良贷款14.45亿元；二是由成都市投资控股集团出资3.92亿元，按账面价值收购原成都市农村信用联社各种零散的、手续欠完善的1161亩抵债土地；三是成都市及各县（市、区）国土、房管、地税、工商等部门按照政策要求，补办原成都市农村信用社抵债资产、固定资产手续708宗，依法减免原成都市农村信用联社因统一法人和组建农村商业银行涉及的权属登记、变更、过户等有关税费1.41亿元；四是做好宣传引导工作，形成社会支持、帮助、推动成都农村信用社改革的良好氛围。[①]

第四个举措，做实县域，开拓新市场。2002年11月，党的十六大提出"统筹城乡经济社会发展"，开启新一轮农业农村改革。为落实中央方针政策，成都市在2003年3月率先拉开了统筹城乡发展的帷幕，顺势进行产业调整，以东郊为主体，中心城区实施"退二进三"[②]战略。我们学习相关政策文件，并实地走访调查后认为，东郊厂区的迁移必然会带动成都县域经济发展。人去了，产业也去了，经济就会活跃，土地也会变得值钱。而且我们16个联社里，有14个联社都在县里，那里本就是我们的主阵地。因此，我们根据经济梯度发展的规律，把二圈层的新都、郫县、温江、龙泉、双流作为重点拓展市场。另外，考虑到青白江是工业基地，都江堰是旅游城市，这两个

① 李波，李宏伟. 农村金融改革与发展 [M]. 北京：中国金融出版社，2018.

② "退二进三"是指，将第二产业园区迁出市内，中心城区以发展第三产业为主。

地方虽然远一点，但有业务拓展的空间，也一并纳入重点拓展的范围。

比如，在新都，我们和区委区政府达成战略合作，以北新干道建设作为抓手，支持地方重大项目建设，进而开展了一系列的合作，获得政府的信任和支持。这一做法给我们解决了三个问题。第一，解决了基金会并入农村信用社的不良贷款。第二，贷款出去了，存款也有了。解决了财政账户不能在农村信用社开户的问题，农民的拆迁赔付在信用社打存单，也成了信用社的客户。当时新都的存款在当地市场份额中占比达到50%，每年新增存款占当地新增存款额的50%。第三，在区委区政府的支持下，我们和各部门、乡镇的关系进一步增强，"三农"业务也进一步做实了。对于暂时没有承接产业转移的郊县，我们开始在春季连续几年开展支农服务月，机关干部也下基层，全市信用社员工背包下乡，走村串户，去拓展客户，服务"三农"。

第五个举措是信息化建设。当时，全市没有统一的计算机系统，业务发展受到非常大的制约。2002年，我们开始筹建第一代综合业务系统，下定决心招了很多大学生，最终把系统建起来。2003年，全市农村信用社第一代综合业务系统投产运行，在全市范围内实现通存通兑，也为我们后来发行储蓄卡和信用卡，打下了基础。

事实上，不管是领导班子，还是员工，当时都憋着一口气，都想走出困境。加上市委市政府的正确领导和人行、银监部门的强力支持，信用社的经营情况改善很大。2004年，我们扭亏为盈，虽不多，只有2000多万元，却让大家看到了曙光。再后来，我们的盈利开始倍增，员工收入也得到肉眼可见的改善。直到2010年末，净利润超过16亿元。记得成都农商银行挂牌时，我们的评级在当时农村商业银行系统中也算是很高的。

知实情、识大局、有担当

回头来看，作为成都农信人，在那些做对了的地方、可贵的地方里，有哪些是值得回味的呢？

第一是知实情。我们的服务范围广，主体是"三农"，工业、商业和个体工商户也不少。成都市既是大都市，又有大农村，在这样立体的经营环境中，要知道市情、县情、乡情、村情是什么样子。机关不能随便制定政策，不能坐在办公室空想，或者随便拿一个自己认为比较先进的例子来照猫画虎，而是要"背包下乡"去了解实情，看看底下到底是咋个样的，哪些能在基层执行。

我记得彭州联社曾有一笔7000多万元的不良贷款，借款方是当时已经在申请破产的地方水电站。后来有户企业想要收购该电站，但拿不出那么多钱，就提了一个方案，它把债务承接了，让我们给它一笔并购贷款。如果我们同意这么做，企业将该电站盘活后，我们就有希望收回不良贷款，彭州联社的央行票据也会及时得到兑付。但风险在于，如果贷款给了企业，结果企业又没把电站盘活，我们将承受更大损失。

因此，我们对作为收购方的企业进行了风险评估，但是市联社两个相关部门出现了争议：对电站的估值和前景看法不同。我就叫他们两个部门写报告的人到办公室，看看为什么会有两个不同的结论，争议在哪个地方。结果发现他们使用了两个不同的模型进行测算。搞清楚实际情况之后，我们去现场，实际出真知，现场出真知。我们到了拟贷款的企业和电站进行实地考察，详细了解企业的经营状况，电站的水渠水流，电机、人员和上网情况，对电站是否能实现扭亏也做了详细论证。彭州联社也进行了充分讨论研究，从党委会开始，开了五个会进行讨论和表决，决定发放这笔贷款。最终，彭州联社通过这笔并购贷款如期收回了之前的不良贷款。

我再举个例子，成都好几个区县都有苗木种植业，我们就和信贷员一起研究，怎么给那些经营者贷款。信贷员建议"贷木不贷苗"，"苗"多是指花，花是有窗口期的，只要开花了，不管什么价格都要卖，过了这个季节就没有

2008 年 5 月 27 日，时任人行党委书记、行长周小川（右一）到都江堰视察，祝志清（右二）正在"帐篷银行"里汇报情况

了，这里面风险很高。但"木"就不一样，今年行情不好，明年还可以卖。

　　早些年，我曾去德国学习小贷，回来信心满满地和设计产品的人讨论，在车上就把"木"的小贷模型"勾勒"出来了，结果到基层去征求意见，信贷员看了说不行。只说品种、树龄、胸径还不全，还要考虑树冠，有些树的树冠比较圆满，四周冠幅差不多大，但有的树冠是"阴阳脸"，向阳部分长得很茂盛，不向阳的部分就很难看，卖不起钱，所以树冠也要考虑进去。

　　类似这样的情况，如果不问信贷员是不知道这些事情的。我们当时市联社的信贷部门和其他一些部门对基层的了解还是很充分的，心里面是有个名单的，知道哪些联社的高管、信贷员是有想法，可以讲出东西来的。制定政策的时候，我们都要和他们讨论政策的可行性。如果没有经过讨论，都要打回去，在主任办公会上是通不过的。

　　第二是识大局。市联社成立初期，为了摆脱发展困境，我们决定大力拓展县域市场的时候，当时，一些银行正推行"双大战略"，向"大城市、大公司"发展，收缩区县业务，一进一退，这样做行不行，是有争议的。但我们通过研究中央和成都市委市政府的政策走向，做出了判断：第一，统筹城乡改革是一项国家战略，而成都市是试点区[①]，有自己的优势；第二，成都虽然是内陆地区，但这里是天府之国，人口一直增长，人来了，物流、资金流就有了；第三，从地理位置来讲，这里是一个交通枢纽，在西部大开发中也是一个重要节点。因此，从机构发展来讲，结合国家和成都市的战略，这是一个宝贵的时间窗口，应该抓住这个机遇。

2008 年汶川大地震后，我们很多网点受损，网络也断了，员工家属还有人员伤亡。震后，有些受灾群众穿着拖鞋就跑出来了，啥都没有——没有钱，也没得身份证。市委市政府反馈，如果银行都不开门，社会秩序怎么正常运转？当时没有微信，也没有支付宝，群众要存取钱都不方便，所以政府要求银行必须尽快开门。

作为金融机构，除了自身发展以外，也有社会责任。都江堰挨着汶川，情况很差，当时机房的天花板都垮塌了。我们科技部的电工、硬件、网络、软件人员，有小伙子，也有女娃娃，就组成一个队伍去了那里，打扫卫生、清理东西、抢修网络，最后在外面搭一个帐篷银行。我们在都江堰的帐篷银行是率先开业的，因为我们要面对的受灾群众是最多的。

开门之后，就遇到了一个问题，那些要来取钱的人，又没有身份证，该怎么办？我们的会计部门想出了方案：第一是去派出所开证明，第二是去乡村开证明。凭这两个证明就可以来取钱。5 月 27 日，时任人行党委书记、行长周小川来都江堰视察的时候，就特别关心受灾群众的存取款问题。我跟他汇报了具体操作方式。他说："你们做的和我们在北京想的是一样的，这件事

---

① 2002 年，党的十六大明确提出统筹城乡经济社会发展的要求。四川省在全国率先进行统筹城乡试点与改革。2003 年 3 月，成都先后在双流等 5 区县及金牛等 5 主城区进行了加快城市化进程的试点。

情还真是可以这样子做，是行得通的。"他们也觉得我们这些做法解决了当时的特殊情况，对我们给予了高度肯定。

第三是能创新、敢创新、有担当。我们做过的一些事情，有时候按常规经验来做就很难，需要根据特殊情况进行创新。当然，我说的创新要出于公心。汶川大地震后，我们用创新方法解决了农房重建所需的资金问题。当时，很多银行考虑到风险问题，怕还不起，不敢做，也不愿意做。我们本来和农民打交道就更多，对他们的情况更了解，网点分布也很广，所以就勇敢地担起这个责，创新流程，推出农房重建贷款，全力支持受灾农户灾后农房重建。最终投放了超过 10 亿元农房重建贷款，真正做到"应贷尽贷"，解决了农户们重建家园的资金需要，而且这些贷款都收回来了。

那时候，抢险救灾要搭板房，还要修桥、修路，承接工程的市里的企业就需要在短时间里获得大量信贷资金。但其他银行要层层上报，比较慢。我们就利用本地法人决策链条短的优势，迅速开设信贷支持灾后重建绿色通道，形成了一套适应当时需求的特殊办法和流程。有了这套办法和流程，我们的贷款速度比其他银行快很多，确保资金快速到位。

做了这些事情之后，我们和市级平台公司建立了良好的关系，它们觉得我们关键时候靠得住，也在老百姓心中塑造了好的形象和口碑，既履行了社会责任，也拓展了业务。我们自身队伍也成长起来了，遇到事情更懂得如何去创新解决。在敢于担当、创新解决问题的同时，我们也收获了很多。

周兴云，2001 年入职市联社，历任市联社信贷审查处处长、监事长、副主任及成都农商银行副行长。现为四川金融控股集团有限公司党委书记、董事长。在职期间，周兴云参与了成都农商银行在业务、管理、科技等多方面的改革，对于农信社如何走出困境，有着深刻感受。

周兴云：破局的朴素智慧

采访、文字稿整理、拍摄｜成都农商银行口述访谈组

深化改革筑牢业务基础

2000 年，成都市农村信用合作社联合社（以下简称"市联社"）成立。但刚开始也只是形式上成立，对于未来要往哪个方向发展，尚无定论。

当时，全国农信社面临着一些普遍问题：一是历史包袱重，资产质量差。由于行社"脱钩"、接收基金会、城市信用社并入，加上自身经营不善

等因素，2000 年全市农村信用社形成了大量不良贷款①；二是盈利能力差，涌现大量亏损社。由于资产质量较差、收贷收息十分困难，加之高成本存款资金较多，资产负债结构不合理，导致全市农村信用社亏损严重，市联社成立时，全市 306 个独立核算社中，资不抵债的高风险社达到 257 个，占比 84%。很多信用社，甚至县级联社，都处在保支付的边缘，个别县级联社甚至还动用了存款准备金。当时，全市共有 866 个网点，可用于支付的资金不足 3 亿元，平均下来，每个网点不足 35 万元的额度，稍不注意就会取不出钱。

我到基层调研时发现，有一个县级联社的领导班子，每天都需要到市场上找几万元存款，否则就没办法开门营业。在这样的情况下，但凡有盈利的，都算得上是好的信用社。

记得华阳信用社是当时双流县资产质量最好的信用社，但它的盈利还比不过县上一个知名的卖稀饭的饭店。我曾经短暂负责过崇州联社的工作，当时崇州联社不良贷款率超过了 96%，每年亏损 1 亿多元，单靠自身能力，已难以为继。

基于以上情况，市联社推行了一系列改革举措，为发展奠定业务基础。

首先是改变信贷管理体制。长期以来，在"审贷合一"的体制下，信贷员同时负责贷款审批。这样的好处在于，信息对称、审批效率高，但问题在于，缺乏相互制约，无法隔离风险。针对这个情况，市联社在西南地区农村信用社中，率先全面推行"审贷分离"——市县联社和基层信用社逐级建立信贷审查委员会和信贷审查部门，制定所有信贷项目必须经过信贷审查部门审查通过后，提交信贷审批委员会集体研究决定。同时，设计制定《成都市

---

① 农村信用社从农行"脱钩"时，接收贷款 62 亿元，其中不良贷款 20 亿元；全国清理基金会时，农村信用社接收贷款 18.3 亿元，其中不良贷款 13.3 亿元；城市信用社实行改制时，农村信用社接收贷款 10.9 亿元，其中不良贷款 5.4 亿元；受国家税收政策调整影响，可在费用中摊销的 4.3 亿元又被列入不良贷款。以上原因形成不良贷款共计 43 亿元。

农村信用社信贷审查表》（以下简称"《审查表》"），规范信贷审查程序、内容和标准，使全辖信贷审查业务科学、规范地开展。

没想到这项举措却遭到基层信用社的抵制。以前，他们出去谈业务，当场就可以表态是否提供贷款，但现在行不通了，所以他们第一个反应是，这会妨碍业务拓展，让信用社丧失竞争优势。此外，《审查表》也对信贷员素质提出了更高要求。过去，大家工作方式粗糙，贷款能不能放，有时候是靠拍脑袋做决定。但现在，调查和审批由不同的人来完成，就要求信贷报告必须标准化，否则会出现信息不对称。但这对信贷员来说，是很难的。有人反驳说："我们在农村里栽了一辈子秧，现在你们却要让我们用新的方法来栽，难道我不会栽吗？"虽然推行过程很艰难，但事后证明，该项举措有效减少了新增信贷风险，为全市农村信用社改善经营状况奠定了基础。[①]

其次是在全市范围统一核算。过去，信用社虽然有自己的会计核算制度，但各自为政，标准化程度低，很多县级联社、基层信用社还存在财务报表失真的问题。所以市联社成立后，就要求统一核算标准，真实反映每个信用社的经营状况和资产质量。这不仅为后来制定统一经营计划、推行薪酬制度改革奠定了基础，也为我们争取专项中央银行票据提供了关键支撑。

接下来，我们还改变了稽核方式和内容。市联社成立初期，普遍采用的稽核方式是驻社稽核和事前稽核，就是派驻稽核小分队对县级联社、基层信用社进行审查，但后来逐渐形式化，变得只打苍蝇不打老虎。当时，基层还流传一个说法，"防火、防盗、防稽核"。稽核小分队在大家眼里就是负责挑毛病的。到了现场，翻账，查问题，然后象征性罚点款，这样做虽有一定意义，却没有从根本上解决风险管理和贷款质量的问题。

后来我们就改成了常规、定期、现场稽核和专项稽核，选择一些信用

---

① 截至 2002 年 11 月，全市农信社的不良贷款比市联社成立前下降 15.3%；2004 年末的不良贷款占比为 35.38%，比市联社成立时下降 31.62%。

社，集中一段时间进行专项检查或全面检查。通过抓大放小的方式，用两三年时间，把所有基层信用社和县级联社像雷达一样扫描了一遍，不再像过去那样，天天稽核却收效甚微。这对规范员工意识和行为起到了很大帮助，让大家真正懂得，金融机构需要在受监督的情况下工作。

化解不良夯实财务基础

过去农信社质量很差，为了实现全市农信社"双降"目标，市联社开始实施"清非盘活"工程，并安排我在 2001 年 9 月负责全辖的资产保全工作。在充分调查研究的基础上，我们大胆借鉴商业银行在资产保全方面的经验和做法，2002 年起全面实施，并逐步建立了不良资产化解体系。

在审贷分离的基础上，我们通过实施催贷分离，将重大风险资产进行集中管理，充分运用行政、经济、法律等手段，加大对大额不良贷款、职工五类贷款等的清收工作。从 2002 年到 2005 年，这种方式发挥了很大的作用，但也发生了很多辛酸的故事。

举个例子，双流联社当时很困难，在现金流非常匮乏的情况下，把一片抵债资产，按 1500 元 / 平方米的价格打包卖给了一家企业。现在看来这个价格是很低的，但我们当时是求着人家来买的。要做这个决策很困难。不卖，未来一定会增值。但没办法，如果不先把值钱的东西卖掉，信用社就过不了关。当时就困难到了这个程度。

化解不良贷款的另一个方式是申请专项中央银行票据。2001 年，市联社为了摸清家底，曾经发传真电报给所有县级联社，要求以 2001 年 9 月底的数据为准，真实反映不良，并且明确不追究责任。在当时，真实上报不良需要勇气。有个联社以前从来没有上报过不良贷款，这次一口气就上报了 10 亿元不良贷款。而有的联社，羞羞答答，没有上报。

2003 年，央行出台《农村信用社改革试点专项中央银行票据操作办法》

和《农村信用社改革试点专项借款管理办法》，以 2002 年底的数据为准，向农信社发行等额专项票据。可以说，市联社提前摸清家底，为争取专项中央银行票据奠定了非常好的基础。最终，全省申报了大概 90 亿元的专项中央银行票据，成都辖内的 16 家县级联社共计申报 21.79 亿元，对化解不良资产起到了比较好的作用。

申报专项中央银行票据后，还要想办法达到兑付条件。这就要求我们持续改善经营、化解不良。于是，我们对资产进行全面清理，凡是权属不完整、不清晰的，都通过补充完善权属、提升价值，来增加资产价值。比如，双流联社虽然努力募集了很多资本金，进行增资扩股，改善经营情况，但还不足以达到专项中央银行票据的兑付条件。于是，我们按照四川省和成都市文件要求，和双流区委区政府商议，本着"勇敢面对，智慧解决"的思路，通过补办手续、依法减免各项税收、收购各种零散的手续欠完善的土地等，帮助化解了原双流联社因政府举债和基金会并入等形成的不良贷款。

这也为农信社的改革找到了一条创新之路。通过复制这个模式，各县（市、区）共计化解了原成都市农村信用社因政府举债、乡村债务和基金会并入形成的不良贷款 14.45 亿元。后来，双流联社兑付了 5.16 亿元的专项中央银行票据后，所有的不良资产全部化解掉了，成了全成都第一家没有一分钱不良贷款的联社。通过化解不良贷款、争取专项中央银行票据支持等一系列举措，农信社奠定了发展的财务基础。

系统建设打下技术基础

市联社成立后，为了提升一体化管理水平，我们在科技建设方面也做了很多工作。过去，农信社的科技基础很差，水平也参差不齐。城郊联社当时已经建成集中式联网系统，其余联社有的采用单机版的会计电算化管理系统，有的仍然使用手工记账的方式。

由于技术手段落后，大量业务无法开展。比如，当时最简单的银行卡，很多银行都在用了，但农信社因为没联网，还只能用存折。此外，由于结算渠道不畅，当时全国性的资金汇划，只能通过农行或其他代理行，同城地区也需要经由人行进行纸质票据交换。

为此，市联社在 2001 年就下定决心推进科技建设，并在当年开通了全市农信社内部局域网。2003 年，我们又加入人行大额支付系统，并上线了现代化支付系统及第一代综合业务系统。其中，最具标志性的，是建设第一代综合业务系统。

当时，懂技术的人很少，我们把全市农信系统内能找到的人全部都找来，拼凑了一支 30 人左右的队伍。很多人之前甚至没写过代码，但没办法，我们只能尽可能选一些相对优秀的人。

开发系统的费用也很有限，总共只有 650 万元。这笔钱既要负责开发软件、买硬件，还要负责团队的日常开销。大行用的系统我们买不起，小公司开发的系统又满足不了需求，最后，我们选择与系统集成商合作，双方一起在应龙湾做封闭开发。这种面对面的沟通，便于我们掌握核心代码，也能快速提升自身技术水平。

前期调研中，我们发现，各家银行不断在更换系统，操作人员需要不断适应新系统，非常麻烦，代价也很高。我们就觉得，一定不能走老路，最好是能先设计一个很精干的核心，让它具备类似插座的功能，其余的业务子系统，可以像插头那样灵活插进去。未来如果业务发生变化，核心系统无法支撑，就可以重新开发一个业务子系统，插进去继续运行。这种"瘦核心大外围"的思路，方便了后期的改造和操作。

当时我们设计这套系统采用了对公对私一本账的大会计思想，以交易码驱动的操作模式，第一代综合业务系统既适合城市又适合农村，既支持客户使用银行卡，又支持使用存折。

系统是 2003 年 7 月开始上线的。由于 12 月要搞年终决算，必须确保核算工作的稳定性，不能大规模动账，因此上线工作必须赶在 11 月完成。平均下来，16 家县级联社，每周必须上线一家，时间非常紧张。

短短几个月时间，要把整个农信社前期整理的数据全部导入新系统，这是一个浩大的工程，我们完全是用"人民战争"的方式来推进工作的。

考虑到周末业务少，系统压力小，即使出错也更容易纠正，上线工作都安排在周末进行。每到周五，我们就用小货车把高速行式打印机和一堆打印纸拉到县城。晚上一下班，就用打印机把账户信息全部打出来。县联社组织所有员工，两个人一组，把新老系统的结果进行人工比对。此外，为了确保比对结果百分百准确，我们还专门开发了核对程序进行系统间比对。只有两种比对方式都正确，才能核准上线。

上线测试工作首先定在郫县联社。当时的主办会计陈丽刚生完小孩没多久，还在哺乳期，为了不耽误上线进度，她把孩子抱到营业部，一边工作一边带孩子。后来轮到崇州联社上线，正好遇上崇州联社理事长胡桂文父亲去世，但自始至终，他都没有把这件事情告诉任何人，一直坚持在岗位上。直到上线结束，看到他在办公室哭，我们才知道发生了什么。现在每每想起这个场景，我心里都很不是滋味。

系统顺利上线的背后，是员工巨大的牺牲奉献，它也为我们提升金融服务水平，奠定了良好的技术基础。有了它，我们就能开发银行卡系统、网络银行系统、手机银行系统等。2007 年，我们接下全市耕保基金发放任务的时候，系统不仅能支持发卡，而且能分门别类地快速处理耕保基金的要求。

原银监会合作部、人行成都分行对我们的工作给予了高度评价，认为"系统起点较高，针对性强，操作简便，并考虑了业务的未来发展需求，系统设计能力可达日均 50 万笔，完全满足未来 3～5 年的业务增长需要"。

2009 年 6 月，市联社为即将挂牌的成都农商银行设计制造了多个版本的 logo 并进行评审

· 成都农商银行行徽由来 ·

成都农商银行的行徽是在 2009 年设计的。当年 1 月，成都市农村信用合作联社股份有限公司成立，不仅实现了以市为单位统一法人，而且在管理体制上由合作制过渡到股份制，也为下一步挂牌成都农商银行[①]做好了铺垫。所以我们开始提前构思行徽设计事宜。

之所以想设计行徽，是因为两方面的考虑。一是作为统一的法人机构，需要建立全新的品牌形象。二是在农信社时代，各个信用联社在 logo 应用方面极不规范，容易让公众产生误解，觉得这不像是一个金融机构。因此，我们希望通过新的品牌形象向公众传达新的发展定位，区别于农合系统内的其他金融机构。

一开始，我们找来了国内几家顶级设计公司，但效果都不如人意。后来，我们还全员征集创意，也没有找到满意的设计。突然有一天，有同事提议说："我们能不能请一个为国有大行设计过行徽的设计师？"几经波折，我们查到了清华大学美术学院教授陈汉

---

① 2010 年 1 月 15 日，成都农商银行正式挂牌开业，成为西部副省级城市首家农商银行。

陈汉民教授设计的成都农商银行行徽。图案由"成都"拼音首字母 c、d 构成外圆内方的钱币造型，体现"银行"属性。图案内部封闭寓意"内控严密"，外部开口寓意"开放的经营理念"；图案造型呈现出由内而外不断延展的趋势，寓意成都农商银行加快发展，跨区域经营，打造与国际接轨、现代一流商业银行的决心。图案标准色为绿色，代表自然、希望、活力，寓意成都农商银行充满生机，发展前景广阔

陈汉民教授设计的其他版本的成都农商银行行徽

民^①的资料，了解到他曾经为人行、农行、工行等多家金融机构设计过行徽。正好，我曾经在清华大学进修外语，就辗转找到他的联系方式，并决定登门拜访。

　　我们厚着脸皮去了他家。当时，"5·12"汶川大地震发生不久，我们向他们讲述了我们支持抗震救灾和灾后重建的故事。他们听完之后很感动。

　　面对我们的请求，陈教授答应说，适当的时候来成都看一看。后来，他来到成都，前往受灾地区参观的同时走访了我行网点。回

---

①　陈汉民（1931—2022），我国著名平面设计大师、工艺美术家、艺术设计教育家，中国现代艺术设计教育的重要开拓者、引领者。其代表作品有：香港回归专用标志、人行标志、农行标志、工行标志、重阳节标志等。

北京的那天早上，我陪他吃早餐，他对我说："你们做得不错，我很感动。我负责设计 logo，应用设计你们自己找公司做。"这个消息让我们喜出望外。后来我们才了解到，他当时其实是抱着设计的目的来成都的，他希望更深入地了解我们。

回到北京后，他很快便寄来了设计稿。当时一共设计了三个版本，但大家一致认为目前使用的这一版是最好的。随后，我们就根据这个设计稿做了应用设计。

设计完成后，就需要进行落地改造。其中，改造范围最大的是门店招牌，当时我们一共有 600 多个网点，测算下来整体改造成本超过 2 亿元。因为金额巨大，我们才意识到，行徽的版权归属没有明确。于是我再次飞去北京找他。我对陈教授说："您的设计非常好，我们决定使用它。在这之前，需要先征得您的同意，拿到版权授权。我们愿意支付设计费。"这笔费用，按照行业惯例，至少需要几十万元，但当时陈教授却说："你们做得不错，这个设计就送你们了。"后来他真的没有收一分钱，令我们感动万分。在他身上，我们看到了一名老教授的高风亮节。这个故事也是全社会支持灾后重建的生动案例。

第三章

久久为功：
谱写农商新篇

袁戈，2021 年 7 月入职成都农商银行，担任党委办公室（以下简称"党办"）主任兼企业文化与品牌部总经理，现为新津支行党委书记、拟任行长。在行党委的领导下，袁戈同志和党办全体成员一道，聚焦"三个建设"，全面完成了第一次党员代表大会（以下简称"党代会"）筹备、主题教育、配合市委巡察、党建品牌打造等重点工作，助力成都农商银行高质量党建，推进高质量发展。

袁戈：党建引领高质量发展

采访、文字稿整理、拍摄｜成都农商银行口述访谈组

加强党的建设

2021 年 7 月，我到成都农商银行担任党委办公室主任。当时成都农商银行刚刚回归市属国企属性（以下简称"回归国有"）①，正处在发展的关键节点。按照行党委统一安排，我们重点抓"三个建设"。

一是加强思想政治建设。回归国有后，成都农商银行按照党中央、四川省委、成都市委的部署，开展了党史学习教育和学习贯彻习近平新时代中国特色社会主义思想主题教育，让全行每一位党员接受了全面的政治洗礼，增

---

① 2020 年 6 月，成都农商银行完成股权结构调整，回归市属国企属性。

强了党员意识，提升了党性修养。

2020 年 8 月，行党委决定开展为期两个月的"大学习、大讨论、大调研、大动员"活动，旨在从思想上抓起，最大程度提升全行各级党组织的凝聚力、战斗力、服务力，营造出"人人思改革、人人谋发展、人人做贡献"的浓厚氛围，全行上下有了奋斗目标，大家干事创业的热情被激发出来，为成都农商银行高质量发展奠定了坚实基础。

除此之外，我们还进一步规范了理论学习中心组学习、第一议题、"三会一课"、民主生活会等制度，实现了政治学习和政治生活规范化、常态化。

二是强化党组织建设和党员队伍建设。党办配合组织人事部门开展领导班子的调整和优化，并牵头组织召开第一次党代会，通过选举产生了新一届的领导班子。

之后，我们开始对各机构、总行直属党委、村镇银行党委班子成员进行优化和补强，37 家分支机构党委、党总支、党支部都完成了换届选举或委员补选。

总行党委下设的两个党组织，即机关党委和村镇银行党委也在市委组织部、市委国资国企工委的指导下进行了调整和优化。实事求是地讲，在成都农商银行刚刚回归国有时，这两个党委"只见其形，不见其实"，经过调整和优化后，机关党委更名为总行直属党委，并经选举产生了新的党委班子，村镇银行党委同样如此。此后，这两个党委在总行直接管理下开始正常运转，积极主动开展党组织各项工作。

与此同时，我们根据相关工作要求，对党务工作者队伍进行了优化，为各机构、总行直属党委、村镇银行党委配备了专职党务纪检岗，达到了全覆盖，还确保所有分支机构的办公室主任都是党员，有条件的机构还配备了专职副主任来加强工作力量。后续又专门配备了统战委员、专兼职纪委书记和纪检委员，让党务工作力量再一次得到提升。

　　在选优配强每个层级的领导班子后，基层党组织的凝聚力、战斗力和执行力不断提高，党员的管理逐步规范。我们每年定期组织入党积极分子、党员发展对象和新党员集中培训，严把"思想关""程序关""教育关"，优化党员队伍结构，提高党员队伍质量。自回归国有以来，我们分四个批次新发展党员240名。我们每年还组织开展全行党务工作者的培训，特别是2023年，我们将培训地选在了四川"两弹一星"干部学院（省委组织部批准的党建培训基地之一），精心挑选了培训课程，以脱产化和沉浸式方式提升培训质效，迈出了回归国有后党建工作"走出去"的步伐。

　　三是开展党组织标准化建设。自2020年6月以来，我行在市委组织部和市委国资国企工委的指导下，根据党章和相关党内法规，结合我行自身特点，通过建章立制和创新实操办法开展党务工作。例如，在党费管理方面，我们组织党费政策学习培训，修订完善党费管理制度，持续优化党费线上收缴、预算和报销动支管理系统，确保了党费收缴和使用管理信息化、合规化、便捷化。在党员档案管理方面，组织人事部对全行员工档案进行专项审核，发现在职党员、退休党员均存在不少党员档案缺失的情况。于是，我们本着对党员负责的原则，按照相关要求，在上级部门指导下，分层分类分期开展党员档案补办工作，对补办困难的党员一对一指导，最终完成1000余名党员的档案整理和党员档案材料补办。

　　为切实加强党组织标准化建设，我们每年年底开展党建专项考核，并纳入全行经营绩效考核。2023年，由党办与稽核审计部、纪检监察室、人力资源部等相关部门共同牵头，开展了党组织标准化建设"回头看"，对所有分支机构回归国有以来的党建工作进行全面审视。历时近5个月，我们深入每一个基层机构进行检查，我带头给22家机构进行现场培训讲解，经过问题汇总整理后又逐一通过视频会议的形式进行反馈，并一对一提供整改指导。整改时限结束后，我们又进行二次复检，并再次反馈情况。此次"回头看"，被很多基层党务工作者称为"史上最严"，结果是换来了我们基层党务工作水平脱胎换骨式的大进步。

2023 年，在成都市委国资国企工委对国有企业党建工作的排名中，我行实现了历史性突破，在 15 家国企中排名第五位。

此外，我们的党建工作逐步显现出一些亮点。比如，我们实施"东西南北中"党建品牌打造计划，培育了"濯锦先锋行""党建之芯　绿动天府""驿路直通车""心向党　都为民"等 4 家适应成都区域发展、彰显农商特色的党建品牌新阵地；高新支行的"助力新区　金融筑城"、总行营业部的"新起点•心服务"两个党建子品牌连续获得"蓉城国企先锋"授牌。再如，我们高度重视党委信息报送工作，推出了独具农商特点的系列内外宣传报道，其中 150 余篇新闻报道和信息、12 条短视频获新华社、人民网、学习强国、市委每日要情等平台刊发。另外，在我们的组织协同下，有 7 人、8 个集体荣获"全国金融五一劳动奖""成都建设全面体现新发展理念的城市改革创新先进""青年文明号""市优秀共青团干部""市级本土讲师"等称号。

因为回归国有后党建工作取得的这些成绩，2023 年我行党委主要领导两次在全市党建工作的大会上，作为国有企业代表进行经验交流，这让我们倍感自豪。

第一次党代会

2022 年 6 月 1 日，我行党委班子配齐。之后，党委班子经过反复讨论研究，成立了"两委"选举工作领导小组。行党委还针对"两委"选举筹备工作制定了实施方案，包括确定召开党员代表大会的初步时间、主要议程，代表的推选，党的委员会（纪律检查委员会）委员、书记、副书记名额及提名等原则性意见。我们党办持续把各项工作进行细化，将拟召开党代会的时间、党的委员会（纪委）委员职数、差额比例、选举大会形式（即党员代表大会)、代表推选、"两委"委员候选人预备人选结构方案，以及书记、副书记候选人预备人选等内容，形成《中共成都农商银行委员会关于召开中共成都农商银行第一次代表大会的请示》(以下简称"《请示》")，并将之与"两委"选举筹备工作实施方案、召开第一次党员代表大会实施方案一同提交行党委审议。2022年6月10日，我们将《请示》呈报市委国资国企工委审议，拟于2022年7月19日召开中共成都农商银行第一次党代会，得到批复。

党办开始着手第一次党代会的筹备工作。我们逐字逐句地研究各项党规党纪，以及国有企业的相关制度要求，根据要求来制定工作方案，并且多次向上级部门的党建专家请教每一步的流程与具体细节。

之后进入实质性推进阶段。在这一阶段，摆在我们面前的最大难题是我行4000余名党员遍布各个地方，而选举中的各项工作，如对党员进行选举工作的宣传教育、部署研究党代会代表和"两委"委员候选人预备人选推荐等，都需要在规定期限内直达每一位基层党员，这就要求我们所有党务工作者具有高度的政治责任感并做出巨量的工作付出，才能确保各个环节、各个关键时间节点不出问题。为此，我们多次召开会议、多次"一对一"当面或者电话沟通相关事项。最终，在全体工作人员的努力下，我们高质量地完成了推选党代表、推选"两委"委员候选人预备人选等工作，后经行党委研究通过，向市委国资国企工委提交《关于中共成都农商银行第一届委员会和纪律检查委员会委员候选人预备人选的请示》及有关材料，并完成了公示。

接着就开始着手党代会的各项会务准备及宣教工作。会务组、宣传组、纪律监督组提出了大会会务实施方案，编制了大会经费预算，制作了各种证件，草拟大会文件保管、发放、收回的规定，制作有关表册。文秘工作组也将准备好的《党委工作报告》《纪委工作报告》《关于党费收缴、使用和管理情况的报告》提交行党委审议通过。

在这期间，我们坚持党的选举工作容不得半点失误的严要求，对工作差错零容忍。为保证党代会顺利召开，我们前前后后准备了107种材料，且每一种材料都要经过初审、复审、唱校和终审，最后才能定稿。大家加班加点、熬更守夜，放弃周末、节假日休息时间，当我们把党代会的所有工作准备就绪，把印制的材料摆

2022年7月，袁戈（右一）在凌晨1点带领党委办公室的同事开会商讨党代会筹备工作

在一起，几乎铺满了一整个会议室时，一种无与伦比的成就感和自豪感顿时油然而生。

在党代会召开前夕，还发生了一个小小的波折。原定于2022年7月19日召开的党代会，因疫情原因需延期至8月11日举行。突发的状况让本想一

中共成都农商银行第一次代表大会选举现场

鼓作气完成任务的党办同志们一度情绪低落。我鼓励大家："好事多磨，正好趁着多出来的时间，我们把所有材料再复核一次，把整个会议议程再过几遍，力争把这次会议办成一次标杆性的会议。"然后我安排好分工，让大家轮流休息了两天，让身体和心理得到短暂调整以备最后冲刺。

2022年8月11日，中共成都农商银行第一次党代会成功召开，对成都农商银行而言，有着里程碑式的意义。党办同志们也终于不辱使命，顺利完成了组织交办的一项重大政治任务。

到一线去

如今，我被调任至新津支行担任党委书记、拟任行长，属于后线干部到了一线战场历练，去接受"炮火"洗礼。在新的岗位上，由于我的第一身份是党委书记，所以我的首要职责是抓好党的工作，发挥党建引领发展的关键作用。具体做法包括四个方面。

第一，优化决策机制。对机构现有"三重一大"制度、党委会议事规则等，根据总行最新要求进行调整，进一步厘清党委和经营管理层的决策边界，让重大决策成为规范化的集体决策，变得更加公开高效，也更经得住历史考验。

第二，发挥党管干部的作用。"火车跑得快，全靠头来带"，我们通过集体决策，选拔出最优秀的干部，派到最合适的位置上去。

第三，加强党的建设。高举党建大旗深入社区、农村，通过党建联建共建的方式，加强我们与基层党组织和群众的联系。

第四，持续加强党风廉政建设，让党员干部合纪合法合规开展业务，这不仅展现出我行良好的工作作风，也让客户对我们更放心，让社会对我们更认可。

成都农商银行虽有70多年的历史，但我觉得它正值壮年。我愿意和成都农商银行共同成长，希望在 100 周年的庆典上能站上那个代表农商人至高荣誉的领奖台。

李阳红，2001 年入职市联社，自 2002 年起从事纪检监察工作，现为成都农商银行纪委办公室主任助理。任职期间，李阳红从事过党风廉政建设、宣传教育、纠风审查等工作，经历了纪检监察工作从无到有、合署办公、派驻改革的多次变化。

李阳红：二十余年纪检路

采访、文字稿整理、拍摄｜成都农商银行口述访谈组

党的忠诚卫士

2002 年 1 月 11 日，经中共成都市委组织部同意，市联社成立了成都信用合作社联合社纪律检查委员会（以下简称"纪委"），对全市农村信用社的党组织实行垂直领导。纪委内设纪检监察室，配备 3 名专职纪检人员。同时，成都全辖 16 个县级联社成立了党委（党总支），任命了纪检组长，内设监察稽核科，在市、县两级联社正式行使党的纪律检查工作职能。当年，纪检监察工作主要是开展廉洁教育及行业纠风工作。

2002 年 4 月，我从业务部门调到市联社纪检监察室工作，在纪检监察室

参与的第一件工作就是纠正行业不正之风。当年，基层信用社做假账、报假表、造假数字和利用行业特点"吃拿卡要报借"等歪风比较严重，我印象特别深刻的是，有一名信用社主任不真实反映财务状况，还有一名客户经理伸手向企业索要好处费。最后，信用社主任受到了经济处罚，客户经理被解除了劳动合同。在处理了这两起事件后，领导派我和同事去基层调查，回来后拟写了社风评议工作方案，并决定每年都进行此项工作，这项工作方法也一直沿用到现在，成为全行行风建设的重要内容。

2002—2008 年，市联社结合信用社三级法人①特点，制定出台了《中共成都市农村信用联社委员会关于实行党风廉政建设责任制的办法（试行）》《中共成都市农村信用联社委员会关于实行基层党风廉政建设责任制的办法（试行）》《成都市农村信用社效能监察办法（试行）》《成都市农村信用社关于规范领导干部廉政档案制度》等 10 余项工作制度，初步形成了符合农村信用社架构形式和惩防体系建设的制度体系。

此时的纪检监察工作重点围绕落实党风廉政建设责任制、加强示范及警示教育、建立健全信访机制、开展治理商业贿赂等。在此期间，我主要负责党风廉政建设、宣传教育和信访下基层工作。现在回想起来，令我印象最深的有两件事。

2006 年，市联社纪委很重视群众信访工作，在市县两级建立了纪委书记（纪检组长）信访下基层的工作机制，以季度为单位深入一线基层网点，面对面与基层员工深入交流，收集他们所反映的涉及福利待遇、工资社保、业务发展等方面的意见和建议，再对信访反映的热点问题和各种不稳定因素进行分析，提出对策和措施，为市联社领导提供信访分析研判报告，确保领导能充分掌握信访动态。

---

① 三级法人，即信用社—联社—市联社结构。2009 年 1 月 16 日，成都市农村信用合作联社股份有限公司成立，实现了以市为单位统一法人。

我记得当时有人反映新都地区部分信用社和城郊联社所辖部分信用社员工工作责任心不强、服务意识不强、服务效率不高。市联社纪委领导就带领纪检同志到被投诉的大丰信用社①、龙潭信用社②与一线员工进行座谈，我也是队伍的一员。在当天的座谈会上，信用社员工争相提建议、抛难题，市联社纪委领导逐一解答大家心中的疑问和困惑。由于纪委领导事无巨细地答疑，原本计划一小时结束的会议，开了近两个半小时。最后，大丰和龙潭两家信用社的问题悉数解决，员工的工作风貌迅速振奋。

2008年，四川遭受"5·12"汶川大地震，市、县两级纪检监察人员第一时间投入全行抗震救灾工作中。我们部门的同志在余震不断的第二天，分别前往受灾严重的都江堰、彭州、大邑、崇州等地调查受灾情况，并及时出台了抗震救灾工作七项纪律要求。在抗震救灾期间，我们对款物募集、分配、使用等各环节进行了全程监督，保证市联社抗震救灾各项工作落实，并且有效地防范了各类违纪案件发生。

在受灾地区工作期间，我们纪检监察人员坚守岗位，多次参与24小时应急值班、安全值班。纪检监察室的3名同志主动请战，作为市联社先锋队工作组的成员赶赴都江堰联社和彭州联社，帮助搭建临时帐篷营业点，并为受灾员工提供吃饭、饮水、住宿等基本生活方面的服务和保障。我们纪检人员在危急关头，在灾难面前豁得出去，冲得上来，用实际行动证明自己是党的忠诚卫士，是人民群众的贴心人。

2009年1月16日，经原中国银监会批准，由原成都市农村信用合作社联合社、原成都市14家县（市、区）农村信用合作社联合社、192家农村信用合作社、原新都区农村信用合作联社、龙泉驿农村合作银行合并组建的成都市农村信用合作联社股份有限公司成立，不仅实现了以市为单位统一法

---

① 　大丰信用社位于新都区大丰镇。

② 　龙潭信用社位于成都市成华区。

人，而且在管理体制上由合作制过渡到股份制。随着组织架构变动，纪检监察工作也进行了一定的调整。纪检监察室并入党群部，在党群部内设"纪检监察科"，配备 3 名纪检人员，纪检工作与党建、群团工作合署办公。

2010 年，为实现主体责任和监督责任的分离①，市联社恢复设立纪检监察室，配备了 4 名专职纪检人员，强化纪检监督力度。而在 2011 年民营资本对我行进行主导后，我行的纪检监察工作逐渐走向停滞状态。

护航高质量发展

2020 年 6 月，我行完成股权结构调整，回归市属国企属性（以下简称"回归国有"），在市委、市纪委监委和行党委的正确领导下，全行纪检监察工作开始紧密围绕中央、省市纪委有关党风廉政建设和反腐败工作来决策部署，聚焦主责主业，强化监督，扎实推进我行党风廉政建设和反腐败工作。纪检监察室配备了 5 名专职纪检人员，其中主任 1 人、主任助理 1 人、科员 3 人。总行机关和 35 家一级分支机构配备兼职纪委书记（纪检员）。总行部门、各二级分支机构和 39 家村镇银行设置兼职纪检联络员，实现全行纪检监察组织全覆盖。

在工作中，行纪委在市纪委监委、市国资国企纪工委和行党委的领导下开展工作，依照党章和其他法规，切实履行监督、执纪、问责职责。定期研究党风廉政建设和反腐败工作，按年拟定《全面从严治党、党风廉政建设和反腐败工作要点》《全面从严治党主体责任清单》等文件，有力扭转了民营资本主导时期我行党建虚化弱化的局面，确保"国企姓党"始终是我行在前进道路上坚持的首要政治原则。

如何保证"国企姓党"？概括起来，我行的行动主要体现在以下方面：一是坚持"严"的基调，协助行党委全面从严治党；二是履好监督专责，推

---

① 党委的主体责任是前提，纪委的监督责任是保障，两者相互作用。

进政治监督具体化、精准化、常态化；三是案件查办引领，精准适用"四种形态"①，一体推进"三不腐"②建设；四是完善体制机制，提升纪检监察工作规范化、法治化、正规化水平。

2023 年，市纪委监委对市属国企实施纪检监察派驻机构改革后，全行纪检监察工作的任务更重、标准更高、要求更严。除了配齐配强纪委领导班子、充实纪检力量、规范纪委会议事规则外，我行还从以下方面努力提升监察力度。

首先是推动完善全面从严治党责任落实机制。我行深化运用明责、谈责、函责、查责、考责、述责、评责、究责、巡责的"九责工作法"，将"九责"逐一贯穿于纪检监察日常监督工作中，常态化、实质化开展政治谈话，综合运用重大事项请示报告、监督推动落实、建立负面清单等方式，推动全行各级党组织及领导干部担负起管党治党责任。我行还加强了对"一把手"和领导班子的监督，通过制发履责提示函、工作提示函、廉情通报等方式，督促他们严于律己、严负其责、严管所辖。此外，我行将 39 家中成村镇银行履行全面从严治党主体责任的情况纳入监督范畴，切实加大监督检查力度，着力纠治中成村镇银行管党治党宽、松、软问题。坚持政治监督工作下沉一线，并研究制定了《成都农商银行关于开展全面从严治党下沉式监督实施办

---

① 2015 年 9 月 24 日，时任中共中央政治局常委、中央纪委书记王岐山在福建调研并主持召开座谈会，听取党员和群众代表对修订廉政准则和党纪处分条例的意见建议。王岐山指出，纪委要聚焦聚焦再聚焦，围绕"四种形态"，把监督执纪问责做深做细做实。当时的"四种形态"指：党内关系要正常化，批评和自我批评要经常开展，让咬耳扯袖、红脸出汗成为常态；党纪轻处分和组织处理要成为大多数；对严重违纪的重处分、作出重大职务调整应当是少数；严重违纪涉嫌违法立案审查的只能是极少数。2016 年 10 月 27 日，中国共产党第十八届中央委员会第六次全体会议审议通过了《中国共产党党内监督条例》，对"四种形态"重新进行定义，即经常开展批评和自我批评、约谈函询，让"红红脸、出出汗"成为常态；党纪轻处分、组织调整成为违纪处理的大多数；党纪重处分、重大职务调整的成为少数；严重违纪涉嫌违法立案审查的成为极少数。

② 三不腐，即"不敢腐、不能腐、不想腐"，是中国共产党反腐败斗争要求的概括用语。2022 年 6 月 17 日，习近平总书记在中共中央政治局第四十次集体学习时强调，提高一体推进"三不腐"能力和水平，全面打赢反腐败斗争攻坚战持久战。

法（试行）》，通过清单式、蹲点式监督方式，强化对下级党组织制度落实、源头预防、日常教育监管的监督检查，精准发现问题、纠正偏差，促进业务发展。

其次，我行做到了促进各类监督贯通融合。坚持党委全面监督、纪委专责监督、党的工作部门职能监督、党的基层组织日常监督、党员民主监督等有机结合，形成合力。进一步强化协同监督工作联席会议机制，持续提升各类监督统筹衔接水平，优化信息沟通、线索移送、措施配合、成果共享等工作流程。我行同时坚持"全域农商"的理念，抓党风廉政建设苗头性、倾向性、隐蔽性问题，制定《成都农商银行廉洁风险防范记分管理办法》，将全体员工纳入监督，以自我觉醒、告知提醒、约谈警醒"三级"预警方式让"红脸出汗、咬耳扯袖"在前，累计处理625人次。

随后，我行着力提升办案质效，坚持"政治家办案"理念，把查当事人与查政治、查主体责任、查职权、查制度、查作风贯通于案件查办全过程。强化案件查办全周期管理，做到精准受理、精准研判、精准处置。突出案件查办重点，提高上级转办、巡视巡察移送、群众反映集中强烈、"关键少数"等问题线索的查办质效，及时收集、固定相关证据，提高成案率。我行还加强了办案中的思想政治工作，教育感化工作对象相信组织、依靠组织。强化办案安全保障，规范"走读式"谈话工作流程。近3年来，我行受理信访举报100件（含重复件19件），处置问题线索39件（立案11件），处理处分38人。

此外，我行也注重擦亮清廉金融文化品牌，将清廉金融文化进一步融入本行企业文化和合规文化，打造更具鲜明特色的成都农商银行清廉金融文化品牌，即"泽锦扬清——水泽天府·清润农商"。我行积极开展常态化普规普纪教育，将普规普纪融入日常管理和党建工作，制定印发《进一步加强成都农商银行新时代廉洁文化建设的工作措施》《成都农商银行关于开展常态化普规普纪教育的实施方案》，各级党组织在开展日常工作、组织生活、政治活动中，植入"规纪法"^①学习内容，逐渐形成普规普纪新常态的良好氛围。可以说，丰富清廉文化能让我行清廉文化聚力铸魂。

最后，我行对纪检监察干部队伍进行培优建强。我行完善了派驻改革后纪检监察组与基层纪检组织的管理机制、工作流程、职能定位和工作标准，制定了《成都农商银行纪检监察工作操作规程》，有效指导分支机构纪检监察工作，推动基层纪检监察工作规范化运行。制定《成都农商银行基层纪检组织及队伍建设工作方案》，总体增设 27 个独立纪检部门（室），配备专职纪委书记 27 人，增编专职纪检执行层和操作层 68 人，切实加强纪检组织及队伍建设，推动全面从严治党向基层延伸。

从来纪检监察室工作到现在，我一干就是 20 多年，经历了纪检监察工作从无到有的变化过程。可以说，纪检监察工作在全行高质量发展中起到了至关重要的护航作用。

廉洁自律，秉公办事，不徇私情，不谋私利，清白做人，这是企业的灵魂，是企业获得持久发展的精神源泉，也是我的工作态度和人生信条。成都农商银行一路走来，七十多年蓄势，启航新的征程。在新的起点上，我们纪检人将继续踔厉奋发、笃行不怠，以全新起航的进取心态、永不懈怠的精神状态、只争朝夕的奋斗姿态，护航我行高质量发展！

---

① 规纪法，指用于管理和约束社会成员行为的法律规定和纪律制度。

杨静莹，2012 年入职人力资源部，现为人力资源部（组织人事部）副总经理（副部长）。回归国有以来，杨静莹所在的人力资源部（组织人事部）牵头实施了一系列人事改革，包括总行组织架构调整、机构赋能增效方案和"大轮岗""大交流"，有效提升协同效能，为早日实现"上市银行""万亿银行""标杆银行"发展目标保驾护航。

杨静莹：推动组织人事改革

采访、文字稿整理、拍摄｜成都农商银行口述访谈组

敲定组织架构调整方案

成都农商银行上一轮组织架构调整是在 2017 年。2020 年，随着股权结构调整完成，成都农商银行回归市属国企属性，原有的民营企业管理模式已无法契合全新的发展定位。基于新形势下的管理要求及监管意见，结合"十四五"发展规划和 33 号文，以及我行在大零售转型、数字化转型中存在的问题，我们迫切需要通过组织架构调整，来支撑"上市银行""万亿银行""标杆银行"的发展目标。

最初，组织架构调整方案由人力资源部负责研究，2021 年初开始引入专业咨询公司。我们希望咨询公司可以结合银行业未来发展趋势提出专业

意见建议，确保组织架构调整不仅能满足现有发展需求，还要支持未来5年的转型要求。

结合我行实际情况和未来发展目标，我们提出了组织架构调整的原则和要求。首先，要考虑的是满足监管要求。要从完善公司治理和防范风险的角度去看现有的组织机构是否合理完备。例如，前后台的职能需要相互制约，不能一个部门既管业务又管审批。其次，要努力做到去行政化。在考虑部门职能完备性的基础上，要通过精简中后台部门及人员数量，将组织架构重心转移到前台。此外，组织架构调整还需要强化对业务的支撑。通过厘清总行与分支机构之间、总行部门之间的职能边界，整合冗余部门，真正实现高效协同。以大零售转型来说，之前涉及零售业务的部门包括个人金融部、渠道管理部、互联网金融部和银行卡部，这些职能散落在各个部门，导致协作效率低，所以后来我们将这4个部门合并为一个大的个人金融部，通过职能整合，实现多维度的考核管理。

在制定方案的过程中，我们充分对标先进同业的做法。各种类型的银行——全国排名靠前的股份制商业银行、地方性商业银行和农村商业银行，我们都有学习参考。但难点就在于，组织架构没有所谓的好坏之分，不同银行所处的发展阶段不同，大家的发展定位和客户群体也有差异，所以我们无法直接照搬他行经验，需要结合自身实际情况来匹配最适合的方案。

方案制定共持续了一年多时间。在广泛开展调研座谈、听取各方意见的基础上，我们反复修改打磨，多次向行党委进行汇报。最终，在2022年6月30日，总行组织架构调整及总行部门"三定"方案通过了党委会的前置研究并原则性同意。

先拿自己部门"开刀"

按照党委会要求，人力资源部需要在2022年底前完成所有部门和人员的调整。尽管前期充分沟通，但真正到了落地阶段，依然是十分艰难的。部门与部门之间可能因为职能界定产生分歧而相互扯皮。有些部门会对照方案提出自己的意见，说当初方案里指的不是这个意思。可是方案再细，也不可能细到把每一句话都说清楚吧？大家对方案的理解有出入也是正常的。这时候就需要人力资源部出面协调，对方案中的表述进行厘清。

对分流人员的安排也是难题。按照"双向选择"的原则，员工可以选择到分支机构，也可以选择留在总行，但在部门反选过程中，可能造成部分员工落选，导致他即使不想去分支机构也不得不去。一个人突然跳出自己的舒适圈是很难的。有些员工可能从来没有在分支机构干过，技能上有欠缺，这时候年纪也不小了，他不知道接下来该做什么，内心充满恐惧，就跑到我办公室里来稀里哗啦地哭很久。这其实是一件蛮挑战的工作。当有部门负责人来向我诉苦，说精简人员很难的时候，我也可以有底气地说："你看，人力资源部也精简了 11 个人，我们做的事情也一点儿没少。"听我这么一说，对方也就表示理解了。因为人力资源部已率先完成了调整，我可以用更平静的心态去共情对方做沟通。

早在 2022 年 1 月，也就是方案尚未正式落地时，行领导就提出要求：人力资源部要以身作则，带头做好员工精简。从内心来讲，我是认同组织架构调整的，但真正要和朝夕相处的同事分开，心里还是很不是滋味。没办法，作为人力资源部的员工，关键时刻必须得有牺牲精神。如果自己都不能落实到位，怎么能牵头做好全行组织架构的调整工作呢？为了给全行树立标杆，我们选择先拿自己"开刀"。

让我非常感动的是，同事们都特别识大体，甚至有人主动找到我说："杨姐，我知道你压力很大，我不想让你为难，所以我第一个来报名。"我的风格是，既然要做，那就抓紧时间，咱们彼此不耽误。大概只用了 3 个月时间，人力资源部就基本调整完毕，最终员工数量从 40 人精简到 29 人，成为全行精简人数最多的部门。这些分流到分支机构的同事，没有一个留在中后台部门，全部转岗到前台，做了客户经理、理财经理或大堂经理。

直面冲突和矛盾

我经常跟部门同事讲，沟通要有效果，前提是自己内心也要认同。如果自己都不认同，只是单纯去执行要求，那内心一定是拧巴的，这种沟通不可能走心，也没办法和对方充分共情。以我自己的从业经验来说，我几乎干过人力资源所有岗位的工作，这些经验积累对我非常有帮助，所以我相信调整是有利于个人成长的。沟通的过程，在我看来就是真诚地分享自己的经验，真诚地站在对方的角度去考量分析，给出专业的职业规划建议，这样双方就很容易达成共识了。

在我看来，冲突和矛盾是正常的。这么大一家单位，这么多员工，要是没有不同的声音，反而不正常。我们要做的就是通过争议看看什么才是最合适的。在组织架构调整这件事情上，我认为大家是有共识的。成都农商银行走到今天这一步，真的不容易。我们走过弯路，也迷惘彷徨过。回归国有以来，随着"十四五"规划和33号文的陆续出台，大家渐渐看到了发展方向，内心很振奋，对未来充满了信心。再加上我们的领导班子成员都非常务实敬业，他们以身作则就是对员工最好的带动。

凝聚共识不是喊口号，而是通过行动让员工真切感受到。组织架构调整落地之前，我们在机制上做了很多改变。人才选拔和干部任用上严格按照规范化流程进行。对于不符合要求的，该降职的降职，该免职的免职；对于想干事、能干事、干成事的，我们努力提供平台，很多基层员工通过竞聘脱颖而出，真正看到了希望。除此之外，我们还给基层员工调薪，为员工配备工装、改善食堂餐食，让大家的幸福指数提升很多。当大家对单位有了归属感，也会更愿意努力工作贡献自己的力量。

正是因为有这样的共识，大家愿意放下本位主义，站在更高的层面去理解组织架构调整对于全行发展的意义。从董事长到部门负责人，大家都很关心我们的工作，有的分管行领导甚至亲自去和分流员工进行沟通交流。当员工感受到被重视，觉得自己不是被抛弃、被下放，而仅仅是拥有一个全新的发展机会时，他的认知就会改变。相反，如果只是粗暴地下命令"你必须去分支机构"，员工就会不理解，内心就会很抵触。

最终，在各方的努力下，方案如期落地，总行共新设 1 个部门，撤并 9 个部门，部门数量从 35 个减至 27 个，员工净减 60 余名。

"大轮岗""大交流"

在总行开展组织架构的同时，分支机构也开始实施赋能增效改革方案。整体思路仍然是精简中后台，打造大前台，将更多岗位释放到前台去。

从人才培养的角度来说，一些员工常年待在同一岗位上，是不利于个人成长的。我在培训时经常会问大家一个问题："你的 1 年等于几年？"有些人的 1 年等于别人的 2 年，而有些人的 10 年却只等于别人的 1 年。新的发展目标为员工提出了更高要求，如果大家再原地踏步，就有被淘汰的风险。本着"不抛弃""不放弃"的原则，我们得倒逼他们去轮岗，通过提升综合能力，成长为复合型人才。

从业务发展的角度来说，如果员工一直待在中后台部门，在支撑前台业务的过程中是很难换位思考的。以前，做中后台的理解不了做前台的痛点，做前台的总是抱怨中后台工作不给力，彼此很难理解对方，长此以往就形成了"部门墙"，不利于工作开展。

要想提升协同效率，"大轮岗""大交流"就变得十分关键。2022 年，在赋能增效方案还未出台之前，我们就率先在新都支行开展"大轮岗""大交流"试点工作。过去，新都支行柜面人员冗余，厅堂工作人员老龄化特征显著。试点开始后，支行鼓励年轻柜面人员转到厅堂，实现了业务增长，率先轮岗的员工无论能力还是收入都有了显著提升。在新都支行的示范带动下，全行"大轮岗""大交流"也就很顺利地铺开了。

现在，越来越多优秀人才主动转到前台，转岗已经不是你想转就能转的，而是要择优录取。2022 年，我们原计划实现 300 人的转岗目标，最后实际转岗 311 人，超额完成任务。这说明"大轮岗""大交流"从根本上改变了员工对岗位的固有看法，同时打开了大家的职业空间，形成了前后台人员交流的正向循环。我们整体计划是用三年时间实现 1000 人转岗，让员工都动起来。

除了总行与分支机构间的人员流动，我们还陆续从外部单位引进关键岗位的优秀人才。他们为我们行带来了新的观念，在某种程度上，也会带来新的冲击。一个有生命力的组织应该是开放的，如果大家只是封闭在自己的环境里，自我感觉良好，那么很可能世界早已发生改变，但是自己却看不见。所以，新员工的进入会迫使老员工打破思维惰性，去了解外面的世界，这种搅动多了之后，慢慢就会形成"鲶鱼效应"。

"回头看"

人事改革工作启动两年以来，已初见成效。站在部门的角度来看，调整后部门职能更清晰，协作能力显著提升。例如，原来分支机构做个人金融业务需要对接总行四个部门，现在只需要对接一个部门，大大降低了沟通成本。以前，网点设立由渠道管理部负责，更多是从客流量去判断网点的增设和拆并问题，并入个人金融部之后，就可以从业务的角度去进行更全面的考量，这样就使决策更专业。再以我们人力资源部为例，科室整合后打破了业务壁垒，原来各自为政的工作状态得以改变，员工个人的综合能力也得以提升。2022 年，我们部门还获得了"先进集体"荣誉称号，大家的干劲一下子就提起来了。

让我感到欣慰的还有员工的成长。好几个曾经跑到我办公室哭诉的员工，半年后又专门回来对我表示感谢，感谢我当初对他们的鼓励。他们说，真正去了分支机构之后才发现，新的工作并没有自己想象中那么难，甚至还干得不错，觉得找到了人生方向。包括人力资源部当初分流到分支机构的同事，也都发展得不错。有位同事原来没搞过营销，去分支机构不久就通过努力做了许多业务，2023 年前三个季度业绩在整个支行都排名前三位。回头再看，当初的阵痛是必要的。当一个人认可自己的工作，愿意去主动努力克服困难时，那成功就只是时间和方法的问题了。

但是我们也知道，改革不是一蹴而就的，所以 2023 年我们又对组织架构调整进行"回头看"，对方案进行持续优化。如个别部门内部科室设置多，可能存在人员冗余，也会导致沟通成本高，后期需要继续进行合并。再如，按照监管要求，我们如果要申请一些新的金融牌照，就需要成立专业的资产托管部，这种调整是伴随业务发展需要而产生的，属于局部的微调，可以确保组织架构的整体稳定性。

进入成都农商银行工作十多年，我经历过许多艰难时刻，但能参与到这一系列艰难的人事改革工作中，我觉得很值得，也因此成长了很多。相比以往，我觉得能以更全面的角度看问题，思考如何立足自身去更好地支持业务发展。

2023 年初，领导要求人力资源部给员工搞职业规划。如果按照常规来做，发个问卷调查，简单不费力就可以完事。但我觉得这项工作很有意义，有助于员工明晰职业发展目标，所以就推出了"职业规划月"活动，不仅拉长了培训时间，也丰富了培训内容。为了达到更好的培训效果，我决定带领大家来做沙盘游戏。当时正好因为出差，我两天去了三个城市，但为了不缺席第二天的培训，我在机场手绘完成了培训 PPT，第二天又站了近 10 个小时带大家做沙盘游戏。虽然很累，但我觉得很开心。我也非常愿意通过这样的交流，帮助员工找到职业发展中的问题，帮助他们成长起来。

记得当初为了给培训会想一句适合的口号，我甚至想到半夜失眠。培训的礼物，也是同事们用心准备的。有手写卡片、"种子笔"和写着"未来可期"标语的笔袋。虽然花钱不多，但只要肯花心思，就能在不经意间换来很好的效果。你的用心是会被人看见的。

我们的口号是："以有为，赴理想。"人在没有目标的时候，就容易迷茫。现在单位有了明确的发展目标，如果能结合单位的目标找到自己的目标，相信每位员工都可以实现人生的正向循环。同样的，当每位员工都成长起来时，我们"三个银行"的目标也就指日可待了。

罗玉舟，2021年入职个人金融部，现为个人金融部总经理。入职以来，罗玉舟带领团队启动大零售转型、零售数字化转型工作，并通过开展营销运营、产品创新、机制完善、队伍建设、培育零售品牌文化等工作，在成都市场交出零售业务规模、增速"双第一"的优秀答卷。

罗玉舟：大零售转型在路上

采访、文字稿整理、拍摄｜成都农商银行口述访谈组

吹响号角

我是在2021年8月加入成都农商银行的。入职之前，我在另一家地方国有银行工作，主要从事零售业务。虽然其间也曾涉猎其他业务板块，但依然对零售业务情有独钟。业内10年前就有一句话："对公业务做不好，今天没饭吃。零售业务做不好，明天没饭吃。"可以说，正是因为零售业务拥有巨大的市场潜力，各家银行都不约而同地将其视为重要的业务增长点，并纷纷启动大零售转型。

对于回归国有后的成都农商银行来说，大零售转型显得尤为迫切。一方

面，"三个银行"发展目标的实现，需要零售业务作为支撑。另一方面，相比同业，我们的零售业务发展相对滞后。举个例子，很多银行在 10 多年前就启动了大零售转型，网点早已实现从结算型向营销型转变。反观我行，600 多个网点，当时只配备了几十名大堂经理、100 多名理财经理，一半的网点没有牵头负责人。

记得有一次，我在双流调研，发现一个网点特别拥挤，面积不到 60 平方米，进门就是柜台，连 ATM 机都放不下，保安也只能站在门外工作。听到我感叹"条件太差，需要改善"，旁边一位客户非常淡定地对我说："我们一直都是这样办业务的。"看得出来，客户适应网点的条件，他和柜员之间的关系，早已超越一般银行和客户的关系，更像是亲人。

这样的客群基础和地缘优势，是成都农商银行深耕本土 70 余年才培育出来的。但有点可惜的是，优势没能充分转化成市场竞争力，甚至成为业务发展的短板。由于过度依赖人情纽带，我们的零售业务一直停留在零散、粗放的发展阶段。

但所谓的大零售转型，又并非一朝一夕能实现的。在我看来，大零售既指"大市场"，更指"大服务""大协同"。对外，我们不再单纯地推销产品或做存贷款业务，而是要根植于客户的生活，提供全方位的综合金融服务，甚至非金融服务也需要进行嫁接整合。对内，要想培植良好的大零售生态，不仅需要对网点进行软硬件升级，还需要技术、流程、机制的配套支持。这不是某个部门能单独完成的工作，而是需要全行的协同配合。

如果说，同行的大零售转型工作是在修好路、架好桥的基础上来冲刺，我们就要边修路边搭桥边冲刺。激烈的市场竞争环境，已不允许我们原地等待。即使手段不足、经验不足、队伍不足，我们也要敢于"亮剑"，到市场上去拼抢。

因此，在完成部分零售系统——新一代 CRM① 系统、积分权益平台、综合收单系统的上线工作后，个人金融部就提出要在 2021 年底启动全行统筹的 2022 年"开门红"营销活动。我们要让所有的员工知道——冲锋号已经吹响。

拥抱市场

"开门红"启动会定在 2021 年 11 月，会议主题为"拥抱市场"，口号是"年年开门红，今年别样红"。之所以定这个主题，是希望大家能首先转变营销意识。即使之前积累了庞大的基础，但如果不把目光投向市场，对标先进同业，就很容易故步自封、自我满足，最后被市场、被客户遗忘。

而对于我们来说，这是一场不折不扣的硬仗，既要鼓舞士气，为顺利实现全年经营目标做好铺垫，更要借此对刚上线不久的系统进行验证，提升全行上下的协同能力。

在这之前，行里很少组织统一的大型营销活动。为了营造拥抱市场的转型氛围，我们精心布置了会场，并为所有参会人员准备了大礼包，包括"作战"地图、产品手册、专属笔记本及吉祥物等。当天，当大家坐进会场后，纷纷表示被一种全新的冲刺作战的气氛震撼到了。

正是在那一次会议上，我们提出了要在一季度实现个人储蓄增长 180 亿元的目标。要知道，2022 年全年储蓄存款增长目标为 500 亿元，这相当于要求大家第一季度完成年度任务的 36%。大多数人在得知消息后的第一反应都是："太高了，根本完不成！"但我认为，制定目标不能光跟自己比，还要跟同业比，基于市场份额和整体增长态势测算出来的目标才是更合理的。

接下来，我们开始着手形象打造，统一全行 600 多个网点的装饰和陈设。在这个过程中，我们也希望传递一种协同文化。前线负责打仗，就把精

---

① CRM，英文全称为 Customer Relationship Management，即客户关系管理。

力集中在营销上，总行个人金融部作为全行零售条线的大脑中枢，要负责做好各项服务、支撑和赋能。因此，当时的网点布置工作，由个人金融部来牵头负责。

这个过程中，还发生了一个小插曲。负责现场布置的第三方公司，因为严重低估了工程难度，导致工期一拖再拖。为什么会出现这样的情况呢？就是因为我们的网点太多、覆盖范围太广了。其中有好多网点在偏远山区，不仅难找，车程也长。这也从侧面说明，成都农商银行一直是在负重前行。为了让老百姓就近享受金融服务，我们的员工跋山涉水去工作，即使很多网点长期亏损，即使其他银行撤走，我们也依然在坚守。这也可以解释，为什么老百姓会对我们有那么深的感情。

不过，相比厅堂装饰，更难的是短期之内提升大家的营销技能。为了给大家赋能，我们先安排每个分支机构代表到白果林职场进行培训，接着又划片区组建地推小分队，为大家详细讲解。此外，考虑到分支机构人员较多，转培训可能会导致培训效果衰减，我们还启动了线上培训，并组建了 50 个微信群来实时回复大家的各类问题。

为了让营销活动开展得更有针对性，我们当时细分了 7 大重点客群，来策划不同的活动主题。有些活动属于"规定动作"，由总行统筹、分支机构负责落地执行；有些活动则属于"自选动作"，由分支机构根据区域情况自主策划开展。大家可谓是"八仙过海、各显神通"，策划出很多出奇制胜的活动。看到各个微信群里五花八门的活动图片，我深深地感觉到，大家的营销积极性和主动性被充分调动起来了。

随着活动顺利结束，我心里的石头也渐渐落地。让我欣慰的是，不仅目标任务超额完成，农商人还展现出拼搏精神和协同能力。除了总行与分支机构之间密切配合，总行各部门也打破常规的部门职责边界，实现高效协同。

这是一支能打硬仗、潜力无限的队伍。

跨上新台阶

"开门红"活动顺利落下帷幕，但大零售转型的步伐并未就此停歇。相反，通过集中"练兵"，我们看到了自身在产品结构、网点设置、人才队伍、技术支撑方面的短板，也倒逼自己快速成长。

产品结构方面，由于存款产品同质化现象较为严重，我们主要围绕贷款产品和中间业务去做提升。例如，针对之前按揭贷款一枝独秀的情况，我们通过提升贷款服务的便利性，来扩大消费贷款的市场份额：减少客户需要提供的纸质资料，让客户足不出户就能办理业务；将许多需要录入系统的资料改为自动化操作，减少客户经理负担。又如，协同相关部门并借助数据工具，实现在线自动审批，提升风险控制能力。

网点设置上，我们不是单纯地增减网点数量，而是根据区域规划的变化进行网点优化。由于拆乡并镇或拆迁安置等情况，这些年我们的客户其实是处于流动状态的。有些区域覆盖不够，我们就及时增设网点。有些区域过于集中，我们就进行合并优化，扩大厅堂面积，布放更多智能机具，让客户的服务体验更好。

队伍建设方面，我们重点针对人员不足的情况，对大堂经理、理财经理、网点负责人等岗位进行补充。同时，随着柜面劳动组合的优化，有更多柜员离柜入厅，承担起厅堂服务的角色。他们既能进高柜办业务，又能入厅堂做营销，还能外出拓展客户。与此同时，为了提升网点效能，我们还制定了相应的考核激励制度，并定期为大家提供培训指导，以持续提升这支队伍的战斗力。

技术支撑方面，我们在"开门红"结束后，又持续推进 CRM 系统二期、积分权益平台二期和数据集市建设。在数字化时代，科技对于业务发展的支撑已变得越来越重要。任何一个简单的动作，哪怕链接跳转，背后都是科技的力量。为了更好实现业技融合①，科技信息部还开设了科创专班，将科技部门的人员派驻到业务部门，更深层次地了解业务。个人金融部也有客户管理、渠道管理、营销运营相关人员长期

2023 年 10 月 23 日，成都农商银行发布全省首个养老金融品牌——"好享福"

驻扎科技信息部。联合办公提升了沟通效率，推动工作顺利开展。

在逐渐夯实基础后，2023 年我们以"强基固本　再创新高"为主题，推出了全新的"开门红"活动。当提出储蓄存款新增 240 亿元的目标时，大家的第一反应和之前一样，觉得"太高了"。但事实证明，我们再一次超额完成任务。

从 2020 年到 2022 年，我行储蓄存款增量从 300 亿元到 400 亿元，再到 500 亿元，每年多增 100 亿元，每年都能跨上一个新台阶。论储蓄规模和增速，我们现在在成都市场排名第一位。在如此激烈的竞争环境中，我们能顶住压力持续上扬，是非常难得的。

"压舱石"

大零售转型永无止境，永远都在路上。由于零售业务根植客户生活，没有淡旺季之分，我们需要时刻与客户保持联结，持续浸润客户生活，这样客户才会在有需求的时候，第一时间想到你。归根结底，零售业务的终极目标就是建立属于自己的零售文化。

---

① 业技融合是指业务和技术的融合。

对外，零售文化体现为零售品牌的塑造。目前，我行已建立起系统化的零售产品体系。从业务类别来分，我们有"好"系列存款产品，例如，针对老年群体的"好享福"，针对儿童群体的"好宝贝"；"优"系列贷款产品，例如，针对按揭客户的"优家贷"，针对普惠小微客户的"优业贷"，针对消费需求客户的"优快贷"；"天府"系列财富管理品牌，例如，"天府安益投""天府安益金""天府理财"等。

我们针对不同群体创设不同的零售品牌，提供特色综合金融服务。2023年11月，我们在全市率先推出养老金融品牌"好享福"，围绕医、食、住、行等养老生活需求，为老年客户提供消费、美食、文娱、健康等"一站式"养老服务，让老年人体验到更优先、更便利、更温馨的全场景金融＋非金融服务。我们还发布了针对青年群体的"梦想＋"金融品牌，覆盖支付结算、财富管理、投资理财、日常消费、创业资金需求等金融场景，帮助他们在实现梦想的路上加速奔跑。

如今，我们还拥有了全新的品牌IP"米宝"。它身穿金色谷衣、头戴绿色小芽，承载着"用心相伴 服务万家"的服务使命。我们也深知，品牌是否能深入人心，靠的不是某一次广告或某一个IP。它考验我们的定力，需要久久为功，需要持久服务。以前，在同业眼里，我们低调，习惯等客上门，但现在不一样了，大家积极走出门去拓展市场，让同业刮目相看。这说明我们的影响力在慢慢提升。

对内，零售文化体现为思维方式的转变。以前的营销，可能只是在卖产品，至于产品是谁买走的，买走以后怎么维护买家，他还有什么别的需求，我们也许并不清楚，也没有意识。但是现在，"以客户为中心"是指提供全方位的综合金融服务，通过精准的客户画像，针对不同个体提供差异化产品和服务。

思维方式还包括我们以怎样的眼光来看待零售业务。零售业务需要持之

2023 年 11 月 23 日，成都农商银行零售 IP 形象"米宝"（右）和"满满"（左）正式上线

"米宝"和"满满"形象设计

以恒、久久为功，需要定力，需要营销文化和氛围。如果都争先恐后地拓展业务，那么就会渐渐形成"比学赶帮超"的良好氛围。但假如大家都抱着等一等、看一看的心态，或者抱着无所谓的态度，即使个别人有冲劲，也会在这样的环境里慢慢丧失战斗力。

为了营造良好的零售文化氛围，我们一方面通过强化激励，让大家收获职业荣誉感；另一方面通过建立培训体系，让员工持续成长。现在，在我们的微信群里，分支机构每天都会图文并茂地播报营销活动情况，大家互相借鉴、互相点赞。不管是从行动还是数据来看，都展现出蒸蒸日上的景象。

如今，大零售转型才刚刚起步，我们尚有许多需要提升的地方。但我相信，只要拥有一支充满战斗力的队伍，纵有再多困难，我们也能迎难而上，成为稳定全行业务发展的"压舱石"。

黄亮，2010 年 10 月入职风险管理部，现为金融市场部负责人。2018 年，黄亮牵头解决过渡时期的流动性危机。从同业市场认可度冰点，到成功发行二级资本债、永续债，成都农商银行在回归国有后成功重建"朋友圈"，并回归全国农商银行第一梯队。

黄亮：重建"朋友圈"

采访、文字稿整理、拍摄｜成都农商银行口述访谈组

"朋友圈"被屏蔽

　　2018 年，对于成都农商银行来说，算得上是非常艰难的过渡时期。开年不久，来自中国银行保险监督管理委员会 ① 等机构的人员组成风险监测组，进驻成都农商银行。

　　叠加包商银行破产事件影响，金融行业开始出现信用分层。以前，只要是同业，大家都觉得，你肯定能还上钱。但那之后就不行了。不同的银行

---

① 　2023 年 3 月，中共中央、国务院印发《党和国家机构改革方案》，在中国银行保险监督管理委员会基础上组建国家金融监督管理总局，不再保留中国银行保险监督管理委员会。

有了不同的"朋友圈"。

银行是经营信用的机构。在这种内忧外患的情况下，同业陆陆续续停掉了对我行的授信。虽然我们也努力做了很多挽留工作，但在当时的大环境下，留也留不住。直到2020年初，只剩下了一家银行对我们保留了授信，但也停掉了用信。因为失去了主动性的负债渠道，所以我们当时面临非常紧张的流动性压力。这时候能依靠的就只有存款，但当时对公存款也在往下掉，储蓄存款每年新增还不到200亿元。

业务发展遭遇巨大震荡，最直接的体现就是资产规模缩水严重，从原来6000亿元左右跌到4800亿元左右。这对一家银行来说是非常可怕的。

我就是在这样的情况下调任金融市场部的。任命来得很突然。当时我还在法律合规部，头一天刚好去广州出差，没想到飞机落地后刚在酒店办好入住手续，就接到人力资源部打来的电话，让我连夜飞回成都。我说能不能缓缓。但电话那头的态度很坚决，必须马上回来。于是我又重新回机场，飞机落地成都已经是次日凌晨了。

第二天一早，在总行1208会议室，领导直接宣布新的任命。当天宣布，就必须即刻改掉系统里的签字权、审批权。交接工作非常之快，我甚至都还来不及反应，整个人都是懵的。事后才知道，因为处在一个特殊时期，任命是高度保密的，人选也需要多方认可才行。我是CFA[①]，以前做交易出身，也管理过市场风险，可能在当时特殊的环境下，是一个比较适合的人选。

尽管很突然，但我想，作为行里的老同志，关键时刻，就应该顶上去。

---

① CFA，英文全称为 Chartered Financial Analyst，中文名称为特许金融分析师，是金融界投资证券的一种职业资格称号。

从 0 千到 500 亿元

主动负债渠道受阻之后，要想提升流动性，我们唯一能做的就是盘活存量资产。除了变卖资产，我们还专门针对风险资产和不良资产制定了"排雷计划"。

让我印象很深的是，包商银行事件后，很多基金也出现了风险。我行合作的几家基金大约有 20 亿元回购业务，当时也还不上了。我们为此采取了很多措施。首先想到的是，通过调整质押率来降低风险。对于重点机构，我们还派人一直在现场盯守，并和股东进行谈判，逐步安排资金注入基金，盘活流动性。运气比较好的是，当时人行金融市场司出台了《关于依法做好债券回购违约处置有关工作的通知》，我们就根据文件，跟基金公司以及他们的股东券商交流，大概花了 3 个月的时间，总算把这些业务风险化解掉了。

2020 年初，同事廖婴露为了化解一个项目风险，还去了一趟武汉。虽然去之前，网络上已经出现了有关新冠病毒的消息，但她当时顾不了那么多，还是坚持去了。没想到刚回来不久武汉就封控了，她本人也被隔离了。现在想想，我还是觉得挺后怕的。那时候，大家都带着强烈的责任心去工作。每天都在奔波，每天都在"救火"。哪里出问题了，就马上顶上去。

这样的情况一直持续到回归国有后。当时的资产规模依然很低，全行资产规模只有 4800 多亿元，为了加强流动性管理，提高自身主动负债能力，经营管理层下达了迅速恢复资产规模的任务，我们于是开始在全国范围内推销同业存单。

尽管内部环境变了，但同业仍然戴着有色眼镜看我们。我们曾经找过一些大行，但信用评级主要取决于我们行的财务数据。由于可供横向比较的时间太短，我们很难拿出令人信服的证据。为了保险起见，同业大多数希望再多观望一下。

时间紧迫，我们需要立刻打破这种观望情绪。眼看着打电话别人不接，发微信别人不回，我们只能全国各地跑，挨家挨户当面沟通。就这样连轴跑了 4 个月，几乎跑完了全国绝大多数重点银行和大型基金公司，最后靠着每家 10 亿元～ 20 亿元的零散存单，我们终于在年底攒齐了 500 亿元。

到目前为止，我们行的主动负债规模也就 800 亿元左右，而当时，在短短 4 个月内，我们从 0 干到 500 亿元，速度的确很快。

首次亮相资本市场

随着主要经营指标改善，我行的银行画像变正常了。为了扩充负债来源，补充资本，我们在 2021 年启动了二级资本债发行计划。这也是我行回归国有以来首次亮相资本市场，为此，我们做了大量细致的准备工作，全国各地的银行、券商、基金公司，该跑的全都跑了个遍。因为要跑的地方太多，每一天的时间表都排满了，然后全国各地连轴转。

2021 年 7 月 20 日，我和同事一起出差郑州做二级资本债路演工作，刚下飞机就遇到特大暴雨。在一家银行仅仅谈了一小时，就发现街道已经淹没，雨水汇成河流。当时听对方的同事说，这么大的雨，他们晚上不回家了，就住行里。但我们没办法，必须得走，好不容易才找到一位司机，愿意载我们回酒店。一路上，好多地方封路，汽车被冲得横七竖八的，我们只能四处绕行，一边走一边找地势相对较高的地方行驶，最后，还不得不脱掉鞋子，深一脚浅一脚蹚水，才勉强进了酒店。

还有一次，我们结束在南京的会谈后，需要马上赶动车到上海，结果遇上堵车，赶到火车站离发车时间只有几分钟了。大家都觉得肯定没戏了，只能改签，但我觉得还是再努力一把，不然跟客户重约时间，既显得不够尊重，还会打乱后续计划。于是，大家背着行李，一路狂奔，既要想方设法避开人群和各种障碍物，还要在陌生的环境里找准行进路线，真的是千钧一发，终于在发车前冲上了火车。那一刻，所有人都累到全身瘫软。

2021 年 9 月，我行成功发行了 70 亿元二级资本债，创下自 2017 年以来全国农村商业银行及西部地区商业银行二级资本债最低发行利率。[①]2021 年，还有一件令人振奋的事情，就是我们被人行评为一级交易商[②]。我行由此成为四川省内第一家具有一级交易商资格的法人机构。得知这个消息，我非常惊喜。拿到这个资格后，我们可以直接和人行做交易，获得了很重要的负债来源，而且有了人行的认可，我们在和同业合作时也更有底气。

重回第一梯队

随着资本充足率逐渐回升，金融市场部的工作重心逐渐从负债端转移到资产端，为提升全行营收和利润作贡献，实现国有资产保值增值。因此，2023 年，我们决定发行永续债。

相比二级资本债，永续债的发行难度更高、工作量更大，还需要部门之间的联动配合。包括资产管理部、投资银行部在内的同事，被分成了 3 个小组。大家先一起讨论方案，定好了就"挂图作战"。这里面有很多细化的工作要做，如拜访行程、授信安排、价格引导等，都要安排专人跟踪对接。

永续债发行有个最佳窗口期，同时，我们还要与同业抢时间。由于时间紧、任务重，我们加班加点，用一个多月的时间跑完了原计划 3 个月的任务。2023 年 8 月 10 日，我行成功发行 80 亿元永续债，创下全国农商银行永续债最大发行规模、最低发行利率。

从 2020 年到 2022 年，银行间市场业务交易规模从过去的每年 3 万亿元，回到 10 万亿元。截至 2023 年 6 月末，全行资产 8031 亿元，贷款余额 4129 亿元，存款余额 5629 亿元，已重回全国农商银行第一梯队。可以说，超常

---

① 2022 年，成都农商银行完成了剩余 30 亿元的二级资本债发行目标，再次刷新此前自己创下的最低发行利率纪录。

② 一级交易商，指具备一定资格、可以直接向国库券发行部门承销和投标国库券的交易商团体，一般包括资金实力雄厚的商业银行和证券公司。

规的"补课式"发展的过程，也是我们重拾信任、重建"朋友圈"的过程。在良好的经营数据面前，同业对我们刮目相看。许多曾经观望的银行也主动与我们接洽交流合作的机会。2023 年 6 月，同业给我们授信的增加至 83 家，涵盖国有大行、股份制银行等主要金融机构，授信金额超过 2397 亿元。

现在，虽然每天的工作依然很辛苦，但大家的心情已和之前大不一样。过渡时期，大家被责任心驱使着工作，觉得成都农商银行经营了这么多年，非常不容易，我们爱这个集体，无论遇到多大困难，都要坚持走下去。但回归国有后，一切翻开了新篇章，大家看到了一条崭新的路。一切，都更有奔头了。

周志晨，2020年12月入职投资银行部，现为投资银行部总经理。在任期间，周志晨以"追光者"计划鼓励投行员工再创业、再出发，通过加速部门转型和业务创新推动投行实现"三重之变"，即重回业务主线、重拾员工信心、重塑市场形象。

周志晨：农商"追光者"

采访、文字稿整理、拍摄｜成都农商银行口述访谈组

一起"追光"

　　进入成都农商银行之前，我在一家全国性的股份制商业银行工作。作为银行同业，当时对我行投资银行部（以下简称"投行部"）的了解并不多，主要是因为它在市场上很少发声，显得有些神秘。

　　尽管面试时，我已对即将面对的棘手工作有了准备，但真正入职后，我仍然发现很多情况出乎意料。以往，我们所了解的一家银行的投行部，大多是履行产品管理职能，主责为指导和服务全行开展投行业务。入职后，经过了解，我发现部门的确存在较多问题。其中最大的问题在于定位偏离。我行的投行部是一个独立的事业部门。长期错误的部门定位和业务导向导

致投行业务偏离主线，甚至酝酿了一定的不良风险。而这些风险项目在后期消耗了部门干部员工 80% 以上的时间和精力，严重影响了投行业务的正常开展。除此之外，投行部曾经倡导的理念是"做一单业务，赚一笔奖金"，甚至出现了大量和分支机构争利分润的情况。

这些问题不但影响了部门业务发展，更是影响了员工的精神面貌。当我看到员工低沉消极的样子，心里很不是滋味。大家都是毕业于名校的优秀人才，怀着一番抱负来到这里，不仅没有得到成长，还丧失了信心和动力，这令人非常惋惜。因此，要想解决投行部的问题，还得先从改变员工开始。

在摸清基本情况后，我就组织召开了一次部门集体会议，讨论投行部当下的困境和未来发展。为了让大家打开心结，我用心准备了很久。开会前一天，我一直在反复修改发言稿，改到凌晨 2 点，但并不觉得疲惫，因为有很多话想对大家讲。

第二天在会上，每个同事都敞开心扉分享自己的经历和感受。一位同事谈到，因为经手不良风险项目被问责，一直陷在处置风险项目的"泥潭"中。她感到自己在职业上没有发展机会，很迷茫，而且在风险项目的阴影中，负罪感很重，内心万分煎熬。她一边分享，一边忍不住流下了眼泪。

听到大家的倾诉，我很感同身受。我与他们分享经历过的风险事件，把自己是怎么从负面情绪调整到积极心态，并开拓新业务的历程分享给大家，鼓励他们重新启程。看到大家蹉跎了宝贵时光，承受了如此多的负面情绪，我更觉得自己有责任带领团队走出阴影，重拾信心。为此，我们在会上发起"追光者"计划，鼓励大家追回逝去的光阴。我对他们说："从现在开始，和过去的自己做一个了断，重新开始在投行部的工作。"

滚石上山

实际上，投行部的同事在经历了种种波折后，心里都憋着一股劲儿，他们想冲、想跑、想干,都有滚石上山的勇气和毅力。作为部门负责人,我也有责任为他们提供发光发热的平台和空间,让他们能够在这里努力拼搏。基于此,我们一方面在将部门重心转向发展,同时花了很大工夫对存量业务进行调整和优化,与公司条线和风险条线,针对存量客户,一户一策进行梳理。在风险项目的处置上,我们向总行提出申请,将一些不良风险项目的处置清收工作移交给资保部门,并逐步将投行部的工作重心放到业务发展上来。另一方面把各个科室的功能重新进行了梳理,进行标准化、专业化分工,让大家能够集中精力在专业领域快速成长、有所建树。就这样,每个人有目标、有方向,通过一个又一个业务的落地,逐步树立起信心。

还记得,我刚刚入行不久,就接手了东部新区金融创新中心的政府专项债项目。当时,东部新区为了建设西部金融创新中心,需要融资28亿元。由于这是一个兼具商业性和公益性的项目,不仅融资周期长,而且对融资成本提出了苛刻要求。综合考量后,我们向对方推荐了地方政府专项债的配套融资方案,双方一拍即合。

但是,由于部门员工之前从未经手过政府专项债项目,再加上我也刚刚加入,彼此还没来得及磨合,所以我预计这会是一个巨大的挑战。让我没想到的是,当我决定带队成立攻坚小组时,大家很积极地响应。时间紧张,一周后就需要将方案上报财政厅,我们连着熬了两个通宵才把资料准备齐。最终,该项目一次性通过评审,我们成功为该项目发行17亿元政府专项债,同时配备11亿元贷款支持。这是我行首个成功实施的政府专项债项目,也是全市首个标准片区综合开发专项债配套融资项目。

项目的成功极大地鼓舞了部门的士气,让大家收获了荣誉感和自豪感,为重振投行部开了一个好头。同时用事实证明,只要我们有勇气、有决心,肯努力、肯追赶,就一定能够把逝去的光阴追回来,把不可能变成可能。在做成第一个政府专项债项目后,我们没有停下,而是更努力地"追光",赶超同业,

投资银行部同事正在加班提交债券发行流程

提升市场份额。

2022 年，我们还拿下了全省最大的政府专项债项目——成渝中线项目，一次性为客户申请专项债资金超 80 亿元，为加快推动成渝地区双城经济圈建设提供了有力支撑。

在这个过程中，我觉得最重要的转变是，随着业务一个比一个难，一个比一个做得漂亮，我们团队的信心越来越强。我看到团队的成长，也看到市场对我们团队的认可度快速提升，这是非常让人欣慰的事情。

记得有一次，一位产品经理在成功拿下项目后给我发了长长的微信。他说，这么多年，从来没像现在这样，有巨大的成就感。从他的文字里，我能感受到，大家慢慢找回了丢失的信心。

做有价值的工作

提起投行，很多人的第一印象就是"高大上"，感觉遥不可及。但我认为，作为深耕本土超 70 年的农村金融机构，服务"三农"是我们的主责主业，那我们就应该发挥自身优势，走进田间地头，去做那些别人不愿意做，但有价值的工作。我们有责任让好的投行产品到郊县农村发挥作用。虽然这些市场很分散，又耗时耗力，但只要是正确的事，就值得去做。或许这也是我们差异化竞争的优势所在。我相信，只有在最泥泞的土地上，才能留下最深刻的脚印。

2021 年，成都市委市政府以碳达峰碳中和目标为引领，决定优化空间产业交通能源结构，促进城市绿色低碳发展。[①] 我们研究后发现，成都市在交通低碳转型上有较大的市场空间。当时，我们正好接触到崇州公交改造项目。崇州丘陵和山脉较多，很多公交车都是原来的油车，对环境污染较大。以往，县域公交融资模式单一、融资规模受限，主要依赖财政拨款，自身造血能力弱。这一次，我们通过投行思维，把崇州公交票款收入作为资产证券化产品的基础资产，并创造性地把碳减排和发行利率进行挂钩，通过证券化和碳减排挂钩的双创新，鼓励县域公交系统加快绿色低碳转型。项目落地后，该笔业务成为全国首单"碳中和＋乡村振兴"应收账款债券融资计划，在证券化市场上引起了关注。后续我们把这个模式复制运用到邛崃、眉山、资阳等多个县市。

2022 年 4 月，成都市委市政府提出"三个做优做强"发展战略[②]，我们第一时间就组织进行专题研究，思考更好服务"三个做优做强"的投行路径。我们发现，高新区涉及多个"三个做优做强"的项目建设和施工主体都是高新发展股份有限公司（以下简称"高新发展"）。于是，我们主动上门拜

---

① 2021 年，成都市委市政府召开第十三届十次全会暨市委经济工作会，会议通过了以实现碳达峰碳中和目标为引领，优化空间产业交通能源结构，促进城市绿色低碳发展的决定。

② 成都市第十四次党代会明确提出，推动"三个做优做强"，提升城市整体功能——巩固完善"一山连两翼"空间总体布局，持续做优做强中心城区、城市新区、郊区新城，形成多中心、网络化、组团式功能结构，促进城市内涵发展、区域差异发展、城乡融合发展。

访，了解对方金融需求。在交流时，我们获知，高新发展在给上游企业支付货款、服务款时希望拉长付款账期，减轻付款压力，而上游中小微企业却希望缩短账期，快速回笼资金。

为此，我们运用投行思维，采取资产证券化的方式，成功为客户发行了"保函＋供应链ABS"[①]。通过这种方式，高新发展可以有限拉长付款账期，而上游企业则可以运用资产证券化实现资金快速回笼。这个项目在支持"三个做优做强"发展战略的同时，帮助中小微企业减轻了经营压力。该笔ABS也是全国首单由上市公司发行的"保函＋供应链ABS"，项目成功后，我们并没有主动宣传，但这种创新融资模式受到监管部门的关注，并给予我们极大肯定。后来，《中国证券报》《证券时报》《上海证券报》等证券业主流媒体，纷纷对该项目进行宣传报道。

2021年，上海证券交易所发布相关文件[②]，鼓励银行成为上交所公司债的项目安排人。在对文件进行深入学习后，我们积极与上交所西部基地对接，成为西部地区首家扮演上交所公司债项目安排人的地方法人银行，这不仅帮助企业更好使用直接融资工具降低融资成本，同时提升了成都金融机构的市场形象。2022年，我们累计帮助客户完成130亿元债券的注册，其中第一笔就是交子公园商务区公司债的发行。之后我们还帮高新生物城发行了双创债，募集资金均用于支持园区内中小微企业的创新发展。

诸多项目的成功让我深深感到，成都农商银行70多年来扎根成都，理解成都，懂得这座城市的需求，所以我们能够更清晰、更高效地为城市建设提供精准、专业的多元产品和服务。尤其在回归国有后，激发了全行向前发展的澎湃动力，与此同时，市委市政府的大力支持，也为我们业务发展提供

---

① "保函＋供应链ABS"，就是加入银行保函创新因素，将供应商应收款权利证券化。

② 这里指《上海证券交易所公司债券发行上市审核规则适用指引第1号——申请文件及编制（2021年修订）》。

了强大赋能。

"三重之变"

实施"追光者"计划两年多以来，投行部抓住时代机遇，一步一个脚印，努力实现"三重之变"：重回业务主线、重拾员工信心、重塑市场形象。

以前，投行部大部分的存量业务都是以通道非标业务为主。截至 2023 年 6 月，全行涉及通道类的非标规模的压降幅度高达 96%。

在新增业务方面，资产质量得到了更好把控。我们的资金用于支持绿色低碳、乡村振兴、产业发展等国家政策支持的相关领域。在 2023 年新投放的项目中，我们优质主体的项目融资余额占比已经接近 90%。

截至 2023 年 7 月，全行专项债包装过审项目近 400 亿元。2022 年，我行专项债整体包装服务量位居全市金融机构首位。不到两年时间，我们成功实现弯道超车。

如今，团队也营造出浓厚的"比学赶超"氛围。工作之余，大家积极主动学习，不断提升专业能力。我们不仅努力追回逝去的光阴，还要开始向新的希望勇敢迈进。一个小细节是，部门内考取各类资格证书的员工人数呈现爆发式增长，就连我也在这样的带动下通过了博士招生考试，开始攻读博士学位。

在"追光"的过程中，给我触动最深的不仅是部门的蜕变，更是全行涅槃重生的勇气和能量。借用我们董事长的一句话："全行有 12500 名员工，再大的困难，除以 12500，都是微不足道的问题；再小的能量，乘以 12500，都是强大的动力，要坚定信心，勇往直前。"还记得 2023 年初，在全行成立 70 周年庆祝大会上，董事长谈到一位叫严锡柳的老人，他退休后自掏腰包，将信用社原有的保险柜和办公桌买回家珍藏，我感动得红了眼眶。^①当时，我

---

① 关于严锡柳老人自掏腰包购买信用社原有保险柜和办公桌的故事，在本书 458—459 页有详细介绍，读者可以参阅。

想起了一句歌词"再过二十年，回首往事心中可有愧"，在心中告诉自己"这个组织有这样一批前辈在，决不能让他们失望"的同时，也在反问自己："再过 20 年，面对成都农商银行，自己能不能做到真的问心无愧？"

而问题的答案也许正如那首老歌《年轻的朋友来相会》里所唱的——

　　　创造这奇迹要靠谁？

　　　要靠我，

　　　要靠你……

现在，该是我们接过接力棒，去创造新奇迹的时刻了。

袁会英，1997 年入职石羊信用社，现为东部新区支行综合事务部主任。从 2017 年，成都市委市政府提出"东进战略"起，袁会英就开始参与东部新区建设，见证了东部新区的成长。

袁会英：农商力量支持新区建设

采访、文字稿整理、拍摄｜成都农商银行口述访谈组

牵手东部新区

2017 年，我在高新支行公司业务四部主持工作。在成都市政府提出"东进战略"①后，成都农商银行高度重视，当年 10 月就成立了东进战略领导小组，积极支持空港新城、简州新城产业体系构建和重大项目建设。我所在的公司业务四部，负责对接东部新区相关业务，我也因此与东部新区结缘。当

---

① 2017 年 4 月 25 日，成都市第十三次党代会提出"东进、南拓、西控、北改、中优"的城市空间发展战略，促进城市可持续发展。"东进"，就是沿龙泉山东侧，规划建设天府国际空港新城和现代化产业基地，发展先进制造业和生产性服务业，开辟城市永续发展新空间，打造创新驱动发展新引擎。

时，我们的团队成员每周都会去空港新城驻场办公三四次。

那时候，东部新区还比较荒凉，交通非常不便，坑坑洼洼的，每次往返需要好几个小时。有些地方车辆无法通行，我们要转乘摩托车、小船，再步行很长时间，才能到达目的地。有一次，我们去空港新城双简路办事，正好赶上下雨，去的时候道路还是正常的，回来的时候就发生了泥石流，公路被压断，回也回不去了。还有些时候，办完事情发现天色已晚，四周都是空空荡荡的，很少看见行人，让人觉得瘆得慌。

当时的餐饮配套也不齐全，我们每次吃了早饭出门，都必须随身带点干粮。因为一旦饿了，路上找不到饭店，就只能饿肚子。

虽然环境和条件存在诸多不便，但是我们干出了成绩。高新支行每次季度考核，我们除了刚成立的那个季度没有拿到第一名，之后三年每次季度考核都是第一。指标必须要完成，业绩必须做到第一，这就是我们团队的工作风格。在我们的努力下，在东部新区正式成立之前，成都农商银行先后向天府国际机场、空港新城、三岔街道社区工程等项目累计提供了 43.9 亿元的授信支持。

创下农商纪录

2020 年 5 月 6 日，成都东部新区正式挂牌成立。当年 6 月，成都农商银行也回归国有。

随着身份与定位的转变，成都农商银行对东部新区建设的支持进一步强化。2020 年 8 月 19 日，成都农商银行和东部新区签订了战略合作协议①，为

---

① 成都农商银行和东部新区签订的战略合作协议，共计 1200 亿元用于支持东部新区建设。战略合作协议签订以后，成都农商银行针对东部新区的公共服务、基础建设、高端制造业和金融创新等领域展开了深入合作。

落实成渝地区双城经济圈建设[①]贡献了成都农商银行的力量。此外，为更好地扎根东部新区，成都农商银行决定建立东部新区支行。由于我已在东部新区工作多年，熟悉情况，领导就安排我参与东部新区支行的筹建工作。

为了尽快开业，我们需在 40 天内完成开业前的筹备工作。通常情况下，建设一个新网点，大概需要三个月的准备时间，我们的时间相当于缩短了一半，这让准备过程非常紧张。为此，在领导的指示下，我们立即成立了工作小组，将开业前的筹备工作明确分工，责任落实到个人。各个流程都有专人跟进，严控时间节点。

网点开业首先需要组建新团队，但是从哪里去找合适的人选，是一个问题。因为东部新区实在太远、太不方便了。我们的网点附近没有地铁，公交车班次少、路线绕，单程需耗时 2 小时。如果开车的话，来回过路费 60 元，加上油费来回至少需要 200 元，通勤成本很高，且车程在不堵车的情况下也要一小时以上。以前，大家在市区工作，可以 8 点出门，但是去东部新区工作，意味着 6 点半就必须起床。我想到了高新支行公司业务四部的同事。合作多年来，大家相处非常和谐，配合也十分默契。从内心来讲，我非常希望他们能和我一起去东部新区，然而东部新区条件艰苦，未来还存在很多不确定性，主动争取的话我说不出口，只能说："那边条件很艰苦，到底要不要去，你们自己好好考虑。"但其实心里希望大家一起过去。

没想到，他们都愿意和我一起去。记得当时玲玲对我说："袁姐，我们是一个团队，你去我们就去。"听她这么一说，我不禁流下了眼泪。我内心觉得

---

① 2011 年，国务院批复国家发展改革委报送的《成渝城市群发展规划》，原则上同意该规划；2015 年，国家发展改革委协同重庆市、四川省以及住房城乡建设部联合完成了《成渝城市群发展规划》的编制，并上报国务院。2016 年 3 月 30 日，国务院常务会议通过《成渝城市群发展规划》，明确了成渝城市群的五大任务。2020 年 1 月 3 日，习近平总书记主持召开中央财经委员会第六次会议并发表重要讲话，强调要推动成渝地区双城经济圈建设，在西部形成高质量发展的重要增长极，成都双城经济圈建设就此开启。

成都农商银行东部新区支行开业仪式现场

对他们有亏欠，当时就暗下决心，一定要好好干。这样才不辜负大家的付出，也不辜负领导对我们这群人的信任和期望。

但创建新支行仅靠我们几个人还不够，还需要动员更多人加入。当时时间紧张，来不及招聘新员工，所有柜面人员都要从高新支行派过去。但问了一圈，大家都不想去。最终，我们只好用抓阄的方式来决定柜面人选。

人员问题解决了，接下来就是网点选址。记得有一次，去选址的路只有一辆车那么宽，我第一次坐上车的时候，心里很紧张。车子开上村路以后，因为土有点松，车就陷进去出不来了。我们只好找当地村民帮我们在轮胎下面垫石头，把车弄出来。

最终，我们仅用了 35 天就完成了网点装修，40 天内完成开业前的所有准备工作，展现出了"农商速度"。2020 年 11 月 18 日，东部新区支行成立，它的硬件和软件设施，均达到精品支行的要求。我们也因此成为东部新区成立后首家在区域内设立的银行，得到了东部新区政府的高度赞扬。

量身定制

在筹备东部新区支行的同时，我们一直在思考如何充分利用本地金融机构优势，为东部新区建设提供灵活、便捷的金融服务。

2020 年 7 月 16 日，成都东部集团有限公司（以下简称"东部集团"）① 成

① 成都东部集团有限公司是高效推动成都东部新区开发建设，加快成型成势步伐的重要平台，是新区投资、融资、开发、建设和城市运营的主导和核心力量。

立。由于当时还没有开设网点，为了在拿到营业执照的当天办完开户手续，我们在高新区和东部新区之间跑了三个来回，合计 420 公里。此后，为了尽快为东部集团项目建设提供资金支持，我和同事们每晚加班加点工作，一个月内成功为东部新区首个新成立的平台公司东部集团提供 20 亿元的授信，成为首家为东部新区提供流动资金贷款支持并成功投放的银行。

2020 年 12 月 1 日，成都农商银行成为首家为东部新区办理国库集中支付代理业务的银行，较同业整整提前 1 个月。因为认可我们的工作效率，东部新区政府把 2020 年的年度支付任务交给了我们。

按照会计结算要求，所有的账务需要在年前处理完毕。当时因为电子支付化系统还没有开通，我们在三天内处理了 1000 多张纸质票据后，最后还有几张票据我们在 12 月 31 日凌晨才连夜送到柜员家里，这样就能确保她第二天早晨 7 点就能到达网点处理票据。但是到了上午 10 点，柜员却突然发现有的票据因为账户冻结而退票，这就需要去财政金融局取新的票据。为了确保会计结算顺利完成，我马上联系东部新区财政金融局换票，同时跟人行成都分行营业管理部对接，申请将财务清算的时间延后至 12 点。这就意味着，我们要在两小时内先从财政金融局赶到东部新区支行，进行票据处理，然后再将处理好的票据送到高新支行盖章，最后再送到人行成都分行营业管理部。

事有不巧，我和同事取完票据后，新的意外又发生了。因为马拉松比赛，交通临时管制，车辆无法通行。为了赶时间，我想都没想，就直接脱掉高跟鞋，光脚跑了两公里，把票据送到网点。虽然是冬天，但是在路上奔跑的那 30 分钟，因为精神紧绷，我完全感觉不到冷。直到后来，同事通过摩托车、地铁、出租车层层接力，最终将票据准时送到人行成都分行营业管理部时，我悬着的心才放了下来。整个人一下子瘫掉了，眼泪也忍不住流下来。

这件事后，东部新区财政金融局非常感谢我们，多次表扬我们，我们之间的信任也更深了。2021 年 1 月，西部金融创新中心项目正式启动，这是东部新区管委会成立以来首个重点建设项目和标志性建筑。我们了解到该项目后，结合东部新区定价低、投资周期长的贷款需求，量身定制了专项债配套融资方案。这也成为全市首个标准化片区综合开发专项债配套融资项目，也是成都农商银行首个成功的专项债配套融资项目。

最终，我们有效拓宽了融资渠道，并降低了融资成本。如今，西部金融创新中心已经落成，东部新区支行也搬到了这里。

我们坚持为东部新区的建设与发展助力，持续加大对它的支持力度，截至 2023 年 9 月末，已累计向东部新区国有企业提供 146.5 亿元授信支持。

成为"东区人"

随着东部新区建设深入推进，我们发展规模越来越大，员工人数从 8 人增加到 37 人，不仅升级为一级支行，还在 2022 年 8 月之后开设了 3 个新的营业网点。[①]

在持续支持重大项目建设的同时，我们坚持做好对老百姓的服务。当地老百姓对我们并不了解，还有人问我们是不是类似于基金会那样的组织，让人感觉哭笑不得。为此，我们花了大量时间去给他们做宣传，让大家知道我们是一家拥有 70 年历史的国有银行。

东部新区规划范围 729 平方公里，代管天府新区简阳片区 191 平方公里，下辖 15 个乡镇街道。由于地广人稀，交通不便，经常会有客户因为各种困难不能来网点办理业务，这个时候就需要我们主动上门服务。

有老人身体不便，在医院住院，需要激活社保卡，我们就专程到医院为她办理业务。在海螺镇开通"银村直联"服务时，虽然该镇离我们营业网点比较近，但乘坐公共交通的话还是需要两个半小时，途中还要步行。于是我们就专程开车到这个镇的每个村，把客户接到营业网点来办理业务。

---

① 这 3 个新的营业网点分别为贾家分理处、三岔分理处、养马分理处。

袁会英（右一）为村民介绍成都农商银行金融产品

另外，我们东部新区支行还成立了乡村振兴工作小组，先后选派 8 名乡村振兴金融助理，将我们的特色金融产品与服务宣传到村和社区。在这过程中，还主动为当地村民解决了农产品外销难的问题。除此之外，我们还为东部新区的龙头企业、种粮大户提供贷款支持。渐渐地，当地老百姓就看到我们扎根的决心，对我们也更加信任了。现在，他们有时候路过网点，即使不办业务，也会和工作人员打声招呼聊几句。如果生活中遇到困难了，他们也会向我们寻求帮助。

在服务东部新区过程中，我们渐渐找到了归属感。有员工在当地买了房，周末还会邀请亲戚朋友到东部新区游玩。看到规划图纸上的美好城市逐渐变为现实，我们感觉自己在和这座城市共成长，也逐渐成了名副其实的"东区人"。

袁利民，2005 年入职新都联社，现为遂宁分行公司业务一部总经理。2012 年，袁利民加入遂宁分行筹建工作组。在随后 10 余年里，袁利民经历了异地分行展业的不易，亦和遂宁分行共成长。

袁利民：和遂宁分行共成长

采访、文字稿整理、拍摄 | 成都农商银行口述访谈组

一个大胆的决定

我对成都农商银行有很深的感情，父亲是信用社的退休员工，从小受父亲影响，觉得在信用社工作是一件非常自豪的事。2005 年大学毕业后，我就通过招聘进入当时的新都联社工作（后改为"成都农商银行新都支行"）。

一直以来，在父母眼里，我都是个循规蹈矩、性格内向的人。但在 30 岁那年，我却背着他们做了一个大胆的决定：报名参加了总行人力资源部组建的跨区域发展小组。当时，成都农商银行刚挂牌不久，提出了跨区域发展战略，准备筹建一个专项工作小组来推进异地分支机构和村镇银行的设立工

作。因为需要去外地，当时很多人不愿意报名。但我的想法不一样。异地工作虽然面临很多不确定性，但拥有更多学习机会。在以前信用社的体制下，这是不敢想象的。那时候，一个人如果没有干到管理层，很难有机会到异地交流。

2011年3月初，接到人力资源部通知去河北参加村镇银行调研的消息时，我刚领完结婚证，正准备举行婚礼，请帖都已经发出去了。父母得知消息后非常反对，还好妻子非常支持我。在她的鼓励下，我义无反顾地出发了。

当年7月，达州和遂宁两家异地分行同时取得了原银监会的开设批复，我又从河北筹建小组调到了遂宁，去进行前期调研和网点选址。因为对遂宁的情况渐渐熟悉了，所以在2012年6月正式成立遂宁分行筹建小组时，我就继续作为小组成员留在了遂宁，主要负责网点装修、设备安装及开业申报工作。

事实上，由于选址变更，实质性的筹建工作是从9月初才开始推进的。此时距离12月5日计划的开业时间，只剩3个月了。大家面临的时间压力非常大。

那时候，因为总行采购中心还没有成立，我们在当地找不到负责银行装修业务的专业供应商，也没有固定合作的监理单位，所以从9月中旬开始，我就一直在现场盯守，包括国庆节在内，为了赶工期，我也没有离开过。因为天天跟建筑工人在一起，也跟着他们学会了不少成本控制的知识。

当时筹建组的5位员工，除了一位是遂宁本地人，其余都是外地人。于是我们整租了一个套房，大家吃住在一起，很多白天没有解决的问题，晚上又聚在一起商量，基本上除了睡觉，就是工作。

在装修的同时，我们也在紧锣密鼓地推动招聘工作。作为第一家从外地来的商业银行，在遂宁本地引发了很强的关注。招聘广告发出去之后，32

个岗位竟然报了 1000 多人。我们大概梳理了 3 天时间，才最终确定面试名单。为了不影响招聘进度，我们又连夜电话通知面试人员。由于过于专注，大家都没注意时间，等打完电话才发现已经过了半夜 12 点。没想到第

成都农商银行遂宁分行开业时推出"请市民免费乘坐公交"活动

二天，我们竟然成为当地贴吧上的热议话题，网友纷纷讨论通知的真实性。这个小插曲也算是为我们的亮相做了一次非正式的宣传。

记得当时面试现场，来了位同志应聘办公室副主任，名叫伍启奎。他的坦诚让我们印象很深刻。招聘面试现场，他就先自报家门说不能喝酒。我们就想，招人最看重的是一个人的工作能力，而不是酒量，最终录用了他。因为关乎分行未来 5 年的发展，我们在录用过程中格外慎重。首批入职的 32 名员工，都经过集体讨论决定，甚至连每个人未来应该放到哪个岗位上，该如何培养提拔，我们都花了很多心思。从后面的结果来看，他们的发展也大多符合当初的预期。

2012 年 12 月 5 日开业当天，遂宁分行的亮相非常成功。无论是现场布置，还是方案制定，我们都花了很多心思。我们还开展了"成都农商银行遂宁分行开业 请你免费坐公交"活动，在市民中引起强烈反响。后来我们才得知，开业筹备期间，恰逢筹建组成员刘贤臣的孩子出生，但他没有告诉任何同事。刚听说这件事时，我的感触还没那么深，直到后来自己成为父亲，再回头看，我就问自己：如果换做是我，会怎么选？说实话，我不知道自己有没有勇气和他做同样的决定。

现在回想起来，我仍然觉得这是我人生中最有激情、最有干劲、收获最大的一段时光，让人难以忘怀。

筹建工作结束后，我原本有两个选择，一是回新都支行，二是留在遂宁分行。当时的筹建组组长，也就是后来遂宁分行的第一任行长李树彬问过我的想法。原来我是没打算在遂宁久留的，但人心都是肉长的，在一个陌生的环境，有那么几个人为了同一个目标，同心协力、义无反顾地付出，毫无保留地奉献，这样的经历真的太难得了，我真的舍不得大家。正好招聘结束后，还有两个空余岗位，想到筹备期还有很多工作需要收尾，我就留下来做了办公室主任兼风险管理部总经理。从那时起，我就真的在遂宁扎根了。直到后来有了孩子，为了支持我，妻子带着孩子来到遂宁，孩子幼儿园阶段也是在遂宁度过的。

"三年倍增"

记得开业之初，我们曾向遂宁市委市政府表过态：成都农商银行在遂宁吸纳的每一分存款，全部用来支持遂宁的发展。从开业到现在，我们的存贷比一直都是倒挂的，我们引入了大量外地资金支持遂宁地方经济发展，也是全市贷存比最高的一家分支机构。我们的工作，多次受到遂宁市委市政府表扬。

在某种程度上，存贷倒挂也说明了一家新设机构，在融入本地的过程中，会遭遇的困难。这跟我以前在新都支行的工作环境是非常不一样的。在新都，每一个乡镇都有我们的网点，客户忠诚度也很高。但是到了遂宁，一切需要从零开始，我们不仅要面对网点少、覆盖面窄的难题，还要想方设法提升客户对我们的认知。因为我们不了解客户，那时候经常会闹出笑话。好不容易有一个客户上门，却以为我们是农行或者遂宁农商银行。我们能做的就是加强品牌宣传，反复向大家介绍成都农商银行悠久的发展历史。

因为开业时间仓促，我们是在完全没有任何业务储备的情况下亮相的，所以面临的最紧要的难题，就是如何解决 32 名员工的生存问题。

于是，我们先确立了一个比较合理的激励机制，鼓励大家充分利用自己的资源开展营销。不到一个月的时间，我们就实现了 2 亿元左右的贷款投放。第二年春节后不久，我们的存贷款规模就达到了 20 亿元。

紧接着，领导班子提出"三年倍增"计划，即 2013—2015 年三年存贷规模达到 60 亿元。当时大家都觉得这是个遥不可及的目标，但结果却超越最初目标，到 2015 年底，分行存贷规模达到 74 亿元，其中存款 26 亿元，贷款 48 亿元。

事实上，分行在成立之初也经历过一段磨合期。从筹建开始，陆续从成都调来了一些管理人员，最多时达到 12 人。本地员工就会觉得：你们这些从总行派来的人，将来在职业晋升上是不是更有优势？后来，我们一直坚持公平原则，提拔了很多有能力的当地同事。再加上业务发展起来后，大家的收入也有保证了，他们的顾虑也就慢慢消除了。让我们感到骄傲的是，除了个别外地同事因为家庭原因离开遂宁不得不离职，员工队伍一直保持在非常稳定的状态。可见，这个团队是很有凝聚力的。

为了更好地拓展市场，从 2015 年 5 月起，我们又陆续开设 4 家支行，其中，射洪支行还是全行首家在异地设立的县域支行。由于我在前期参与筹备了遂宁分行，所以这时调离了遂宁分行办公室，出任射洪支行行长。

十年"成人"

2015 年后，随着经济下行，分行投放的贷款开始出现不良。但凡涉及不良，必然被追责，这大大地打击了客户经理的工作积极性，大家对于新客户或陌生行业客户产生了畏难情绪，不敢投放贷款。开业之初我们需要通过"垒大户"来迅速提振士气，为了规避风险，将资金更多投向了基础设施建设，这在某种程度上造成了资产结构的不合理。

那时候，虽然我没在遂宁市区工作，但是在射洪支行的业务开拓上，也有类似的困惑：找上门的客户不敢接，好的客户又不知道在哪儿。我们能做的，就是在风险可控的项目上，通过提升服务质量，凸显市场竞争力。2016年春节前夕，我们了解到，当地即将开盘的商品房项目尚未确定最终住房按揭的合作银行。经过数次拜访，多轮谈判，我们最终被开发商纳入三家住房按揭合作银行之一。春节期间，正值外出务工人员"返乡置业"高峰期，其他两家银行因为放假暂停了按揭业务，射洪支行的同事们则主动放弃休假，坚持上门服务，逐渐在当地积累起良好的口碑。这家开发商直到现在，也一直和支行保持着密切的合作关系。

我所感受到业务层面发生的明显转折，是在2020年6月我行回归国有属性后，随着总行"三个银行"战略的推进，异地分行发展定位更加清晰。总行在给予我们业务支持的同时，也调整了考核的导向性。总体来讲，就是要均衡发展，既不能挑食，也不能偏科。

这几年来，分行在总行战略指引下，业务发展、改革转型、网点建设等方面都取得新的成绩。随着总行与遂宁市委市政府战略合作的不断深化，财政、社保、公积金、维修资金、农民工工资专户、专项债账户、保交楼账户等渠道全面打通。

与此同时，我们还紧跟地方产业发展趋势，进行行业专题研究。这样做的目的在于，提升对每个行业的了解，找到能支持的主要产业，再到行业里去寻找优质客户。如果一味乱跑，今天一个行业，明天一个行业，结果到头来每个行业都搞不明白，就很容易出现风险点。这在一定程度上也能提高我们的贷前调查质量，在发展业务的同时，更好地把控风险。

按照总行"大零售转型"的要求，我们在主城区率先探索"个贷中心"发展模式，通过集中人员、集中管理、集中作业，实现从原有的单兵作战到团队协作模式的转变。以前，客户经理分散到各个机构，业务全靠自己营销。现在，大家有了更明确的分工，效率更高，风险也能更好地把控。到2023年9月底，遂宁分行个人贷款规模已超过24亿元。

网点建设也在不断优化。2023年初，我们将零售业绩较差的高新支行迁址到市城区核心口岸，更名为经开区支行，已实现新增储蓄存款2亿元。分行购置的新址正在装修，预计在2023年底会搬到新址，大家都很期待。

通过十年时间，遂宁分行业务规模达到160亿元，这是我们当初没有想到的。经过前期的高速发展，我们现在更加追求稳健和平衡。这就像一个人，十年时间也从孩子长成了少年，不仅要立足当下，更要着眼未来，去做长远规划。

谢贤宇，1986年入职竹瓦信用社，现为自贡中成村镇银行行长。从2014年至今，谢贤宇先后在福建浦城、上杭、惠安、南靖及四川自贡五地中成村镇银行任职，通过扎根农村市场，探索一条"小而美"的特色发展之路。

谢贤宇：走好"小而美"的发展之路

采访、文字稿整理、拍摄丨成都农商银行口述访谈组

背上行囊再出发

1986年，我进入彭州竹瓦信用社工作。当时很多人羡慕我的工作，所以我很珍惜。记得刚开始做出纳时，每天上班，我都会把每张钞票理得平平整整，然后扎成一叠一叠，整整齐齐码在保险柜里。由于发自内心地热爱这份工作，我经常下班了还会在单位上待很久，总感觉班还没上够，舍不得走。现在回想起当年的青涩会觉得很好笑，但内心确实对单位有很深的感情。

2001年，市联社为了强化信贷管理，开始搞"审贷分离"，我进入彭州联社信贷审查科，负责全县30多个信用社的贷款审查。我向来习惯"今日

事，今日毕"，为了避免工作堆积，也为了服务好基层信用社，但凡报上来的信贷项目，我都会马上审核，加班到凌晨一两点也是常事。反正那个时候就住在家属院，前面是办公大楼，后面就是宿舍，工作和生活也很难分开，"以社为家"就是实实在在的信念。

再后来，我陆续调到其他地方工作。直到2014年，接到组织通知，说要派我到中成村镇银行①（以下简称"村行"）工作。想到父母年事已高，需要人照料，女儿正上高中，也需要人陪伴，我内心是不愿意去的。再加上当时村行发展并不顺利，有的出现不良贷款，有的亏损，还有派驻人员被降职，我心里完全没底，也不知道去了之后到底能干成什么样子。但后来又想，作为党员，既然组织定了，那就要服从。就这样，2014年10月，我前往福建，同时担任上杭中成村镇银行（以下简称"上杭村行"）和浦城中成村镇银行（以下简称"浦城村行"）两家机构负责人。

此时，距离两家村行成立时间不到一年。上杭村行存款只有六七百万元，贷款余额3000多万元。浦城村行存款1000多万元，贷款余额4000多万元。而当地经营得比较好的村行贷款规模能达到一两亿元，存款也更多。我们的经营业绩，甚至还无法养活团队。毕竟，当时派驻人员的工资是发起行给的，结算系统也是发起行免费提供的，如果把这些成本都算上，我们每年要亏几百万元。

业务上，发起行为了防控风险，提出办"抵押银行"的理念，鼓励村行多做抵押贷款。很多员工也惧怕风险，不愿跑市场，接了其他银行不愿做的抵押贷款，客观上形成了垒大户的情况。特别是浦城，当时抵押贷款特别多，和当地监管要求不匹配。记得第一次去监管部门汇报工作时，一位领导一边给我们泡茶一边对我们说："你们产品不行，拼搏精神也不行，什么都

---

① 2010年，成都农商银行启动了村镇银行发展规划，作为主发起陆续在四川、河北、云南、山东、福建、江苏、新疆设立了39家具有独立法人资格的股份制银行业金融机构，并以"中成"品牌统一命名。

不行。一个村镇银行，怎么能只做抵押业务？你让农民拿什么给你抵押？做大贷款只有失败的教训，没有成功的经验。继续这样搞下去，你们只有被淘汰，甚至关门。"听到这些，我当时羞得恨不得找个地洞钻进去。

管理上，村行运行刚刚起步，员工素质参差不齐。记得有一位副行长，当时要求每笔贷款，不管金额大小，他都要与客户见面，亲自过关，起初以为他是为了把控风险，后来才知道是为了谋私利，吃拿卡要。

股东对我们的发展状况也很不满意。同区域村行规模越做越大，每年盈利，我们却在亏损。每次开股东大会，股东都会提很多意见，甚至闹着要退股，让我觉得脸上很没光。

做贷款就是做良心

在各种压力下，我想只有发展才能从根本上解决问题。我跟一起派驻出来的同事讲："既然来了，就要有尊严地回去。要认认真真做出成绩，不然会被人瞧不起。"我们还据此提出了一个目标——努力实现发起行和股东投资有回报，村行业务发展好，风险控得住，名片打出去，员工有尊严地工作和生活。

守规矩才能打胜仗。要想把工作干好，首先抓的是队伍建设。针对当时存在的问题，我提出了我们的经营理念和价值观，比如，做贷款就是做良心，要求员工深耕市场，养成合规意识，通过做好服务来体现自己的存在价值。此外，我也很重视团队的融入问题。当时，整个团队有 1/3 的员工是发起行派驻的。为了促进当地员工和外派员工之间的关系，我要求大家讲话时不能有"你们""我们"的区别，不能像分家一样。我们还举行了当地员工和派驻员工结对子活动，让团队紧紧地团结在一起。

其次，在业务发展上，我们针对监管提出的做"小、微、散"业务，去努力思考解决办法。为此，我们到福建、浙江走访学习了 10 多家村行。我们发现，当地经营成功的村行，的确都在坚定不移地做小额分散的业务，有的只做 10 万元以下的信用贷款，而且他们整村授信的覆盖面广、支持力度大，对老百姓的发展生产等起到了非常实在的帮助。

例如，有村行针对某个种茶的村子进行整村授信，一个月可以给 2000 户茶农放贷款，一户 8 万元，全是信用贷款。茶农要贷款，村行员工就上门服务，一名客户经理一天收 10 ～ 20 户资料，收了过后晚上就住在镇上做资料，第二天继续，再由另外的工作人员把资料带走，负责后续的放款环节。一开始，我也觉得这种做法有风险，但事实证明，当地民风不错，老百姓也有很强的还款意识，放出去的贷款基本都能收回来。因为经营有方，有些村行每年都能新开一家支行，规模也就慢慢起来了，对市场的渗透很深。

因为同时负责两家村行，它们不同的经营情况也给了我启发。2015 年上半年，浦城这边出现了许多不良贷款，其中 90% 都是抵押贷款。对比之下，上杭这边做小额信用贷款更多，不良贷款却很少。

从 2015 年 6 月开始，浦城村行向小、微、散业务转型。我们推出"家庭信用贷"产品，并打出了"贷款不求人，家人来帮忙"的宣传语。这款产品贷款额度在 20 万元以内，其主要特点是个人以家庭信用来进行借贷，通过家庭成员共同签字，降低贷款风险。

一开始，加大小额信用贷款投放的做法没有得到发起行的认同。记得我在会上向发起行汇报"小而红、小而精、小而美、小而专"的"四小"发展理念时，领导还提醒我们要注意风险。之后，发起行还派了相关部门来调研、检查，怕我们会出系统性风险。

事实证明，2015 年后，两家村行的经营状况都逐渐好转，上杭村行在 39 家村行中连续几年排在前三名，浦城村行也做起来了，2017 年以后，连续几年都有盈利，每年利润都在 400 ～ 800 万元之间，还多次排名前三。那时候，我每半个月都要往返两家村行一次。两地直线距离 500 公里，当年还没有开通高铁，开车要 7 小时。虽然辛苦，但看到两家村行走上正轨，我感到付出是值得的。

浦城中成村行在圳边村开展扶贫项目启动仪式（季德荣／供图）

浦城中成村行发给村民的授信证书（季德荣／供图）

丢掉的面子找回来

村行的定位主要是服务"三农"、支持小微。为了加强和当地村民的联系，2016年，我们在浦城县富岭镇圳边村，试点开展银村共建①试点，通过进行整村授信、为农户建档预授信，来助推当地产业发展，并发展客户和业务。

圳边村主要以种植木耳、蘑菇等农作物为主，产业比较集中，适合推广银村共建方案。在和村干部沟通后，他们也很赞同这种模式。

我们先是给这个村3000万元的授信额度，然后再在村干部的带领下，挨家挨户进行走访调查，做建档预授信。通过综合评定家庭资产、产业收入、人员结构、征信情况等因素，我们会为每个家庭颁发一张授信证书，上面注明授信额度，金额5～20万元不等。等到有资金需求的时候，村民打个

---

① 银村共建，指由银行机构与农村地区村社共同签署的一项合作协议，旨在促进农村地区的经济发展和脱贫致富，通过提供金融支持、技术培训和社会资源整合等方式，实现农村地区与银行机构之间的互利共赢。

电话过来，第二天就能拿到贷款。

这个方式受到当地村民的热烈欢迎。原本我们计划把资料做好拿回行里去打印，后来直接把打印机放在车上，现场发授信证书，大家感觉很好。还有农户拿到证书后开玩笑说："这个授信证书很好，我把它和结婚证放在一起保管。"隔壁村看到以后，还主动联系我们去开展工作。

业内有一句话叫"访量定输赢"。通过整村授信，我们告别了以往散兵游勇式的业务拓展模式，不仅更好地把控风险，而且使业务量迅速提升。每个推广"银村共建"的地方，都能实现10%～20%的贷款转化率，有的地方甚至能达到30%。这也成为我们一种非常有特色的业务拓展模式。

除了"银村共建"之外，我们还积极加入精准扶贫的工作，与当地发展深度融合。

2016年，我们主动向浦城县委县政府提出，想要承担当地精准扶贫贷款的投放工作。[①] 由于我们在当地只有一个网点，县政府起初并不支持我们来做这项工作。我们还是把工作做到前头，通过以村为单位，张贴精准扶贫贷款指引和产品政策的宣传单。不管多热的天，我们都坚持下乡宣传，一共跑了50多个村。为了让县政府领导看到我们想做这项工作的决心，我们把工作人员张贴精准扶贫贷款政策宣传的合影照片做成相册，分别送给县领导和相关部门，后来，县长看到我们工作的照片，深受感动，觉得我们是一家有温度、有情怀、做实事的银行，就把靠近主城区的几个乡镇的精准扶贫贷款投放交给了我们[②]。2016年5月30日，我行为宝山村贫困户陆献华发放全县首笔1万元的养殖贷款。曾经一度，我们村行精准扶贫贷

---

① 浦城县是福建省23个扶贫开发工作重点县之一，浦城中成村镇银行按照县委县政府的总体部署，以"造血扶贫"为目标，以创新金融产品、渠道和服务为抓手，积极对接和开展扶贫贷款业务，支持县域贫困人口脱贫致富。

② 2016年5月25日，浦城中成村镇银行与浦城县扶贫小额信贷助推协会、中共浦城县委农村工作领导小组办公室共同签订了扶贫小额担保贷款合作协议。

款投放金额排在全县第一名，几个月后，南平市通报浦城县精准扶贫贷款投放排倒数第一，监管分局和县政府督导其他银行后，承担放贷的机构才动起来，不过我们已经取得先机。之后，我们累计发放扶贫小额贷款154笔，金额704.69万元，带动201户贫困户发展生产。在四家承办该任务的涉农金融机构中，我行扶贫小额贷款投放及覆盖面居全县第二位。后来，政府还将1300万元的担保基金账户开到我们这里。通过此事，我们在当地树立了良好的口碑，不仅发放的贷款没有出现损失，还因为开了担保基金账户组织了存款。

2017年，政府提出对口帮扶政策后，我们积极加入其中。当时，其他金融机构都只上报了四五个人去做对口帮扶的工作，浦城村行则把23个员工全部报上去，帮扶了4个乡镇的23个贫困家庭，是当地金融机构里面帮扶人数最多的。

在浦城县忠信镇际洋村，我们就有12户帮扶对象。那里路途较远，山路崎岖不平，需要驱车200多公里，单程4个小时才能到，一般早上7点出发，晚上8点后才回县城。尽管交通不便，我们还是每个季度都利用周末时间去村里，给他们送食用油、雨伞、碗具、大衣、棉被等物资，还会自掏腰包给贫困户一些补贴。我们把扶贫政策、党的关怀送到贫困户家里。

际洋村贫困户巫石根是一位孤寡老人，有一天他高血压发作，需要到城里就医。我们就开车接他到县医院，陪他登记、挂号，给他送吃的，并安排员工在他住院期间轮流陪护。老人非常感动，说我们是政府给他安排的"救星"。

当时我在忠信村有一个结对帮扶的家庭，该贫困户眼睛有残疾，儿子也是高度近视，有严重眼疾，初中毕业后在家待业。每个季度，我都会到他们家走访，提供一些帮助。考虑到该贫困户有一个酿酒作坊，销路一直不畅，我发动同事、朋友来买酒，合计帮他销售了300斤谷烧酒。后来有一次，我去盲人按摩店做理疗，突然联想到我帮扶的贫困户的儿子也是残疾人，于是想到要帮他掌握一门谋生的技术。后来，村行联系县残联，帮吴忠春的儿子申请免费去福州培训的机会，学成后，他成为理疗师，自食其力，减轻了家庭经济负担。我们村行其他同事对贫困户的帮扶工作也做得很扎实，大家用心帮扶，还自掏腰包，购买一些礼物送贫困户。

因为我们的扶贫工作做得扎实到位，得到当地政府和老百姓的认可，所以逐渐扩大了在当地的影响力。浦城县委领导批示说，我们是"真扶贫扶真贫、有温度有情怀"的银行，希望各乡镇各部门向村镇银行学习。后来，政府支持我们的工作，将精准扶贫易地搬迁 4000 多万元的建设资金账户也开在了我行。

全域农商焕活力

2018 年我离开了上杭，开始兼任惠安、浦城、南靖三地村行负责人。2020 年，我行回归国有。2021 年，发起行提出全域农商理念，把村行的发展纳入整体发展规划中。在经营管理转型上，促进村镇银行发展步入支农支小的正轨，发展方向更明确，顶层设计更清晰，按照"风控优先、规模适中、自负盈亏、适度回报"的经营方针，推动村行实现高质量发展。

以前，村行长期处于边缘地位，长期派驻在外会有迷茫的感觉。回归国有后，发起行对我们更加关心、重视，还组织我们一起召开座谈会，让我们感受来自大家庭的温暖，干事也更有激情了。

就在 2021 年 4 月，发起行安排我回四川，担任自贡中成村镇银行①（以下简称"自贡村行"）负责人。那时，自贡村行 7 个网点有 103 人，存款 3 亿多元，贷款 4 亿多元，人员多、规模小。而且风险贷款占比较高，业务基础

---

① 自贡中成村镇银行成立于 2010 年，是全国首批地市级的、以市为单位的总分制村镇银行，也是成都农商银行设立的第一家中成村镇银行。

2022 年 12 月 2 日，"知农支农体验田"活动正式启动。在自贡市全胜村的活动现场，技术指导员正在给自贡中成村行的员工们讲解种植技巧（杨青／供图）

差，在中成系 39 家村行中排名常年倒数。

听村行同事们讲，产生这种情况的原因有三点。第一，业务定位不准确，方向跑偏。大部分业务都是在城区的大额贷款，没有深耕农村市场，导致客户群体与贷款结构出现问题。第二，贷款风险管理不到位，较为粗放，累积了很多风险贷款。第三，员工团队士气低迷，存在一些不良风气等。

面对这样的情况，我们紧跟发起行的指导，开始做出转变。

首先，我们调整了定位。村行应该姓村姓镇，主战场应该在农村。大家以前是在茶馆里面谈业务，今后一定要走出去，到农村去发展客户和业务。因此，结合此前在福建的经验，我们所有网点都实行"银村共建"模式，与社区、商圈、企业、商会和学校等共建发展，一步步深入市场。

其次，我们创新推出"知农支农体验田"活动。只有"知农"才会"支农"，但我们 90% 的员工都在城里长大，对"三农"知识知之甚少，有的员工虽在农村长大，但没有参加过农业劳动，所以要培养他们支农、爱农的情怀。

我们在自贡市全胜村①租了六亩地，开展"知农支农体验田"活动，现场打出"银村共建助力乡村振兴，打造有温度有情怀的银行"的标语。为了让员工真正做到学农、懂农、爱农，我们聘请了村里的种植能手现场授课，教大家怎么种蔬菜。大家一边学一边干，卷起袖子，举起锄头，右手拿锹，左手插苗，沉浸其中。

活动推出后，反响非常好。员工们在深度体验中感受到"只有知农，才会支农"的意义，提升了服务"三农"的能力。自贡市常务副市长还作了批示，说我们做得好，希望人行、原银保监局分局给予关注和支持，让自贡金融业多一些这样的"泥腿子"做法。

之后，我们将"知农支农体验田"活动常做常新，要求每个员工每个月都要利用周末时间参与一次学农实践，到田间地头参与蔬菜、粮食等农作物的培育种植等工作。以"知农支农体验田"为切入点，我们还同步开展反电信诈骗、反假币等金融知识宣传，以及"关爱送温暖"等活动，并深度调研农村产业发展，了解客户融资需求，为他们精准提供产品和服务。

另外，我们还推出若干项机制，对业务发展、团队建设、企业文化和风险防控进行规范管理。两年多时间里，我们不断优化员工队伍，强化队伍建设，坚决反对拉帮结派、搞小团体等歪风邪气。同时，我们也为年轻干部搭建平台，提供晋升的通道，让大家看到希望，营造风清气正的氛围。

通过种种举措，自贡中成村行有了起色。2021年，我们在考核中排位38名；2022年，排位24名，上升了14位。特别是在2023年，因为有发起行提供宣传经费支持，我们开始投放公交广告、站台广告等。通过加大宣传、提升服务，主动来咨询业务的客户越来越多，经营规模也提升了。截至2023年6月末，自贡村行的存款余额较年初净增1.7亿元，存款日均较年初

---

① 全胜村属于四川省自贡市自流井区仲权镇。

净增 8669 万元。

　　在工作中寻找快乐，是我这些年来养成的习惯。看着村行发展势头不断向好，我感到很欣慰。我也坚信，在发起行的关心支持下，村行的明天会越来越好。

第二篇

成长：
创新求变　砥砺奋进

因农而生。为支持农业生产，老一辈农商人翻山越岭、蹚水过河，将金融服务送至每一个偏远的村落。

向农而行。为助力成都乡村振兴走在前列、起好示范，新一代农商人深度融入农村金融改革，让"农商经验"走出去，让"农商标杆"立起来。

伴农而兴。从"脚板"到"平板"，农商人始终坚持科技引领，以数字化转型赋能农村金融服务提质增效。

农商人相信，只有在最泥泞的土地上，才能留下最深刻的脚印。

第四章

坚守本源：
擦亮"农"字招牌

成先明，1984 年入职新兴信用社，退休前为成都农商银行党委委员、副行长。从基层员工到高级经营管理层，30 多年来，成先明坚持"与农共舞"，厚植"金融为民"情怀，见证了成都农商银行从艰难前行到高质量发展的艰辛历程。

成先明：坚持"长期主义"

采访、文字稿整理、拍摄 | 成都农商银行口述访谈组

因农而生

20 世纪 50 年代，为了打击农村高利贷、支持土地改革，农村信用社应运而生，并在全国各地普及。因为当时是统一生产，农信社的服务对象和服务方式相对单一，主要是为生产队办理资金结算和生产资料贷款，农户生活贷款相对较少。当时的信贷员都是挎着包下乡服务，也被老百姓形象地称为"挎包银行"。1984 年我进入信用社工作时，信用社面临的内外部环境已发生了深刻变化。

内部环境方面，最重要的是农信社 1979 年划归农行代管。虽然 1984 年

成立了县级联社，依然是"一个班子挂两块牌子"，一边挂的是"信用联社"，另一边是农行"信用合作科"或"信用合作股"[①]，当时农信社实际上是作为农行的基层机构，按照农行的管理模式来运行的。

　　外部环境最重要的变化是在十一届三中全会后，开启了改革开放和社会主义现代化的伟大征程。农村开始推行家庭联产承包责任制，充分调动农民生产积极性。但农户手里也没有钱，需要从农信社申请贷款，才能购买种子、化肥和生产工具等。我刚参加工作的时候，社里的借据就有几大箱子。当时乡镇一级城镇居民数量非常少，主要以农户为主，一般地区农户贷款覆盖率至少能达到50%，有些村甚至能达到100%。而且越是远郊地区，贷款率就越高。当时的信贷理念是，"穷可贷，富可贷，不守信用不能贷"，只要老百姓表个态，承诺借的钱一定会还上，就能从信用社拿到贷款。我们的信贷员就发扬"千万精神"——走遍千山万水、走入千家万户、道尽千言万语，提供上门服务。

　　我所在的新兴农村信用合作社，基本没有出现过农户贷不了款的情况。我当信用社主任时[②]，一共有9名员工（有3名兼岗信贷人员），我跟他们说，无论老百姓有什么样的信贷需求，我们都要想办法解决，一旦出现有人贷不了款，把情况反映到我这里，我首先就要对信贷员问"为什么"。可以说，是真的把合作制落到了实处。

　　但这种风控方式比较原始，放出去的贷款，最终是否收得回来，还是个问题。深入现场，了解借款人及其生产经营情况就显得尤为重要。新兴信用社当时没有一分钱的呆坏账，包括五保户、村办企业，情况再难的，都全部把贷款还完了。做到这个程度很难，不仅要掌握老百姓的真实情况，还要真正做到"爱农村、懂农业、爱农民"，把贷款"三查"制度做到既简洁又极致，

---

① 　其中，市一级设"信用合作科"，县（区）设"信用合作股"。

② 　1991—1996年，成先明任双流县新兴农村信用合作社主任。

清收到期贷款既柔情又刚强。

当时定了个规矩，除了坐柜的人员，所有人包村划片，背包下乡，为农户提供金融服务。大家穿着筒靴，骑着自行车，走进村子，真正了解每家每户的实际情况。尤其在"春放秋收"的时候，基本上整周整周地住在村里。春耕放贷时，每天从这个村走到那个村，有农户来，就地办贷款手续，天黑了就在村里歇。年底收贷时，我们也是挨家挨户地走，大年三十也要守着收款，个别农户想躲债都难。

因为对农村支持很大，我们跟村上关系很融洽。比如村上会计知道哪家卖了猪，就赶紧通知我们，甚至人家猪还没卖，就先帮我们守着，等我们到现场去收贷。

我们的员工对业务也很熟悉。大家不是只搞懂自己负责的工作，还要熟悉其他的工作。每次赶集时，主任、信贷员都要在柜台上帮忙手工提卡、算利息。由于柜台记账算得快、准，排队时间短，所以周边乡镇的老百姓也到我们这里来存钱。

我们内部工作不分彼此。遇上节假日，主任、信贷员都要替换柜台人员，让别人休息。大家坐过柜之后，才晓得具体的业务怎么办，变得更专业。这种做法既能让员工关系更和谐，也能提升服务质量。避免了逢场人多，柜员忙得毛焦火辣的，客户排队久了怨气大，甚至在门店吵架的情况。

总的来说，随着计划经济转入市场经济，这一时期农村发生了翻天覆地的变化。这些变化背后所需的资本支撑，就来自农信社。因此，农村金融在这时迎来了空前繁荣。

向农而行

1996 年，国务院颁布《关于农村金融体制改革的决定》，明确农信社与农行脱离行政隶属关系，即行社"脱钩"，农信社进入"自主经营、自我约束、

自我发展、自担风险"的
新阶段。

在这之后，四大国有
银行开始上收业务[①]，农村
网点和服务收缩，满足农
业生产、农村建设和农民
生活的责任就更多地落在
了农信社头上。因为在经
营管理上拥有更大的自主
性，信用社不仅传承了之
前"深耕农村，服务农户，
支持农业"的经营理念，
更是真正成为"联系农民
最好的金融纽带""新形势
下农村金融的主力军"[②]。

市联社成立后，陆
续推出了农户小额信用
贷款、农户联保贷款、

2008 年，双流县农村信用社"支农服务月"宣传车

2008 年，龙泉驿大面信用社小额农贷发放现场及支农
服务宣传点

失地农民社保贷款、创业贷款、建房贷款、出国务工贷款等。针对部分信用
社偏离支农方向的现状，大力实施"支农工程"，在全省农信社系统内，率
先简化小额农户贷款手续，加大小额信用贷款和联保贷款的投放力度。在

---

①　从 1998 年开始，四大国有商业银行按人行的要求，进行了大规模的撤并行动。

②　2000 年 4 月，时任国务院总理朱镕基到江苏考察工作时指出，当前特别要重视和发挥农村信用
合作社的重要作用。农村信用社是最好的联系农民的金融纽带，要采取有效措施支持和引导农村信
用社发展，使它成为新形势下农村金融的主力军。

崇州粮食直补发放现场

西部农信社系统率先推行现场放贷，"零距离"、面对面地发放农户贷款。在全省信用社系统率先开展"支农服务月"活动，为农民送资金、送科技、送信息。每年春季组织开展一次为期两个月的"支农服务月"活动，集中进行信贷投放。

在基础金融服务方面，我们为全市约 180 万农户提供了耕地保护基金、粮食直补、农资综合直补、退耕还林粮食补助及水稻良种补贴等一系列财政补贴资金代理发放和支取服务。在这之前，政府发放各类补贴的时候，面临着非常大的压力。首先，邀请村镇相关人员来发放补贴，每年代发劳务费用都是一笔不小的开支。此外，因为存在错发或漏发的情况，当时接到很多投诉。在这种情况下，我们率先承担起全市一系列政府惠农政策兑现的任务，实现了计算机数据联网代发，没有收取客户一分钱费用。

2004 年，我们第一次发放粮补时，很多员工不理解。因为要一次性把上百万农户信息输入电脑，工作量非常大。加上补贴比较零散，金额也不大，容易出错还麻烦。有个别基层联社主任不理解，认为"你这个不是在搞经营，如果想搞经营，我们就不做这费力不讨好的生意"。我说："要把经营搞好，最大的表现就是要市场。"

从根本上来讲，农信社干的就是和农民打交道的事情，这是我们的天职。但凡涉及农村发展的事、农民生产生活的事，没你的份，那你应该很快就没工作了。

　　2007 年，在做耕地保护基金 ① 的现金管理时，我们还参加了政策制定意见征求、发放模式设计，以及引导资金按照政策导向使用等工作。以此为契机，我们建设了统筹城乡农村信息共享平台，具有金融支付、公共事业应用、耕地承包信息查询等功能。

　　2013 年，我们投标成都市金融社保卡建设，供需各方都是初次探索有效路径，我们实实在在围绕需求方急、难、愁、盼去解决问题，老百姓对我们很信任。给百姓方便，他们有钱就会存到我们这里。后来，很多同业都想来争这个市场，但老百姓更乐意在农商行办理，政府有关部门也很支持。这期间，我们还做了几件为"三农"服务的大事。

　　一是做好灾后金融服务。2008 年汶川大地震后，为了保证窗口服务的连续性，震后第三天，我们就在都江堰开设了第一家"帐篷银行"，紧接着，一周内又陆续开了 30 个，确保每个受灾严重的乡（镇）至少有一个网点恢复营业。考虑到受灾群众身份证件、存款凭据缺失等实际问题，我们采取登记承诺、村社证明等方式，简化办理一时手续不齐的 5000 元以下取款业务。对于受灾地区企业、个人贷款，我们也实行"四不"原则：不催收催缴、不罚息、不作为不良记录、不影响其继续获得救灾恢复生产信贷支持。

　　地震后，全市最开始有 40 多万农户和居民需要资金重建房屋。资金量大，政府补贴一部分，建设资金还有缺口。所以政府部门和监管机构召集多次会议，提出让金融机构进行贷款支持。当时，大家都担心风险，畏手畏脚。

　　面对"农信社以前的不良资产，刚化解得差不多，现在又要去搞救困贷款"的难题，我们认真思考该如何办。农信社就是和老百姓打交道的，我们

---

① 2008 年，为严格保护耕地，提高耕地综合生产能力，根据《中华人民共和国土地管理法》《中华人民共和国农村土地承包法》《基本农田保护条例》有关规定，建立耕地保护补偿机制，成都市政府设立了耕地保护基金。

相信中国的老百姓是诚信的，也是讲感情的。在困难的时候，作为党和国家的金融机构，我们不去担这个责，谁去担这个责，只要贷款方案得当、管理仔细，老百姓是不会不认账的，是能走出困境的。

最终，我们把这项任务承担下来了，在执行过程中，我们创新运用市场化方法，采取"贷款＋政府补助激励＋激发自身潜能"相结合的措施，解决这一政策性、普惠融资的难题。最后，我们全覆盖受理走访调查统计，贷款有 4 万多户，当年用款的 3 万多户，享受政策激励基准利率七折优惠、1 万多户不需自己付利息。没能如期还上贷款的，只有 3% 左右，通过与政府联合组建的风险资金池，实现了风险全覆盖。灾后农房重建贷款是市联社成立以来，自发地用市场化的方法，做得最主动、最积极、效果最好、方法最恰当的一次行动。

二是创设并完善了"菜篮子""米袋子"工程相关融资。2007 年，猪肉价格猛涨，我们当机立断，引入共享基金＋农村产权融资，分担生猪养殖风险，支持全市 1000 个集中生猪养殖户，贷款 4 亿多元。

三是金融大力支持农村产权制度改革。那时候银行没有做的先例，我们努力尝试。郫县青杠树村、崇州白头镇、温江幸福村等，在我们的支持下，现在都发展得很好。从这个角度来看，成都县域经济的发展，包括都市农业发展、大城市带大农村格局的构建，和我们的金融支持是密不可分。

四是着力建设、完善农村基础金融服务体系。通过代发财政补贴，我们建立了所有农户的账户信息，并以此为依托建立了农村支付结算体系。在支付结算体系之上，我们又建立农村信用体系、城乡综合金融服务平台。

2015 年 7 月，成都市被批准为"全国首个农村金融服务综合改革试点城市"后，在人行成都分行指导下，我们深入开展"讯通工程""村村通"等农村普惠金融项目，填补撤区并乡建镇①过程中出现的金融服务空白地带，实现了全市乡镇机构金融服务全覆盖。首推"三个一"农村金融服务模式，即每个村入驻一个村级金融服务站、设立一名金融服务联络员、搭建一个农村基础信息信用平台，推动系统对接、数据互联，推进金融服务与乡村治理相协同、与百姓生活相融合。现已入驻 1200 余家村级金融服务站，组建 1600 多名金融服务联络员的队伍。

我们也成为全市"农贷通"②平台的重要参与者和主要业务机构。截至 2023 年 6 月，我们通过"农贷通"平台放了 2 万多笔、200 多亿元贷款，成为全市金融机构中对平台应用最广泛的机构。

我行还持续践行双基合作③惠农服务。通过这样的方式，我们的党员干部深入基层、深入农村、了解生产、了解实情，宣传金融产品，方便老百姓的金融生活，助力提升农村信用体系建设。这项工作在 2016 年被省委组织部、四川银监局④作为坚持金融服务实体经济、认真落实"支农支小"经验进行推广。

伴农而兴

我国是一个农业大国，成都地处天府之国腹地，耕地集中连片、旱地经济作物互补，平田碎土好耕种，产业多元发展得越来越好。尽管农村市场是公认的"蓝海"，但我们也看到，当前农村金融依然面临诸多难题。

---

① "撤区并乡建镇"是 20 世纪 90 年代中央统一部署的大规模改革工作。撤区，就是将县级设的派出机构县辖区的公所（区公所）全部撤掉；并乡建镇，就是扩大乡镇领辖范围。

② 农贷通平台自 2017 年 7 月正式运行，由成都市农业农村局牵头建设。该平台包含农业政策咨询、产权流转服务、融资供需对接、金融风险分担、信用信息共享等多种功能，实现了农业经营主体与金融机构信息精准对接，通过风险分担解决了金融机构农贷不敢放、不愿放的担忧，打通了农村金融服务"最后一公里"。

③ "双基合作"是指基层的农商行与基层村委党组织合作。

④ 2023 年 7 月 20 日，国家金融监督管理总局四川监管局正式挂牌，不再保留四川银监局。

其一，农村的萎缩现状是头等难题。城乡要素市场流动不畅，农村要素资源的资本属性很难实现。整个社会一直对农业很关注，但金融机构脚踏实地地对农业的支持还不够，其中的原因是农业发展太分散、回报低、周期长、有很多不容易控制的风险。此外，在提倡用科技支持产业发展的当下，人才、资本和技术大量单向流向城市，资源在农业和农村不能良性循环。

其二，农村金融行业仍处于单一业务布局阶段，金融资源分配分化明显。农村金融基础设施发展滞后，"信息孤岛"现象明显，农村市场仍处于早期基础设施搭建和用户培育阶段，农村征信普遍缺失，需通过多种途径从零建立。农村地域广阔，风土人情和地方特色浓厚，经济发展水平存在较大差别，产业结构的发展水平参差不齐，这些都对征信数据的建立和获取提出了更高要求。金融工作很难大规模地实现标准化、信息化，农村金融市场仍处于信贷员人为收集、审核全量信息阶段。

其三，农村金融可持续发展同样需要风险控制和服务效率。纯粹的农村金融风控渠道较为狭窄，农村产权作为抵押担保物在风险处置时很难实现流通变现，法规协同对农业设施建设、处置合规性不确定性大；提高服务效率还是主要依赖"三农"单一主体的效率。农业产业前端效率既受农业固有特性限制（靠天吃饭），又受产业链下游服务商制约。农业产业链上的产业服务商，通过核心企业向下游延伸，而纯粹的农村金融风控对象主要还是农业产业链上一一对应的主体。

2020年6月，我行全面回归国有，开启了农村金融服务新征程，并提出坚定不移推动金融服务乡村振兴走深走实，打造服务乡村振兴的标杆银行。在此背景下，我们把服务乡村振兴摆在突出位置，聚焦乡村发展、乡村建设、乡村治理，深度融入普惠金融服务乡村振兴试验区建设，深度参与两项改革"后半篇"文章和宜居宜业和美乡村建设，锻造全行特色差异化核心竞争优势，提升金融服务乡村振兴质效。

在认真贯彻落实乡村振兴战略部署的过程中，我们的第一大变化是结合正在进行的数字化转型工作，坚持"数字驱动、智慧为民、绿色低碳、均衡普惠"的发展原则，加大金融科技在农村金融的应用及普及，打造线上线下一体、全贯通的综合服务体系，降低金融服务触达成本，提升金融服务便利度。让农村金融插上数字翅膀，我们做了四个方面的探索。

一是线上电子渠道和支付环境的建设。重点推进金融产品的数字化、产品交易线上化、管控智能化，开拓便捷化支付渠道，推动乡村手机银行、网上银行、微信银行、云网点及线上支付等普及应用。借助大数据、云计算、人工智能等前沿技术，探索"互联网＋银行＋乡村振兴"发展模式，进一步提升金融服务质效，降低金融服务成本。

二是加快完善建设新型农村信用工程。拓展数据互通共享范围，扩大、畅通线上数据源，加强对涉农客户信息及信用数据的整合和积累，建立农村信用信息库，建立线下无感信用信息采集规范，实现涉农信息实时共享和动态更新，推动数据资源服务农村金融。采用数据挖掘等新技术，形成动态化用户信用建档功能，开通客户客观信息线上自主信用信息录入，分类解决较为缺乏或难以获取农村地区市场主体基础信息、生产经营信息等问题，为金融机构支持涉农客户提供数据支撑。

三是加强全渠道的数字生态建设。也就是要搭建更多生产、生活场景，使普惠金融有更多可落地的渠道。比如我们在系统里植入乡镇医院的挂号就诊系统，客户的就医档案就在系统里面，同时把高频的就医业务和低频的金融服务植入进去，客户需要贷款的话，就可以在这个场景里实现；深化与农贷通平台合作，开展与农交所深度合作，植入农业经济管理组织的三方合作。

四是完善农村金融产品服务体系。把城市数字化的产品，包括贷款产品、理财产品和综合金融服务等，通过改造、创新，向农村地区推广。通过细分农村客群，对特定主体开展产品定制化服务。比如，针对蒲江的茶农群体，提供定制化茶业信贷产品。我们还推出了"农信易贷"全线上业务模式。通过创新征信管理与风控模式，结合农村市场主体生产、生活特点，借助人脸识别、电子签名等互联网信息化技术，合理确定征信分值与评分标准，实现建档、远程申贷、审批、放款流程全线上化。2020年以来，成都农商银行累计投放超25亿元，支持涉农经营主体超4万户。此外，我们对"农贷通"平台的运用，也持续保持全市首位优势。

第二大变化主要体现在农村金融基础服务上，对原来的"三个一"农村金融服务工程，我们进行了全新升级。

首先，在原来配置的金融服务联络员基础上，我们新增了乡村振兴金融助理。2021年和2022年，已有两批次、240余名乡村振兴金融助理驻村。他们每周驻村时间不少于4个半天，深入"三农"工作中，把我们的农村综合金融服务进一步带到乡村。

一个村级金融服务站，也有了更多的功能。我们布放了惠农微银行、自助设备、助农POS机等助农机具，实现贷款、理财、支付结算、代收代缴等常规业务都能在村一级办理。

一套村级公共服务联动机制，则包含了更多的合作内涵。比如，乡风文明中包含了法制建设，就需要农村信用体系的支撑。2022年，我们完善了9万多名农户的经济档案及信用评级，满足信用数据通用标准。基于农户信用档案升级，推出了整村授信服务、实现线上申贷立刻放款。此外，村民耕地信息、文明程度、信用状况，包括宣导工作等，进行联动整合。

农业是立国之本、强国之基。无论社会怎么发展，农业始终是整个社会发展的永动机。虽然农村金融面临诸多困难，金融机构涉足农村市场仍然步履蹒跚。但我们始终相信，农村金融市场是一片"蓝海"。

回首成都农商银行70多年的发展之路，我们的成功总结起来，还是"三个一"：一个"三农"金融服务战略，我们始终坚持"转制不转向"，无论怎样改革，始终以支农为经营宗旨；一套"三农"金融服务机制，我们从组织架构、激励考核、队伍建设等方面，建立并不断完善农村金融服务制度体系；一种"三农"金融商业模式，区别于传统商业银行对单笔业务、单个客户的盈利要求，我们不计较"一城一地"得失，而是坚持"长期主义"，从夯实市场基础、培育市场环境和提升获客能力着手，在整体推进的业务发展模式中，实现了经济效益与社会效益并行、传统业务与创新业务并举、银行与客户共赢共生。

李家宇，2005年入职双流联社，现为乡村振兴金融部（三农和普惠金融部）副总经理。2007年，调任市联社后不久，恰逢市联社承接全市耕保基金①的代发工作。作为深度参与者，李家宇既经历了项目启动之初的困难和挑战，也见证了项目顺利落地后在推动耕地保护、农村产权制度改革、提升城乡居民参保率等方面取得的良好社会成效。而在践行社会责任的同时，该项目也为成都农商银行长远发展奠定了良好基础。

李家宇：代发耕保基金

采访、文字稿整理、拍摄｜成都农商银行口述访谈组

再担重任

2005年大学毕业后，我先是在双流联社工作了两年，然后调入市联社零售业务处②工作的。此时，成都市刚被批准设立全国统筹城乡综合配套改革

---

① 耕保基金，全称为耕地保护基金，其设立目的主要包括两方面：一是探索创新耕地保护的经济补偿机制，提高农民和农村经济组织保护耕地的积极性和主动性，落实耕地特别是基本农田保护目标；二是统筹城乡收益分配，通过财政转移支付为承担耕地保护责任的农民提供补贴，达到耕地保护与农民增收"一举两得"的目的，使广大农民群众能够享受改革开放和经济社会发展的丰硕成果。

② 因架构调整，零售业务处之后曾改名为个人金融部、三农金融部，现为乡村振兴金融部（三农和普惠金融部）。

试验区①。2009 年,《成都市统筹城乡综合配套改革试验总体方案》正式出台,其中一项重要内容便是面向全市 180 万农户发放耕保基金。

这在当时是一项非常重要的工作。不仅仅因为它是全国范围内的一项创新举措,还因为它事关几项重点工作的推进。其一,通过发放耕保基金,鼓励农民承担起耕地保护的职责②。其二,通过发放耕保基金,调动农民参与积极性,提高确权颁证准确性。③ 确权颁证是农村产权制度改革的一个重要前提④。因为土地产权不明晰,土地要素的流动也就缺乏现实基础。而发放耕保基金,正好需要与土地确权颁证的结果挂钩,因此,通过发放耕保基金,将推动农户主动参与确权工作。其三,通过基金方式发放、"受限支取",可以引导农户积极参与社会保险,享受社会保障服务。

在确定代理银行时,市政府也作了再三筛选比较。我们行一直以来的定位就是服务"三农",网点数量最多,覆盖面也最广,再加上我行还从 2004 年开始承担代发粮食综合直接补贴(以下简称"粮补")工作,积累了相关工作经验,因此最终确定由我们行来代理发放耕保基金。

打一场硬仗

2009 年 11 月,我们被正式确定为全市唯一的耕保基金代发银行。

按照要求,我们需要在当年年底完成 60% 的代发工作。时间紧、任务重,从市上领回任务,我就马不停蹄对接科技信息部,谋划具体实施方案。

① 2007 年 6 月 7 日,国家发展和改革委员会下发《国家发展改革委关于批准重庆市和成都市设立全国统筹城乡综合配套改革试验区的通知》,正式批准重庆市和成都市设立全国统筹城乡综合配套改革试验区。

② 耕地保护合同约定,农户在享有获得耕地保护补贴的权利的同时,要承担保护耕地的义务。

③ 2008 年 1 月,成都市委市政府出台了《关于加强耕地保护进一步改革完善农村土地和房屋产权制度的意见(试行)》(成委发〔2008〕1 号),在先行试点基础上,开展覆盖全域的农村产权制度改革。

④ 确权颁证即指土地确权登记发证,是指对土地所有权、土地使用权以及其他权利进行确认、确定,并进行登记发证。

针对市里提出的要求，加上当时各县（市、区）代发数据质量参差不齐，因此只能采取"先快后好"的思路，在各县（市、区）按乡镇、村组为单位分批完成当年的发放工作。

尽管之前我们已经在粮补发放过程中积累了不少经验，但由于耕保基金发放量更大、规则更复杂，所以遇到了很多全新的挑战。

最大的挑战是因为发放信息错误带来的一系列操作难题。由于我们使用的基础数据来源于国土部门，而国土部门的数据又来源于基层村社的汇总上报。尽管为了确保数据的准确性，我们事先提供了标准化表单，但因为时间紧，难免会出现信息错漏。这其中比较典型的是名字写错、身份证号码位数写错等。有些错误会导致放款失败，需要重新核对。有些错误则会导致放款金额出错。最夸张的一次错误，我们给单户的放款金额竟然超过了百万，这时就需要找到客户进行解释，请客户配合把多的金额退回来。由于迟迟找不到客户，时间长了就产生了利息。本金还好，可以冲抵回来，那利息怎么办？这些具体而琐碎的问题，在当时要一个个解决是非常痛苦的。

按照政策，耕保基金的补贴标准是基本农田每年每亩400元、一般耕地每年每亩300元，照此计算，一个家庭每年大约可领到1000元。因为相比粮补金额更大，农户的支取意愿也更高。每天早晨不等开门，就有很多人提前在外面排队，而最早的则清晨五六点就来了。因为人多，我们的柜员每天都连轴转，不仅忙得没时间吃饭，甚至连上厕所都抽不开身。

但在这样的高压状态下，柜员除了办业务，还要承担大量的解释工作。例如，按照政策要求，耕保基金需满足一定条件才可以兑付——年满60周岁、缴纳城乡居民养老保险等。① 如果农户没有达到以上要求，就兑付不了耕

---

① 《成都市人民政府关于印发〈成都市耕地保护基金使用管理办法（试行）〉的通知》第十二条规定，符合下列条件的，可提取耕地保护基金现金：（一）每户耕地保护基金养老保险补贴总金额超过（每户参保人数 × 个人应缴费标准金额）的多余部分；（二）不愿按规定标准和时限缴足养老保险个人缴费部分的农民，男年满60周岁、女年满55周岁，可一次性提取养老保险个人账户的资金；（三）对签订了《耕地保护合同》的村组集体经济组织，在扣除耕地流转担保资金和农业保险补贴后，每年定期按其保护耕地的面积给予现金补贴。

保基金，也就无法支取这笔钱。许多农户不清楚政策，一听说可以领钱，兴冲冲跑来，最后领不到钱，心里不高兴，免不了把柜员数落一顿。再比如，耕保基金发放标准有区别，每个家庭承包的面积不同，就会导致发放金额不一致。但有的农户不理解，认为这钱既然是从银行发出来的，就应该由银行负责解决问题。所以他们会质问柜员："凭什么他家发 1500，我家只发了 1000？"

随着春节临近，许多外出务工的农民陆续返乡，我们也遇到许多未曾预料的特殊情况。例如，有人在异地参保，按道理是符合支取条件的，但因为当时没有实现社保联网，异地参保的信息查询不到，导致该支取的没办法支取。

记得那时候，我们每天都在处理各种各样的问题。作为联结内外部的枢纽，所有的反馈最终都会汇总到我这里：遇到难题的，来找我要解决办法；心里委屈的，来向我吐槽；甚至还有机构领导跑来质问我，为什么别人都不想接的包袱，我们要接过来。在他们看来，这项工作占用了大量柜面资源，不仅影响了其他业务正常开展，还被客户反复投诉，简直就是吃力不讨好。

咬牙坚持

虽然面临这么多困难，但我们既然接了任务，就得咬牙完成。

我们首先针对发放时间紧导致农户对政策理解不到位的情况，做了大量努力。我们加强了与国土、社保、统筹委等部门的沟通，努力了解政策设计的原理，真正做到把政策吃透，让问题解决更高效更专业。紧接着，为了能有机会让农户有更多渠道了解政策，我们和国土部门联动，设置了咨询专线，将咨询电话在各县乡进行张贴，由国土部门负责解释政策层面的问题。我们还与各村社联系，进行政策宣讲，真正做到"责任到人，组织到点，解释到柜，走访到村，公告到点，联系到位"。

为了减轻柜面压力、缩短农户排队时间，我们也在柜面采取了更多灵活的"四分"（分时、分片、分点、分柜）策略。在一些特殊时期，我们还通过增设服务窗口、设立专柜、增加前台服务人员、延长营业时间等方式，提升客户服务满意度。

一直忙到 2009 年 12 月 31 日，我熬了一个通宵来统计准确数据。一共发放了 137 万户，完成了最初定下的 60% 的发放目标。

2010 年，我们又投资 2000 万元对系统进行了扩容升级。截至 2010 年末，我们发放耕保基金 40.63 亿元，支取耕保基金 217.07 万笔，金额 16.61 亿元。而在机制引导下，2009 年，成都市新型农民养老保险参保人数就达到 70.85 万人，比上年大幅增长 65.8%，充分促进了社会保障的城乡一体化建设。为了支持农村居民参保缴费，我们还创新推出了"支持农村居民参保缴费贷款"①。

与此同时，这项措施也提高了农民保护耕地的积极性、自觉性，改变了过去单纯由各级政府部门监管耕地保护的方式，有利于形成耕地保护的长效机制。更重要的是，通过建立耕保基金，农民们看到了收益，产权意识被唤醒，确权工作能顺利完成。

截至 2010 年 6 月，成都市共向村、组集体颁发集体土地所有证 3.4 万本，向农户颁发农村土地承包经营权证 158 万本，集体土地使用证 150 万本，房屋所有权证 146 万本，林权证 54 万本。②

做难而正确的事

事实证明，发放耕保基金是一项正确的战略决策。通过这个项目，我们率先实现与林业局、社保局、国土局系统联网。2010 年，在市统筹委领导下，市人社局、市国土局、市农委共同参与，我行牵头开发建设了"耕保基金共

---

① 由于到龄人员参加养老保险，需一次性缴纳较大金额的保费，所以 2010 年时，成都农商银行通过"支持农村居民参保缴费贷款"来帮助农民解决这一问题。

② 罗凌霄.成都市耕保基金制度的做法、成效及对策建议 [J]. 天府新论,2012(2):76-78.

享系统"（后升级为"城乡金融服务平台"）。系统上线后，联网各方实现了信息共享，并确保耕保基金优先用于缴纳社保，有助于耕保基金"受限使用，受控支取"的政策落实。同时，缴保途径得到丰富，提高了农户参保缴费的积极性。农户可在我行全市 631 个营业网点中的任一网点缴纳社保，并可打印社保缴费专用凭证。2011 年，我行对系统功能作了进一步延伸，农户可持我行银行存折或银行卡在社保机构乡镇延伸机构缴纳社保。这些举措为我们在 2015 年搭建农村金融综合服务平台[①]打下了基础。

从长远来看，我们也因此获得了更多的业务发展机遇。2013 年，成都市要发行金融社保卡，因为这张承载了社保功能的金融卡具有唯一性、排他性，对于银行扩大客群、提升用户黏性具有非常重要的作用。当时的竞争非常激烈，我们最终能成为入围的 6 家银行之一，也受益于之前在耕保基金发放中的努力。在评估中，有一个重要指标，就是要代理社保业务。在原有的体制下，社保的存放、代理、发放，都要求在国有大行进行。但由于我们之前承接的耕保基金代发工作是与缴纳社保相关的，所以我们也在代理社保的业务领域取得了关键性突破。最终，我们以非常明显的优势拿下了金融社保卡的项目机会。可以说，如果当初没有承接代发耕保基金的任务，就不会有后来的金融社保卡业务。

之后，我们的基础客群不断壮大，与农户联系更加紧密，为后续业务发展带来了更有利的支撑。虽然做难而正确的事情有困难，但从全行的发展角度来讲，的确是有着长远价值的。

在这个项目中，我的自身素质也得到很大提高，不仅精进了专业知识和能力，而且提高了分析问题、解决问题的能力。从原来的零售业务处到现在

---

① 2015 年 7 月，国务院将成都确定为全国首个农村金融服务综合改革试点城市。成都农商银行积极加入其中，这一平台是重要成果之一。农村金融综合服务平台可以进行各类代收付业务一站式办理，涵盖社保缴纳、养老待遇发放、财政补贴发放（支取）、农民工工资代发、生活缴费等功能。

的乡村振兴金融部（三农与普惠金融部），这么多年，我一直深耕"三农"领域，虽然过程很艰辛，但我沉浸其中，获益良多。

戚文华，1983 年入职廖家信用社。2010 年，时任崇州支行三农个人业务部经理的戚文华，参与全省首笔土地承包经营权抵押贷款项目，探索解决农业发展过程中的融资难题，为推动现代农业实现规模化、集约化生产，积累了成功经验。

戚文华：土地承包经营权抵押贷款破冰

采访、文字稿整理、拍摄｜成都农商银行口述访谈组

土地入股

21 世纪初，随着工业化、城镇化不断推进，大量青壮年劳动力外出务工，农村空心化、农民老龄化的现象日渐突出。谁来种地，成为农业发展的现实难题。

成都作为全国统筹城乡综合配套改革试验区，在农村产权制度改革上先行先试，积极推进土地承包经营权确权登记颁证，探寻解决难题的钥匙。崇

州作为试点区域，率先完成该项工作，农民土地承包经营权[①]期限明确规定为"长久不变"，使土地承包经营权流转有了现实基础。

在这样的背景下，专业合作社作为新型农业经营主体开始出现。当时，崇州市陆陆续续成立了10多家专业合作社。其中几个规模较大的专业合作社被政府列为试点，得到了大力支持。

2010年5月26日，经崇州市农村发展局批复同意，杨柳合作社[②]正式成立。通过运用农村土地承包经营权确权颁证成果，隆兴镇29户农户按照"入社自愿、退社自由、利益共享、风险共担"的原则，以101.27亩土地承包经营权入股组建了该合作社。

相比以往的经营方式，该合作社的最大特点在于，它借鉴了现代企业管理制度，选举产生理事会和监事会，构建起"土地股份合作社＋农业职业经理人"运行机制。其中，理事会决策"种什么"，监事会负责监督合作社财务收支执行情况，农业职业经理人负责"怎样种""如何种"。生产成本由社员出资，收支和分配统一公示，接受监督。理事会会同农业职业经理人签订经营合同。

这样一来，"谁来种地"的难题迎刃而解，农民从农业劳动中解脱出来，安心外出务工。此外，通过专业化运营，实施土地规模化、集约化、标准化、品牌化经营，有效降低了风险，农民还能从合作社获得额外分红，有助于提高收入水平。

杨柳合作社成立后，运营非常顺利。因为政府在选种、栽培等方面提

---

① 土地承包经营权，指承包农户以从事农业生产为目的，对集体所有或国家所有的由农民集体使用的土地进行占有、使用和收益的权利。农村土地完整的权利包括所有权、使用权和经营权。所有权按规定属于国家和集体，使用权属于农民，经营权按规定可以合法有序流转，部分或者全部交由他人自主开展农业生产经营行为。

② 全称为崇州市杨柳农村土地承包经营股份合作社。由农户以农村土地承包经营权入股合作社，把土地承包经营权变成股权，使农民当上股东。入社土地由合作社统一耕种，农户除劳动收益外，还可享受年底分红。

供无偿指导，有效避免了因信息不对称发生的损失，加之该社聘请的农业职业经理人毕业于专业院校，具有从事农业种植和病虫害防治的理论与实践经验。因此，大春过后，合作社种植的水稻增收明显，这也印证了合作社经营模式的有效性。

按照"大春种粮食，小春种经作"的生产模式，杨柳合作社计划在种粮间隙，种植一些价值更高的经济作物提高收入，种植羊肚菌成了最好的选择。羊肚菌生产周期为 3 ~ 4 个月，相比其他作物时间要短，市场价格相对更高。当时计划种植 10 亩，其中大棚种植 4 亩，小麦地种植 6 亩，经过测算，销售后利润可达到 5 万元以上。这在当时是一个比较大胆的尝试。一方面，村民们希望种植新产品提升收入水平，另一方面，不得不面对现实的资金缺口。

从杨柳合作社筹备到成立，我行都密切关注，在第一时间获知他们的资金需求后，就在思考如何充分运用产权制度改革成果，对合作社进行支持。最终，我们认为可以采用土地承包经营权抵押贷款的模式，为杨柳合作社提供资金支持，而该方案也得到合作社法人代表的初步认可。

首单落地

2010 年 11 月，我们正式着手推动该项目。首先，需要获得社员们对该方案的认可。大家白天要外出务工，所以沟通工作主要集中在晚上。

因为是新政策，农民理解消化也需要时间，我们在沟通上花了较多时间。很多农民，特别是上了年纪的老人，会产生误解，以为把土地承包经营权抵押给银行，如果还不上钱，土地就要被没收。我记得有一位农民说："你们说得好听，到时候是不是把土地都给卖了？"

事实上，土地承包经营权抵押贷款，流转的仅仅是土地承包经营权。更何况，如果运营中出现问题，政府和我们也会共同努力，帮助大家寻求有经验、有实力的公司，帮助合作社顺利经营下去。

为了打消农民顾虑，我们对政策、方案等进行了更详细的讲解。农民们逐渐理解、接受了新的贷款模式，并召开大会表决通过，同意以土地承包经营权为抵押，向我行申请贷款。

与此同时，我们对土地承包经营权价值进行评估，以此作为贷款额度审批的依据。但由于土地质量差异较大，肥沃程度不同，地上种植作物类型不同，所以存在土地经营价值的差别，这给估值带来了挑战。最后，我们想到了水稻，水稻每年收成变化不大，相比其他作物，价格波动也较小，而且以水稻作为参考，与市场的需求也比较吻合。我行向政府部门提议，以土地每年出产的水稻产量作为评估参考。经过和崇州市农村发展局（以下简称"农发局"）协商，结合通行的抵押率①系数，最终将授信额度确定为16万元。

难题一个接一个地出现。办理抵押登记的时候，我们发现农村土地承包经营权既不在国土部门的登记范围内，也不归工商部门负责，到底该由哪个部门来进行登记，没有先例。农发局研究后决定，为我们办理抵押登记，并出具他项权证。这是当时比较合理的解决办法。其一，农发局一直对农村土地承包经营权进行归口管理，他们愿意促成项目试点；其二，农发局有很好的资源平台，他们知道哪些经营项目更赚钱，如果后期种植羊肚菌失败了，他们也能在经营上给予更多支持，例如，寻求更好的企业来管理或引进经济价值更高的作物等。

不到一个月时间，我们就把评估、登记、资料收集、农户签字以及审批在内的所有事项都完成了。2010年12月1日，我行与杨柳合作社举行了签约仪式，授信16万元，首期发放6万元贷款，这也是全省首笔土地承包经营

---

① 抵押率，是抵押贷款本金利息之和与抵押物估价价值之比。合理确定抵押率，是抵押贷款管理中的一项重要内容。

权抵押贷款。

当年 12 月 10 日，用土地承包经营权作抵押，我们向一位经营"农家乐"的农户提供 5 万元授信，向一家农业公司提供 300 万元授信。据此，崇州支行完成了向以土地入股的合作社、单一农户、经营流转土地的农业公司分别抵押贷款的授信，支持了三种不同类型的借款主体。

以点带面

贷款发放并不意味着结束。对于创新项目，加强贷后管理变得尤为重要。由于杨柳合作社此前没有种植过羊肚菌，为了降低风险，合作社找了专业技术人员进行种植培训和指导。

我们后续也倾注了很多心力，叮嘱负责人和合作社成员一定要把种植要点掌握好，并把管理做到位，一定要细心。如果要建大棚，就要把时间写清楚，不要让太阳把菌种晒萎晒坏，也不能把水浇多了。在羊肚菌发苗后，我们每隔半个月就去现场进行贷后检查，了解生长情况。合作社种植的羊肚菌长势良好，看到一朵朵羊肚菌如雨后春笋般破土而出，大家都喜笑颜开，感叹现在在家门口就有钱挣。

除了关注种植情况，我们也和合作社一起，积极思考羊肚菌的销售问题。当时，羊肚菌的市场价是二三十元一斤，算是比较高的了，但随着供求关系的变化，无法保证羊肚菌种出来后市场价不会发生强烈的波动。于是，我们通过各种渠道，促成合作社与一家羊肚菌销售公司达成收购协议。

在多方共同努力下，羊肚菌很快就被抢购一空，纯利润达到 2 万元。而在杨柳合作社的示范效应下，其他村镇知道采用合作社模式能够获得银行的资金支持，有机会把产业做大做强，也纷纷成立合作社。

此后，成都农商银行与杨柳合作社一直保持合作关系。2022 年 9 月 28 日，崇州支行再次向崇州市杨柳合作社发放纯信用贷款"乡贤贷"，用于合作社购买种子、化肥、农药等，并积极运用支农再贷款政策，帮助合作社降低贷款成本。

此外，崇州支行也积极为其他合作社提供支持。截至 2023 年 9 月末，崇州支行累计向各类合作社发放贷款

2010 年 12 月 1 日下午，成都农商银行崇州支行农村土地承包经营权抵押担保贷款现场签约仪式在崇州市隆兴镇杨柳社区举行

1.33 亿元，支持农民专业合作社 122 户，涉及种植、养殖、非遗传承等领域，有力带动农民增收。

聂福林，2011 年入职郫县支行（2017 年更名为"郫都支行"），现为郫都支行风险合规部副经理。2013 年，聂福林作为项目经办人，参与发放青杠树村集体建设用地抵押贷款。这一项目成为农村产权融资的一次重要探索。2015 年，青杠树村被评为"中国十大最美乡村"，2016 年获评国家AAAA 级旅游景区。青杠树村也因此实现第一产业与第三产业的高度融合，村民收入显著提升。

聂福林：青杠树村蝶变

采访、文字稿整理、拍摄｜成都农商银行口述访谈组

结缘

2011 年，成都农商银行郫县支行与郫县政府签署了深化运用农村产权制度改革成果相关协议，通过提供信贷支持，推动农村土地综合整治、现代农业发展和促进农民就业增收。

也就是在这一年，我从西南财经大学毕业，加入成都农商银行，开始了我的职业生涯。原本以为要花上很长时间，才能成长为一名合格的银行人，没想到因为结缘青杠树村，我的成长一路加速。

青杠树村旧貌

2012 年，青杠树村被郫县确定为首批土地综合整治①试点项目。作为当时公司业务部的客户经理，我被安排到工作组中开展工作。也就是从这时开始，我长期驻扎在青杠树村，深度参与项目建设。

当年的青杠树村，和散落在全国各地的村庄一样，毫不起眼，有人口 2200 多人，面积超过 2 平方公里，不仅在国内没有知名度，就算在郫县区域内，收入也处于中下水平，2011 年，全村收入仅 1100 多万元。那时进村调研，我对村里糟糕的环境印象深刻。尤其是夏天，臭水沟里全是蚊子，去一趟回来，全身要叮十多个包。村民的房屋，几乎全是 20 世纪 80 年代修建的土坯房，有些甚至开裂了，还在勉强住人。

青杠树村之所以能脱颖而出，被选为试点村，我认为得益于主客观两方面的因素。客观方面，它的地理位置很特殊。这里处于水源保护地，产业发展受限，村民收入主要源于务工收入、经济作物收入、粮食作物收入、农家乐收入等，农业收入占了 60% 以上。好在先天自然条件较好，距郫县县城仅 6 公里，离成都市区仅 18 公里，拥有良好的水资源与温和的气候条件，为发展乡村特色旅游提供了优良的自然环境条件。主观方面，青杠树村的村民们拥有"吃螃蟹"的意愿和勇气。一个村发展得怎样，带头人往往发挥着关

---

① 土地综合整治，是在村民集体建设用地确权到户的基础上，由村民自愿将自身的集体建设用地（含宅基地）用于土地综合整治，通过修建集中居住区，节约出部分集体建设用地，该集体建设用地可以作为指标进行流转获得收益，也可由村民通过集体资产管理公司修建建筑用于经营，为农民增收。

键作用。而当时的青杠树村村支书韩忠，是个思想超前的人。早前，他通过经营农家乐和茶楼先富了起来。在他的带动下，村民们的致富愿望越来越强烈，干劲儿也日益高涨。

我去现场查看青杠树村的情况，体会就更深了。如果村民们能参与到土地综合整治项目中，居住质量一定会大幅提升。更重要的是，村民以自家宅基地入股，成为公司股东，土地整理后结余的指标上市获得出让收益款后，除了土地整治成本和入市成本，按照一定比例进行分配，村民可以直接获得一定比例的现金收益外，其余资金可以用来缴纳社保、推动公共基础设施建设，以及发展集体经济。这些机会都是肉眼可见的，收入自然也会增加。这对他们来说，是实打实的好事。

我内心的感受却是复杂的。因为是创新项目，没有现成经验可供借鉴，这让我心生忐忑。但我又充满期待。我相信，自己会因为参与项目获得更多学习机会，这对于提升自身专业水平很有帮助。更何况，作为全县重点推动的项目，它一定会得到上上下下的大力支持。于是我告诉自己，有他们做后盾，这个项目一定能成功。

当时，我们面临的最紧要的挑战，是缺乏配套制度，大家只能一边摸索一边前进。其中，如何把控贷款风险是前期考虑得最多的问题。

经过反复沟通协商，最终，我们和区政府联合成立了工作协调推进小组，并建立"三联"工作机制，即信贷项目联合会审、信贷资金联合监管、信贷风险联合防范，确保试点项目风险可控、早见成效。

用脚投票

因为涉及诸多方面的问题，所以当时的郫县统筹城乡发展工作局牵头，将各个参与方——银行、郫县住房和城乡建设局、镇村各级负责人等，召集起来反复开会，提前把工作推进过程中可能遇到的问题拿出来讨论，确保后期工程进度顺利推进。

当时确定的整体思路是：通过幸福美丽新村建设，进行土地综合整理，整理出的集体建设用地用于新村基础设施建设，同时结余出土地入市交易，用于发展乡村旅游产业。

与此同时，我们也在村里启动了动员工作，号召村民积极参与到该项目中。对于村民们来说，宅基地、房子、收入，那都是事关利益的大问题。你现在要动人家的"命根子"，阻力可想而知。

这时候，沟通的艺术就显得特别重要。大会往往是解决不了问题的。有时候，人越多，问题越多，矛盾越大。所以我们选择从小范围沟通开始，先把村里思想比较开明、群众基础较好的人召集起来，听听他们的意见，大致判断其他村民对此事的反应。然后，再根据他们的反馈，对村民关切的问题提前给出解决思路。

我们在沟通中还发现，对项目较为支持的，往往是处于收入水平两端的人群。经济条件最好的，通常思想最开明，最理解改革可能带来的红利。经济条件最差的，通常对现状最不满，他们最有动力进行改变。收入水平处在中间位置的，往往最摇摆不定，要先观望别人，才能做决定。针对这群人，乡贤和亲朋好友的影响就显得尤为重要。我们在沟通过程中，先摸清不同人的情况，再有针对性地采取差异化策略。就这样，一传十、十传百，先慢慢把一部分人的工作做好，后面的工作难度就小了许多。

多轮小范围沟通后，我们才把全村村民聚在一起，召开动员大会。大家在会上最关注的，仍然是两个问题。一个是村里集中修建的新居将来如果烂尾了，他们住哪里，生活怎么办。我们就向他们耐心解释政策，让他们知道，作为试点项目，配套政策齐全，会考虑各种可能出现的意外情况，一定会举全县之力，烂尾的可能性非常小。另一个问题是，以后（村集体）如果赚了钱，该怎么分红。我们从项目实施后的效果入手，来帮他们算算账。先不说土地流转的收益，一旦旅游业发展起来，哪怕是开个停车场，每辆车停车费 10 ～ 15 元，一个停车场每天停一两百辆车，收入都是非常可观的。有些人当场表示不相信，觉得我们说的是空话，但回家吃完饭，坐在自家门口算一算账，就有了更客观的判断。

我也遇见过一些态度比较强硬的村民，拍着桌子对我吼："你一个外地人，啥都不懂，凭什么跑来跟我讨论这些？"其实我能理解他们的想法。因为我也是农民，他们关心的问题，也是我关心的问题。所以在现场宣讲，我也不会为了获得支持，就去过度渲染未来的美好场景，而是实事求是地把收益和风险一并讲出来，让他们自己做理智判断。有村民说："这个小伙子很实诚，像这种刚毕业的大学生，没有被社会的染缸污染，说的话还比较公道。"渐渐地，大家开始信任我了，项目接受度也越来越高。我们粗略统计了一下，愿意参与的村民远远超过了 2/3。

当家作主

按照要求，如果项目要正式进入建设阶段，就需要首先确定一个实施主体。之前，类似项目的实施主体，大多是政府相关职能部门委派的国有公司。我们研究后认为，改革成果应该更多地交给村民，让村民更深入地参与项目建设，确保自身利益最大化。

2012 年 6 月 21 日，郫县青杠树资产管理有限公司成立[①]，由当时的村主任钟家旭担任总经理。村民成为公司股东，再选出股东代表，代表村民参与公司日常经营和决策。之后，村民还成立了监事会，自发对项目资金和建筑质量进行管理。

---

① 郫县青杠树资产管理有限公司（以下简称"青杠树资产"）成立于 2012 年 6 月 21 日，注册地址及经营地址为郫县三道堰镇青杠树村；主营业务包括资产管理服务、土地整理、农村基础设施建设、房屋租赁；公司注册及实收资本均为 100 万元，由黄永根、程家荣、程平健、代发君、间世雨、李平德、廖国均、邱应章、周道根、陈德健、姜吉根共 11 个自然人合计出资 100 万元组成。

青杠树村民在查看建设规划

公司成立后，我们很快就召开村民大会，再次将规划方案和村民沟通，组织村民集中签署协议书。有些村民意愿比较高，当场就把字签了。有些还在犹豫，我们就进村入户，逐一沟通。每一户签字，我都必须在现场，确保农户是出于自己的真实意愿而签字的，决不能出现找人代签、过后又反悔的情况。

意外的是，有些之前没报名的村民，这时候也改变意见了。后来，因为人数增多，村里还专门进行了一次规划调整。最终，参与项目的农户达 795 户、2056 人，占全村总人口的 91%。

签完字后就是登记环节。2011 年，郫县就完成了确权颁证，每一块宅基地都有一个"本本"——《集体建设用地（宅基地）使用权证》。这时候，村上就会上收"宅基地本本"，统一登记造册后，移交国土资源局，再由国土资源局把所有证书融为一个整体的土地证。通过幸福美丽新村建设，将节约出来的集体建设用地入市交易。①

那时收资料，场面很壮观，几百户几百户地收，我写出来的信贷报告都有 30 多页。信贷报告首先是对授信额度进行测算，这取决于项目的整体造价。造价不是随便拍下脑袋就能算出来的，而是一个一个细项反复测算、验

---

① 据《四川日报》报道，2014 年，青杠树村新农村综合体建设投入需 1.36 亿元，预计节约 269 亩集体建设用地，按与投资企业约定的不低于 70 万元/亩的价格流转后，可实现收益近 1.88 亿元，扣除贷款本息和其他成本后，可实现净收益近 2000 万元，统筹用于青杠树村创国家 AAAA 旅游景区配套建设，既解决了资金问题，又促进了产业培育发展和农民可持续增收。

证，确保既不会出现费用虚增的情况，也不会因为资金不够导致项目停工。当时的造价单有两本书那么厚，每一笔钱怎么花都能在里面找到出处。

该土地整理项目为成都市试点项目，成都市、郫县及我行多方创新，给予制度及平台支持。成都市出台《成都市人民政府办公厅转发市国土局等部门关于完善土地交易制度促进农村土地综合整治和农房建设工作实施意见（试行）的通知》（成办发〔2010〕59号）等文件，从政策层面对项目实施予以支持。2008年10月20日，郫县农村产权交易中心正式挂牌，为农村产权制度改革步入规范、有序轨道，为农村物权依法、规范流转提供了良好平台。由于是新授信产品，我行创新制定《成都农商银行农村土地综合整治项目贷款试点管理办法》，从产品制度层面给予项目充分的支持。为有效降低申请人融资成本，推动农村产权改革发展，创新采用集体建设用地直接抵押方式，免除担保公司担保环节，有效提高了放款效率且降低了申请人融资成本。

最终，项目测算出的总成本为1.2亿元。按要求，此类项目的自筹资金不得低于30%，事实上，青杠树村对该项目的自筹资金较为充裕，达到了50.67%。其中，由县政府设立的农村产权改革基金投入5000万元，村民自筹资金近800万元，原村社自有资金300余万元，他们只需要再向我行申请贷款6000万元，在土地整治项目验收后将集体建设用地入市进行交易，以偿还贷款。

行里经过测算，也觉得村里未来流转的土地指标收入，可以覆盖贷款的本金和利息。最终，在总行和分支机构的联动配合下，6000万元贷款顺利获批，并于2013年2月和3月分两次放款。相比以往项目，该项目没有引入第三方担保公司，实现了集体建设用地土地使用权直接抵押，有效降低了融资成本。为了确保资金安全，我行也对整个项目建设进度进行了全程监督，据此匹配不同阶段的资金投放额度。

过上好日子

作为全县打造的标杆项目，青杠树村建设规划起点非常高。项目邀请规划设计院进行专业设计，将整个建筑群落设计成川西林盘风格，每家都是小青瓦、白皮墙，墙上还有各式精美图案。从初稿到定稿，至少改了不下 50 次。设计背后是源于翔实的史料支撑，连哪个地方要种一棵树、要栽一片竹，都做足了功夫。

记得当时看了设计稿，我心里就想：天呐，我在家乡从来没见过这么漂亮的农房，哪怕是有钱人修的房子，也没这么上档次。因为它不仅功能性强，而且契合当地民风民俗，特色非常鲜明。项目组的同事看了也很动心，羡慕村民们比城里人先住上别墅。

整个建造过程中，我都能感受到村民热烈的期待。他们每天上完工都会跑到工地上转一转。有时我做贷后调查，在现场遇见他们，他们会像老熟人一样问我："小聂，我们的房子还要好久才能修好？"

整整 11 个月，大家就这样不厌其烦，一趟趟地跑，看着图纸上的场景一点点成为现实。交房那天，按照规定，需要通过抓阄确定房号。我原本以为有人抓到不满意的位置会失落，哪晓得他们一个个欢天喜地的，不管抓到哪一套，看上去都是笑眯眯的。领到钥匙后，他们还会得意地拿到面前"丁零零"地晃一晃，有些甚至还会激动得把钥匙抛到半空。

关系走得近的村民，还会三五成群去看彼此的房子。记得那时候正流行"十字绣"，我听他们在讨论装修时说，要在客厅墙上挂一个自己亲自绣的"福"字。还有人说："我原来家里那口老水缸很巴适，我保存了很久，现在正好搬到新院子来。"甚至还有人已经

开始盘算今后要怎么做生意，有人说："我做饭手艺还可以，以后就开个农家乐。"也有人说："我想承包几条游船，每天就当跷脚老板坐着收船费。"

直到现在，交房时的场景还深深印在我的脑海。看着他们梦想成真，我

好像也实现了自己多年的夙愿。小时候，家里条件不好，父母为了供我读书，起早贪黑做着小买卖，每天早上四五点就要起床劳动，晚上则经常忙到凌晨。有一年冬天，母亲因为太困，干活时一脚踩进沸水锅里，皮肤溃烂好几个月都不能穿裤子。我那时就深深感受到，农民的生活太不容易了，自己要努力学习工作，有朝一日让父母过上好日子。

2015 年，也就是村民们陆续搬入新居后的第二年，青杠树村被评为"中国十大最美乡村"。2016 年，它又被评为国家 AAAA 级旅游景区。村民们在家门口，靠经营农家乐、开停车场等，人均收入也上涨了很多，位居四川省前列。

随着青杠树村走红，全国各地的专家学者纷至沓来，一波接一波地考察学习。我当时几乎每星期都要去做几场讲解。好多人跟我说："你现在都成为这个领域里的专家了！"

一路走来，我心中其实只有一个朴素的信念，就是母亲告诉我的："要做一个好人。"遇到问题，就想办法努力解决，再难的时候也不要放弃。

曹晓静，2010 年入职郫县支行（2017 年更名为"郫都支行"），现为郫都支行三农个金部经理。2015 年，曹晓静所在部门紧抓战旗村参与集体经营性建设用地入市改革的契机，牵头落地全省首笔集体经营性建设用地直接抵押贷款，有效促进城乡生产要素自由流动，为乡村经济可持续发展注入金融活水。

曹晓静：农村金改"战旗"样本

采访、文字稿整理、拍摄｜成都农商银行口述访谈组

入市改革试点

2014 年底，《关于农村土地征收、集体经营性建设用地入市、宅基地改革试点工作的意见》印发，这标志着我国农村土地制度改革即将进入试点阶段。2015 年 2 月 27 日，十二届全国人大常委会第十三次会议审议通过《关于授权国务院在北京市大兴区等 33 个试点县（市、区）行政区域暂时调整实施有关法律规定的决定》，郫县被纳入全国 33 个农村土地制度改革试点县，并重点开展农村集体经营性建设用地①入市改革试点。

---

① 农村集体经营性建设用地，指存量农村集体建设用地中，土地利用总体规划和城乡规划确定为工矿仓储、商服等经营性用途的土地。

在我看来，此次改革试点之所以能落地郫县，首先源于当地良好的市场环境。郫县处于成都近郊，作为全国农家乐先行者，土地需求一直很旺盛。此外，早在2011年，郫县就全面完成对农村集体土地和房屋的确权颁证，并于2011年5月成立了郫县公共资源交易中心，负责涉农产权流转。扎实的准备工作为集体经营性建设用地入市流转奠定了良好的实践基础。

改革落地的速度比想象中要快。被确定为试点县后不到一个月，郫县就启动了入市集体经营性建设用地规模摸排工作。同时，按照"试制度、试规则"要求，修订完善集体经营性建设用地入市的相关配套制度，又于6月出台了《四川省郫县农村集体经营性建设用地入市试点实施方案》等一系列文件，逐步建立兼顾国家、集体、个人的土地增值收益分配机制，切实维护农民土地财产权益、保障农民公平分享增值收益。

金融与改革总是相伴相生的。我记得，为了充分发挥金融在改革中的作用，政府在方案制定过程中，曾组织全县所有银行召开专题座谈会。会上，围绕流转出的土地能否办理抵押贷款，各家银行讨论较为集中的是风险问题。

从法理上来讲，入市意味着集体经营性建设用地可以与国有土地"同权同价"，但由于两者区位条件差异大，再加之市场还存在观望情绪，所以大家普遍认为，集体经营性建设用地短期内升值空间有限。一旦贷款发生风险，银行很可能无法及时有效处置抵押物。为此，郫县政府创新提出了风险分担机制。一旦发生不良贷款，将由农村产权抵押融资风险基金分担80%的本金损失。

因为在农村金融改革中积累的丰富经验，我行积极参与相关文件的制定与讨论，出台如何办理抵押贷款，怎么落实抵押登记和建立风险分担机制等一系列办法，提供了充分的参考意见。因为介入得早，讨论得多，研究得比较深，后续项目具体落地的时候也少走了很多弯路。

战旗村敲响"第一槌"

按照"符合规划、用途管制和依法取得"三大要素，结合权属来源、入市的合理性和可行性等因素，郫县很快摸清了家底，最终确定了可入市的农村集体经营性建设用地资源规模 4932 亩，其中约 1243 亩完全符合要求，战旗村的条件最为成熟。

战旗村地处郫县唐昌镇西部，距离成都市 40 公里，全村面积 2.06 平方公里，人口约 1700 人 ①。战旗村原名集凤大队，1965 年在兴修水利、改土改田活动中成为一面旗帜，更名为战旗大队。成立新的党支部后，在劳动竞赛的活动中，村民们克服困难、鼓足干劲，成为一个先进集体，改为"战旗村"。

20 世纪 90 年代，为了提升村民收入水平，战旗村"两委"班子探索出土地集约化管理办法，用于发展规模化经营，先后创办了多个村办企业。2007 年，战旗村开始进行土地综合整治，运用土地增减挂钩政策，通过拆院并院整理节约出建设用地，实现土地收益。2009 年完成集中居住。2011 年完成全村承包地、宅基地的权属调整以及确权颁证，成立战旗资产管理公司，负责推进村经济发展。这样，当有外来企业需要租用土地时，就不需要再一户一户地对接村民，大大提升了沟通效率。这一次，战旗村能率先争取到集体经营性建设用地的入市机会，也源自其拥有明确的入市主体，入市方案也很快就征得了村民同意。

战旗村确定入市的地块面积为 13.447 亩。之前，这里曾创办过酒厂、复合肥厂，但因效益不好关停后，每年仅能获得几万元的租金收入。为了使土地价值最大化，经村民代表大会表决，决定将该地块打包入市，一次性转让

① 2020 年，在全省村级建制优化调整的整体部署下，战旗村实现了面积上的扩容，与周边几个村合并成为新的战旗村，面积从过去的 2.06 平方公里扩大到 5.36 平方公里，辖区人口从过去的 1700 余人增加到 4400 多人。

40 年土地使用权。

2015 年 8 月 26 日，这块地在郫县公共资源交易服务中心正式挂牌，9 月 7 日，郫县公共资源交易服务中心聚集了很多人，大家都想见证全省首笔集体经营性建设用地使用权入市流转的历史性时刻。当天拍卖会，共有 20 余家企业参与了战旗村地块竞拍。经过两轮竞价，该地块最终由四川迈高旅游资源开发有限公司（以下简称"迈高公司"）以 52.5 万元 / 亩的价格竞得，共计 705 万元，成功敲响全省集体经营性建设用地使用权入市"第一槌"。

战旗村出让该地块使用权获得的资金，在扣除土地整治成本和入市成本之后，按照 5 ：3 ：2 的比例进行了分配：其中，50% 用作村集体发展资金，30% 用作公益性支出，剩下的 20% 以现金方式发放给了村民。

此后，这个位于川西一隅的小村落，逐渐发展成为乡村振兴"明星村"。2022 年，战旗村总产值约 3.1 亿元，村民年人均可支配收入为 3.85 万元。

冲在前面做示范

作为"生于农村长在农村"的金融机构，服务郫县农村土地制度改革试点这一标志性的工作，我们理应冲在前面做好示范。

总行专门组建了工作小组，形成了总行、支行及二级经办机构共同参与的"三级联动"机制，同各级政府、监管机构、当地群众等多次讨论，对 2010 年制定的农村产权融资担保管理办法进行了修订，在 2016 年 4 月修订的《成都农商银行农村产权融资担保管理办法》中明确提出将抵押担保范围扩大到农民住房财产权、集体建设用地使用权、农村土地承包经营权、林权、农业设施等方面，这为我们跟进项目提供了政策指引。

支行方面，由三农个金部牵头，主动对接政府相关职能部门，并组织对 20 余份配套文件进行专题研究；支行下属二级机构唐昌支行，则重点对接当地镇政府，并在土地成功拍卖后第一时间联系迈高公司，了解其项目规划及资金需求。

根据迈高公司规划，该地块土地因为毗邻战旗村现有的"第五季妈妈农庄"[①]，具有发展乡村旅游的天然优势，因此迈高公司希望将其打造为集美食体验、农业观光、休闲度假于一体的乡村旅游综合体项目，并命名为"第五季·香境"。

尽管有了前期的政策铺垫，但真正到了项目落地阶段，我们依然遇到很多困难。

第一个困难是无法实施在建工程抵押。根据"房地一体"原则[②]，迈高公司申请贷款除了要将集体经营性建设用地使用权抵押给银行，也要将在建工程一并抵押。但当时，因为没有集体经营性建设用地上在建工程抵押相关文件，所以郫县不动产中心无法为我们办理抵押登记。从风险角度考虑，这样的情况对我行是不利的。因为工程竣工后，土地价值已基本转移到房屋上，若不能办理在建工程抵押，一旦发生风险，我们的抵押权将很难实现。

但我们不想放弃，既然是改革试点，就要尽力找到解决办法。经过反复沟通，双方最终达成折中解决办法：一方面，我行加强项目审查，准确测算项目租金收益，重点把控第一还款来源；另一方面，双方在签署抵押合同时，约定将抵押土地上的一切建筑物及附着物一并纳入抵押范围，并在取得房屋产权后，及时补办抵押手续。

第二个困难是操作流程的摸索。面对首笔农村集体经营性建设用地使用权抵押贷款项目，我们没有经验可借鉴，从政府到银行，大家都是摸着石头

---

① 第五季妈妈农庄，全称"第5季·妈妈农庄——成都第五季"是郫都区第一个 AAAA 级景区。

② 房地一体原则，指当转让、抵押房屋等建筑物的所有权时，其占用范围内的土地使用权也要一并转让、抵押；当转让、抵押土地使用权时，其地上的房屋等建筑物所有权也要一并转让、抵押。前者俗称"地随房走"，后者俗称"房随地走"。

建成后的"第五季·香境"

过河。不同的人对政策的理解不一样，所以碰壁是常有的事。

我记得在办理抵押登记过程中，集体经营性建设用地使用权抵押没有标准化的申请书、资料清单等，无法通过线上流程办理。支行与国土资源局积极对接沟通，线下完善手续，最终在多方协作下取得了不动产登记证明。

我们彼此能做的，就是畅通沟通机制，遇到具体问题就具体商量，逐一打通卡点，最终把流程跑通。也是在这个过程中，我们和政府部门不断沟通，逐步形成了规范的实操流程，也为区域内类似的项目提供了借鉴。

最终，我们经过综合评估，为迈高公司提供了 510 万元贷款，这笔贷款金额虽然不大，但意义深远。这是试点工作开展以来，全省第一笔集体经营性建设用地使用权直接抵押贷款。可以说，正是因为做到了"主动作为、大胆创新、全程服务"，我们才能先于其他金融机构，以最快速度将项目落地。

2018 年，"第五季·香境"项目顺利落成，成为战旗村内唯一的商业综合体项目。在此之前，很少有村集体直接将土地交给社会资本发展乡村旅游。该项目的成功运营，让大家看到了乡村振兴的新思路。将集体经营性建设用地使用权入市交易，吸引了更多社会资本参与，不仅可以大大提升商业品质，也在一定程度上丰富了商业业态。

探索新路径

农村土地制度改革试点从未停歇，战旗村的探索也还在继续。

2015 年 12 月，十二届全国人大常委会第十八次会议授权国务院在全国若干地区开展"两权"①抵押贷款试点。郫县再

战旗村村民朱建勇向成都农商银行申请贷款建成了有机农庄

次成为全国开展农民住房财产权抵押贷款的试点县。

2016 年 3 月 15 日，人行等 6 部门发布农村"产权"抵押贷款试点办法，从贷款对象、贷款管理、风险补偿、配套支持措施、试点监测评估等多方面，对金融机构和相关部门推进落实"两权"抵押贷款试点明确了政策要求，为金融机构在一线实践扫除了障碍。

2016 年 7 月 15 日，战旗村村民朱建勇从当地蔬菜专业合作社流转了 31 亩土地经营权，随后注册了"郫县晨曦家庭农场"，计划转型做有机生态农场，从事蔬菜种植、销售、配送等。却因资金问题焦头烂额。我们了解到这一信息后，就指定了客户经理和他具体对接，了解到他在战旗村有一套农房，此外无其他抵押物。我们就向他详细介绍了郫县开展农民住房财产权抵押贷款试点的政策，鼓励他利用住房作为抵押申请贷款。经第三方公司评估、办理抵押登记后，朱建勇和银行以及惠农担保公司签订了农村产权抵押贷款风险补偿三方协议，协议签订完成后，我行向他发放了抵押贷款 15 万

---

① 两权，是指农村承包土地的经营权和农民住房财产权。

元。这笔贷款成为郫县开展试点工作以来，全县投放的第一笔农民住房财产权抵押贷款。

为了更好地盘活农民住房财产权，郫县政府还完善了相关政策。以朱建勇这笔贷款为例，如果贷款到期按时还本付息，他可以向当地农林部门申请一定期限的基准利率贴息；如果还不上款，成为不良，我行将与惠农担保公司签署债权收购协议后，先期从郫县风险基金获得未偿还本息 80% 的补偿。

除了这些试点探索外，我们也在努力提升对战旗村的基础金融服务水平，确保战旗村继续在乡村振兴中"走在前列，起好示范"。2016 年，我行在战旗村建立了金融服务站，率先配备了 ATM 机和全辖第一台惠农微银行自助设备。有了它，村民们在家门口就可以办理存取款和转账业务。此外，设置金融服务联络员，积极收集农户金融需求，量身定制金融服务。通过用好农贷通贴息政策、用足农贷通风险补偿资金，村民在家门口就能享受到方便快捷的信贷服务。

2021 年，战旗村成为我行首批整村授信试点村。截至 2023 年 8 月，我行在战旗村共计投放个人贷款 52 笔，金额 1929 万元；同时，我行还持续为战旗村多家驻村企业提供贴心的金融服务，如成都中延菌菇业有限公司、四川先锋生态园调味品有限公司、成都市富友绿色调味品有限公司、成都市郫都区战旗蔬菜专业合作社等。截至 2023 年 8 月末，在战旗村入驻的企业在我行贷款金额为 1446 万元。

2022 年以来，我们又在战旗村配备了乡村振兴金融助理，以提供更全面的服务。这些金融助理每周驻村 4 次，为当地村民提供融资、小额资金支取和生活缴费等服务，基本实现了足不出户就可获得金融服务。看到战旗村现在发展得越来越好，村民收入逐年增高，我们的心里都非常欣慰。

如今，战旗村已成为闻名全国的乡村振兴"明星村"，我们在战旗村的农村金融服务改革探索，还在继续……

吕黔，1997 年入职隆丰信用社，现为彭州支行葛仙山分理处主任。2016 年，吕黔所在的团队立足当地产业融资需求，创新推出农产品仓单质押融资贷款①，有效解决农产品收购商"融资难、融资贵"问题，成为完善农村产权质押融资的一次重要尝试，并在 2017 年"第五届仓储融资和担保品管理国际研讨会"②上进行经验分享。

吕黔："农商经验"走出去

采访、文字稿整理、拍摄｜成都农商银行口述访谈组

探索"三户联保"

　　彭州是国家级蔬菜市场、全国五大蔬菜生产基地之一，也是西部蔬菜之乡、全国第二个国家级蔬菜博览会永久举办地。作为服务"三农"的主力军，每逢农产品大量上市的季节，我们都会收到许多来自收购商的贷款

①　农产品仓单质押融资贷款，指农产品的拥有者为取得贷款资金支持，将农产品存储到标准仓库，由独立的第三方进行检验和管理，出具仓单。银行以农产品仓单作为质押物，按照相应的贷款审批流程向农产品拥有者发放贷款。

②　2017 年 9 月 26 日至 27 日，由中国仓储与配送协会、中国银行业协会、世界银行集团国际金融公司、APEC 工商理事会主办的第五届仓储融资和担保品管理国际研讨会在京隆重召开，该会议是仓储融资行业规模大、层次高、专业性强的大会。

申请。但由于缺乏有效抵押物，收购商很难从银行申请到大额贷款。为此，我行曾于 2011 年在敖平镇试行针对川芎收购的"三户联保"贷款，即由三家收购商共同担保，以收购的川芎为质押标的向我行申请贷款。但实践证明，这类贷款面临的最大问题，是如何对质押标的实施有效监管。当时的收购商大多是将川芎放在家里自行保管，银行无法实时掌握质押标的的情况，也缺少第三方的监管，所以曾有人自作主张将川芎卖掉，导致质押标的的丢失或转移，存在一定风险。因为无法把控贷款风险，这项尝试没能坚持和推动起来。

后来，我调入彭州支行小微业务部工作时，发现类似的融资难题越发突出。当时，彭州市濛阳镇①已建成西部最大的农产品集散物流中心——四川国际农产品交易中心②。2016 年，该交易中心的农产品交易额达 500 亿元。由于农产品往往在一个时间段集中上市，收购商需要将收购回来的农产品放到冻库集中储存，彭州也因此孕育出全新的冻库产业链。通过调研，我们发现，全市共有 52 座冻库，存储量达 26 万吨，居全国第二位。作为服务"三农"的银行，许多冻库都主动联系我们，希望能为收购商解决融资难题，提升自己的竞争力，这其中就包括当时规模较大的冻库企业——成都市彭州恒辉农业有限公司（以下简称"恒辉农业"）。当时，该企业的储存规模已达 5000 余吨。

恒辉农业老板对我说："农产品收购时间集中、资金需求量大，你们能否结合这个情况，为这部分收购商设计一款适合他们的贷款产品？"

① 濛阳镇，国家重点镇之一，位于彭州市东南部，距成都市区 22 公里。2014 年 3 月被成都市确立为成都首批小城市建设示范镇，2016 年被成都市评为"成都市 2016 年重点支持小城市"。

② 四川国际农产品交易中心，于 2012 年开业运营；2015 年 12 月获批建设国家级彭州（雨润）蔬菜市场；2016 年 9 月签订部省共建合作备忘录。该市场直接辐射半径达 750 公里，是保障 2.2 亿人口消费的菜篮子，带动项目周边 600 万亩的种植基地生产标准化的蔬菜，并通过市场销往全国各地。2015 年全年果蔬菜交易量 551 万吨，实现交易额 314 亿元。

收购商的痛点，又何尝不是银行的痛点？如果说，以往的"三户联保"贷款只针对零散小客户，那么现在，随着产业化水平提升，客户需求已经实现从点到面的演变。

面对激增的融资需求，为了寻求突破口，我们首先从冻库入手，对 52 家冻库进行一一走访和筛选，最终确定 6 家入围冻库；其次将蔬菜产销协会、入围冻库负责人及果蔬经销商等召集起来开座谈会。经过大家多次深入探讨后一致认为，当前推行农产品质押贷款的市场环境较以往已经成熟了许多，现在关键就是解决农产品的科学估值问题以及充分发挥冻库作为第三方机构对质押农产品的监督作用。随后，我们向时任彭州支行行长袁锦年汇报了此事。袁行长非常支持，当场拍板："做！我们是服务'三农'的银行，就应该去做这件事，作为农商人，这也是我们支持地方农业发展义不容辞的责任。"

试水批量授信

此后，袁行长带着我们的团队成员，一起到总行相关部门进行汇报。时任授信审批部副总经理王晓英和我们一起反复商讨了很多次，并安排相关同事到彭州进行实地调研，共同研讨落地实施细节。

我们首先对质押农产品种类进行了认真筛选，确保质押标的能同时满足耐储存、易储存两个条件。比如，新鲜蔬菜保质期短，肯定是不行的。猕猴桃虽然储存时间久，但因为对气味异常敏感，很容易腐烂，因此也不能列入贷款范围，因此，姜、蒜、葱、石榴和香蕉等耐储存的果蔬是我们的主要营销目标。

接下来要解决的就是估值问题。农产品市场价格波动大，为了把控风险，团队小伙伴们兵分几路搜集信息，在充分参考农产品交易中心、冻库负责人及专业网站相关数据的基础上，我们又结合历年交易价格进行综合

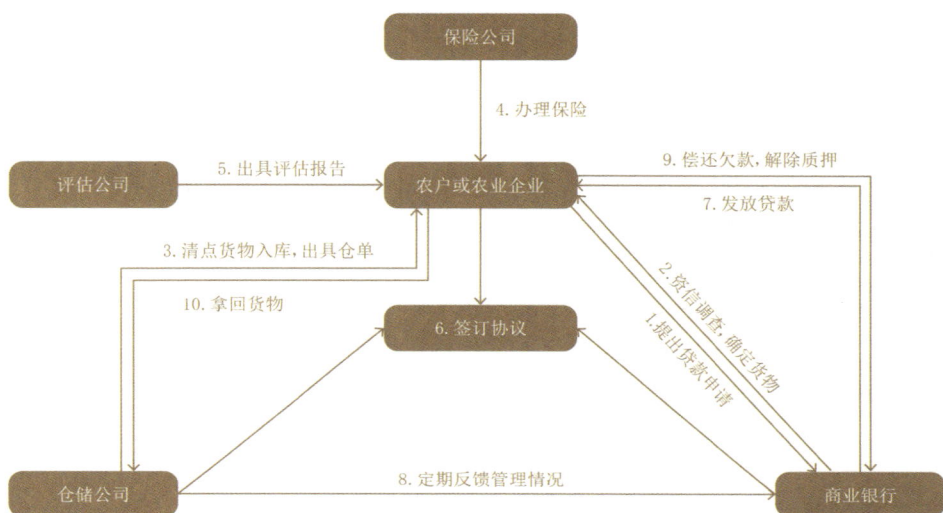

彭州市农产品仓单质押融资贷款流程

分析，最终确定合理估值。

围绕最核心的风险防控问题，我们又与恒辉农业老板反复沟通，可以说是"把嘴皮子都磨破了"。在我们看来，要有效发挥冻库的监督作用，就需要对冻库进行规范化管理，例如，配备专人制作货物进出台账、定期进行巡检、财务制度要清晰等。前期，我们多次和公司财务负责人进行沟通，但到恒辉农业老板那里时，他却非常抵触："搞个贷款这么麻烦，还不如不做。以前没搞这一套，我一样把生意做大了。"无奈之下，我们又通过财务负责人再次与恒辉农业老板进行深入交流，并说明贷款的优势：一是财务规范后更加有利于企业的发展和壮大，二是更能增加客户的信任度，获得更多的客户资源。多次晓之以理、动之以情地沟通，他终于认可了我们的建议，并在后来的合作中给予大力支持。

经过前期的充分准备，2016 年 2 月，我行正式与恒辉农业达成合作，为其上游采购商提供批量综合授信，并在当年成功发放 6 笔贷款，共计

236万元。记得第一笔贷款发放给了一位江西老板，名叫余顺水，已在彭州经营农产品多年。以往，每到收购期，他都只能向老家的亲戚朋友借钱，少不了要看人脸色。最郁闷的是，由于农产品价格波动大，往往等钱凑齐了，却错失了最佳的收购时机。所以，得知自己可以从银行申请到贷款时，他毫不犹豫报了名。那一年，借助我行发放的30万元贷款，他踩准行情，顺利补仓蒜种，后来生意规模也越做越大。

仓单质押实现共赢

尽管成效显著，但回顾整个过程，因为涉及繁杂的沟通和信息搜集，项目落地共计耗费了近3个月时间。产业链发展是一项系统工程，如果想形成可复制、可推广的标准化产品，还需要更加成熟的政策环境。

那时，成都市已被列为全国首个农村金融服务综合改革试点城市，鉴于农产品质押贷款在助力现代农业产业转型升级方面的积极意义，彭州市将其列入农村金融服务综合改革重点创新项目，真正意义上的仓单质押，就是在这个时候成形的。我们就如何确保仓单质押顺利开展进行了多轮讨论，最终确定了仓单质押的主要流程。首先，由农户或农业企业向银行提出贷款申请，之后将农产品存储在当地的仓库中，仓单由仓储公司开具并进行监管。然后，保险公司、评估公司分别对货物进行保险和价值评估。接着，仓储公司、银行、农户或农业企业三方签订仓单质押协议，由银行放款。最后，借款农户或企业在到期后偿还欠款，取回货物。在质押过程中，仓储公司会定期反馈农产品管理情况。

彭州市于2016年10月出台了《彭州市开展农产品金融仓储改革实施方案（试行）》，并提供十项创新配套机制，这十大配套机制中，最重要的是组建成都市首家农产品金融仓储公司，通过整合优质冻库资源，以仓储公司出具的仓单作为质押要件，进一步提高监管效率，解决监管难题。

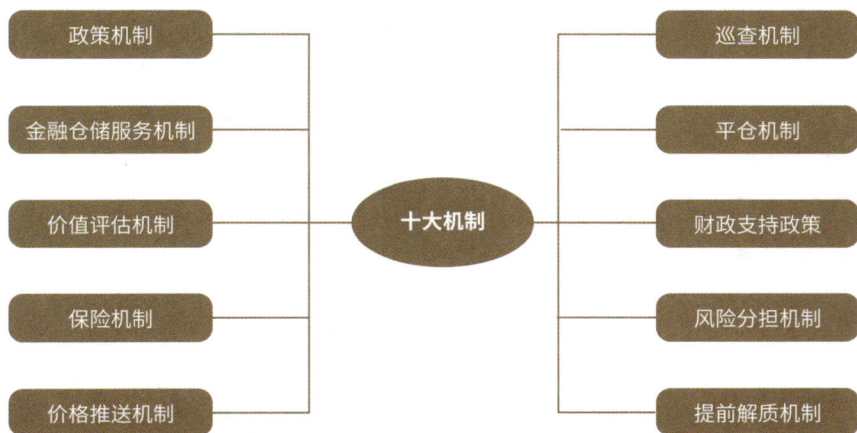

彭州市农产品仓单质押融资十大配套机制

考虑到农产品的市场价格波动很大，预估行情尤为重要。彭州市又组建了成都市首家农村产权评估公司，由专业技术人员和农产品经纪人共同参与组建"专家库""智囊团"，解决农产品估值难题。

为最大限度降低风险，彭州市一方面引进农村产权抵押融资风险基金、建立平仓机制等，解决银行"放心贷"问题；另一方面，通过制定贷款贴息和保费补贴政策，解决了农户"融资贵"的难题。

有了政策的全方位保障，我行的仓单质押融资终于具备了推广条件。截至 2023 年 8 月末，彭州支行已成功办理 50 笔农产品仓单质押融资业务，共发放贷款 5238 万元，且这些贷款均未出现不良。

尽管农产品仓单质押融资针对的仅仅是收购农产品的中间商环节，但它却能有效作用于农业全产业链，推动实现多方共赢：对收购商来说，解决了融资难、融资贵的问题，可以进一步扩大经营规模；对农户来说，避免农产品收购价格波动，可以间接实现增收；对政府来说，通过农产品错

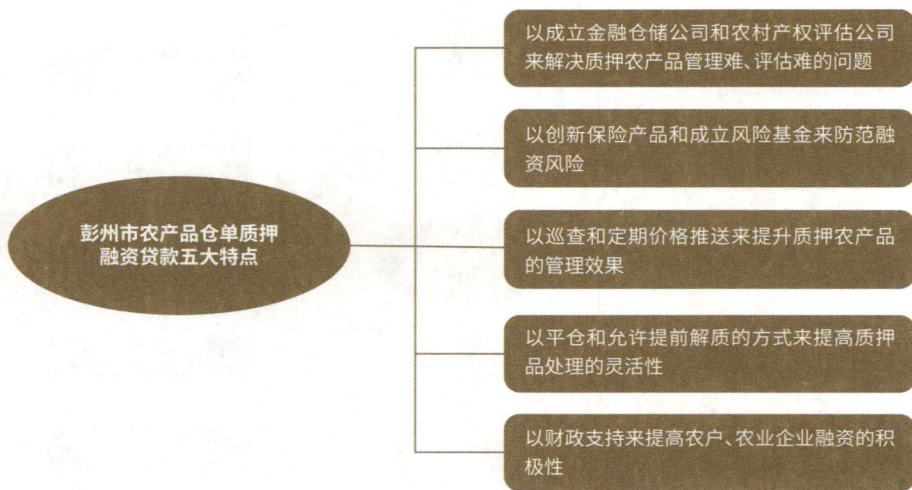

以成立金融仓储公司和农村产权评估公司
来解决质押农产品管理难、评估难的问题

以创新保险产品和成立风险基金来防范融
资风险

彭州市农产品仓单质押
融资贷款五大特点

以巡查和定期价格推送来提升质押农产品
的管理效果

以平仓和允许提前解质的方式来提高质押
品处理的灵活性

以财政支持来提高农户、农业企业融资的积
极性

彭州市农产品仓单质押融资贷款五大特点

峰销售，可以平抑菜价，稳定民生；而对于成都来说，也将是完善农村产权抵（质）押融资的一次重要突破。

2017 年 9 月，我行受邀参加北京"第五届仓储融资和担保品管理国际研讨会"，袁锦年行长作为四川省唯一一家金融机构代表，在会上进行了经验分享。

此后，我们一直根据市场需求变化，对产品进行迭代更新。如今，农产品仓单质押融资的范围，已经从原来的蔬菜果品类，逐步向中药材扩展。2018 年底，除了原来的风险基金外，彭州还针对仓单质押融资项目，专门成立了乡村振兴农业产业发展贷款风险基金，使该项目的授信额度从 100 万元扩大到 200 万元，贷款利率也进一步降低。

我们始终深信，有需求的地方就会有创新和突破，作为一名农商人，我们要做的就是尽自己所能，发挥出我们的专业优势，认真、扎实地服务好地方老百姓，以实际行动为实现"农村美、农民富"目标贡献更多的农商力量。

黄棋，2009年入职市联社，现为金花支行党委书记。回归国有后，成都农商银行为认真落实乡村振兴战略，在全省率先开启"党建＋乡村振兴金融助理"驻村行动。时任三农金融部副总经理的黄棋作为牵头人，参与该项目并选拔首批100名"乡村振兴金融助理"，探索金融助力乡村振兴的新路径。

黄棋：金融服务"向下扎根"

采访、文字稿整理、拍摄｜成都农商银行口述访谈组

乡村振兴金融助理

我从小在农村长大，对农村有着天然的深厚感情。2009年大学毕业后，我就进入市联社。在一线工作了几个月后，调到总行从事灾后重建贷款和新农村建设贷款的相关工作，这些经历让我对"三农"工作产生了很深的感情。

2021年6月，我再到三农金融部工作时，乡村振兴战略正在全面推进，国家和政府要求金融机构加大支农力度。而我行也已回归国有，风险容忍能力、产品创新能力和市场适应能力更强，承担的社会责任和担当更多。

结合多年的工作经验，我对当时的"三农"工作进行了分析。从客户维

度来看，我们以前服务的直接对象是农户，但随着时代的发展，现代农村中出现了不少规模化经营者，人员和资金都有较大的投入，贷款需求也比普通农户大得多。对于一些农村新型经营主体来讲，就涉及公司贷款、"互联网＋"等金融服务，过去简单的农户小额信用贷款已难以满足。

在产品维度上，我行涉农贷款投放虽然占比高达 60%，但其中大部分是涉农企业或农村地区基建类贷款。有的近郊客户经理宁愿花 10 多天的时间，到主城区做一笔上百万的房屋抵押贷款，也不愿意到村镇去发放小额农户贷款。因为相比之下农户贷款收益少，风险更大，工作量也更大。但我们在涉农区域设置这么多网点，就是为了让员工下沉服务农村群众，而不是反过来到城区做大额业务。

为了满足新时期发展需要，部门团队一致认为，解决既有问题，我们需要新建一支优秀的"三农"队伍。于是，部门员工经过深入讨论，形成了团队建设的文字报告，向行领导进行专题汇报。大家都觉得这个思路不错，这正是我行一直想做的事情。关于新团队的名字，我们再三斟酌，从产业和金融相结合的角度出发，将名字定为"乡村振兴金融助理"。

当时，我们希望能够联合成都市有关部门，一起来推动此事，否则可能面临村集体不够积极的问题。在行领导的协调下，我们即刻与市委组织部、社治委①有关负责同志报告了有关情况，提出乡村振兴战略下的金融工作与村务治理相结合的想法。市委组织部、社治委高度重视，认为该方案与现有驻村工作组工作思路高度一致。最终，由市委组织部牵头，于 2021 年 10 月 21 日发布《中共成都市委组织部等 4 部门关于印发〈关于向重点乡村选派乡村振兴金融助理的工作方案〉的通知》，成都农商银行、成都市农业农村局、成都市地方金融监督管理局三家单位共同推动乡村振兴金融助理工作。

---

① 市委社治委是指中共成都市委城乡社区发展治理委员会。

一懂、二爱、三过硬

在发文的同时，我们就形成了一系列管理制度，其中涉及乡村振兴金融助理的工作内容、选拔标准、考核办法等。

管理办法中明确提出，乡村振兴金融助理就是要做到"懂农业，爱农村、爱农民，政治过硬、本领过硬、作风过硬"。这就是我们常说的"一懂、二爱、三过硬"。如果不懂农业，对农村没有情感，就无法做好乡村振兴金融助理的工作。换句话说，如果连农村生产生活都搞不清楚，就无法精准捕捉老百姓的金融需求，更谈不上创新金融产品。

在工作内容设置上，一开始，我们从银行业务的角度出发，认为乡村振兴金融助理的工作应该以建档、授信、放贷为主。但市委组织部提出，这支队伍应有更高的站位，工作内容应该更加广泛。经过讨论，我们确定了乡村振兴金融助理的三个重点工作：一是党建共建；二是金融服务，包括信贷服务，以及更广泛的金融宣传下乡等非信贷服务；三是协助村集体搞生产发展，如帮助村集体经济找投资人、为特色农产品找销路、为村级经济活动争取政策等。

在人才选拔方面，我们计划在基层选出 100 名乡村振兴金融助理，派往脱贫村、乡村振兴示范村、集体经济薄弱村等不同类型的乡村。为了做到优中选优，选拔出真正有干劲的人，我们还要求每家分支机构必须上报五到七人，再从中选拔。

在人员考核方面，按照总行要求，乡村振兴金融助理驻村工作要遵循"四个半天"原则[①]。根据具体工作内容，我们设计了一套业务汇总表，其中包括贷款发放的户数、贷款发放金额，以及金融知识宣传的活动次数等，把工作进行量化考核。我们还要求在每周五下班前，每个人通过科技部开发的

---

① 　四个半天原则，是指乡村振兴金融助理每周要有四个半天去做驻村工作。

小程序将个人当周工作情况填入系统。为确保上报数据的真实性，总行专员会进行随机抽查并电话核对。

按照管理办法要求征集人选后，各分支机构上报了超过 100 人，我们筛选淘汰了一部分，确定了人员名单。首批选派的 100 名乡村振兴金融助理，平均年龄 34 岁，党员占比 45%，本科及以上学历占比 94%。

为了赶在春节前老百姓都在家的时候给他们送上金融服务，首批 100 名乡村振兴金融助理在 2021 年 11 月 24 日全部到岗。当年 12 月 14 日，成都市召开全市抓党建促乡村振兴重点任务推进会，各乡（镇、街道）党组织书记以视频方式参会，这也为下一步开展好工作奠定了基础。我行作为唯一参会的金融机构，发布"金融助推乡村振兴计划"重点项目清单①，制定了 20 条工作举措。其中专门提出，加强涉农金融人才队伍建设，每年向重点村（社区）派驻不少于 100 名乡村振兴金融助理。通过此类策略，夯实乡村振兴金融助理的"角色担当"。

到群众中去

100 名乡村振兴金融助理到岗后，就面临如何开展工作的问题。为了给予他们更明确的指导，除了考核的工作内容之外，我们还要求他们必须公示姓名、照片、电话等信息，连同成都农商银行给村里老百姓的公开信，张贴在村里的办公室和村口显眼的地方。同时，乡村振兴金融助理刚到乡村的时候，我们会邀请村支书和乡（镇、街道）党组织书记等开座谈会，请他们支持乡村振兴金融助理做好工作。这样做的目的就是为了让乡村振兴金融助理快速融入群众。

---

① 2021 年 12 月 14 日，在成都市抓党建促乡村振兴电视电话会议上，成都农商银行发布了"金融助推乡村振兴计划"重点项目清单，把提升金融服务能力作为支持乡村振兴的重要抓手，围绕聚焦信贷投放、科技赋能、产品开发、机制创新等四个方面，制定了 20 条工作举措，全力为乡村振兴提供优质的金融服务和有力的资金支持。

刚开始，部分村民不太理解，乡村振兴金融助理想要融入其中就比较困难。只有真正了解老百姓的需求，为他们做实事后，老百姓才会明白乡村振兴金融助理的努力和用心。

例如，崇州市的赵聪是小罗村的女婿。在担任乡村振兴金融助理后，他常在村民微信群里拉家常。新冠疫情期间，赵聪第一时间向崇州支行汇报申请防疫物资，并和支行的党员志愿者先锋队一起，投身到疫情防控工作中。为减轻村组工作人员的压力，他们主动替岗轮值，挨家挨户为村民发放物资，并为工作人员送去食物和生活用品。这件事情之后，村民很感谢赵聪，对乡村金融助理工作更理解了，对他的工作就更加支持。

还有一个人让我印象很深刻，那就是蒲江寿安街道马石村的乡村振兴金融助理尹莉。她按照"四个半天"原则，每天往返于县城与石马村，耐心地向每户村民宣传金融政策和金融产品，并按照"一户一策"的原则，为当地村民提供金融支持，解决金融难题。通过和村民交流，她收集了很多问题，这是我们平时在后端了解不到的真实情况。

通过乡村振兴金融助理扎根一线，我们真正掌握了老百姓的衣食住行习惯，所以才能推出老百姓真正需要的产品和服务，获得持续发展。

2022年，新都区新繁街道汪家村的乡村振兴金融助理万超反馈，当地要发展集体经济，希望以集体组织的名义贷款。于是，我行很快推出了"兴村贷"[①]产品，贷款最高额度达到500万元，信用贷款额度最高可达200万元。在乡村振兴金融助理与客户经理的配合下，结合当地的信贷需求和实际情况，我行为汪家村提供了为期3年的"兴村贷"授信，并在最短时间内以信用担保方式投放了50万元贷款。这就是全行首笔村集体经济组织贷款，盘活了汪

---

① 兴村贷是专门针对农村集体经济组织设计的产品，主要用于支持农村集体经济组织全资成立的村集体资产管理公司或是由农村集体经济组织控股、外部资本参与成立的公司从事农业生产经营、集中居住区建设、农村公共基础配套设施建设、村办企业生产经营等。

家村的集体经济资产，支持了村级集体经济组织健康发展，促进了当地村民增收。

新都区斑竹园街道三河村的乡村振兴金融助理余爽则报告说，村里希望打造一套村务治理的小程序。我们在了解情况后，向总行申请预算，进行小程序开发。通过这一创新产品，将村务治理与金融服务相结合，金融服务成功嵌入老百姓的日常生活中。

在建档授信方面，乡村振兴金融助理也发挥了重要作用。风控模型是金融行业风险防控的重要手段之一，模型收集的数据和资料越完善，对风险的把控也就越精准。乡村振兴金融助理的任务之一就是收集村民资料，建立信用档案，完善授信体系。他们把收集到的真实数据输入模型中，为模型提供充分的材料，从而实现批量授信乃至整村授信，扩大农村信用体系建设覆盖面。这样一来，我行可以为村民提供更丰富、更个性化的贷款产品，提升"三农"业务服务水平和业务价值。

我们在乡村实地调研时了解到，首批驻村的100名乡村振兴金融助理获得了老百姓和政府的好评。2022年，我行在招募第二批乡村振兴金融助理的时候，有200多人报名，最终确定了120人参加。

2022年9月，成都获批国家级"普惠金融服务乡村振兴改革试验区"。这对于我行而言，既是机遇，也是挑战。我相信乡村振兴金融助理队伍将继续发挥作用，展示出更强大的生命力，为乡村振兴添砖加瓦。

第五章

提质增效：
从"脚板"到"平板"

李黎明，2000 年入职苏坡信用社，现任科技信息部总经理兼数字金融部总经理。20 多年间，李黎明见证了我行业务在科技助推下不断发展的过程。与此同时，科技信息部一直致力于传达技术中的温情，确保客户服务既有线上的速度，又有线下的温度。

李黎明：科技让银行更有温度

采访、文字稿整理、拍摄｜成都农商银行口述访谈组

时刻为客户着想

2000 年大学毕业后，我进入苏坡信用社，成为一名柜员。作为与客户打交道最多的地方，柜面的工作经历，让我对"我们是谁""我们因何而存在"有了更深的理解。

记得那时候，经常有客户走进网点，将随身物品放到柜台后，打声招呼就出去办事，完了再回来取东西。更有甚者，过年的时候，杀完年猪会直接给柜员提几块猪肉送过来。

还记得有一次，我办业务的时候出错，多拿了钱给客户，心想这下惹了

大麻烦。没想到柜员大姐却安慰我说："这个人我认识，关系很好。钱，一定可以帮你要回来。"在我看来很棘手的问题，她只用几句话，就云淡风轻地化解了。

这种扑面而来的亲切感，把我美好的童年记忆全部唤醒。小时候，我住在大院里，大家关系很融洽，彼此间可以随意串门、蹭饭。信用社就好似一个温情的大院，让我们与客户间有着无声的信任和默契。也是从那时起，这份温情就根植在我的内心，并成为我日后从事科技工作时一直秉持的信念，那就是——从客户需求出发，时刻为客户着想。

2001 年，我调入城郊联社电脑科，当时城郊联社已经有了自己的联网系统，但也仅能在辖内 50 多个网点实现通存通兑。那时候经常会遇到客户来咨询："我们的存折能在哪里办业务？"我们就会告诉他，只能到城北的网点，城南和郊县都不行 [①]。

基于此，市联社计划在 2003 年搭建第一代综合业务系统，在这时候，我也调入市联社计算机中心，参与系统建设。通过上收全市所有信用社网点客户数据，我们第一次在全市范围内实现了通存通兑。2003 年底，系统上线时，我们就很骄傲地跟客户说，凡是挂着"成都市农村信用社"牌子的地方，都可以办业务。但由于条件有限，当时只能用存折办理业务。直到 2004 年，我们发行了首张借记卡，2008 年，发行了首张信用卡，卡折业务就都可以办理了。

随着互联网发展，我们在 2010 年推出了网上银行。最早的网上银行还不像现在这么方便，需要拿 U-key 插到电脑上才能使用。

紧接着，我们又在 2013 年推出了手机银行 App。当时市面上有很多流行的手机系统：苹果 iOS 系统、微软 Windows Mobile 系统、安卓系统和塞班系统等。如果想要适配所有系统，那后期维护成本会非常高，所以我们需要

---

① 市联社成立后，城郊联社只负责城北的网点，城南网点由新建的南郊联社负责，郊区则由各区县负责。

首先考虑开发哪些系统软件。

谁也不知道，这些系统未来会发展成什么样，所以我们要结合市场调研和业务部门需求来最终确定。这时候苹果公司先声夺人，所以我们认为苹果 iOS 系统是要支持的。虽然塞班系统市场占有率很高，排在第三，但我们还是决定暂时观望一下。微软 Windows Mobile 系统的市场占有率最少，不在我们的考虑范围之内。最后剩下的就是苹果 iOS 系统和安卓系统。现在回想起来，运气还挺好，做出的选择贴合了未来发展。

在开发的时候，我们在业内进行了调研，参考了比较好的做法，还做了一些客户问卷，来了解客户对手机银行 App 的需求。软件发布后，客户评价非常好，都觉得三级页面的设计方便简洁，很好上手。截至 2023 年 7 月，我们手机银行 App 共计有 300 多万名用户，每个月有 50 多万名活跃用户。

2013 年 12 月，随着微信普及，我们又推出了微信银行。客户在微信小程序上就能完成基础业务办理，如购买理财产品、查询账户余额等，省去了客户使用时下载应用软件的麻烦。

2022 年，为了将线上线下渠道更好地结合，我们还在小程序上推出了"云网点"，客户可以在线预约网点服务，网点也可以在线上销售推广特色产品，实现了"让数据多跑路，让客户少跑路"。

从业这么多年，我赶上科技飞速发展的时期，但在这个过程中，很多老年人并不适应科技变化，处于弱势地位。我行作为一个拥有大量农村老年客户的金融机构，一直在努力思考如何提供适老化服务，帮助他们更好地跨越"数字鸿沟"。

考虑到老年人眼睛不好，我们做了大字版的手机银行和网上银行，帮助他们更好地辨认。此外，因为很多老年客户都不会说普通话，再加上我们的客户分布在不同郊县，各地口音区别较大，所以我们在语音模型中加入了大邑、邛崃等地的方言训练，让智能客服能够听懂四川话，和老年客户顺畅沟通。他们登录手机银行 App，只需要对着手机说"我要给张三、李四转账多少钱"，系统就可以帮他们处理相关业务。

我们在适老化服务方面的努力，不仅收获了客户的好评，还获得了监管部门的认可。2021 年，成功获评网上银行服务企业标准"领跑者"。[①]

让工作更便捷

在行内，科技也给大家的工作方式带来了很大变化。2008 年，我们购买搭建了 OA 系统。那时候员工不太习惯用邮件，大家都把 OA 系统当成邮件使用，导致用户越来越多。我们一开始购买了 1000 个 license，只能供 1000 个用户同时使用。到 2012 年，1000 个用户数就明显不够用了，员工甚至要一早来到工位登录系统，抢占用户数。

为了解决 license 限制的问题，同时培养大家使用邮件的习惯，2015 年左右，我们自主研发了新的 OA 系统。新系统不受用户数量限制，大家也不用再每天抢着登录系统了。

同年，为了解决业务管理中的痛点，我们推出手机云办公系统。当时没有选择去外面购买成熟产品，主要是出于几方面的考虑：一是外面成熟的系统动辄上百万，自己研发成本更低；二是到外面购买系统，需要上传员工信息。为了安全起见，我们决定自己研发。刚开始我们没有把握，只是想先做一个试试，技术人员就开发了一套雏形。

经过调研，我们发现，业务审批流程更容易在手机上实现，所以我们最初只把业务审批环节放到手机云办公系统里。

手机云办公系统一经推出，就受到了大家的好评。比如分支机构的负责人经常要外出跑业务，偶尔才回办公室。当他们回去时，就会有很多同事拿

---

① 2021 年度金融领域企业标准"领跑者"活动由人行、原中国银行保险监督管理委员会、中国证券监督管理委员会共同组织。

着审批单，在会议室门口排队等签字。有了云办公系统以后，这些负责人可以随时随地在线审批，非常灵活。目前，每年通过云办公移动审批的信贷业务已达到 11.3 万次、信用卡业务 8.3 万次，将原先需要数天、数小时的审批时间缩短到分钟级甚至秒级，流程审批效率平均提高了 40%。

让我印象深刻的是，2016 年 12 月 31 日，在大家忙着年终结算的时候，我们在云办公上推出年终盘点活动，通过统计每位员工一年来与工作相关的数据，为其生成独特的"自画像"，如工作达人、勤劳达人、环保达人等。活动一推出，大家都觉得很温暖，感觉这一年的付出都被看见了，纷纷在朋友圈晒出自己的"达人标签"。

大家如此积极地参与活动，说明这些功能受到极大的认可，我觉得很有成就感。我也感受到了压力，使用的人越多，关注度越高，我们保证业务连续性的担子也就越重。一旦系统宕机，就会影响大家的正常工作。

如今，随着使用场景越来越多，云办公的功能也越来越丰富。现在，云办公已经接入 30 多个系统，包括采购、审批、财务报销、信贷管理等，支持对全行 520 多类业务流程进行移动审批，全行日使用量达 3 万人次。再加上电脑端的 OA 系统支撑，我们基本上实现了无纸化绿色办公，每年节约 2880 万余张 A4 纸，可减少 9600 余棵树木砍伐。

近年来，金融科技的飞速发展给银行业办公模式的升级提供了更多可能性。我们在 2021 年底开始打造"数字员工"产品，利用机器人流程自动化、光学字符识别等人工智能手段，希望更高效、零差错地辅助员工，甚至取代员工重复、繁杂的手工操作，助力我行降本增效。

比如，我们了解到运营管理部在行外汇划集中处理过程中根据票据碎片影像进行要素录入，每日影像量达 5000 余张，高峰期更是要翻倍，且同一碎片影像需经过两录一校验。这项工作完全依赖人工，占用大量人力资源。在"数字员工"介入以后，平均处理速度提升一倍，同时已经能够代替该业务

40% 的人工工作。

"数字员工"经过一年多的推广，已经逐步成为全行员工能够想得到的帮手，这让我们感到非常欣慰。比如，青羊支行主动联系项目组解决了集团客户海量子公司信息录入问题并向全行推广，目前已经应用于川发展、新希望、成都建工等集团逾 3000 多家成员企业及股东的信息录入，及时解决了大型集团客户统一授信申报时限要求，保障放款流程及时顺利完成。

如今，"数字员工"已经在运营、财务、风险、资管等业务领域实现了 30 多个自动化场景，如财政集中支付信息补录、政府采购网保证金账单自动核对、发票自动验真、会议及重要待办事项提醒督办等，节约或者"创造"了人力资源约 15 人 / 年。

始终为人服务

2022 年，我行提出数字化转型战略，要让科技支撑业务转型，促进业务更大的发展。在这种理念的指引下，我行的数字化转型战略也取得了长足的进步。

比如，随着许多业务实现线上化办理，我们的服务水平也大大提升。以开卡为例，以前需要客户到柜台办理，现在则可以提供上门服务，实现批量移动开卡。例如，建筑工地的工人，因为工作忙，没时间来网点，我们的员工就到工地上去，利用他们休息时间，很快就可以完成开卡流程。

为提升服务水平，我们还不断对 CRM 系统进行优化升级。以前，CRM 系统只能进行简单数据分析，现在则可以通过多维度分析，提供更全面更精准的客户画像，进而筛选出潜力客户进行重点营销，并提供更适合的服务。

在提升网点效能方面，科技也带来了新变化。以前，我们无法测算出每个网点的成本。但现在做网点效能分析，就可以算出来，知道哪些网点是真正盈利的，哪些是亏损的。而且我们还可以测算某个网点半径一公里、两公里以内高净值客户的占比等数据，相当于给网点画像。有了这些信息，业务部门就可以对网点提出"一点一策"的建议和支持，让网点了解到自己的亏损点在哪里，面对什么样的客群，应该从哪些方面发力。

这些年来，虽然科技对业务的改变称得上是天翻地覆，但我依然认为，科技并不是万能的。我们经常去基层调研，发现还是有网点的智能设备没人用，客户更愿意到柜台排队。但认真观察就会发现，他们其中有些人不一定是冲着办业务来的，可能就是想跟我们的同事打个招呼，或者借厅堂这个场地见一下街坊邻居，排队的时候正好可以摆龙门阵，所以即使等几个小时他们也愿意。有时候对于高科技的东西，他们并不是不能学会，而是不想学。他们更渴望的是人与人之间真实的联结，觉得面对面的交流更有意思。

我想这也是为什么成都农商银行客户基础这么牢固，因为我们的员工经年累月地默默付出，做了很多科技替代不了的事——面对面的情感交流。因此，我们的数字化转型必须以人为中心，让大家感受到数字化转型的温度，能通过数字化转型联结我们与客户的情感纽带，这样的思想贯穿于我们数字化转型工作的整个过程中。

比如，我们在数字化转型规划中明确指出：要以客户视角和客户旅程为中心，对业务流程节点进行梳理，动态识别客户旅程中的痛点问题，将体验至上的理念和卓越体验的关键要素纳入优化方案之中。例如，为突破服务距离，我们推出了远程视频银行，为客户提供视频业务办理、视频一对一协助、视频客服咨询等服务，并结合网点智能机具、手机银行、微信小程序等接入方式，支持客户通过多种渠道完成指定业务办理；为提升对公开户体验，我们先是利用机器人流程自动化技术实现了开户智能审核和账户智能启用，并进一步推进建设"线上预约预处理＋线下办理"的渠道协同模式，真正实现从用户视角整合优化跨渠道、跨系统的业务流程。

我们在规划中也指出，要面向普惠客户，打造专属综合服务体系，向中小微企业及其员工提供嵌入式金融及非金融综合服务，解决其日常经营中的轻量级需求，降低经营成本，提高经营管理效率。比如，我行推出的"薪管家"，就可以为企业客户提供 OA 办公、人事、薪酬、个税、费控、代发等一站式服务。以薪酬模块为例，薪资计算支持关键数据自动联动，1 分钟算完 1 万人工资；电子工资条支持智能识别工资条内容，员工随时掌上确认；个税管理支持人、税、薪数据联动，一站完成个税全流程。通过这一系列功能模块，"薪管家"能够帮助企业客户打通人力资源管理场景，重塑管理与业务流程，帮助企业迈进数字化管理新时代。

科技始终是为人服务的。我坚信，无论科技发展到什么程度，我们都会用心服务，坚持做有温度的银行。

司徒浩，1993年入职城郊联社，现为科技信息部副总经理。1998年，司徒浩参与建设城郊联社联网系统。系统建成后，集中了整个城郊联社的数据，连通了所辖各营业网点，实现了通存通兑，大幅提升城郊联社市场竞争力，并为市联社第一代综合业务系统建设提供经验及专业技术人才储备。

司徒浩：领先西南地区的联网系统

采访、文字稿整理、拍摄｜成都农商银行口述访谈组

为联网打下基础

1993年，我进入城郊信用社时，还是纯手工时代。我们每天要登记发生额，还要汇总余额，下班时进行日终轧账清算，核算余额是否正确。因为做手工账主要靠打算盘，所以我还补学了算盘。当时业务品种简单，只有存贷款业务，手工操作也能接受。

当时，计算机在全国普及，各大国有银行开始积极推进会计电算化策略。信用社作为农行的代管机构，从1994年起按照农行的部署，在全市信用社推广单机版 [1] 对公和储蓄系统。

---

[1] 单机版系统是指每个网点都有一套独立的系统数据，有助于解决人工计算的准确性问题，但因为没有联网，还不能实现通存通兑，用户只能在固定网点办理业务。

当时，我主要负责单机版的储蓄系统上线工作：首先在网点安装部署该系统，其次将手工数据迁移到储蓄系统里面。整个过程中最辛苦的是数据迁移的工作。因为当时是手工账，且数量很大，在迁移完后，要把数据清单全部打印出来，与手工账一一核对。如果对不上，就要检查问题出在哪个环节，这个核对工作很烦琐。

系统的上线得到了信用社员工的积极支持。对于他们来讲，从手工作业迈向信息化，既能减少手工记账的误差，也能避免每天手工轧账的繁重劳动，减轻工作负担。为了更好地让员工掌握系统，上线前我们会召开培训会，教大家如何使用系统处理业务，以及如何解决系统问题。

城郊联社网点数量多，有 50 余个，我们用了一年的时间，才完成了全网点覆盖，过程还是比较辛苦的。单机版系统上线实现了城郊联社业务处理电算化，并为后来的联网系统建设打下了数据基础。

率先实现通存通兑

1998 年，城郊联社决定进行联网系统建设，目的是提升联社的市场竞争力。城郊联社位于成都市主城区，覆盖城东、城西和城北区域，规模较大。这里经济发展更快，业务需求更旺盛，市场竞争也更激烈。当时，区域内已有同业实现通存通兑，客户能跨网点办理业务了，但我们还在使用单机版系统，因此业务发展遇到了瓶颈。而且，因为单机版系统是农行开发的，信用社没有系统开发自主权，如果某个业务在系统里没有，就只能手工操作，非常受限制。如果系统出问题，我们只能做简单的维护，遇到棘手的问题还是要找农行技术人员帮忙解决。

建设联网系统需要较大的资金投入以及专业人才资源，当时城郊联社的人员储备其实是不足的，需要高管层的魄力和胆识。时任城郊联社理事长冯华清是一个很有前瞻意识和魄力的人。他曾经引入了全市信用社第一台 ATM

机，在当时引发了不小的轰动。要知道，这样一台 ATM 机在那时需要 20 多万元，是一笔非常昂贵的费用。不像现在，它的成本已经降到几万元了。事前，冯理事长召集各个信用社负责人开会，向大家宣讲联网系统建设的必要性。最终，大家达成共识，正式启动了联网系统建设。

对于科技人员来讲，能成为"第一个吃螃蟹"的人，是很激动人心的一件事。虽然我们人员少，认知有限，但内心对新技术、新系统充满了渴望与热情，都在主动学习相关知识。

刚开始，我被安排做主机建设，后来被调去做网络建设，一边摸索一边前进。第一步是进行线下调研，在摸清每家网点的位置、网络资源后，完成网络架构设计。接下来就是选择合适的路由协议①、部署网络硬件，如路由器、交换机、防火墙、中心服务器、存储等。

在搭建网络时，我们针对具体情况采取了一些创新办法。例如，每个网点应该配备两条线路，即一条专线和一条备份拨号线路。但有些网点不具备配备专线的条件，我们就想办法做成"一主一备"两条拨号线路，确保网络畅通。当时合作的供应商还觉得我们的做法很有创意，值得学习借鉴。在网络搭建起来后，我们还要和厂商进行反复调试，观察对端是否通畅，设计策略是否生效，确保配置正确，网络完全通畅。

相比网络建设，更复杂的是系统建设。当时，相关同事及供应商被召集在龙泉驿进行封闭开发。大家每天吃住都在一起，确保建设需求得到充分沟通。我当时因为要进行网络设计实施，就留在城郊联社，每周去一次龙泉驿，和业务需求分析人员、软件设计人员一起参加项目组周例会，报告进度、讨论存在的问题等。整个建设过程虽然很辛苦，但大家都很快乐。看着系统在自己手上一步步成型，每天都充满期待。

---

① 路由协议，指在路由指导 IP 数据包发送过程中事先约定好的规定和标准。

经历了一年多的设计、开发、配置、实施，1999 年，联网系统正式建成投产，成为全市信用社第一个数据集中的联网系统。我们还做了很多宣传册，打出"通存通兑，联网无止境"的标语，发到各个网点，告诉大家可以做通存通兑业务了。

系统建设历程，印证了"不知者无畏"这句老话，在当时人员少且技能不足的情况下，我们凭着一腔热血，完成了一项艰难的任务，每个人也从中获得了巨大成长。

经历"黑色星期"

令人沮丧的是，系统上线后的反响并不如想象中那么热烈。有人说："这个系统还没有以前的单机版系统好用。"其实，许多问题都是因为大家操作不熟练导致的。新系统对员工的操作要求更高，要通过练习才能掌握，而大家习惯了单机版系统，主观上就不想学习新系统。于是，我们给大家做解释和引导，告诉他们"每个新系统都要经历不断迭代的过程"，并鼓励他们去适应。等员工们真正熟悉过后，他们的效率会大大提高。

此外，系统本身也经历了一次严重故障，被我们称为"黑色星期"。记得那年夏天，我们在某天凌晨刚完成数据库系统升级，大家很高兴，还去喝啤酒庆祝。没想到第二天一上班，刚开机系统就崩溃了，虽然偶尔会恢复，但依然没法办业务。所有人当场蒙掉。

为了确保业务正常开展，当天下午，大家紧急讨论出一个临时方案，把生产数据导入开发测试的服务器，先把业务恢复，同步分析解决问题。一开始，我们以为熬个通宵就能解决，没想到一直到第二天晚上，还没查出问题。于是当时的负责人林毅下命令说："大家这周都不要回家了，累了就到机房旁边的小房间去休息。"一天晚上，一位女同事焦虑疲惫得接近崩溃，一屁股坐在地板上说："走！我们去找个酒店先睡一觉！"

随着时间推进，大家压力越来越大，因为一旦测试服务器崩溃，业务就完全无法开展。我后来听说，冯理事长曾经焦急万分地找到林毅，质问他："这么大的事故，为什么迟迟解决不了？实在不行，你能不能给我退回（单机版系统）去？"但开弓没有回头箭，我们只能继续努力解决问题。

为此我们请来了美国 IBM 原厂实验室的专家，经过反复排查，最终发现是操作系统和数据库版本不匹配的问题。从故障出现到问题解决，前后整整花了一周时间。这件事让我深刻感受到了 IT 系统的重要性。

这次事故锻炼了我们分析和处理故障的能力。后来有一次，因为打雷出现了网络问题，导致很多业务办不了。我们在排障初期找不到原因，也没有发现配置方面的问题。厂商的人也没见过这种情况，还对我们说："这属于亚洲第一例。"经历过"黑色星期"的操练，我们再面临这样的突发事件时，就不会那么慌乱，也有了"没有任何退路，一定要把问题解决"的决心。经过反复查验，我们发现是房内的电磁感应设备受到雷电的影响，使一个配置信息丢失了，后来把配置补上就好了。

2000 年，城郊联社组织了一场评审会，邀请业内专家对我们的系统进行评审。最终，现场专家从系统架构、系统性能以及系统功能实现等方面给了我们"领先中国西南片区信用社"的评价。由于联网系统的建设始于 1998 年，我们有意识地通过技术手段避免了"千年虫"问题，使系统在世纪之交时免受风险。在其他联社还在为解决"千年虫"问题焦头烂额时，城郊联社就没有这一顾虑。

从被质疑到被认同，联网系统经受住了考验，并对业务发展起到了巨大的推动作用。回头来看，当时做这个项目，上上下下都承受了巨大压力。但在项目的开发中，城郊联社培育出了诸多技术领域的种子人才。2003 年，市联社建设第一代综合业务系统的时候，城郊联社电脑科的成员都被抽调加入项目组，并成为其中的建设骨干。

回想联网系统建设时，我们很幸运地身处互联网浪潮之中，享受了时代机遇带给个人和企业的红利。在那个充满无限可能的时代，我们怀揣梦想，燃烧激情，做到了无悔青春，也为信用社发展贡献了力量。

山英，1993 年入职城郊联社，现为运营管理部运营规划室经理。2003 年，山英作为唯一的业务代表，参加第一代综合业务网络系统（以下简称"第一代核心系统"）的封闭式开发工作，也是系统上线和培训工作的主力人员之一。第一代核心系统上线后，推动了业务发展和管理进步，让农信社发展迈上新台阶。

山英：第一代核心系统开发

采访、文字稿整理、拍摄｜成都农商银行口述访谈组

业务代表助力

1993 年，我高中毕业后进入城郊联社当会计。入社时只有 18 岁，看起来满脸稚嫩，一想到单位全是大人，就担心领导不放心把工作交给自己，入社当天就把留了 10 多年的辫子剪掉了。

刚刚去的时候，我对工作完全不了解，就在营业部柜台跟着主办会计学习。那个时候，柜面的业务偏重于服务、业务处理和会计记账，客户到网点主要是办理资金汇划、存取款这类的业务。

当时，城郊联社开始使用单机版系统，交易时不用检查借贷是否平衡，

但日终轧账时要进行检查。如果借贷不平，柜面人员就要查找原因，进行纠错处理。即使到了下班时间，也都不能走，全体都要留下来找账。找账是一件很锻炼人的事，如果找账都会了，整个业务基本上就全会了。

随着时代发展，我们的需求有了变化。市联社成立后，要对所有信用社进行规范管理，所以希望通过一套统一的新系统，实现全信用社的互联互通，于是便有了建设第一代核心系统的需求。

2002年，第一代核心系统的筹建工作从场地、线路、人员等方面正式展开。前期，我曾跟着城郊联社的会计科科长参加过一些需求讨论会，但都是在旁边听会学习。2003年3月左右，城郊联社的主办会计，也就是我的师傅，推荐我作为唯一的业务代表，到双流的应龙湾酒店参加封闭式系统开发工作。当时科技人员已经入场做了一段时间开发，但因为对业务不了解，遇到问题没有人可以问，所以开发进程不太顺利，需要业务代表的助力。

选中我的原因，我认为有几点：一是我在柜面工作有10年时间，做过柜面所有工作，对出纳、会计、储蓄等岗位都很熟悉，业务能力比较强；二是我很熟悉城郊联社联网系统的操作，了解联网系统的特点和功能；三是我对待工作热情认真，有"钻"劲，领导觉得我能克服挑战做好这件事。当时我刚结婚不久，还没有小孩，所以更能适应封闭式开发的工作模式。接到通知后，我第二天就到了应龙湾酒店，加入封闭式研发的队伍。

协同作战

去了之后，我心里是蒙的，不知道具体应该做什么。但我想肯定与我的业务范畴是相关的，既然如此，那我就把自己所知道的柜面业务都放到系统里面去测，构想不同业务发生的场景，看系统能不能经受住考验。我每天会提前想一想第二天要测试哪些业务，在脑袋里跑一遍，临时也会加一些场景来做测试。

我发现，虽然此前已有成形的项目需求，但真正落地开发的时候会出现很多问题，许多业务功能都测不通。而且我除了要把业务功能测通，还要专门制造一些问题，让系统能识别出来。比如，客户账上有 1 万元钱，但他在取款单上填的是取 1.2 万元，那我就要去测，在余额只有 1 万元的情况下，是否能取出 1.2 万元，如果能取出，那就说明系统有问题。

如果发现问题，我就去和开发团队沟通，请他们进行修正。科技人员有不懂的问题来问我，知道的我就告诉他们，如果我不知道，就去联络市联社的财务科科长或者其他专业的人来解决。这样一来，我就能帮助大家提高开发效率，使系统设计更符合业务需求。

封闭开发的好处就体现在这里，我找科技人员提出问题，他们可以马上解决，协同作战效率很高。我每天就对着交易系统测试，发现了问题，就报告给开发人员去改，由于修改需要一段时间，我就去做别的测试。有时会遇到今天测试没问题，第二天又出问题的情况，就只能反复测试。

记得在测试时，我发现由于系统变更，如果继续沿用原先的存折设计，打印时就会出现错位，比如金额打到了日期的地方。因此，原来的存折需要重新设计。科技部的同事就开车带我去买坐标纸等工具，我手工画了好几个版本，再交给科技人员在系统上做测试调整，直到最后完全准确无误。我们每天都在打配合，这只是其中一件小事。

除了测试之外，我也会结合工作经验主动提出新的需求。例如，以前在申请报销时，大家很容易忘记填写资金的用途、来源等信息，我作为主办会计的副手，就要花很多时间去补充信息并填写完整。所以，我就主动跟科技部门人员说："你们做费用类和暂收暂付款类的业务功能的时候，要让业务人员把摘要等相关信息录入到系统。"比如，差旅费报销要登记会计科目、报销金额、报销时间、报销人名字等内容，由于系统里头没有这些选项，当时在做记账的时候就要把些内容录进去。所以我提出，要让计算机去替代这些手工劳动，在规范报销制度的同时，减轻人工作业的负担。

随着我们的配合度提升，系统的问题也越来越少。2003 年 7 月，第一代核心系统的开发工作完成了。

"一年胜十年"

在系统开发完成后，我继续参与了上线工作。上线前，我们在青羊计算机中心，组织各联社柜面骨干员工，包括主办会计和财务会计科人员进行培训，让他们从理论和实操上，掌握这套新系统的原理和用法。当时我们的科技人员专门做了一套操作手册。很简单、直观，指导性很强，我一直很喜欢。

第一次培训时，我要为各区县联社的财务会计科科长讲解财务系统。在那之前，我从没讲过课，也没做过财务的工作，只能"现炒现卖"，面对坐在讲台下的财务科长们，心里不免发怵。为了打好"第一仗"，我专门穿了一身正装，给自己增加气势和自信。还好我在现场发挥得不错，他们的问题我都能回答。

有第一次培训壮胆，我心里就不慌了。而且接下来给柜面人员培训的都是我熟悉擅长的内容，我很有信心。按计划，每个联社的人员要参加一周的培训，我作为培训组长，只负责其中两天的课程，讲解整个系统的总体情况，包括手工记账、单机版与核心系统的差异，一日业务流程，重点需要注意的事项，以及结算、存款业务，剩下的内容由其他同事负责。在现场，我们还会演示系统各项操作和交易，再请学员上机自行操作，并回答他们的疑问，直到确保他们完全掌握系统操作流程。我对系统非常熟悉，人家一问，我就能说出答案。好多员工以为我是科技人员，还夸我"很懂业务"。

学员学习完之后，还要回网点去做转培训的工作，让未参加培训的柜面人员也能上手操作。所以操作上是，比如我们这周的安排是给 A 联社做培训，但实际上是给在之前就培训完的 B 联社上线，因为 A 联社还要花时间给未参加培训的柜面人员做转培训的工作。等 A 联社上线的时候，柜面人员都学会用系统了。

全市第一个上线的是郫县联社的营业部，当天出现了老系统和新系统账务不符的情况，所以大家一连三天都在追账、平账。起初，我们业务人员没有和科技人员一起到现场，后来出问题之后，大家发现系统上线也需要业务人员参加。

那时，由于很多区县联社仍然沿用手工做账，从没使用过系统，所以对系统操作不熟练，出错率就很高。我印象很深刻的是，有的员工从没接触过计算机，还以为 F4 键是按"F"键加上"4"键，让人啼笑皆非。这也说明我们基层员工非常需要业务操作的指导。于是，之后每次上线，我们业务人员都会在现场，守在网点工作人员旁边，观察并指导他们操作系统，在他们遇到问题时及时给予帮助。

市联社要求在 11 月底，完成所有联社的系统上线，留给我们的时间只有三个月。在那三个月里，我们工作日开展培训，周末去联社上线系统，基本没有休息时间。一开始，我们每周上线一个联社系统，我都到现场。最后有 6 个联社系统上线，我就只去了其中 3 个。终于，三个月后，成都市 16 个联社全部完成系统上线。

从业务来看，第一代核心系统对业务的支持力度更大，不仅能大大方便客户进行业务办理，还拓宽了客户的生产活动范围。

从管理角度来看，它让各联社的操作统一，更便于全市管理。同时，大大提升柜员的工作效率，减轻了工作负担。例如，系统上线后，账务在交易处理时自动核对借贷是否相等，解决了查找账务的问题，解放了劳动力。更大的转变在于，第一代核心系统大大降低了对柜员会计业务能力的要求，让柜员可以集中更多力量去和客户打交道，顺应了从单一服务向综合型服务转变的趋势。

在第一代核心系统的建设过程中，我自己也得到了很多成长。首先，我接触了更多新鲜知识，比如，在工作中需要互传很多资料，我就学会了用QQ软件。这也让我对工作更有热情了。其次，我不仅知道了业务该怎么做、为什么要这样做，还开始思考未来的发展方向。可以说，我在这一年的成长和进步，比原来在柜面十年收获的还要多。

第一代核心系统上线后，我没有回到柜面工作，而是借调到银行卡中心，之后进入运营管理部门，2019年又作为总体组副组长参与了新核心系统建设。在技术的推动下，我们银行取得了很多重要突破。一直以来，我的工作都要求我既要懂业务，也要懂科技。为此，我不断提升自己的综合能力，积极发挥螺丝钉精神，为成都农商银行发展贡献更多力量。

张国建，2012 年入职科技信息部，现为软件研发中心软件研发二室经理。2016—2019 年，张国建作为新核心项目群总体组副组长、新核心系统项目经理，深度参与新核心项目集群建设。新核心系统建成后，实现了"以客户为中心"，通过重塑产品参数体系、服务与流程、统一整合柜面渠道，提升业务效率和客户体验，为业务发展提供强劲动能。

张国建：千万级向亿级飞跃

采访、文字稿整理、拍摄｜成都农商银行口述访谈组

必须迭代

2012 年入行之前，我曾在一家第三方公司负责过银行系统开发工作。这也让我在入职后，可以从外部视角去审视我行科技发展在同业中的情况。在我看来，我行面临的比较急迫的问题是业务系统不健全、缺乏专业性，没有对业务发展形成有效支撑。当时，许多同业已建立了 CRM 体系，实现了客户精细化管理。相比之下，我们还处于比较原始、粗放的状态，营销意识欠缺，甚至连专业的宣传文案都很少。

直到 2015 年，我们才连续补全 IT 支撑能力，各大业务板块有了基础的、

专业的 IT 系统。但这时候，原有的第一代综合业务系统（后统称为"老核心系统"）的支撑能力就显得不足了。很直观的一个感受是，由于它缺乏灵活性，既无法支撑新产品的开发需求，也很难界定业务归属，导致客户体验受影响。比如，客户在青白江支行提交了一笔贷款申请，想要在青羊支行放款，那这到底算是青羊支行的业务，还是青白江支行的业务呢？系统无法区分。但这对于支行来说，又是很重要的一个问题，因为涉及考核指标及业务规模的计算。现在看来，这其实是一个很简单的功能，但在当时的技术环境下，就是实现不了。再如，之前的系统在还款方面有很强的局限性，如果客户提前还款，到了还款日，还得再扣一次，不仅造成不便，还可能使客户对我们的印象大打折扣。

　　归根结底，造成这一系列问题的根本原因，是老核心系统虽然从界面操作模式来讲，是将传统的会计记账模式变成交易驱动记账的方式，但本质思想还是围绕"记账"这一会计思维建设的产物。在以前，所有业务都围绕着"把账记对"来进行的模式没问题，因为银行最早的核心业务和管理基本就是以完成记账且无账务差错为主要目标。但随着时代演进，"记账"已不再是业务核心，老核心系统就没办法支撑所有新的开发需求落地。同时，由于系统承载了中间业务、支付清算等很多本不该它承担的东西，变得什么都管，最后就显得很臃肿，功能改造风险极高，换代升级迫在眉睫。

　　2015 年，我们先将许多业务从老核心系统中剥离出来，改建为单独系统，例如支付清算、公积金缴费、直销银行等。通过这种方式，我们把属于业务的操作放到业务系统里去，在确保业务系统专业化的同时，也使老核心系统做好交易结算等基础工作。这也为后面推进新一代核心业务系统（以下简称"新核心系统"）建设做了铺垫。

　　但随着单独系统越建越多，新的问题又开始涌现，而老核心系统的根本问题也始终没有得到解决。这就像一辆开了很多年的车，已经快跑不动了，到了不得不换的时候。

超级工程

2016 年，科技信息部提交了《关于启动新核心系统建设项目群工作的请示》，并通过了经营管理层审批。之后，在经历了一年多的技术论证和建设规划后，新核心系统项目群建设于 2017 年 8 月 29 日正式启动，我被任命为项目群总体组副组长兼新核心系统项目经理。

> 《关于启动新核心系统建设项目群工作的请示》谈到核心业务系统亟待提升的五个方面：在客户服务方面，客户统一数据标准低、视图能力弱，无法满足以客户为中心的服务模式；在产品服务方面，产品创新能力不强，新产品面市速度慢；在经营决策方面，数据精细化程度不够，难以支持精细化经营管理；在业务运营方面，交易与核算强耦合，清算体系及账户特殊控制的灵活性较差，适配新会计准则能力较弱；在技术支持方面，系统扩展性和灵活性不足，不支持 7×24 小时服务，用户体验较差。

根据规划，新核心项目群建设共包含四大主干系统：新一代核心业务系统，负责存、贷、汇等各类账户与交易基础服务，满足各类业务场景或产品创新所需的底层支撑；ECIF 系统，即企业级客户信息整合平台，作为全行权威统一的客户信息管理平台，负责整合全行各业务系统的相关客户信息数据，提供统一客户信息管理等，保证全行跨系统、跨渠道的客户信息的一致性；ESB 系统，即企业级服务总线平台，作为全行跨应用系统互通的中枢平台，负责全面承载全行所有系统的互联互通；综合柜面系统，作为柜面渠道的统一工作平台，负责整合全行所有柜面的交易、服务，提供图形化工作平台，构建以客户为中心的交易处理模式和作业流程。

可以说，这是一个举全行之力建设的超级工程。整个项目群建设，加上行内人员和供应商工作人员，共有 600 多人，把整个白果林办公室都坐满了。具体到新核心系统，一共有 40 多位人员参与建设。

刚接到任命时，我的内心是忐忑的。虽然之前我有过银行系统的开发经验，但并没有直接参与过核心系统建设，所以对于自己能否胜任这么重要的任务，我有担心。但领导告诉我，我的工作重点是了解系统逻辑、把控整体方向，而不是关注具体细节如何实现。这是我非常认同的，也是后期我跟项目团队沟通时反复强调的一点，即"新核心系统不是普通的业务系统，我们不是在做交易，而是要构建能力，这是最关键的东西"。也就是说，我们不要去过多关注功能点，而是更多思考某个需求有没有映射成新核心系统内的某个能力参数体系。只有具备了能力，才能实现更多功能。

比如，在老核心系统的"记账"思维下，客户刷身份证办理业务，会刷出来 5 个账户。而在新核心系统中，通过身份识别，显示的不是某个单独账户，而是完整的客户画像。而根据客户画像，工作人员就能提供更有针对性的服务。这就是以客户为中心的能力项的功能化表现。

在 2016 年 9 月 27 日举行的新一代核心业务系统建设规划咨询项目启动会上，全行首次明确新核心项目集群建设的具体目标——实现全行客户统一管理，支持交叉销售；构建全行产品目录，快速支持产品创新；支持多法人、事业部制的组织架构；优化业务流程，提升客户和用户体验；提供丰富的基础数据，满足经营管理和监管报送要求；明晰和调整关键系统架构关系，更好支持业务协同。

新核心系统建设大事记

2015 年 2 月

老核心系统启动支付、中间业务等业务剥离工作，为新核心建设清理技术障碍

▶

2016 年 3 月

新核心实施规划咨询项目签报立项

▶

2016 年 6—11 月

新核心架构、需求、实施方案等咨询与规划

2017 年 8 月 29 日

召开全行新一代核心业务系统项目群启动会，项目开发阶段正式启动

▶

2018 年 6 月

第一批业务功能集进入项目群用户测试，共计六轮用户测试

▶

2018 年 10 月—2019 年 3 月

正式启动新系统上线前全行演练，为期 5 个月共 5 轮

2019 年 4 月 4 日

新核心项目群生产投产开始

▶

2019 年 4 月 5 日

新老系统数据迁移完成，新系统切换成功

▶

2019 年 4 月 8 日

新核心项目群正式对客营业

590 个日夜

新核心项目集群建设历时 590 天，共分为三大阶段。

从 2017 年 8 月起，先进入建设实施阶段。虽然前期确定了架构设计原则，但在具体执行的过程中，还是存在很多争论。最常见的争论就是，到底哪些需求应该在新核心系统里实现，哪些需求应该放在新核心系统之外？

每一次决定，不仅会影响项目组当下的协作，而且会影响新核心系统未来的运行，一定要力求精准。而在这之前，我从来没有这样的体验，需要面临如此多的选择题，因此压力很大。

新核心系统项目组在进行开发讨论

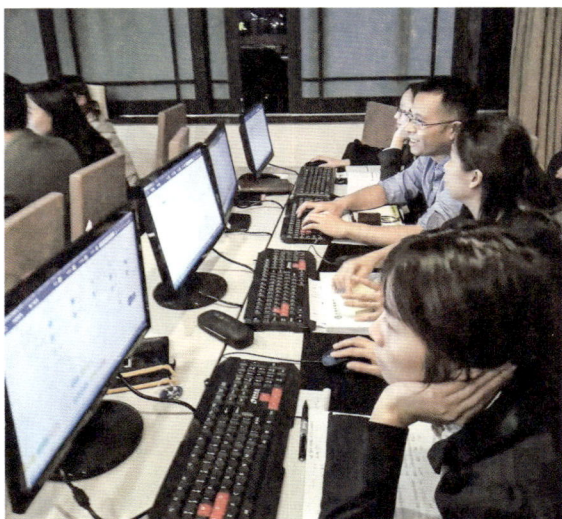

项目人员在深夜坚守岗位进行测试

每天，我们总体组办公室"车水马龙"，不断的涌入来自不同系统、不同小组的人，大家都等着要解决方案。我们一般会带着大家进行头脑风暴，通过逻辑论证，最终找到一个大家认同的结论。有时候，进门的时还是哭着脸，出门的时候又已经眉开眼笑了，就像在表演变脸。

2018年4月，建设结束，就进入投产准备阶段。紧接着，在6月，第一批业务功能集进入项目群用户测试。那时候，大家白天演练业务，晚上演练系统。每天都要把新核心系统和老核心系统的结果做对比。演练测试是一个无比煎熬的过程。大家的心态很矛盾，既怕出问题，又怕"不出问题"。如果出了严重的账务问题，就意味着前期的建设质量还不可靠，甚至可能意味着某些关键功能需要推翻重来，但无论如何，这些问题还能在投产前得以解决。如果没出问题，又担心演练覆盖不足，万一正式上线后出了大问题，如整个系统宕机，到时候就要面临更大风险。那段时间，大家都处于担惊受怕的状态，压力非常之大。

前前后后，我们共进行了 6 轮测试，20 多个部门、600 多个网点共计 3800 余人参与了测试。到 2019 年 3 月，在进行最后一轮测试时，新系统在切换之后停摆了。当时是晚上七八点，我们很着急，赶紧开始找问题。最后发现，由于技术问题，具有全行交易中枢功能的 ESB 系统停止了服务。等问题解决了之后，大家才一下子轻松多了，终于对投产切换感觉心里有底了。

不成功则成仁

2019 年 4 月 8 日，新核心系统项目集群正式完成投产上线。但这还不是欢呼庆祝的时刻，因为有很多未知的问题还需要验证，而这个时间周期至少为 3 个月。我们开玩笑说，这次"不成功则成仁"。

特别是前两周，项目组的成员都提心吊胆的。大家白天支持生产一线，晚上守着跑批量①、核数据，非常辛苦。即使困了，也不敢回家，要么住单位旁边的宾馆，要么就直接在工位上打个盹。事实上，在那样的状态下，人即便很困，也很难睡着，因为神经是高度紧绷的。

每天我们都要核查系统本身出现的问题。例如，日终批量处理利息计提是否正常、账目是不是完全无误、贷款是否正常扣款等。此外，我们还要随时受理网点上报的问题。由于大家习惯了原来的柜面系统，对新系统肯定有一个适应过程。有些员工因为不熟悉，就觉得操作不方便，反馈说系统很难用。有个网点的情况很突出，后台数据显示该网点业务量极低，与同一个区域里的其他网点相比，很不正常。我们感到不可思议，于是项目组专门派了一队人去了解情况。最后发现该网点柜面基本为新员工，操作不熟练，导致业务办理效率不高。后来进行网点间新老员工搭配调整，并对新员工安排老

---

① 跑批量是指批量化地进行一些业务处理。

师指导后，业务办理效率回归正常。

为了快速响应和解决问题，我们还设置了绿色通道，受理一线问题，而且组建了解决业务问题的 10 人支持小组。一般来说，减少系统上线后的日常问题量通常需要半年到一年时间。但我们只用了三个月就把问题量降下来了。

等到大家操作熟练后，对新核心系统的认同度越来越高。整体来讲，我们的新核心系统总体达到了规划目标，有的方面还超过了预期。在我看来，新核心系统带来的最直观变化是，支持新产品的能力大大提升了。新核心系统正式投产的前两年，我们开发新产品基本不用写太多代码。不像以前，做个产品就得全部弄一套新东西，很复杂，而且通常要半年起。现在如果是常规的新产品创设，我们两三天就能判断系统现有能力能不能直接实施。如果不行，会给出研发解决方案。如果行，就直接安排模拟验证，直接在生产线上做新产品配置了。

另外一个直观的变化是开发和维护的成本降低了。现在不管是新建系统还是改造系统，几乎不需要新核心系统主体去专门开发功能，就用现有的接口，或者调整一下价格参数就可以了。这几年下来，新核心系统改造得非常少。项目组 4 个人就能支撑新核心系统的日常开发和维护。也就是说，新核心系统整个外围的功能支持是很强的，其产能也被完全释放出来了。

从新核心系统正式对外运营服务以来，运营指标一直优于同业机构平均水平。新核心系统还实现了账户数和单日交易处理能力从千万级向亿级的飞跃，可满足行内未来 10 年业务增长需要，投产后日均业务交易笔数达 300 余万笔，较投产前增长约 10%，交易平均响应时间快至 77 毫秒，较投产前提速一倍。整体信息系统可用性指标达 99.996%，高于监管业务连续性指标要求。

现在看来，新核心系统的开发和运用，为我行发展释放出了新动能。在新核心系统项目集群开发中，我行还实现了多个能力的首次突破：首次建成企业级单一客户信息视图以及统一数据标准落标；首次构建全行 SOA 标准的

IT 架构体系；首次形成企业级统一联机服务标准；首次建成双活高可用架构能力；首次实现全行一本账的零级清算模式及核算分离模式；首次实现网点柜面渠道全行系统一站式整合等。

　　回过头去看，做新核心系统项目集群时，我在这过程中被推动着向前跑。未来，在确保信息系统整体稳定运行的基础上，我们还将强化新核心系统项目集群的效能释放，持续完善用户体验。

徐建军，2000 年入职城郊联社，现为运营管理部总经理。作为我行"技术引领业务发展"的先行者，徐建军围绕"效能、体验、风险"主题，致力于核心系统建设、运营流程再造、运营中心建设、客户体验提升和运营数字化转型等重点项目建设，不仅有效提升客户体验、提高运营效率、强化风险管控、降低作业成本，还探索出一条符合未来发展的业技融合之路，为全行战略转型提供有力支撑。

徐建军：技术引领业务发展

采访、文字稿整理、拍摄｜成都农商银行口述访谈组

蹚路的人

2000 年，我进入城郊联社技保科 ① 工作。那时候，全市农信社的计算机水平还处于相当落后的状态。除城郊联社建成了自己的局域网，其他信用社的计算机水平则参差不齐，有些使用单机版系统，有些仍然采用最原始的手工记账。随着市联社在 2003 年建成第一代综合业务系统，全市所有网点才终于实现业务数据的集中。

我是科技出身，入职后的工作内容主要以科技事务为主。当时，因为科

---

① 城郊联社技保科后并入了市联社科技信息部计算机中心。

技作为相对独立的一个体系在支撑业务发展，而科技与业务之间的沟通又是非常紧密的，所以，在这个过程中发生的一件小事，为我后续"业技融合"埋下了种子。

当时，由于科技部门与业务部门之间存在着较高的信息壁垒，彼此沟通起来十分困难。科技部门非常希望能为业务提供支撑，但苦于业务方面提不出需求，感觉浑身有力无处使。与此同时，业务部门感觉纵有千言万语却不知从何说起，明明需求痛点很多，却不确定哪些能跟科技适配，往往就还是用最原始的办法来处理问题，非常低效。

记得有一次，会计结算部①的同事因为停电，跑到科技信息部来加班。当时他们为了做一张报表，把手工台账数据提出来自己编写，并为此熬了几个通宵。我们一看，这些字段不都是系统里现成的吗？写个小程序，分分钟就能搞定。对方很惊讶："你们怎么不早说？"我们也很无奈："你不说，我们怎么知道你要什么？"这件事给了大家很深的触动。但此后，类似问题仍然层出不穷。

在 2010 年 4 月，我正好刚满十年科技工作经验，行里搞干部竞聘，我以科技信息部总经理助理身份，报名竞聘部门副总经理。竞聘流程结束后，宣读任命通知时，我没有听到科技信息部相关职位有关于我的名字，而我的名字却出现在会计结算部副总经理的名单上，这让我感到非常意外。

下来经过了解，我才知道当时整个金融行业都在提倡"科技引领业务发展"，用技术手段解放低效生产力，故行里想尝试做"业技融合"。我算是受益人，作为第一批科技方面的代表，就近支撑业务发展。

从科技到运营，一切听上去很美好。但突然换到新环境，不用写代码带项目，我反而因为失去目标而迷茫。大概干了两个月，我找到时任部门总经

---

① 会计结算部，为"运营管理部"前身，于 2012 年 6 月正式更名为"运营管理部"。

理古吉，跟他说我准备学习会计学，连书都买好了。没想到他却反问我："行里让你过来，是因为我们这儿缺会计吗？这个条线3000多名员工，CPA（注册会计师）也不少，如果你想走会计这条路，那就走偏了。你真正该做的，是充分发挥自己的技术优势，走一条融合之路。但这条路具体要怎么走，没人能指导你。因为你就是那个蹚路的人。"

业技融合

听完他的话，我的思路一下子就打开了。后来再看会计学专业书籍，我的视角就完全不同了。我会带着科技思维去理解专业原理，从中找到业务需求痛点，并思考如何发挥科技力量来解决这些痛点。

自从思路打开后，我开始系统收集与第一代综合业务系统相关的优化需求。通过网点调研，结合柜面反馈意见及会计结算部历年检查报告，最后整理出五六百条内容。之后，我又对这些问题进行分门别类拆分，再带上相关同事去和科技信息部对接。

因为对科技信息部的情况非常熟悉，我知道哪些人负责哪些领域、能解决哪些问题，所以相比之前，沟通效率提升了不少，但依然无法避免争执。当彼此听不懂对方在说什么的时候，我作为中间人，就承担起了翻译角色，把彼此想法转换成对方能听懂的语言。经过一段时间磨合，终于把双方慢慢调到同一个频率上，大家能从单点问题延伸到流程上，甚至整体架构上去，共同解决问题。整个过程，我也体会到一种前所未有的成就感，同时发现运营是银行各项业务的基础及经营管理的重要支撑，涉及账户、现金、凭证、支付、清算等业务及相关系统建设，这需要我摸排现状、提炼重点、系统性思考、拆解分步、逐个破局，综合提升运营能力，促进业务发展。

梳理完相关问题后，当时反馈最多的问题是客户排队等候时间太长。经分析，当时的柜面采用的是"分岗制"，即储蓄柜员、出纳柜员、对公记账、对公复核，各是各的岗位，彼此没有交叉。以办理取款业务来说，储蓄柜员会把存折和票据递给出纳，出纳柜员收到之后开始点钱，点好后再把钱和存折递给客户，整个过程中，客户需要在不同窗口间走动并反复排队，不仅耗时长，体验也不好，这是当时行业普遍存在的问题。

发现问题并调研同业后，我们于 2010 年开始探索"柜员制"改革，但具体如何改、背后流程如何优化、系统如何支撑，我们无法直接照搬，只能靠自己摸索。经过研判，决定按照"储蓄柜员制""综合柜员制"两步走策略进行改革。第一步"储蓄柜员制"，其本质是取消出纳柜员，由储蓄柜员统一负责账务处理和现金收付，实现存取款业务一站式办理，业务办理速度提升了 70%。第二步"综合柜员制"，其本质是同一个窗口可以办理所有业务，这意味着既要把储蓄业务和对公业务之间、对公记账和对公复核之间的边界打开，实现同一个柜员既可以办储蓄业务，又可以办对公业务，实现人力资源的充分利用，效率在原来基础上提升了 1～2 倍。

"综合柜员制"对于提升效率有明显效果，但也带来了新的挑战。这个模式要求柜员熟练操作各类业务，给后端培训造成了很大压力。培训涉及 3000 多名柜员，不仅成本高，个体适应能力也千差万别，进而衍生出新的问题——柜员需要在不同业务种类之间进行切换，增加了业务出错的概率。加之个人权限高度集中，案件发生风险也随之增大。故我们需要思考，如何从源头上解决问题。

手工作坊时代，一个师傅需要完成所有事项，对专业能力要求很高。工业化时代则不一样，通过将生产流程细分，每个人负责最小单元的工作，既能降低操作门槛，又能保障产品品质，极大提升效率和产能。那么，我们是否也能参考这样的方式来建造一个"流程银行"呢？为此，在 2012 年，我开始牵头组建需求管理室①，通过吸纳复合型人才，来更好地实现科技与业务融合发展，这也是全行首个专门的需求管理科室。

2013 年，"运营流程再造"项目正式启动。我们引入专业咨询公司，用半年多时间，对柜面各类业务进行了流程切分，之后再结合作业效率、风险控制、人员素质、制度支持、系统支撑等因素，综合考量哪些环节可以融合，哪些环节可以拆分。在这个过程中，我们一直在反复研讨"如何避免全链条都需要柜员承担"，于是"作业集中"的想法应运而生，即柜面重点负责接收客户需求，完成简单的业务步骤，其余的高风险、专业化环节，交给后台进行集中处理。

通过充分论证，我们发现要实现"运营流程再造"，首先需要对部门职能及组织架构进行调整，改变原有部门定位，从"政策指导"转向"参与业务"；其次需要优化劳动组合，拆分生产流程，从"一手清式作业"转向"流程式作业"；再次需要优化系统建设，搭建"集中作业系统"，为流程式作业提供平台；最后需要组建运营中心，并成立一支专业的后台人才队伍，使"一对多"的远程支撑成为可能，实现从分散运营向集中运营、精益运营转型；实现管理与操作分离、效率与风控的平衡，有效降低交易成本。

通过"四步走"策略，我们于 2014—2016 年，陆续建成现金中心、授权中心、清算中心和监督中心，以及完成背后的系统建设、团队组建、制度发布、物资采购、业务上线、业务上收、集中处理、赋能培训和监督检查等大量工作。在这个过程中也出现了一些小插曲，至今仍记忆犹新。

运营流程再造

运营流程再造立项之初，行里面就给我们下达了柜面减员的任务。但我的回答是，我们非但不能减员，逆转期还需要继续增员。这在当时，是要顶

---

① 需求管理室，是现运营管理部"运营规划室"前身。

着巨大压力的，但我依然坚信自己的判断契合实际需求。

首先，随着金融行业竞争越来越充分，客户体验的内涵发生了深刻转变。"分岗制"时代，客户体验就单纯讲究一个字：快。能 10 秒办完的业务，你就不要给我搞成 1 分钟。至于你是不是使用了敬语、讲的是不是普通话、会不会对我微笑、有没有站立式服务，并没有想象中那么重要。但到了"柜员制时代"，客户体验更多追求情感温度，面对面的沟通交流显得尤为重要。

其次，随着业务转型深入推进，柜员的定位也在发生变化。有一次去崇州调研，正好是赶场天，又碰上代发耕保基金和粮补，厅堂里排了两三百号人，用"人山人海"来形容一点都不为过。一天下来，单柜业务量超过 200笔。要知道，正常情况下单柜每天办理 80 笔业务就顶天了。到了 200 笔，那真的是忙得连吃饭和上厕所的时间都没有。一天下来，人坐在那里，站都站不起来，脑子也僵掉了。这种情况下，柜员连看客户的时间都没有，更别提讲话。你还想跟他提转型？根本转不动。

在推广新模式的过程中，来自基层的反对声也不少。特别是对表现良好的机构来说，当前模式既然没有影响发展，就很难具备主动改变的动力。新模式增加了影像处理的设备，也需要进行测试并抽调人员参加培训，必然会影响到柜面的正常运转。

在这样的情况下，不能采取"一刀切"的方式去硬推，只能改变策略，选取出错较多、柜面压力大的网点作为突破口。事实证明，这类网点参与试点后，不仅出错率大大降低，柜面吞吐量也显著提升。其他网点看到效果之后，也纷纷跟进。通过循序渐进的方式，我们在 2016 年完成了 180 多个网点的运营流程再造推广。

2017 年，因为新一代核心系统建设涉及对运营流程相关系统进行改造，我们暂停了项目推广。随后我们瞄向了自助设备，要想提升自助设备的使用率，需要购置相关设备并与柜台形成互补、改造系统功能与柜台形成融合、优化自助设备加钞模式为柜台减负、设计客户动线布局调整网点装修为客户增强体验，以及大量人员离柜入厅进行支持等。

牵一发而动全局，动全局才能出效果。我行网点大多设在农村，客户以中老年人居多，自助设备铺设后使用率一直不高。我们下网点调研，经常看见自助设备闲置的情况下，客户扎堆跑到柜台去排队。有些客户甚至说："我搞不懂机器，不敢随便乱碰。"但后来经过试验，我们发现只要有厅堂人员引导和辅助，客户的使用意愿就大大提高。后来的事实也证明，经过多年的持续引导，目前自助设备的业务替代率已经达到了 80% 以上。

2020 年 6 月，我行回归市属国企属性，业务呈现高速增长态势，网点转型也再次提上日程，对运营系统的支撑要求更高。2021 年 3 月，结合最新的评估情况，我们重启运营流程再造项目，2022 年 9 月，实现全行网点全覆盖。

随后，我们又开始推动柜员离柜入厅，即在传统的"两名柜员 + 一名营业经理"基础上，增加"三人当班，两人临柜"和"节假日双柜员作业模式"，通过搭建和完善柜面劳动组合体系，让分支机构根据辖内实际情况和客群特点，灵活选择、灵活使用，不再局限于某一种作业模式，最大程度发挥人员效能；通过取消复核机制、减少离柜入厅手续环节、测算厅堂运营效率、提升员工赋能能力，从系统、流程、制度、考核和赋能等多个方面助推大零售转型，真正使柜员"愿意走出来，能够走出来"。

事实上，在新的劳动组合中，柜员角色正在慢慢弱化，大家逐步转型成为一专多能的"客服经理"，既能进高柜办业务，也能入厅堂做营销，还能外出拓展客户。

路会越走越宽

近年来，随着外部竞争环境、监管要求、客户行为、内部业务发生变化，银行转型成为必然趋势。我行"十四五"规划中也明确指出，"运营管理需致力于做智慧运营体系的建设者、高效运营服务的交付者，以打造精细化共享化的智慧运营体系，构建开放、场景、共享、生态的运营管理模式"。

这意味着，"运营管理"已不再局限于"操作管理"，要从分散、集中、精益运营向以客户为中心的"智慧运营"转型；要围绕"运营整合共享、运营效能监控、网点服务转型、运营场景服务"四个领域提升能力；要从业务规划、机制优化到配套系统建设，全方位推进运营数字化转型。

在数字化转型时代，与技术的深度融合也将为我们的管理理念和思维方式带来深刻转变。

其一，提升业务管理的敏捷化水平。以前，我们的决策周期是以月为单位的，但放到数字化时代，这样的速度就好比蜗牛。例如，某地要举办一场大型活动，可能导致交通信息、沿线网点劳动组合模式、网点人员业务量、相关运营物资调配、网点现金和重空备付量、自助设备维护周期等发生变化。这时候，我们就可以通过海量数据分析，提前预判变化，及时调整钞车路线、人员排班、运营物资调配等。

其二，提升风险管理的精细化水平。以前，我们的风险防范永远是滞后的，但在数字化时代，我们能在事中甚至事前对风险进行防范。例如，通过实时监控，我们发现某网点的差错率高，就会对具体操作人员进行深度分析。为什么出错？是因为新调岗对业务不熟悉，或者因为新业务上线培训不到位，还是其他原因？是需要继续加强锻炼，还是调整岗位？这样一来，问题就能得到及时处理。

其三，提升客户服务的人性化水平。作为全市网点最多、覆盖面最广的银行，我们的客户群体有着鲜明的特点。一开始，我们也曾照搬过他行的经验，但效果不佳。例如，上了很多智能设备，结果发现很多老年客户只使用存折，那个时候，全市的自助机具还只能识别银行卡，于是，我们率先作出调整，成为全市第一家在智能设备上安装存折刷卡机的银行。再后来，我们发现很多老年人喜欢用存单，又在智能设备上增加了存单功能，受到客户欢迎，甚至还有很多其他银行来照搬了我们的功能设置。未来，我们的智能设备还有很大的升级空间。例如，将智能一体机放到 24 小时银行区域、设置无人柜台等，客户可以通过智能 AI 远程办理银行业务，在提升业务响应速度的同时，也满足客户对私密性的要求。

从 2010 年到现在，我们一直走在融合之路上。我很幸运，成为那个蹚路的人。我也坚信，这条融合之路定会越走越宽广。

朱文虎，1996 年入职城郊联社，现为科技信息部基础运维室经理。入职 20 余年来，朱文虎参与了成都农商银行数据中心建设发展的全过程，为确保业务连续性作出贡献。

朱文虎：圆梦数据中心

采访、文字稿整理、拍摄｜成都农商银行口述访谈组

步入新世界

　　1996 年，我大学毕业后进入城郊联社营业部，先后做过对公记账员、复核员、电脑系统管理员。那个时候，城郊联社已经开始使用单机版电脑系统。辖内 70 多个营业网点的柜员，营业时都使用哑终端进行记账和复核操作。每天营业结束后，轧账信息会生成一张三寸软盘，由交换员报给联社事后监督。事后监督人员收到软盘后，会对数据进行重新核验，平均每个网点要花费一到两个小时，非常烦琐。而当时，一些国有大行已经有了自己的网络系统，可以直接通过网络进行数据传输和数据集中管理。这不仅提升了工作效率，减少了数据传输时间，还大大降低了人力成本。

1998 年，当时城郊联社电脑科负责人林毅在知悉我是计算机专业毕业后约我面谈，问我是否愿意加入联社自己的网络系统建设项目。那个年代，能跟网络沾边的东西，在我眼里都是特别时髦的。读大学时，我和同学们最喜欢做的事情就是泡机房，一起编程、搞设计、做一些炫酷的画面，觉得计算机简直太神奇了。当时流行的刊物《中国计算机报》里，经常介绍一些有关网络系统的前沿技术，在那上面我们第一次听说了"信息高速公路"。在我看来，如果能参与联社的网络系统建设，那距离实现"信息高速公路"的梦想更近了，于是怀着激动的心情说出三个字："我愿意！"

我调入电脑科不久，林毅就向当时的城郊联社领导班子提出建设城郊联社综合业务系统的建议。得到理事长冯华清的大力支持，联社领导班子集体决策，同意建设自己的数据中心、搭建网络系统。

我在项目组中主要负责数据中心建设。数据中心选址在当时苏坡信用社（现青羊支行）7 楼[①]，面积约 80 平方米。但一开始，大家对于数据中心该怎么建完全没有概念，以为只需要在一个房间里摆一些设备、连一些网就可以了。对于数据中心内怎么进行空间划分，需要配置哪些机房基础设施和 IT 设备，设备之间通过什么协议通信等关键信息一概不知。更让人懊恼的是，随着了解增多，我发现技术更新速度太快，在大学里学的那点儿电脑知识早已不够用。

还好项目供应商聘请了一位博士担任乙方项目经理。在他的讲解和多次与设备厂商交流沟通后，我才认识到应该如何对数据中心进行规划，主要包括怎样划分数据中心内空间布局，空调是应该走下送风、上送风还是侧送风，消防系统应该使用二氧化碳、水还是惰性气体，应该配备什么样的 UPS 和柴油发电机，应该配置什么样的服务器和网络设备等，让我大开眼界。

在这个过程中，我看到很多新鲜的事物。例如服务器，之前我所看到电脑都是卧式的，很小巧的样子，当见到 IBM RS/6000 S70 后，才发现服务器

---

① 这里建立的数据中心为 1998 年建设的青羊数据中心，也叫城郊联社数据中心，为便于区分不同时期的数据中心建设，以下文中均将此次数据中心称为青羊数据中心。

也可以是这种"铁坨坨"一样的黑箱子。我们拉开 S70 的门,看到内部设计非常精密,CPU、内存、硬盘排列有序合理。博士介绍它的计算能力比单机快很多,让我们非常震撼。

项目采购的意大利"蓝箱"精密空调,内外机体积大、制冷效率高,配备了加湿系统确保机房内温度、湿度处于相对稳定的区间。但数据中心所在地的水质偏硬,直接取用会对空调加湿器造成损伤,所以还在空调进水管前端增加过滤软化装置。我第一次知道,机房精密空调竟然有这么多讲究。数据中心投入使用后,现场来了一位做回访的意大利人,据说是公司总裁,具体什么身份,我们也搞不清楚,反正说着意大利语,大家都听不懂。

此外,让我印象深刻的是,当时还没有数据中心建设国家标准[①],博士告诉我们尽量往国际标准靠。这就是当时的真实情况,我们如饥似渴地学习,提升自己的技术实力,前后将近一年时间,才顺利完成数据中心建设。随着网络系统的搭建完成,工作效率得到大幅提升。

返躬内省

数据中心建设不是一劳永逸的,会出现各种意想不到的问题,一旦发生故障,我们都要及时处理。1999 年城郊联社数据中心刚建成不久,一次近一半的网点反应网络不通。我的第一反应是电信运营商通信线路出问题了,向电信报故障后,电信技术人员用了很多方法进行线路检查,最后得出的结论是:电信的线路没问题,可能是行内的路由器异常了。我说:"怎么可能呢?我们用的是某国际知名品牌的路由器,工作很稳定,不可能出问题。"没想到,别人拿了一台另外品牌的路由器换上去测试,故障网络全部恢复。这件事很"打脸",也让我对数据中心的维护工作产生了敬畏之心。凡事要多想想内部设备有没有故障,要定期对设备进行巡检维护,因为每个细节都可能影

---

① 国家标准,即电子信息系统机房设计规范,注重机房建设的科学性、先进性、协调性和可实施性。首项《电子信息系统机房设计规范》于 2008 年制定,于 2009 年的 6 月 1 日起实施。

响数据中心的正常运行。

　　有一次，很多网点反映业务系统处理速度很慢，我们花了很长时间对系统软硬件进行多次检测，依然没排查到原因（电脑科内部称之为"黑色星期"）。为此，我们专门请 IBM 服务器专家到现场来会诊。专家也排查了很久，认为可能是我们使

2003 年，为配合市联社第一代综合业务网络系统建设，系统网络科同事正在安装服务器机柜

用的 informix 数据库版本较高，和 S70 的操作系统不兼容，最后把 informix 的版本降低，问题方得以解决。

　　还有一次数据中心在线扩容，新增了很多网络设备，设备之间通信延时较大，网点反应业务处理慢。我们也是排查了很久都没结论，最后请来思科的专家协助排查。专家到现场说出了一句让我铭记一辈子的话："用你的 switch（交换机）去 ping① 一下你的 router（路由器）。"最后专家确认是网络设备间光纤线路单边故障，建议更换光纤线。更换光纤线后，故障解决了。

　　通过这些经历，我们逐渐形成了排障思路，一旦出了问题，所有的设备、线路、机房环境，甚至空调水质，都要去全面考虑。通过建设第一个数据中心，团队的每个人都成长了很多。

　　成都市联社成立后，于 2003 年启动第一代综合业务网络系统建设，全市信用社各网点都接入青羊数据中心。我也调至市联社计算机中心系统网络科参与项目建设。

---

① ping 是工作在 TCP/IP 网络体系结构中应用层的一个服务命令。

为了满足业务系统数量增加、业务量快速增长、设备不断增多的发展要求，我们于 2006 年、2011 年，分两次对数据中心进行在线扩容改造，数据中心的面积从原来的约 80 平方米扩充至现在的约 1000 平方米。与此同时，网络系统架构也发生很大变化。由原来的网点到二级中心（各郊县汇聚中心），再到一级中心（青羊数据中心）三层架构，变为网点直接到青羊数据中心的扁平化架构，减少设备投入和维护成本。

夜不能寐

2008 年，突如其来的"5·12"汶川大地震，给我们敲响了警钟，让我们不得不更加全面地思考，如何提升数据中心的安全性、可用性，从而确保业务连续性。

地震发生时，让我印象最深刻的是，大家在拼命往楼下跑，只有我们机房值守的同事，是在往机房里跑。他们最担心的是机柜是否完好？线路有没有松动？看到数据中心内各种设备都在正常运转，业务系统都能正常对外提供服务，大家才松了一大口气。之后，即使每天还会有余震，我们还是要坚持上楼，对机房设备进行巡检。

那时候，除了抢险救灾之外，我们想得最多的是，如果数据中心因为地震垮塌了该怎么办？一旦垮塌，必然会导致设备损坏，进而造成业务中断。因此，单中心的缺陷凸显出来。寄希望于单中心内设备、线路或环境不出问题，很不现实，唯有优化架构，提升冗余能力，才能从根本上确保业务连续性。那段时间，我几乎每天都在想各种各样的极端场景，停电怎么办？UPS电池快耗尽了怎么办？发电机坏了怎么办？机房空调坏了怎么办？想到这些问题，心里不踏实，有时候甚至焦虑得睡不着觉。

为了预防更多的突发事件，如火灾、大规模停电、核心设备故障、暴力冲击等，我们分别于 2010 年、2015 年建设异地灾备中心 [1] 和同城灾备中心，形成了"两地三中心"的容灾架构 [2]，达到了监管要求的容灾水平。

2018 年，我们启动新核心双活数据中心建设项目，这是成都农商银行史上最复杂的技术项目群，将同城双数据中心由主备架构升级为双活架构，建成投产后，重要信息系统的容灾等级达到 6 级。也就是说，两个数据中心按业务量比例同时对客提供服务，如果其中一个数据中心发生站点级故障，另一个数据中心可以继续对外提供服务，确保业务连续性。

尽管双活中心建成后，得到了监管部门的高度评价。但我内心依然充满隐忧。最大的原因是青羊数据中心存在周边环境隐患、建筑结构限制、空间和电力资源趋于饱和等难以整改的风险，不能满足国标、行标和日益增长的业务系统对数据中心的要求。

夙愿实现

2011 年到 2021 年，几乎每隔两三年，我都会向行里提交一份关于新建数据中心的可行性分析报告。有几次行里甚至已经安排我和相关同事去龙泉、彭州、青白江勘测地块了，但最后行领导还是觉得条件不成熟，没有继续推进项目建设。但我没有放弃，一直坚持学习数据中心建设的相关知识。例如，研读国标 50174，和设备厂商、咨询公司、设计公司进行技术交流，了解行业内最新技术动态。相比多年前，我在数据中心建设方面有了更多的知识积累，尝试着结合行里自身需求提出建设规划，对于各家供应商不同的建设方案也有了自己的思考和判断。可以说，建设新数据中心，是我心中多年未曾磨灭的梦想。

---

[1]　2010 年，成都农商银行与广州农商银行签订了互为灾备的协议，准备在广州建立异地灾备中心，解决因地震、洪灾等区域性灾难导致数据中心崩溃的问题，保证业务连续性。2012 年，成都农商银行在广州的异地灾备中心顺利建成。

[2]　两地三中心的容灾架构，指成都和广州两地建立的青羊数据中心、移动东郊记忆数据中心、广州农商银行数据中心。其中，移动东郊记忆数据中心于 2018 年迁移至成都市西云数据中心。

　　回归国有后，新数据中心的建设再次被提上日程——随着全行业务经历补课式增长，数据量大幅增加，数据中心内的机柜需求量不断增加。参照我行数据中心机柜增长历史数据，大约三年为一个周期，每个周期增长率约为60%。按此估算，我行未来 8～10 年单中心机柜需求量约为 500 个。青羊数据中心已达到空间和电力能力的承载极限，根本无法满足这个需求。

　　2022 年 6 月，我再次向行里提交了新数据中心建设规划，得到了行领导的大力支持。2022 年 11 月，成都农商银行数据中心建设工程项目正式通过党委会和行办会审批。看到行办会批复的那天，想到多年的夙愿终将达成，我激动得约上浩哥① 一起去喝了一顿酒。

　　2023 年 12 月 3 日，成都农商银行数据中心建设工程项目开工仪式在天府数据中心项目现场举行。作为全行信息化建设、数字化转型的重要基石，新数据中心以标准一流、业务契合、监管合规、经济合理建设原则，建成后将满足全行未来 8～10 年业务发展和数字化转型需求。

　　天府数据中心按国标 GB50174-2017《数据中心设计规范》中 A 级标准建设，主要机电系统达到 Tier 4 等级；按绿色数据中心要求，PUE 设计值不高于 1.3，建成后将获得 CQC A 级证书，达到业内先进水平。

　　回想 20 多年前，一个初出茅庐的新人，头脑里关于"信息高速公路"的大胆畅想，如今有好多都已经实现，不得不感叹，科技让生活发生翻天覆地的改变。梦想，总是要有的，还必须坚持，万一实现了呢？

---

① 成都农商银行信息科技部副总经理司徒浩。从参与建设城郊联社联网系统，到带领科室员工完成综合业务系统改造升级的机房改造项目，再到助力新核心系统项目群顺利投产上线等，他积极适应金融科技发展趋势，推动成都农商银行数字化转型，走上高质量发展之路。

第三篇

担当：
金融为民　初心如磐

平凡岁月见不凡，危难时刻显担当。

大山深处、转角街巷，农商人用数十年如一日的坚守，为万千百姓点亮生活微光。

地震大考来临，"帐篷银行"里，有农商人守望相助的温暖；重建农房中，是农商人奋力托举的希望。

坎坷金融扶贫路，农商人用智慧、青春与勇气，践行"不抛弃不放弃"的庄严承诺。

从群众中来，到群众中去。70年金融为民，是初心，更是决心。

第六章

不弃微末：
永葆服务热忱

李贵发，1970 年入职桂湖信用社，现已退休。1979 年，李贵发调任天缘信用社，从解决员工后顾之忧，到创新营业制度与服务，再到率先使用电脑办公，天缘信用社走在了信用社发展前列。1993 年，天缘信用社中心储蓄所被农行总行授予"全国十佳储蓄所"和"最佳储蓄所"称号。

李贵发："全国十佳"储蓄所

采访、文字稿整理、拍摄｜成都农商银行口述访谈组

干就要干好

进信用社之前，我在部队当兵 5 年。退伍后，就回到新都①当生产队队长。1970 年，桂湖信用社的主任调到供销社，就空出一个岗位。我因在部队从事过财务工作，就调到信用社当会计。

我到桂湖信用社不久，第二任、第三任信用社主任也接连去了供销社，我就接替成了主任。那时候，信用社是集体所有制，一说起集体所有，大家就觉得是小摊摊，感觉不行。所以，许多人觉得信用社的地位不够高，瞧不

① 现成都市新都区，1969 年新都还未归成都管辖，叫新都县。

上信用社，就待不长久。对我来讲，信用社至少有工资收入，能够保证一家人的生活开支，还是很幸运的。在信用社工作，我并不自卑，脚踏实地地走每一步路，坚持干就要干好。

我小时候见过农民为了支持农村信用社，将自己家的产出卖了，再把收入拿来入股，如我家就是用卖菜籽的钱去入股，因此，我知道信用社组织资金很艰难。但既然农民这样支持信用社工作，信用社就要不忘初心，承担起为农村经济服务的责任。因此，我们总是想着不能落后于人，要靠自己来发展壮大。对此，我认为首要的是组织资金。没有资金，什么事情都办不了，信用社就是无源之水。所以在桂湖信用社时，我坚持背包下队①，最主要的工作就是组织资金。

其中，分配到户是我们组织资金的重要途径。每当生产队要分配钱了，我就到生产队上去做业务。首先把生产队需要分配的钱给送去。然后在体现"存款自愿、还款协商"的前提下，现场与贷款人协商，让他还款。那时生活贷款有2元、3元、5元的，连1.5元的都有。当然，还款要具体问题具体分析，不能影响了农户的正常生活。当农户还款之后还有余钱，就动员农户把钱存到信用社。这种组织资金的方式非常有效，优势在于资金集中性强，基本上80%的钱都会集中回到信用社。当时，桂湖全乡有100多个生产队，其中80%的生产队，我都亲自把分配款送去，还把该收的贷款都收回来，把该组织的存款组织起来。

有了资金后，我们也没有辜负大家的期望，承担起了服务农村经济的责任。我们发放了不少贷款，主要用于农业生产，如购置农药、种子、化肥、耕牛、农具和家具等。当时我还亲自做贷款业务，给桂湖水泥厂贷款了73800元，这是我发放的第一笔比较大额的贷款。桂湖水泥厂用这笔贷款买了两台

---

① 背包下队，是指当时信用社人员要到乡下生产队，到每家每户去看，去做工作，组织农户存贷款。

球磨机，引发了很好的效应。

在桂湖信用社工作近十年时间里，我们不仅扩展了业务，还修建了员工住房。之前，大家住的是人民公社的房子，我想这毕竟是个单位，老是寄住在别人那里是不行的。我就觉得员工应该有个家，连家都没有，就别谈想自己经营、自成体系了。后来我们使用自有资金把房子修了之后，很多人都想到桂湖信用社来工作。

让员工有归属感

1979 年，组织安排我到天缘信用社当主任。初到时，天缘信用社的门市很破烂，面积狭小，条件简陋，人手也不足。全社 5 名员工就挤在一个租来的 50 平方米的房子里，包括门市和两个值班室，值班室里有一个小保险柜、一张摇摇晃晃的写字台和两张床，就兼做了住房。房子的墙是用泥巴糊起来的，因为随时会掉瓦灰，大家吃饭时就只能坐在床上，外面挂着蚊帐，以防止瓦灰掉进碗里。老百姓也不信任我们，觉得天缘信用社是一个小摊摊，办不长久。

我认为天缘要发展，就应该像桂湖信用社那样，先解决员工的住宿问题。1982 年，我们就修好了新楼，楼下办公，楼上住人，还有正儿八经的库房。每个职工都能住进一个套二的房子。员工有了归属感，士气也明显提升，于是更认真去发展业务。

到了 1989 年，由于业务发展较快，员工已增至 28 名，住房明显不

李贵发在新落成的天缘信用社大楼内合影留念

1990 年，天缘信用社大楼外观

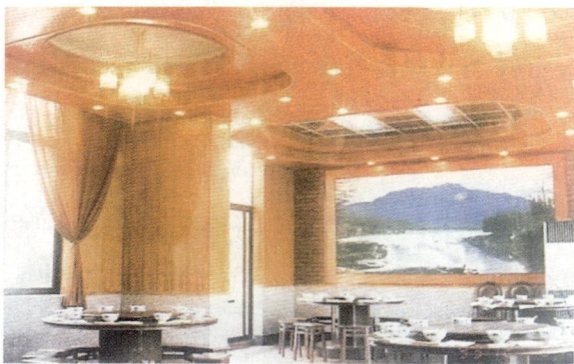

20 世纪 90 年代的天缘信用社大楼食堂

足了，所以决定修新的楼房。这一次，我们选址在桂湖公园旁，占地 3000 多平方米，包括营业室、办公室、活动室、篮球场、员工宿舍、食堂和招待所等。其中一楼对外营业，二楼办公，三楼是会议室，配套非常齐全。即使距离现在已经 30 多年了，它依然不算落后。

房子修好后，在全省金融系统引起了巨大轰动，提升了天缘信用社的对外形象，也给我们带来了新的发展机遇。当时，全省、全市很多农村信用社工作会议以及很多农行的大小型会议都到我们这里来开。1993 年，新都电视台的春节晚会要选场地，我就给他们提供场地和服务。电视台说："你们提供了这么多服务，也要给你们自己宣传一下。"我说："那打几个字——'有钱存天缘，万事都方圆，存款到天缘，安全添财源。'"前半句意思是我们能够给客户提供很好的服务，大家存贷款都很方便，什么事都好办。后半句意思是把钱存到天缘信用社，老百姓就有利息收入了。当时老百姓看到连电视台都宣传天缘信用社，就感到它真的不错，把钱存在这里肯定很安全。我们的存款也因此无形中增加了很多。

我们员工不仅每人有住房，而且每人月缴 30 元，就能在新修的食堂吃饭。有的员工在饮食上有自己的民族习惯，我们就提前跟食堂打招呼准备合适的饭菜。另外，我们有两辆面包车，不仅负责送钞，接送员工上下班、员工子女上学放学，还给各网点的员工送饭。这些在新都县范围内应该都是首创。我们还曾请员工的爸妈、公公婆婆、丈母娘、老丈人等家属来信用社参观，让他们亲身感受信用社的发展，分享孩子在职业上的荣誉感。这样将心比心的安排，解决了员工的后顾之忧，由此，员工工作更加积极，也更加用心了，团队凝聚力很强。

那时候，我们每天一到信用社，就要花至少半小时打扫卫生，主任、信贷员和副主任负责打扫厕所，把楼上、楼下都打扫了，再一起吃饭上班。我记得全省召开农村工作会议时，我们全程负责会议筹办和服务，包括 100 多人的接待、食宿等，员工们就一起搞服务，打扫卫生、端菜等，干得不亦乐乎。虽然要做很多工作以外的事情，但大家都非常认真，精气神很好。

我们每天的工作和生活都热热闹闹的，大家像一家人一样。其他信用社员工如果有机会调到天缘信用社，都很高兴。

员工爱客户

为了发展业务，我结合在桂湖信用社的经验，采取了几项改革措施。

首先，增设网点。网点选址有两个标准：一是顺路，二是有商机。只有方便群众，生意多，经济活动才大，才能更快地组织资金。很快，我便发现天元乡[①]团结村是个发展业务的好地方。那里的村办企业办得火热，人均收入上千元，是其他村的好几倍。于是，我就找到团结村的书记，对他说："为了你们存取款更方便，我们在这里开个储蓄所怎么样？"书记觉得这个提议很好，很爽快地答应了。第二天，团结村就在天缘信用社开了户。书记还特意

---

① 天元乡，原新都县下辖 22 个乡之一。

腾出村里的荣誉室，作为储蓄所的办公地点，并将自己的办公桌给了我们。我们在这里组织了 300 多万的存款，发展得很好。随着后期业务发展，到 1989 年，天缘信用社共扩展了 7 个网点。

其次，我们在服务方面进行创新。天缘信用社有一部分服务对象是上班族，当他们中午午休时或晚上下班想办业务的时候，信用社都是关门的；还有部分客户是农民和商贩，他们会很早到集市上做生意，但当他们卖完瓜果蔬菜想要存钱的时候，信用社还没开门。基于此，我们就推出"早七点、晚七点"的营业制度，中午不休息，将服务时间延长到 12 小时，以争取更多客户。我们采取错班或换班制度。网点一般配置三个人，两个人上班，另一个就休息。这一举措显示出我们信用社的灵活性。

随着消息逐渐传开，大家都知道天缘信用社很早就能办业务，关门也晚，来的人就多了。有时候钞车还没到，客户就已经在信用社门口了。这一改革措施既推动了我们业务增长，也让天缘信用社建立了好的口碑。

最后，我们积极拓展市场，为许多乡镇企业提供贷款支持。20 世纪 80 年代，国家大力发展乡镇企业，村村都在办企业。我们先是为村里建设电力基础设施提供了资金支持，为办乡镇企业打好基础，然后再支持乡镇企业发展。

天元乡的企业以建筑建材领域居多。在全员努力下，几乎每个村都有我们支持的企业，覆盖面广、类型丰富，如水泥厂、蜂窝煤厂、玻璃厂、芒硝厂、纸厂、电镀厂、酒厂、杯具厂、预制厂、塑料厂和铸造厂等，基本都是成规模的工厂，不是家庭式的作坊。

我们抱着一荣俱荣、一损俱损的想法为企业提供全方位服务，把企业的问题当成自己的问题，因为只有企业发展好了，我们才能发展得好。如果企业觉得路途麻烦，我们就提供上门服务；如果他们销路不畅，我们还帮忙找市场。而且从风险角度来讲，我们只有越懂企业，才能做到把控风险，避免不良贷款。

我记得有一家水泥厂，它是乡里的重点扶持对象。为帮企业找销路，我们与它的客户一起开了多次座谈会议。客户看到信用社如此支持这家企业，对其信任度、认可度就更高了。

李贵发工作期间获得的荣誉证书

最后，水泥厂发展起来了，这不仅解决了当地的就业问题，还为信用社带来收益。

令我记忆犹新的还有一家玻璃瓶盖厂。这家工厂缺了一种用于制作瓶子内膜的关键材料——聚乙烯。当时，他们想要贷款购买这一材料。本着认真履行贷前审查的想法，我请信贷员带上支票，和厂里的采购员一起到了西安。如果符合贷款要求，我们可以现场支付。最后，他们一人背了一袋材料回来，第三天就投产了，效果相当好。这笔贷款落到了实处，我心里感到很舒畅。

我们支持企业发展，企业也支持我们发展业务。天元乡曾经有一个发展得很好的企业，其他银行多次表达希望它去存款，但这家企业一直拒绝，说自己是由天缘信用社支持起来的，就要在天缘信用社开户。

通过这些举措，天缘信用社在20世纪80年代初具规模。百姓看到信用社为自己解决了很多难题，认可我们是办实事、有发展潜力的好机构。乡政府对我们也给予高度赞赏。在其他地方都办了基金会的时候，我们天元乡因为信用社服务到位，经济情况良好，所以没有成立基金会。

20世纪80年代末，我们中心储蓄所的存款户已经有上千个了，账本有好几本。每天员工都要结账，工作量很大，有时为了找到客户的存折，柜员要在存折柜里翻找很久，很是麻烦。大家常常无法准时下班，只能在柜台吃饭。

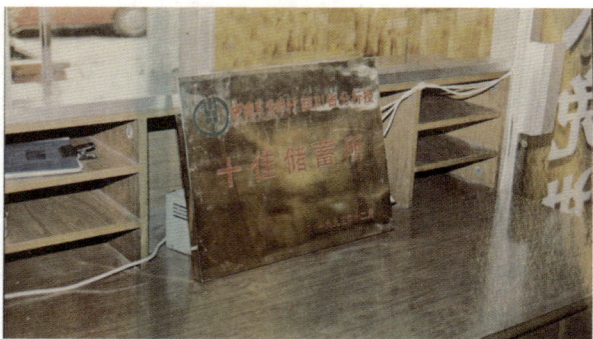

1993 年，天缘信用社获"全国十佳储蓄所"奖牌

看见其他银行上线了单机版系统后，我觉得我们也能用，便准备也上线单机版系统。那时候，我们信用社只有我会开车。于是，我早晨六七点开车去成都电脑城买电脑。买回来后，又请农行懂微机的人员帮忙安装。于是，天缘信用社成了新都县第一个用电脑办公的信用社。有了电脑之后，只需要在微机里输入命令，就能很快找到存折，对员工工作帮助很大。老百姓也觉得天缘信用社设施和其他银行一样先进，就更喜欢我们了。

在大家的努力下，天缘信用社越办越好。截至 1993 年，天缘信用社集体连续六年被评为一级信用社。员工的工资逐级上涨，工作干劲更大。当时，在新都县信用社中，天缘信用社历年来综合业务量和存贷款业务均位列首位，每年存款净增占整个新都县信用社存款净增的三分之一，而新都信用联社的业务发展水平则在成都市所有联社中排名第二。同年，我们被农行总行授予"全国十佳储蓄所"和"最佳储蓄所"称号。

我们这一代人的努力是值得的。即便没有获得荣誉称号，我们也会做好工作、承担发展责任。我们凭借自身的努力拼搏，做到"信用社爱员工，员工爱客户"，改变了外界对信用社的评价，不再被人瞧不起，让信用社人员也能和其他银行一样，昂首挺胸、信心十足，这令我感到高兴。

吴德杨，1993 年入职太兴信用社，现为天元支行客户经理。2001 年起，太兴信用社抓住西部大开发机遇，创新政银合作方式，打造诚信信贷环境，在实现共赢的同时，自身资产质量也从全联社倒数第一变为正数第一。2006 年，太兴信用社荣获"全国五一劳动奖状"。

吴德杨：从倒数第一到正数第一

采访、文字稿整理、拍摄｜成都农商银行口述访谈组

开创政银合作

1993 年，我调入太兴信用社从事信贷工作。太兴信用社位于泰兴镇，属于丘陵地带，地理位置偏僻，以农业为主要产业，经济条件比较差。太兴信用社的业务规模也很小，特别是 1999 年基金会并入后，发展压力更大了。2001 年，新都联社将全镇三个信用社——太兴、木兰、石板滩统一合并为太兴信用社时，存款余额仅 8300 万元，贷款余额 5400 万元，其中不良贷款 5022 万元，不良贷款率高达 93%，是新都联社资产质量倒数第一的信用社。

转机发生在中央推行西部大开发政策之后。[①] 当地开始从传统农业转向现代工业,新建了许多工业园区,农民也进园区当了工人。为了推动地方经济发展,太兴信用社开区域先河,创新推出了政银合作模式[②]。

2003 年 5 月 8 日,太兴信用社与新都区木兰镇人民政府、泰兴镇人民政府、石板滩镇人民政府签订了政银合作协议。根据协议,双方要加强在政策与经济信息交流、信贷支持与政府招商、营造信用环境等方面的合作。仪式在石板滩政府二楼大会议室举行,新都区政府领导,木兰镇、泰兴镇、石板滩镇的党政领导班子成员,各村级支书代表,还有企业代表,以及新都联社和太兴信用社人员,媒体记者等 102 人参会,仪式办得非常隆重。

会后,我们与政府在多方面展开合作。其中,解决企业融资难问题是一项迫切又重要的任务。以前,入驻工业园区的企业缴完土地款之后,普遍面临缺乏流动资金的问题,建房、买设备都需要贷款支持。按要求,企业需要持有土地证才能办理抵押贷款。但实际缴纳土地款之后,企业往往要等一段时间才能拿到土地证。达成政银合作之后,通过引进新都工业园区管理委员会作担保,企业以缴纳的土地款作为抵押,就能向信用社申请贷款,信用社

---

① 1999 年 9 月,中共十五届四中全会通过的《中共中央关于国有企业改革和发展若干重大问题的决定》明确提出:国家要实施西部大开发战略。2000 年 1 月,国务院成立西部地区开发领导小组,提出实施西部大开发战略的初步设想;10 月,国务院发出《关于实施西部大开发若干政策措施的通知》,明确提出:力争用五到十年时间,使西部地区基础设施和生态环境建设取得突破性进展,西部开发有一个良好开局。到 21 世纪中叶,要建成一个经济繁荣、社会进步、生活安定、民族团结、山川秀美的新西部。西部大开发战略由此全面启动。2006 年 12 月 8 日,国务院常务会议审议并原则通过《西部大开发"十一五"规划》。2012 年 2 月,国家发改委对西部大开发"十二五"规划进行解读,明确了新的战略部署和工作思路。2019 年 8 月 15 日,国家发展改革委印发《西部陆海新通道总体规划》,明确指出,到 2025 年要基本建成西部陆海新通道。2020 年 5 月 17 日,中共中央、国务院印发《关于新时代推进西部大开发形成新格局的指导意见》,提出到 2035 年,西部地区基本实现社会主义现代化,基本公共服务、基础设施通达程度、人民生活水平与东部地区大体相当,努力实现不同类型地区互补发展、东西双向开放协同并进、民族边疆地区繁荣安全稳固、人与自然和谐共生,为新时代西部大开发提供了根本遵循。

② 政银合作模式,指政府和银行合作,共同发展,目的是推动地方经济发展、促进金融稳定、改善民生等。

也能确保信贷风险可控。

中美吉祥①是首批享受到红利的企业之一。这家企业生产的铝塑板产品可用于地铁站、机场的建设。当时，它只是规模比较小的个体户，入驻工业园区后，厂房建造、购买设备等都需要资金支持。我们给它贷款 400 万元，解决了它的融资问题。之后，中美吉祥发展快速，产值从几百万元提升到几千万元。

在这样的模式下，我们支持的企业越来越多，新都工业东区、家具产业园区、物流园区等建设发展中都有我们的身影。我们和政府、企业的合作也越来越顺畅，政银合作得到持续发展。

致富的桥梁

政银合作的重要事项之一是共创诚信环境。此前，社会各界"贷款难"的呼声很高，但我们金融机构也面临不良贷款多的难题，企业及个人赖账、逃账、欺诈贷款等现象时常发生。在缺乏诚信的环境中，金融机构如果惧贷、怕贷，融入地方经济发展的资金就会减少，企业、农户发展也会受影响。反过来，也会影响金融机构发展壮大，形成"恶性循环"。

因此，在政银合作中，我们发出"共讲诚信、共树诚信、共建诚信乡镇"的号召，在三个乡镇开展"农村信用工程"活动。指导思路是通过政府、部门联动，社农配合，村组响应，来进行综合整治。在工作中注重"三个结合"②。具体做法是建立农户经济档案，评定信用村、信用组、信用户，发放贷款宣传资料，收回不良贷款等。

以评定信用村为例，每年，我们会在各乡镇优中选优地评定两个信用村，

---

① 中美吉祥，全称为成都中美吉祥金言装饰建材有限公司，于 2005 年 4 月成立。

② 三个结合，即把促进农村产业结构调整和农村经济发展，与加快发展农村先进生产力相结合；把密切联系农民、提高农村金融机构声誉，与促进农村精神文明建设相结合；把增加农民贷款，促进农民增收，与维护广大农民群众的根本利益相结合。

以此引导其他村的老百姓也努力做到守信，争取评为信用村，获得更大的金融支持。关于信用社的评定标准，我们提出了两个基本方法。第一，降低整村的不良贷款率。如果不良贷款少，信用状况比较好，自然有更大的机会

新都区太兴信用社支农现场放贷点

被评为信用村。而如果某村 200 户贷款中就有 50 户不良贷款，那是肯定评不上信用村的。第二，建立经济档案。通过和村组人员一起建立档案，我们能基本了解每家每户的情况，包括人口数量、年收入等，并将这些资料作为评定信用村的信息参考。在评选时，信用户比例最多的，最有可能成为信用村。

对于信用村的信用户，我们又提供户户联保的贷款支持。具体办法是三家以上的信用户可以互为担保，申请更高额度的贷款。他们都是左邻右舍，从事同样的产业，彼此很了解，就会提前判断是否可以为对方承担担保风险，这在一定程度上降低了贷款风险。而且在互为担保之后，他们会在生产技术、生产过程、销售情况等方面相互监督，避免风险产生。

全面铺开信用村评定之前，我们先在木兰镇江西村进行了试点。当地农户子姜种植为主。相较其他农产品来讲，子姜的种植成本高，资金需求更多。在推行户户联保的时候，农户就会考虑和自己联保的老乡种了多少亩子姜，以及采取什么种植技术、种植的时间等，综合评定后才会签订协议。到了还贷的时候，他们也会互相提醒。试点成功之后，新都联社就在新都全区推广。直到现在，我们每年都还在评定信用村、信用组。

随着泰兴镇的信用环境越来越好，"贷款难"的问题也慢慢解决了，企业、农户对未来发展有了信心和底气，经济收入大幅提升，地方财政收入也

提高了。企业、农户发展好了，有什么金融需求也会第一时间找我们。2004
年，经过三年多的努力，太兴信用社的存款余额达 2.52 亿元，相比 2001 年
合并时净增 1.69 亿元；贷款余额为 1.26 亿元，比合并时净增 7251 万元；不
良贷款占比为 30%，比合并时净下降了 63%。我们成为新都联社资产质量最
好的信用社，排名从倒数第一变为正数第一。当地老百姓和企业把我们称作
"致富的桥梁"。

斯诺来访

2005 年 10 月 13 日，太兴信用社获得了国际关注。这一天，时任美国
财政部长斯诺访问了太兴信用社的分社——木兰信用社。斯诺对中国金融
业的发展很感兴趣，并认为农村金融是其中很重要的一部分，希望了解中
国农村真实的信贷情况。而木兰信用社所在的木兰镇位于新都区东南部，
地处城乡接合部，远离市区，镇上住的都是普通农民。因此，斯诺认为木
兰信用社能很好地代表中国农村的情况。

斯诺先生说，他在农贸市场看到有很多本地生产的农副产品，那些摊主
都需要贷款，所以想了解他们如何获得金融支持，信用社又与多少农户建立
了信贷关系。他还关心在与农户建立信贷关系上，信用社主要考虑哪些因素。

我们回答说："木兰镇 141 家中小企业中，获得木兰信用社支持的有 121
家。"他听后频频点头称 "good"。我们还告诉他，我们与农户建立信贷关系
主要是考虑农户资信情况、生产技术情况、资金实力情况、农户投入项目及
市场情况等。

斯诺先生接着问："你们的贷款有多少用于农业方面？多少用于商业方
面？以后这个比重是否会改变？"我们回答说："农业方面的贷款有 90% 左右，
支持流动领域（商业、第三产业）占 7% ~ 8%。这个比例以后肯定会变，我们
农村信用社在不断努力，不断地调整农业产业结构，促进城乡一体化建设。"

2005 年 10 月 13 日，时任美国财政部长斯诺来访

太兴信用社庆祝荣获"全国五一劳动奖章"

他对信用社经营也很感兴趣，问起如何处理不良贷款的问题。我们就说，信用社自身会加强员工培训，加强与客户的联系，对不良贷款进行催收。必要时会采取法律手段，或请政府帮忙清收。通过约半小时的沟通，斯诺先生对木兰信用社的情况有了全面了解，也加深了对我国农村信用社的认知。

通过我们不懈的创新和奋斗，2006 年，太兴信用社获得了"全国五一劳动奖状"。这是非常高的荣誉，当时四五十名在职员工都非常激动。我们抓住了西部大开发的机遇，当好农村金融发展的主力军，做出正确的决策，实现了政府、企业与信用社的多方共赢。

周彦伶，2012 年入职金泉支行，现为金泉土桥支行行长。2018—2021 年，周彦伶在量力支行工作期间，带领团队广泛开展"爱客"服务，有效提升经营业绩，使量力支行从排名靠后的亏损网点跃居为"全国五星级网点"。

周彦伶："差等生"的逆袭

采访、文字稿整理、拍摄｜成都农商银行口述访谈组

我们是不是被遗忘了

在调入量力支行前，我在金泉支行小微业务部任经理助理。2017 年 5 月，因总行规划调整，量力支行合并到金泉支行，由原来的两家一级分支机构整合为一家一级支行①。为了促进两家机构充分融合，领导班子对机构员工进行了调整。我就是在这时被调入量力支行②担任行长助理的，主要负责厅堂和

---

①　调整后，原量力支行下辖所有网点成为隶属于金泉支行的二级机构。其中，量力支行营业部更名为"量力支行"。

②　指并入以前的量力支行营业部。

零售业务。

对我来说，这是职业生涯中一次很大的跨越。以前做小微业务，工作环境相对简单，工作内容也很聚焦。而现在，作为基层网点分管领导，我不仅要面对庞大的客户群体，还要管理不同条线员工，这些都对我的统筹能力和专业素养提出了更高要求。

更让我感到棘手的，是量力支行落后的经营业绩。存款规模 1.51 亿元、贷款规模 9500 万元，这在金泉支行当时的 14 家二级机构中，排名靠后。受不良贷款影响，网点实际已处于亏损状态。

调到这样一个一穷二白的地方，我心里是发虚的。但领导给我打气说："既然派你去，肯定是相信你有能力胜任这个岗位。更何况，你还年轻，缺乏基层工作经验，正好可以趁机好好历练一下。"想想也是，反正没什么好失去的，我又何必患得患失？

报到那天，支行领导送我一起到量力支行并现场宣读了任职决定。紧接着，我们便组织全体 14 名员工开了座谈会，但大家的反应却不冷不热。当时他们考核等级普遍偏低，对未来也不抱什么希望。我在他们眼里看不到一丁点光芒。换不换领导，在他们看来，好像都是一回事。

甚至连保洁大姐都跑来跟我吐槽说："已经两年没发过新拖把了。是不是我们因为长期排名靠后，被人遗忘了？"真是让人哭笑不得。保洁用品本来就不是主动派发的，需要由各网点根据实际情况进行申领，这跟经营业绩没有一点关系。但如果大家丧失信心、自暴自弃，就会习惯性往"差等生"定位上靠。

安排工作也是一件艰巨的任务。再简单的事情布置下去，总会有人跟你说"办不到"。甚至通知全员汇报工作计划，也会有人装作没看见消息，拖着不回复。无奈之下，为了推进工作，我们建了一个微信群，"厚着脸皮"把支行领导请进群里"坐镇"。因为有领导监督，大家再不情愿，也只有硬着头皮执行。但私下里，领导也跟我沟通过："有我们在，员工会觉得不自由，这不是长久之计。你要冲到他们前面，做给他们看，再带他们一起去突破困难。如果要求他们完成100万元的营销任务，自己至少要有完成200万元的能力。这样他们才会服气。"

找到自己的好

要想提振士气，整个团队需要尽快做出成绩。我向来不喜欢加班搞"疲劳战"，但刚到量力支行的那段时间，我和我的搭档——量力支行行长姜霆，基本没有休过周末。我们加班的目的，一是提升自己的营销业绩，二是陪大家一起解决工作中遇到的困难。虽然暂时没办法平衡家庭和工作的关系，但是人生每个特定阶段都有最重要的事，需要沉下心来全力以赴，什么都想要，往往就什么都干不好。

按照惯例，支行每个季度会搞一次劳动竞赛，竞赛结果与员工岗位激励挂钩。此前量力支行大多排名垫底。为了重塑团队信心，支行在业务资源给予了很多支持，我自己也不断努力，硬是赶在6月30日之前落地了一笔对公业务，授信额度达到6亿元。此前量力团队从未做成过这么大体量的客户，真的实现时大家感觉很振奋。也是那一次，量力支行破天荒拿了劳动竞赛第一，大家都觉得逆袭了，团队荣誉的鼓励让每个人工作态度悄悄发生着变化。也是自那以后，几乎每次劳动竞赛，我们都能保持在前三。

记得当时行里给量力支行制定的理财产品销售目标是每月2400万元，却一直完不成。在我看来，我们行理财收益在银行市场上较为优秀，其实并不难完成，就连我自己也在购买。我询问理财经理："理财销售遇到什么问题呢？"当时她的态度比较消极："不好做，根本卖不出去。"

为了转变她的思路，当天下午，我们以市场调研为由，走访了量力周边9家银行，并且详细记录下各行存款、理财、代销产品的基本收益情况。通过综合分析，她自己也感到惊喜："没想到其他银行的理财收益大都比不过我们。"我说："其实我们银行产品优势比较明显，只是平时你听客户说得多，缺乏一定的调研实践，没有对比过。所谓'存在即合理'，我们银行既然能生存下去，就必然有我们的优势。市场很大，与其羡慕别人的好，不如找到自己的好，做好差异化服务。"那天，她很兴奋，开夕会时还很激动地跟同事们分享了自己的心得体会。当月，她的销售额实际完成了 3800 万元，远远超过既定目标。这个成绩，是她当初根本不敢想的。

记得那两年，成都开始换发社保卡，新版卡片因为具备金融支付功能，成为各大银行努力争取的目标[1]。量力支行也在 2018 年初接到了 1800 张的开卡任务，但当时的基础客群薄弱，该开的社保卡也开过了，大家都觉得不好完成。

其实我内心也很焦虑，但这个节骨眼上，传递焦虑不仅解决不了问题，反而可能摧毁大家好不容易才树立起来的信心。所以再难也得想办法宽大家的心："我们厅堂有 8 个人，另外再算上信贷人员，如果把 1800 张的任务分到全年 365 天，每个人一天只需要完成 1 张开卡任务，通过老客户深挖、外拓、公私联动，这不难办到。"就这样，通过把任务进行分解，梳理营销渠道和途径，大家把难度一点点降下来。

为了弥补当地客源不足的短板，我们甚至还联系一家眉山的企业，并带同事上门提供批量开卡服务。这位同事虽然平时工作态度不是很积极，但那天一口气开了五六十张卡后，整个人好像重新焕发了活力。回程路上还激动地与我分享当天开卡过程中发现的很多营销契机。

通过带着大家一起做业务，我也渐渐体会到，员工们其实不怕多跑客户、加班，怕的是没有支撑、没有回报。作为团队带头人，我们要做的就是

---

[1]　新版社保卡中包含金融支付功能，要实现该功能，就要在对应的银行进行开户。当时一共有 6 家银行具有开卡资格，相互之间关于开户的竞争比较激烈。

明确方向，告诉大家应该怎么做，给足他们信心和支持。再后来，我们还陆陆续续做了不少"开创性"的事情：2020年12月30日，我们办理了一笔5亿元的跨境人民币收汇业务，成为当年全行金额最大的收汇业务；我们还一起做过债券投资、发债募集资金监管、同业授信等新业务。刚开始大家没概念，心里也没底，总觉得难以实现，但一步一步地解决，最终都通过努力办到了。通过学习新业务、解决陌生问题的过程，大家不仅提升了办事能力，而且在不断积累成功过程中越来越对自己和团队有信心了。我们的营业经理就曾说，在量力支行接触到很多以前完全不了解的新鲜业务，其他营业经理还打电话来找她学习，特别有成就感。

没有一份服务会白做

为了了解网点情况，刚调到量力支行时，我花了很多时间走路熟悉周边的小区，走遍了周围5公里以内的所有道路。记得有一次，我到距离网点七八百米的一家诊所买药，就随口向诊所老板推广我行的二维码支付业务，没想到她居然不知道我们行的存在。这也让我意识到，在银行网点越来越多的环境中，如果没有一定的"流量"和标签，极容易被边缘化。

虽然网点有很多老年客户，但他们大多喜欢存定期，通常到网点来办完业务，大家就一两年不再联系，长此以往，容易搞成"一锤子买卖"。我对此深有危机感。特别在这样一个缺少大型企业的居民聚居区，零售业务作为网点的业务支撑，提升获客能力，做大客户基数，做深客群就变得尤为重要。

当时市场上大多银行通过赠送米、面、油、牙膏等生活用品获得多次与客户见面的机会。但客户领回家后，很可能连谁送的都记不清，难以产生实际价值。我希望并更愿意能通过体验式活动，创造与客户间的"美好回忆"，以此提升用户黏性，让客户有金融需求的时候，更容易第一时间想到我们。

之所以有这种想法，是因为我平时喜欢探店、喜欢体验生活，也读了不少营销类书籍。我相信，商业模式是相通的，其他行业的优秀案例也可以供我们学习借鉴。

2018年"六一"儿童节，我们第一次试水"爱客"活动。为了让老年人也体验到节日的快乐，我提议六一当天向满足条件的老年客户提供免费理发服务。但因为没有经验，理财经理和营业经理听完我的介绍后，都觉得很迷茫，直言"不会弄"。我于是带着她们去找周边的快剪师傅谈合作，之后又一起梳理邀请名单。为了让活动看上去更正式，我们还买了彩色打印纸，做成邀请函的样式，请理财经理上门送给客户。

所有准备工作都是利用休息时间来完成的。刚开始大家有抱怨，搞不懂为什么累了一天，下班还要给自己找这么多事。但我认为，没有一个电话是白打的，没有一份服务是白做的，所以鼓励他们坚持。

果然，活动当天的效果大大超出大家预期。两位快剪师傅同时开工，从早上9点到中午12点，剪刀根本没有停过，客户们对这次活动很满意。后来，支行领导看到我们发的朋友圈，也来集体点赞，就连总行品牌部的同事也主动联系我们进行报道。

这也更坚定了我们将"爱客"活动持续做下去的决心。考虑到老年人喜欢传统文化，我们决定以二十四节气为节点，将"爱客服务"常态化。

不辜负客户的信任

小时候，因为父母工作忙，我从小就和爷爷奶奶住在一起，因此非常了解老年人的生活。他们劳累一辈子，最缺的往往不是钱，而是陪伴和关爱。其实，大多数老年人生活是能自理的，但却非常容易被区别对待，成为被搀扶、被小心翼翼保护的对象，这其实是一种变相的价值剥夺。虽然当时行里还没有提出专门的"适老化服务"，但我希望能让老年客户感受到"我能行"，也希望能通过体验新鲜事物，让他们真正体会到"人间值得、生活美好"。

"霜降"节气时，量力支行行内进行主题布置

我们曾经策划过一次美妆活动，教老年客户涂口红。之所以考虑口红，是因为它色彩丰富、可以玩很多花样，而且操作简单，即使没有任何经验也能很快上手。活动现场，面对琳琅满目的口红，很多阿姨很害羞，不好意思当众尝试。但看到模特涂上口红后的明显变化，她们就动心了，变得跃跃欲试。最后，每个人都如愿找到了适合自己的口红，还主动要求我们帮忙拍照发朋友圈。自那以后，很多客户来我们网点办业务，都会主动涂上口红。

让我印象深刻的，还有 2018 年举办的"春晚"。为了营造浓浓的年味，我们当时抓耳挠腮想了很多点子，但都觉得不够亮眼。有一天，正好看到一位阿姨画着精致的妆容从网点经过，我们就随口一问："您这是要去哪儿？"她就说要和舞蹈队的朋友一起去双水碾社区①演出。

我们意识到，老年人也需要一个舞台来展示自己，于是就计划办一场老

---

① 双水碾社区，位于四川省成都市成华区八里桥路。

老年美妆活动现场准备的口红

年"春晚"。刚开始心里没底，只试探性向几位老人征询了意见，没想到问了一圈下来，大家反响很热烈。在他们看来，银行是值得信赖的地方，在这里参加"春晚"，很有面子，甚至主动跟我们沟通起彩排事项。

　　为了不辜负大家的热情，我们搭建了舞台，租借了专业的音响设备，还争取到支行支持，安排播音专业的同事来担任主持。1月25日活动当天，表演精彩纷呈。除了歌舞表演，还有诗朗诵和乐器演奏等节目，但还是有客户觉得不过瘾，要求我们临时增加了太平剑表演。还有一位客户，她不擅长表演，但书法写得很好。我们就腾出一块地方，放上笔墨纸砚，请她现场写春联和"福"字，并作为礼物赠送给大家。

　　久而久之，客户开始认同我们。有一位大爷，住在网点对面，平日里衣着很朴素，经常来找我们帮忙解决问题，但一直没有提过办业务的事。没想到有一次，他却突然存了150万元到账上，然后郑重其事地告诉我们："我知道，你们天天跟钱打交道，存款再多在你们眼里也就是一串数字。但这些存

老年"春晚"活动合照

款却是我的身家性命，我愿意托付给你们，说明对你们是放心的。这也是我参加了很多次活动后，慢慢观察出来的。"这段话，我到现在都还一直记得。它时时提醒着我，要努力做得更好，不辜负客户的信任。

随着"爱客"活动不断开展，我们也逐渐明确了自己的服务理念，即"三知三如"——"知需、知情、知心，如亲、如故、如家"。一方面，它要求我们以客户为中心、站在客户的角度思考问题；另一方面，我们也希望，客户能把我们当家人，把量力支行当作自己的家。

后来，在参评"全国五星级网点"〔即"中国星级银行网点（五星）"〕时，其中正好有一项关于文化特色的评价指标。我们这才意识到，不经意间，我们已走在行业前列。

全国五星级网点

因为活动成体系、有创意、效果好，我们也从全行 500 多家网点中脱颖而出，成为当年的"十大明星服务网点"，并被成都电视台、四川新闻网等多

量力支行设计的徽章

家媒体宣传报道。

到了 2018 年底，总行打来电话，鼓励我们申请"全国五星级网点"评选[①]。一开始，我们以为是个很简单的事情，想着要是能申请成功，对团队是很大的鼓励，于是就爽快地答应了。但真正看到参评标准时，大家彻底傻眼了。整个评价体系共涉及 10 个板块 200 条规则，许多条件在我们看来甚至十分苛刻。

就拿硬件来说，作为一个开了七八年的老网点，我们的设施很陈旧，也很落后。据说，当时大行参评网点的改造费用大多超过了百万元。但当时因为费用有限，我们只能进行基础改装。为了把每分钱都花在刀刃上，甚至请来了朋友免费帮忙做装修设计。最终，我们的硬件改造只花了 10 多万元。

在朋友的建议下，我们将重点放在软装环节。我们把大厅布置成开放式"客厅"，提供沙发和茶歇，还原"家"的温馨，员工为此还主动捐出了家里的咖啡机；为了方便客户在办业务的同时照顾孩子，我们还参考"海底捞"，在厅堂布置了专门区域搭建帐篷，并为孩子们准备了免费玩具。我们还在厅堂里摆放了很多相框，用来展示跟客户日常互动的细节。身处这样的银行网

---

① 由中国银行业协会举办的"中国银行业文明规范服务五星级示范单位"评选，通过银行申报、地方银行业协会审查资格及验收评比、银监局合规性审查、中国银行业协会巡检及暗访测评，在全国范围内评选出文明规范服务示范单位。

点环境里，客户不会重点关注摆放的柜子价格多少、到底是不是实木的，而会有一种熟悉的温馨感和放松感。

为了更好服务特殊客群，我们增加了一些贴心设计。例如，针对网点对面盲人按摩馆的技师使用智能机具不方便的情况，我们在所有机具按钮上定制了盲文条。这样，即使我们都下班了，他们也可以轻松办理业务。再比如，我们还在自助服务区及残障人士坡道区增设呼叫按钮。如果客户有需要，按下按钮，就会有工作人员前来帮忙。

此外，参评有完整的总—分—支三级制度建设要求，规范性的文件建设我们不具经验，花了接近三个月，认真学习并对照标准梳理出三四百条制度。后来我们才知道，很多同业把这一项工作外包给第三方公司，但我们当时是硬着头皮，靠着单位的支持和团队的力量完成了这项浩大的工程。现在想起来，仍然感觉内心充满自豪。

2019 年 7 月初，在筹备大半年后，我们迎来了考核的日子。当天恰逢下雨，天空灰蒙蒙的，大家的心情也有些阴郁和紧张。为了宽慰我，当时总行负责参评工作的负责人徐建军对我说："彦伶，放轻松，我们的目标是'保三争四'，哪怕最后只评上三星级网点，那也叫星级网点。"

上午 10 点，评审组一行到达网点。通常，评审组会先参观网点，我知道如果单纯参观网点，以我们的硬件是很难发现服务特色的。所以在总行迎检团队配合下，我们先邀请评审组成员入座，通过 PPT 对网点进行介绍，介绍完毕再邀请大家进行参观。评审组组长是一家国有大行的领导，参观时他站在我们的照片墙前停留了好久，感慨地说："你们是真正地在和客户做互动啊！每一张照片里的笑容，都是客户发自内心的认可。"他当时还表示，想让自己的员工来这里学习。这句话对我来说，是一个积极的信号，说明我们的展示打动了评审组。

参观完毕，接下来的流程就是对照各项指标一一进行检查。整个过程很

获评"全国五星级网点"后，量力支行员工与奖牌合影

漫长，持续了大半天。考核总分是 1000 分，按照要求，要想评上"全国五星级网点"，至少要 950 分，而最终我们得了 977 分。2019 年 8 月，在得知成功创建"全国五星级网点"时，大家沸腾了。

　　能获得这个荣誉，是一个奇迹，也是全员的功劳。在这个过程中，每个人都实现了自我成长。大堂经理从二星级做到五星级，理财经理从一星级升到四星级，还有同事被总行评为"优质服务明星"。有员工说，原来觉得自己很一般，但现在却经常接到兄弟支行同事打来的咨询电话，就觉得自己得到了极大肯定。

　　在我调入量力支行的当年，网点扭亏为盈，经营排名位列支行第七名。2019 年，我们一跃成为第一名，2020 年也继续保持着这个成绩。2021 年，当我任期结束时，这里的存款规模达到 9 亿元、贷款规模达到 15.7 亿元，人均创利 295 万元。

2021 年 7 月，因为轮岗，我调任土桥支行担任行长。虽然离开了，但我却一直和大家保持着家人般的关系。直到现在，每逢生日，都会第一时间收到他们发来的祝福。而这段难得的历练，也让我更加坚定了未来工作的方向，让我得以在土桥支行很快扎根。如同大树那样，我们彼此滋养，茁壮成长。

李仕军，1984 年入职双河信用社 ①，现已退休。作为西岭镇 412 平方公里内唯一的金融机构，西岭分理处多年来一直扎根当地，坚持为当地老百姓提供优质的金融服务。面对各种极端考验，西岭分理处员工翻山越岭、过滩涉水，从未忘记"金融为民"的初心。

李仕军：412 平方公里的坚守

采访、文字稿整理、拍摄｜成都农商银行口述访谈组

唯一的金融机构

我是西岭镇飞水村人。在进入信用社工作前，是一名代课老师，每月工资仅有 8 元，生活非常清苦。1984 年，听说镇上的信用社要招工，我就报名参加了考试，当时一共 7 人参加考试，最后被录取的只有 2 人，我就是其中的幸运儿，被招进来做了一名会计。记得进社头半个月，我领到 16.5 元的工资，真是又惊又喜。算下来，相当于是在之前的基础上翻了四番。因为这份

---

① 　现成都农商银行大邑县花水湾支行西岭分理处。

西岭镇全景图（王永东／供图）

收入，全家的生活状况大为改善。这也让一直我对信用社充满感恩，下决心要兢兢业业对待工作，不辜负领导的信任。

西岭信用社共有三个门市，包括一个主社和两个储蓄所[①]。听老一辈人说，几十年里，除了农行曾在镇上开设过一个储蓄所，短暂持续了一年多，其余时间，就只有信用社坚持为当地村民服务。直到现在，我们都是镇上唯一的金融机构，被称为"大山坳里的网点"。

"窗含西岭千秋雪，门泊东吴万里船。"因为诗圣杜甫的千古绝句，西岭镇被世人所熟知。但风景归风景，真正说要来上班，大多数人都不愿意。这里距离大邑县城 45 公里，车程至少需要 1 小时。夏天还好，到了冬天，同事们只能披星戴月地工作，非常辛苦。

此外，相比其他区域，这里最大的问题在于地广人稀。西岭镇总面积为 412 平方公里，占大邑总面积的 1/3，但常住人口仅有 5000 多人。可是，我们的服务不仅不能打折，甚至还要加倍投入。记得我刚来上班时，这里还没有修公路，全是烂泥巴路，因为居住分散、路途遥远，我们的信贷员去最远的云华村[②]调查，来回 60 多里山路，需要走上整整一天。

村民们来网点办业务也很不容易。有些人是天不亮就从家里出发，走上

---

① 西岭信用社是主社，两个储蓄所分别是大龙储蓄所、栗子坪储蓄所。

② 云华村，四川省大邑县西岭镇下辖村。过去，这里位置偏僻，距离西岭镇较远。但如今，这里是西岭雪山景区所在地，旅游业蓬勃发展。

好几个小时赶过来。为了防止打滑，脚下穿的是带钉子的草鞋。还有些人经常在我们准备关门轧账时才走拢。看他眼巴巴望着你，你能怎么办呢？总不可能让他先回去，明天再跑一趟吧？拒绝的话，是万万说不出口的。好在当时没有钞车押运，信用社都是把现金存在自己的金库里保管，所以营业时间更灵活，即使再晚，我们都坚持把业务全部办完才关门。

遇上春节这样的旺季，我们就更忙了。买年货、走人户、发红包，家家户户都等着用钱，前后整整一个月，我们每天都要干到深夜 12 点。考虑到安全问题，大家也就不回家了，直接住在社里，就连我这样的本地人也不例外。

除了日常工作，当时我们还有一项重要任务就是守金库。社里三个门市共计 10 名员工，每个门市每晚需要安排 2 名员工守金库，于是大家就轮流值班。如果遇上特殊情况，有人生病，或者外出培训、开会，其他人还得牺牲休息时间来顶班。这么算下来，一个月真正能休息的时间就一两天，住在单位的时间也至少占了一半。

出于安全考虑，金库里存放的现金通常是有限额的。如果临时出现现金不够的情况，我们就要骑着自行车，到 15 公里外的农行邮江营业所取钱。有一次，我们把取到的现金四四方方捆起来放在后座上，结果却被当地的煤矿工人拦下。因为觉得现金外观、大小和矿上用的电瓶 ① 很相似，他们误以为我们偷了电瓶，所以拦下我们盘问了好一阵子，惊得我们出了一身冷汗。自那以后，我们再也不敢包装得太规整，怕被人看出来。

翻山越岭上班路

西岭镇地处山区，交通不便，为了干好工作，30 多年来，我换了好几次交通工具。刚开始时，我是步行上下班，5.7 公里的路程差不多要走一小时。1985 年，岳父送了我一辆自行车，从那以后，我上班就快多了。出门几乎都

---

① 电瓶，这里指矿灯电源，给矿工照明提供电源。

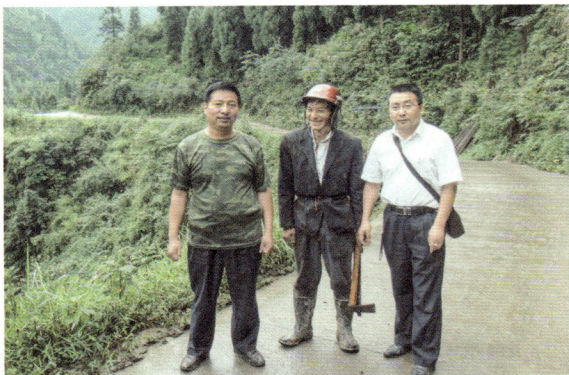

西岭镇地处山区，多发洪灾，图为李仕军（中）在2011年参与抗洪（王永东／供图）

是下坡路，差不多半小时就能到单位。但回家就是上坡路，所以基本上只能推着车走。再后来，经济条件更好了，我就换了一辆摩托车，每天上班就只需要20分钟左右。

但摩托车也不是万能的。记得有一年，因为修新路，山体被炸，原来的道路被拦断，我只能骑着摩托车出门，然后把车丢在半路上，再翻山去上班，下班后再绕回到原路去取摩托车。2008年1月，大邑遭遇了一场罕见雪灾，路面积雪高达80厘米，整整一个月雪都没化。那种情况下，摩托车是万万不敢骑的，因为遇到弯道稍不注意，人和车都会翻下去。我又改成了步行上班，有一天走着走着还是摔了，腿上豁了个大口子，最后是蒙着伤口赶到单位的。

除了极端天气，平时我们遇到最多的情况是下雨。因为是本地人，相比其他同事上班路途更近，为了确保网点准时开门，每逢下雨，我都会提前1小时出门。2019年8月20日①，我像以往那样，披上雨衣早早出门，结果摩托车刚骑了不到500米，就遇上道路塌方。当时，我还没有意识到洪水的破坏力，以为勉强绕过落石，后面的路就顺了。哪晓得走了不到100米，又遇到更大的危险。此时，前方是泥石流，后路被落石堵住，我夹在中间，进退

---

① 2019年8月19日22时至20日14时，大邑县沿山乡镇普降暴雨，西岭镇出现特大暴雨，降雨量达272.4毫米。截至20日24时，西岭镇、花水湾镇、斜源镇、雾山乡等4个乡镇不同程度受灾，道路、桥梁、电力、通信不同程度受损。

两难。停在原地很危险，掉头回去也困难，只能继续往前走。我观察了下地形，泥石流上刚好铺了一层树枝，于是踩住油门，一口气冲了过去。再走没多远，摩托车又被倒在地上的电线杆给挡住了。我不得不向路人求助，请他们帮忙一起把摩托车抬过去。

一直走到距离信用社两公里的地方，摩托车再也无法通行了。我只好把车丢在原地，翻山步行到了网点。一路上，我看到道路塌方、山体滑坡，连房子也倒了，树木被连根拔起，横七竖八地躺在路中间，农家乐的桌椅板凳也被浩浩荡荡的洪水卷走，真是触目惊心。回想起来，还是很后怕的，那天要是稍不小心，被石头砸中，或被山洪冲走，我就没命了。但当时没心思想这些，一心想的就是：无论如何，要确保准时营业，不能让村民跑空趟。直到后来，我们接到政府通知，必须全员撤离避险，才被迫停业两天。这也是从业 30 多年来，除"5·12"汶川大地震外，我们第二次停业。

其余时间，遭遇再大困难，我们都没退缩过，坚持准点营业，认认真真做好服务。单位对我的工作也很肯定，多次把我评为"先进工作者"。

同患难共成长

30 多年的工作经历，也让我见证了西岭镇的变迁，见证它从辉煌到低谷，再到重新焕发生机。

记得刚到信用社时，我们的规模并不大，存款规模只有 220 万元，贷款 70 万元。20 世纪 80 年代后，改革开放的春风吹到西岭镇，这里的乡镇企业蓬勃发展，我们的经营规模也水涨船高。因为西岭镇富含煤矿和水资源，这里搞了很多煤矿和小水电厂，高峰时期，有 10 多个小水电厂、100 多座煤矿。需要资金的企业，就来找信用社贷款。有时资金需求量太大，我们还就要到附近的鹤鸣、悦来等信用社进行调剂。1991 年的报表显示，我们共计拆借资金 350 万元。

企业多起来后，镇上也热闹起来，因为人手不够，许多阆中、中江等地的人都来这里打工，全镇人口最多时有 7000 多人。我们也借机大力组织存款。那时候倡导"零存整取"，村民身上哪怕只有 5 元钱，也可以存过来，积少成多，一年也至少有 60 元。业务好的时候，我们一天一个门市（春节前）要办 200～300 笔业务。到了 1991 年，我们的存款接近 2000 万元，贷款 1000 多万元。印象特别深刻的是，1989 年整个大邑全县其他信用社都在亏损，唯独西岭信用社有盈利。

2000 年后，因为环保要求和规划调整，本地煤矿和小水电陆续关停，许多年轻人开始外出务工，镇上曾经有过一段萧条期。近几年，随着乡村振兴战略提出，这里开始调整产业规划，又重新焕发生机。这里旅游资源好，不仅有西岭雪山，目前还计划打造熊猫公园，未来发展前景肯定很好。为了支持旅游业发展，我们向成都西岭雪山旅游开发有限责任公司投放贷款 1000 万元。此外，我们还大力支持村民发展农家乐，截至 2023 年 10 月，累计为农家乐发放贷款 45 笔、共计 1850 万元。

种养殖业在西岭镇也发展得不错。十多年前，就有农户在山上种三木药材①。现在的沙坪社区高联村，有的人家种了上百亩黄连，年收入有几十万元。同时，镇上还有 10 多户搞冷水鱼养殖，每年最高产值超过千万元，利润非常可观。

村民有资金需求，我们就努力提供贷款支持。尽管贷前调查、贷中检查、贷后管理路途十分遥远，但看到他们日子一天天好起来，我们就感觉很欣慰。

现在，因为有手机银行、网上银行，很多业务都不需要到网点来办理，在线操作就很方便。但因为镇上老年人居多，遇到一些特殊事项，无法在线

---

① 三木药材即指黄柏、厚朴和杜仲。

操作的，我们就组织同事进行上门服务。有一位 80 岁高龄的老人社保卡被冻结，按要求需要亲自到网点办理激活手续，但考虑到老人实际情况，两位同事就一起联合上门服务。老人住在山上，山路很陡，有段路没法开车，只能步行。因为刚下过雨，路上全是稀泥，大家就深一脚浅一脚爬上去，来回一趟花了三四个小时。类似这样的情况还有很多，我们平均每周要提供一次上门服务。

为了更好地支持本地经济发展，从 2021 年起，大邑支行还在西岭镇云华村派驻了一名乡村振兴金融助理，每周都要到云华村实地走访，一方面为大家宣讲金融政策，另一方面搜集村民的金融需求，帮助大家解决实际的生活困难。像办理营业执照、兑换零钞等，我们都事无巨细地参与。同时，积极对云华村开展"整村授信"工作，向该村授信 37 户，1800 万元，大力支持村里农家乐发展。

如今，在成都农商银行大邑支行 11 个同类型网点里，西岭分理处的经营排名位列第六名，目前存款规模 1.7 亿元，贷款规模 1215 万元。如果单算经济账，在这样一个地广人稀的地方开网点，性价比是不高的。之所以我们还一直坚守在这里，是因为我们相信，作为深耕本地的银行，除了经济效益，我们不能忘了社会责任。如果我们走了，谁来满足大家的金融需求？

2023 年，我退休了，但能把最美好的青春献给家乡，我觉得幸福无悔。这么多年，无论网点规模怎么变化、服务内容怎么调整，我们为老百姓服务的初心一直没有变过。相信未来随着西岭镇发展越来越好，我们银行也会变得越来越好。

第七章

直面大考：
托举新生希望

林佳，1979 年入职农行彭县支行新兴营业所，1996 年行社"脱钩"时调任农信社，现已退休。2008 年"5·12"汶川大地震发生时，林佳作为都江堰联社理事长，带领全体员工开展抢险救灾工作，并搭建起震后首家"帐篷银行"，为恢复灾区金融秩序作出贡献。

林佳：废墟上的"帐篷银行"

采访、文字稿整理、拍摄｜成都农商银行口述访谈组

抢险救灾

2008 年 5 月 12 日下午，我正在都江堰联社四楼办公室工作，突然听到一声巨响，紧接着，办公楼开始剧烈地上下抖动。我立马意识到，这是地震了，于是赶紧朝外面跑。但此时大楼却摇晃得越来越厉害，书柜、饮水机、立式空调全都倒了，沙发也随着震荡左右滑动，我刚跑到门边就已经站不稳了，只好紧紧抱着门来保持身体平衡。大概过了一分多钟，摇晃开始减弱，我才和同事们快速撤了出去。

由于联社所处的幸福大道基本都是新修的房子，损毁不算严重，我最初

还以为问题不大。可没多久，看到老城区方向扬起了巨大的灰尘，我的心一下子就提到了嗓子眼儿，知道那里肯定垮了很多房子。此时，电话通信已中断，有两件紧急的事情需要我们马上着手处理：一是抓紧了解全辖39个营业网点毁损情况及人员伤亡情况；二是抓紧清点账款，确保全部安全回收金库。

于是，我抓紧时间将同事们组织起来，分成3组，每组6人，前往不同网点摸排情况。由于此时道路交通已完全瘫痪，汽车刚开出去就堵住了，最后不得不换成摩托车、自行车。派出去的各组人员，有些后面断了联系，一直忙到5月13日凌晨两三点钟，才最终摸清人员伤亡情况：在岗职工没有死亡的，但有擦伤、刮伤的情况。

与此同时，还有一部分同事负责清点账款。一直到当晚10点，其他所有营业网点账款都收回来了，仅剩下蒲阳信用社向峨分社的账款没有回来，大家都非常着急。后来我们才知道，由于运钞车在途中被紧急征用抢救伤员，几位同事拦下了一辆便车，准备将账款护送回联社。没想到途中又遇上交通管制，他们不得不再次返回蒲阳，在与当地派出所沟通后，将钞箱放到派出所的通勤车上，在雨夜中守护了10多个小时，才辗转把账款送回了联社。之后，我们一直派人在金库门外把守，确保资金安全。

一直忙到5月13日凌晨3点多，才突然想起，头天午饭后，大家都还没来得及吃东西。我于是又叫上同事，一起开车去郫县，敲开商店的门买了很多面包和牛奶带回来，临时解决了几十个人的吃饭问题。

由于余震不断，大家只能待在户外，但雨却一直下个不停。有员工从家里拿来彩条布，用竹竿撑起来拴在树枝上，大家就这样勉强躲一下雨。虽然又累又饿，但大家都没有回家，24小时待在一起，团结一致抢险救灾。有的ATM机被埋了，但钱还在里面，我们就请建筑队一起，用汽车拉着，把机器从废墟里拖出来，把钱取出来；为了抢救信贷档案，联社主任谢贤宇带领同事，冒着生命危险在余震不断的危房中作业了好几天，由于当时的楼梯只能勉强站人，承重随时可能垮塌，他们就带着绳子先进去，再想办法把所有档案捆起来，从窗口吊着放下去。

地震发生后的前三天，我基本没睡觉。同事们困了的话，就勉强在车里躺一下，打个盹儿。直到后来，救灾物资陆续到位后，我们从车上换到帐篷里住，刚开始也是用木头、纸板搭床，后来又有企业赞助了几十张行军床，条件才稍微好了一些。

恢复营业

与此同时，政府也在积极组织抢险救灾。为了保障老百姓的基本生活，政府决定给灾民们每天发放 30 元的救灾款，总共需要约 600 万元的现金，当时全辖所有金融机构只有我们能做这件事。但受地震影响，当时系统无法正常运转，按道理是无法办理任何业务的，后来在人行都江堰支行、原银监会和市联社多方协调下，以打收据的形式，我们在 5 月 14 日下午成功把救灾款送到了政府。

这件事情也给了我们一个重要提醒——那就是必须尽快恢复营业，要让灾区的老百姓尽快看到生活的希望。好在当时我们已经实现了系统联网，只要有一个网点恢复营业，其余网点的客户都能来办业务。不像以前，客户只能固定在一个营业网点办业务。

我们将第一个恢复营业的网点（即"帐篷银行"）的地址定在联社营业部门口的空坝子上。一来，这里属于新城区，损毁情况不算严重；二来，这个平坝较为宽敞，离营业部也近，搬运办公设备也比较方便。

我们先是找来长期合作的建筑公司，请他们帮忙找钢架、彩条布，搭好"帐篷银行"的主体。紧接着，再从办公楼里搬出没被砸坏的桌椅板凳、电脑、打印机、提钞箱等。最关键的是要解决网络问题。当时市联社计算机中

2008 年 5 月 15 日，"帐篷银行"正式运营

心主任林毅带了一个工作小组立马赶到都江堰，从机房内搬运设备，连接调试网络、电源、设备，虽然网络信号不算太好，但总算是通了。

　　尽管"帐篷银行"条件简陋，但勉强能满足日常的业务需求。我们当时设了两个储蓄业务柜台，一个对公业务柜台。柜台就是用的简陋的办公桌，为了保证安全，除了联社自己的保卫人员在此看守，政府还帮忙协调来了两名武警。

　　5 月 15 日，"帐篷银行"开始运营，我们成为都江堰地区第一家恢复服务的金融机构。我们的营业时间和平时差不多，从上午 9 点开始，一直持续到下午 5 点半。第一天下来，共办理了存取款业务 295 笔，金额达 688 万元，同时还办理了都江堰市政府下属新城投资公司一笔 1000 万元赈灾资金的结算业务。

　　那段时间，客户来"帐篷银行"主要是办理存取款业务，单位存钱要多

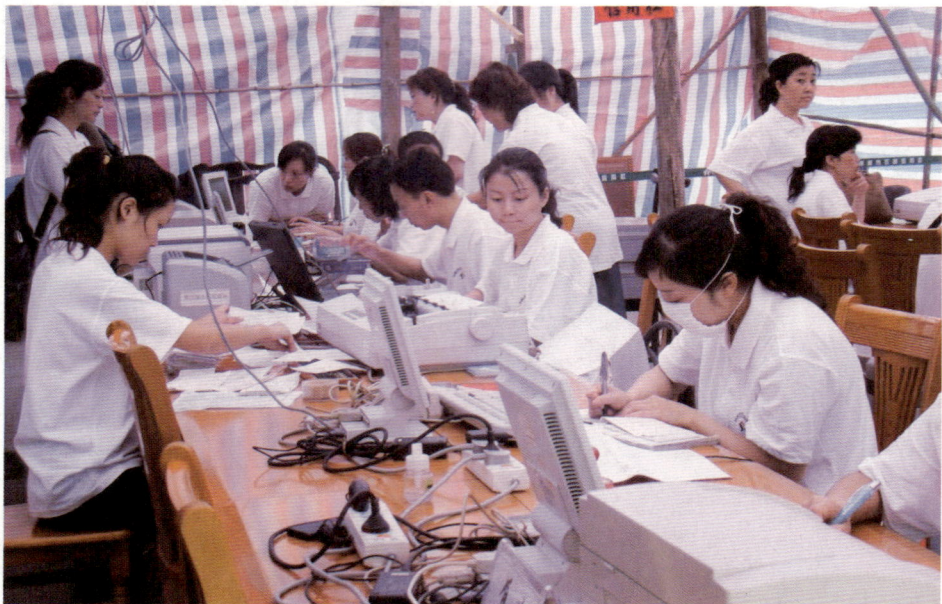

都江堰农村信用社员工在"帐篷银行"内办理业务

一些，个人取款要多一些，办挂失的也比较多。当时，我们还有1000多万元的现金，随时可以从金库里提出来，及时满足客户需求。

随着天气逐渐变热，帐篷里的气温越来越高，最高时气温达到40 ℃。但没有人叫苦叫累，大家"舍小家为大家"，冒着酷暑，忍着悲痛，有条不紊地办理着业务。有时候，同事们的汗水顺着脸颊往下滴，一起身凳子上全是水，时间一久，脸上也晒出黑斑，还被大家戏称为"地震图"。

我们对老百姓好，他们也给了我们很多温暖。有老客户知道我们买不到菜，就从乡里专门给我们送菜、肉和罐头等，还有客户给我们炒回锅肉，用大锅装着送到"帐篷银行"来。都说"患难时刻见真情"，地震让我们和老百姓的感情越来越深、距离越来越近。

我们的"帐篷银行"也受到社会的广泛赞誉。原中央电视台及省市主流新闻媒体多次报道，时任人行行长周小川、原银监会主席刘明康等领导前来视察时，也给予了高度赞扬，并要求其他银行尽快复制和推广"帐篷银行"的运营模式。

"帐篷银行"运营一个星期以后，其他银行的营业网点才陆续恢复。大约过了一个多月，板房陆续建好，我们的"帐篷银行"也升级成"板房银行"。"板房银行"的设备更多，功能也更加完备，现金区、非现金区、自助服务区、客户等候区是分隔开的，自助服务的机器也都有。

心手相连

地震发生后，大家吃住都在一起，不分彼此，信用社成为大家的临时大家庭。没有住的、吃的，大家就跟着单位，家属也在我们搭建的帐篷里生活。高峰的时候，有将近300人来我们那里吃饭，除了职工以外，还有很多其他单位的人。那时候想得很简单，不分彼此，能帮的都要帮。

地震也让我真切感受到员工对于单位的忠诚和奉献。比如，地震来的时候，本来都该往外跑，但我们员工想起章和现金都在桌子上，又回去把物品锁在抽屉里再出来。地震之后，大家也都是先忙工作，才过问家里的情况，没有一个员工脱岗去解决自己的问题。即使个别平时看着不着调的员工，关键时刻都全身心投入到工作中，十分可靠。

平时里，大家偶尔还会因为一两句话闹得不开心，但在大灾面前，大家互相都能体谅，成为患难之交。在最困难的时候，商店都关门了，根本买不到吃的，一些房子受损不严重的员工就把自己家里的东西拿出来，和大家一起分享。经历过地震，我们的队伍得到了锻炼，团队的凝聚力极大增强。这种"以社为家"的精神，让我很感动。直到现在，还有很多人和事深深地印刻在我脑海里。

时任青城山信用社主任周德，地震后与母亲失联，却没有马上离开，而是紧急指导所有员工撤出营业室，并带领几名员工不顾个人安危，往返几次进入营业室将钱箱、账箱抢出及时送回联社。之后，得知母亲不幸遇难，他在母亲下葬当天就又返回信用社，带领员工搭篷、架线、调设备，青城山信用社震后第五天就恢复营业了。

还有灌口信用社员工赵霞，父亲、母亲、弟媳三人均在地震中遇难，她料理完亲人后事，马上回到工作岗位。我们劝她多休息两天，她却说，悲伤无济于事，还有很多人要靠我们的服务去抢险救灾、恢复生产、重建家园。

地震也让我们感受到了来自四面八方的善意，市联社是我们的坚强后盾。5 月 13 日，市联社领导前来慰问，并查看各信用社受损情况。5 月 14 日，市联社召开电话会议，对于抗震救灾和恢复营业的问题进行紧急安排部署。当天晚上，各联社组成的 41 名志愿者就来到都江堰，帮忙搭建帐篷……在市联社的关心帮助下，我们还收到了很多救灾物资，包括蜂窝煤、面包、衣服等。

此外，上海农商银行还主动和我们联系，出资 1000 万元援建青城山信用社，让我们感受到全国农信都是一家人。

得益于各方的全力支持，我们信用社灾后重建的速度才会这么快。15 年过后，好多记忆已经淡去，但每每想起地震，还是会被众志成城、携手抗灾的精神所感动。

吴寿昌，1984年入职北君平信用社，现已退休。2008年"5·12"汶川大地震发生后，吴寿昌奔走在丽春镇各村，积极推动农房重建贷款落地，其经手办理的农房重建贷款笔数居全市之首。因在灾后重建中的突出表现，吴寿昌被评为"全国支农先进个人"。

吴寿昌：重建家园

采访、文字稿整理、拍摄｜成都农商银行口述访谈组

老百姓很需要我们

我是彭县本地人。1984年12月，我进入北君平信用社工作，先后干过会计、出纳、主办会计，1991年转做信贷员后，就一直干到了退休。

做信贷员是很辛苦的，几乎每天都要跑外勤。当时我们只有两个人，每人负责跑6个村。我们就骑着自行车，挨家挨户地从早上跑到晚上。但是如果遇上雨天，乡下的机耕道全部变成泥巴路，别说骑车了，连推车都吃力。一边推车，一边捏根棍子刨干净车胎里的泥巴和小石子。就这样跑了两三年后，我就把村里的情况全部摸熟了，村里哪家人是做什么的、有多少人、子

女是谁，我都一清二楚。

2007年，我被调到丽春信用社[①]。没想到，我调去的第二年，就遇上了"5·12"汶川大地震。那天下午，我在办公室二楼听到"嗡"一声巨响，立即意识到这是地震了。当时，信用社负责人不在，只有我一个老员工。我和其他年轻的同事就一起把钱箱、电脑守着，等负责人赶回来之后，才把钱装车绕行送到彭州联社的金库里。[②]

地震第二天，我们就开始步行走访，摸排贷款客户受灾情况。第三天，开始进村。按照要求，我们要对受灾农户的影像资料进行收集，比如这家人的房子是否倒了，倒了多少，我们都要拍照留存，为下一步支持灾后重建做好准备。

进村一路所看到的情景，让我的心情十分沉重。很多房子原本就年久失修，因为地震，成了危房，裂开很宽的缝隙，非常容易垮塌。还有些房子直接就全部垮完了，只能用篷布和树枝搭一个简易棚子将就住。我还听说，有老人当时在睡午觉，因为房子垮塌，就直接去世了，心里很难过。村民们普遍的情绪就是迷茫、沮丧。突然出现这样的大灾大难，大家根本不知道该怎么办。按当地人的话来说，房子垮了就只能去住桥廊、睡桥洞，以后即使要修，也不可能再修成原来的样子。

6月，政府的农房灾后重建贷款的政策就正式出台[③]。按照政府规划，当时全市农房重建有统规统建、统规自建、原址重建、开发重建、异地安置等

---

① 2010年3月，丽春信用社、北君平信用社和庆兴信用社三个营业网点合并，成为现在成都农商银行彭州丽春支行，实行统一年终决算。

② 当时丽春信用社的钱不是由运钞车接送的，而是寄库，即每天营业结束后，要把钱送到彭州联社的金库去。

③ 2008年6月26日，成都市政府发布《关于坚持统筹城乡发展 加快灾后农村住房重建的意见》，对成都市灾后农村住房重建提出指导性意见，并创新性地提出农村住房多种重建模式。

多种方案 ①。最后，全镇有三个行政村选择了统规统建，其余全部选择"统规自建"，这就是我们农房重建贷款需要重点支持的对象。

　　《成都农商银行关于支持灾后农房重建工作情况的报告》显示，为推动灾后农房重建工作深入开展，成都农商银行积极与农村产权流转担保公司（以下简称"产担公司"）合作，推出了由产担公司提供担保，贷款期限最长 8 年，贷款金额最高 6 万元，贷款利率在基准利率基础下浮 15% 的农房重建贷款，其流程主要为：农户进行宅基地确权→向产担公司申请担保并进行反担保→产担公司出具担保函→向成都农商银行申请贷款。

　　同时，为积极引导农户正向选择，建立还贷意识，提前归还贷款，政府相关部门出台了灾后农房重建贷款财政贴息政策：对 2009 年底前还清贷款的农户由县（市、区）财政全额贴息；对 2010 年底前还清贷款的农户由县（市、区）财政承担利息的 50%。对灾后农房重建不通过产担公司担保贷款的农户，每户给予 5000 元补贴。这样在减轻受灾农户负担的同时，有利保证银行贷款质量。

---

① 统规统建指对规划确定的农村新型社区和集中居住点实行统一规划、集中建设；统规自建指按照已审定的农村重建规划和相关乡村规划，在尊重群众意愿的基础上，当地政府、农村集体经济组织按因地制宜、适度集中的原则，考虑生产半径和基础设施配套情况，可以组织受灾农户将原分散居住的灾毁房屋宅基地按"拆院并院"的方式，集中规划重建；原址重建指灾毁住房农户原宅基地点位符合灾后重建规划和地质灾害防治规划的，可按震前已合法取得的宅基地面积重建；开放重建指按照重建规划，经三分之二以上的村民同意，由集体经济组织对建设用地进行综合整理，集中使用，也可引入社会资金进行综合整理和产业开发；异地安置指对有创业能力、自愿举家搬迁的灾毁住房农户，应允许其自愿放弃宅基地异地安居置业，农户不再申请宅基地。

为了让村民们了解农房重建贷款的具体政策，我们开始进村搞宣讲。每到一处，我都尽可能地把所有细节讲清楚，但还是会出现一些理解偏差。比如，有人将农房重建贷款当作政府给的救济款，申请了不用还；还有人对贷款手续了解不清楚，

灾后农房重建贷款政策咨询会现场

发生了一些令人哭笑不得的事。比如，当时办贷款要求农户需要准备身份证、户口本、结婚证等资料，借款人夫妻双方必须到场签字，所有的复印件本人都要签字、摁手指印。在长廊村，有位村民原本离异了，没想到排队排到他，我们让他签字，他却在旁边拉了一个女同志过来说："你们要夫妻双方签字，但我没有老婆，就只能借一个女的来签字了。"我说："你的离婚证都复印了，还借什么人呢？"大家在旁边都笑了起来。

重燃希望

宣讲完贷款政策，我们就更忙了。从 2008 年的国庆节到 2009 年的春节，是最忙的时候。由于统规自建是由政府招施工队建造，所以政府会对施工进度进行统一把控。当时，因为各地灾后重建工程都在开工，建筑材料供不应求，施工方要拿钱去买建筑材料，没钱就联系村里帮着想办法，村里就会打电话来催着我们放贷。为了不影响建设进度，我们必须想办法压缩贷款流程，提高放贷效率。

为此，我们组成三人小组入村进行现场办公——除了我，还有房管局、担保公司的工作人员各一名。农户先在房管局工作人员的帮助下办好抵押手

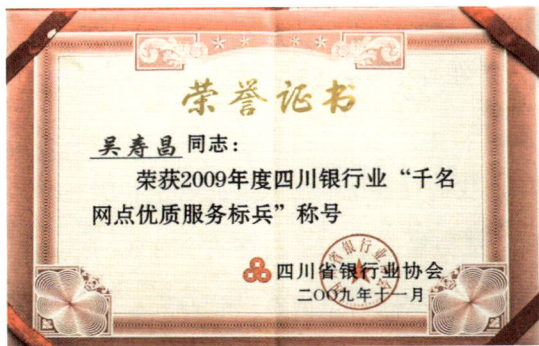

2009 年 11 月，吴寿昌荣获 2009 年度四川银行业"千名网点优质服务标兵"称号

续，再由担保公司出担保函，我就负责核验签字、收资料①。最快的话，两天后就可以放款。

自从开始放灾后重建贷款，我感觉就没有休息日了，上下班也没有明确的时间。一般来说，早上 7 点就出门，8 点就已经到村里了。

而晚上要很晚才能回家。因为老百姓白天要忙其他事，所以他们一般会选择在早上很早的时候或是晚上八九点钟天黑的时候来办理贷款。因此，我们早上到村上的时候，办贷款的地方已经围满了人。晚上，无论再晚，我们也要想办法把手续全部办完了再离开。因为第二天我们又要去其他村办业务，所以必须做到"今日事，今日毕"。我们始终抱着真诚的态度去办理贷款，平均一天能收五六十户申请材料，放款二三十笔。

由于刚刚经历地震，村里的条件很艰苦。没地方吃饭，我们只能随身带一点干粮或者吃泡面。没有固定的办公场所，有些村委会就提供几个喝茶的小方桌拼在一起，供我们现场办公使用。条件更差的只有一张矮桌子，我们就弓着腰在小板凳上办公。一天下来，腰酸背痛，比干一天体力活还累。

有个村给我印象很深，因为条件有限，我们就直接坐在院坝里办公。冬天的风很大，冷得让人受不了。但是没办法，老百姓围在那里，再冷我们也要办。还有一个村，夏天的时候邀请我们在板房里办公，本以为条件会好一

---

① 房管局的人员，要给老百姓处理好抵押这一流程；而为解决老百姓没有房产证作抵押，但又需要贷款进行灾后重建的问题，政府出台政策要求成立一个融资产权担保类的公司，为老百姓提供担保函。只有抵押流程走完，再提供担保函，信用社才能接收老百姓的贷款资料，为其办理贷款业务。

些，结果板房被晒透了，坐在里面就像进了蒸笼，汗水不停地往下流。村民们嫌热，进来交完手续就赶紧出去，在外面等，但我们只能坚持。一天下来，衣服就没有一块干的地儿。

还有一个插曲，2009 年下半年，我们行要统一法人，北君平和庆兴两个营业网点又合并到丽春信用社，我的任务量就增加了。这两个营业网点虽然不大，但它们原来的人手不足，农房重建贷款的事情就没有办完。因此，我就接手了这两个营业网点的农房重建贷款工作，变得更忙碌了。2010 年上半年，我们才办完所有的农房重建贷款。最终，我经手的 1260 笔贷款中，集中在丽春镇的大概有 1000 笔左右。

办理农房重建贷款的工作就这样持续了一年多的时间。从 2008 年 10 月在长廊村发放第一笔贷款算起，一直忙到 2010 年 6 月，我们才把丽春镇所有贷款发放到位。虽然整个过程艰辛而忙碌，但遇上灾后重建这样的大事，我无论如何也要顶上来。

全国支农先进个人

地震发生后，很多人的房子都遭受了重击，或是垮塌，或是满身伤痕，或是摇摇欲坠。从 2009 年镇上开始修房起，老百姓就一起盼望着，能早日搬进新居。一般来讲，房子装修完应该晾一下再住人，但大家都等不及，立马就搬进去了。

新房的环境，是大家当初想都不敢想的。以前，大家散居在各处，房屋没有规划，质量也参差不齐。现在，通过灾后重建，不仅房屋更漂亮，环境也打造得越来越好了。每天吃完晚饭，还可以在小区绿道散步、锻炼身体，生活质量提升了许多。住进新房让大家感觉安心而幸福。看到老百姓生活水平的提升，我由衷地感到高兴。

我觉得老百姓真的很朴实、很记情。住进新房之后，申请的贷款能还的

吴寿昌荣获"全国先进支农个人"的奖杯

也都还完了。我记得有一位农户，身体不大好，经济也很拮据。但是但凡卖菜有点收入，他都会想方设法还一些贷款。有一年春节，我们去他们家慰问，他还在说要还钱给银行。他在那么艰难的条件下还想着还银行的钱，这让我很感动。

2011 年，我获得了"全国支农先进个人"[①]荣誉称号。但当时我根本没想过获奖，因为我做的都是很普通的工作。震后那几年，我每天没有时间考虑其他，就是想着怎么把工作完成，尽快让老百姓住上新房子，因为这是我的责任。

---

① 该奖项由"原中国银行业监督管理委员会（2018 年已撤销）""中国银行业协会"颁发。

邓家伟，1986 年入职泰安信用社，现为都江堰青城山支行农贷客户经理。"5·12"汶川大地震使青城山农家乐产业遭遇重创，为了帮助村民重拾生活信心，邓家伟承担起办理农家乐灾后重建贷款的重任，不仅使青城山农家乐借重建之机实现产业升级，也让村民们的生活水平显著提高。

邓家伟：为了 117 户受灾群众

采访、文字稿整理、拍摄｜成都农商银行口述访谈组

家乡遭遇地震

我是青城山镇泰安乡人，工作也几乎没离开过青城山，所以对这个地方非常熟悉并有深厚的感情。2008 年"5·12"汶川大地震发生那天，我刚在太平镇收完旧贷，返回青城山信用社汇报工作①。没想到地震突然就发生了，很快，沿山通信全部中断，电话也打不通了。紧接着，我被安排回青城分理处守网点。那里离主社很近，只有两公里多。我和同事赶回去之后，发现网

---

① 青城山信用社为主社，下辖 2 个分社，分别为大观分理处和青城分理处，当年邓家伟是在其中的青城分理处工作。

点大门已经裂成两半。当时余震还很频繁，几乎 10 ～ 20 分钟就会来一次，但为了资金安全，我们还是趁着余震间隙，钻进网点把所有现金装进钱箱。一直到下午约 6 点，才把所有现金转移回了主社。

没想到我们前脚才刚把现金送走，村民们后脚又跟着把现金送来。由于青城山一带旅游业很发达，地震前我们贷款支持了很多村民搞农家乐。当时也没有电子支付，现金交易量非常大。等地震发生了，大家突然意识到，这些现金无论是放在家里还是带在身上外出避灾，都不安全，所以他们不约而同想到了信用社。

5 月 13 日那天，大约来了 20 多位客户，他们把钱裹成大包小包，交到我们手里。我们说："现在系统还没恢复，单据也没法打印，这钱不能存。"但他们依然不肯走，"有没有单据都不要紧，反正信得过你们。这钱，你们必须得收下。"我们乡里乡亲的，拒绝的话也说不出口。无奈之下，我们当天临时用支架搭了 2 个帐篷来接待客户。为了保障资金安全，当时救灾部队还安排人员驻守。

但这也不是长久之计。我想起老家有一种说法，叫"百家（竹）栏最防盗"，就是把竹子的顶端削尖，形成一个围栏，防盗效果极好。我于是提议说，能不能效仿这个做法，搭建一个"竹笆银行"？大家很认同。但由于当地买不到竹子，我借来一辆小货车，前前后后跑了三趟崇州市的怀远镇，才在专业市场里买够了材料。记得当时竹子是四角两分钱一根，我们一共买了 3000 元的竹子，又专门回老家请山上 4 名会编竹栏的工人，一起来整整搞了 2 天多，才把主体搭建起来。之后，我们又把抢救出来的桌子、电脑等设施放进去，连上网络，再铺上 12 张行军床，就算大功告成了。白天，大家在里面办业务，晚上，就直接在里面休息。

之后，我们开始核查贷款客户受灾情况。因为对区域情况比较了解，我仅用了三四天时间就把自己负责的青城前山片区情况给摸排清楚了。紧接

"5·12"汶川大地震后,青城分理处员工正在搭建"竹笆银行"

"5·12"汶川大地震后,都江堰市青城山信用社临时营业点开门营业

着,领导又派我到青城后山继续做核查。记得当时青城后山交通很不方便,只能把车开到沙坪,再转搭部队越野车,或自己徒步进入后山。

当时,老百姓已被全部疏散到了山外,昔日热闹非凡的青城后山,一片死寂,显得很空旷。房子也倒塌了很多。经过核查,青城后山包括农房在内共有200多户的房屋受损。看着自己的家乡遭受重创,我的心情很沉重。路上遇到疏散出去的老百姓,他们的情绪也很消沉,好多人都说这辈子完了,没希望了。

七八天后,政府通知我到青城后山的味江村参加紧急会议。这次会议由成都市委市政府牵头,参会的有成都市委市政府、都江堰市政府、青城山镇政府等相关部门及青城后山4个村的村干部(味江、沙坪、尖锋、泰安),农信社是参会的唯一金融机构。会议开了差不多4个小时,重点讨论了农家乐重建贷款的额度问题。在这之前,政府已经有了关于农房重建贷款相关政策,按照规定,农房重建可以申请6万元贷款,农房维修加固可以申请4万元贷款。但我们现场提出，这个贷款额度对于青城山农户来讲，简直是杯水车薪。到了 7 月初，新的政策提出，引入都江堰融资担保公司（公司全称为"都江堰市农村产权流转担保有限责任公司"），农家乐重建最高可提供 50 万元贷款、维修加固最高可提供 40 万元贷款，贷款周期为 5 年。于是，我们马上行动起来，准备在泰安古镇进行试点。

发放农家乐重建贷款

令人意外的是，我们进村宣讲信贷政策时，大家的态度却十分消极。当时，尽管青城后山的供电和通信已基本恢复，但道路还没修通，且时常有余震，很多人都还处在沮丧的情绪中。就连泰安村的村长杨健康，都觉得重建农家乐是不可能的。

为了让大家恢复信心，9 月，我们先把杨健康及其他 5 户经济条件较好的村民组织起来进行单独沟通。刚开始，大家仍然不愿意，觉得贷款四五十万元经济压力太大了，担心以后还不起。杨健康也说："算了，不修了，反正修好了也不能营业。"再后来，政府工作人员又专门派车把他接下山，并约上我们反反复复跟他做思想工作，让他相信，政府会把配套基础设施搞上去，青城山可以借灾后重建的机会变得越来越好。就这样反复沟通了三四次，他才慢慢扭转了自己的想法。

杨健康办完贷款后，其他一些观望的村民陆陆续续动起来了，当年年底就有 10 多户办理了贷款，金额共计五六百万元。2009 年，当他们开始动工修建时，就有了更好的示范效应，之后我们又根据实际情况，将贷款额度调整为 100 万元，这下好多人主动找上门来申请贷款，甚至还有人因为担心贷款办不下来，要给我送红包。我就表态说，凡是要送红包的，我一律不办。

到了 2010 年年初，村民们的热情越来越高。每天天还没亮，就有人就在青城山支行^①门口等着我。由于当时的所有材料都需要手工填写，所以那时候几乎每天晚上都要忙到 10 点以后。就这样，差不多连轴转搞了 40 多天，一直忙到春节才结束。最终，我们赶在 2010 年底前圆满完成了政府下达的放贷任务，在青城后山发放了 117 户农家乐重建贷款，基本实现全覆盖。

由于我们前期工作做得扎实，所以能很快根据各家情况确定合适的贷款额度——既不能太少，也不能太多，最好是能刚刚匹配实际的资金需求。按照规定，这些贷款也并不是一次性进行发放，而是根据实际进度分批发放。其中，房屋地基打好后放款 20%，第一层修好以后放款 50%，封顶后再发放剩余 30% 贷款。为了现场查验工程进度，那一两年，我基本每天都要往山上跑。

原本，我家也在青城山开了农家乐，但因为太忙，地震后我一直抽不出时间和精力去打理。直到 2013 年，我才请人做了简单的维护，最后干脆租给别人来经营。自工作以来，信用社员工就养成了"以社为家"，先忙工作，基本都没时间顾及自家情况。

成为老百姓的依靠

2009 年 7 月，青城后山第一家农家乐重建开业。村民名叫杨伟，由于他家地理位置好，不仅路通了，建筑材料也全部清理干净了，所以恢复营业的条件最成熟。记得那时有很多人来青城后山考察灾后重建情况，就会到他家去吃饭。有时候看他忙得汗如雨下，我发自内心的高兴。他跟我说，这一切都要感谢信用社。

在他的影响下，古镇上其他商家也抓紧张罗营业的事情。2009 年，有10 家农家乐恢复营业，其他的也基本具备了运营条件。这批率先营业的农家乐，主要依赖餐饮收入，住宿还很少。慢慢地，随着交通恢复，整个古镇的

---

① 2010 年 1 月 15 日，成都农商银行挂牌开业，青城山分理处更名为"青城山支行"。

青城山农家乐因地震遭受重创

灾后重建的青城山农家乐

风貌建设工作也基本完工，恢复营业的农家乐数量逐渐增加，在山上留宿的外地人也越来越多。记得 2010 年 5 月 12 日，在地震两周年之际，青城山推出了免门票政策。那天山上来了好多人，前所未有的热闹。

通过灾后重建，整个青城山农家乐产业的发展进程至少提前了五六年。地震前，当地农家乐大多条件简陋，没有单独卫生间。借重建机会，当地农家乐大多进行了装修升级，对游客的吸引力更强了。看到他们重新过上好的生活，对未来充满信心，我感到很开心。而且农家乐收入增加后，我们的贷款也能很快收回。

我们到青城山上去，凡是提到灾后重建，老百姓都会说："幸好当时有你们的支持。"在他们心中，信用社自始至终都是他们的依靠。地震前，也只有我们信用社帮老百姓修房子。地震后，他们也只相信我们能帮他们重建家园。事实上，我们的确是唯一一家帮助他们重建家园的金融机构。总的来说，我们的农家乐重建贷款做得比较成功，申请贷款的 117 户村民绝大多数顺利归还了贷款，只有 3 户是由担保公司代偿的。

之后，我们持续加强对青城山农家乐产业的支持力度。2017 年，随着民宿热兴起，村民们有了对硬件进行升级的打算。例如，安装地暖、增加汤池有助于冬天招揽客人。当年，我们为 14 户村民办理了贷款。其中有一位客户，以前他们的房费为每晚 80 元，贷款 50 万元对装修进行升级后，房费涨到每晚 280 元，年收入也从原来的二三十万元提升到 100 万元以上。还有另外一位客户，后来将农家乐改建为民宿，短短 9 个月营业收入就达到 140 万元。

为了更好地支持当地农家乐产业升级，我行农家乐装修信用贷款额度不断提升，截至 2023 年，已提升至单户 200 万元。此外，我们还给商户安装了"蓉 e 扫"或 POS 机收单业务，改变了结算方式。通过"蓉 e 扫"，他们查阅收支情况非常方便。目前，我们在青城山片区的农家乐贷款笔数超过了 600 笔，授信金额超过了一亿元。

不管震前震后，我们始终扎根青城山，为当地老百姓做好金融服务。我们也见证了彼此的成长。身为本地人，能一直为乡亲们做好金融服务，这份工作很有意义。

第八章

携手筑梦：
践行金融扶贫

刘朝华，1989年8月入职龙泉驿联社，现为天府新区支行党委书记。2016年，刘朝华作为金融扶贫干部，被派往甘孜藏族自治州九龙县挂职，担任副县长。两年时间里，刘朝华克服艰难环境，走遍全县18个乡镇，为贫困户解难纾困，并充分利用金融思维助力九龙县产业发展。

刘朝华：扶贫增加生命厚度

采访、文字稿整理、拍摄｜成都农商银行口述访谈组

瞒着父母上任

自成都农商银行成立以来，扶贫始终是一项重要的工作。每年春节或者是重要节日，我行都要去慰问贫困户。这也是我在作为金融干部以前，对扶贫工作的粗浅印象。

2016年10月，为了响应"坚决打赢脱贫攻坚战"[①]的决定，四川省委组织部通知金融系统派人去贫困地区挂职扶贫。得知这个消息后，我第一时间

---

① 四川省人民政府.全省金融干部人才挂职培训动员会举行 [EB/OL].[2016-10-02].https://www.sc.gov.cn/10462/10464/10797/2016/10/2/10397922.shtml.

到总行人力资源部了解情况，并递交了简历。因为我是农村里长大的，对农村情况比较了解，经过综合评定，组织最终决定派我前往甘孜州九龙县①，从事为期两年的扶贫工作。

之前，我对九龙县的情况并不了解，只知道是在藏区，条件比较艰苦。考虑到父母已经 90 多岁了，怕他们为此担心，所以我没有第一时间告诉他们即将上任的消息，而是决定在夫人和朋友的陪同下，先到当地去实地打探下情况。

原本对于这份新的工作，我充满了向往。但是越接目的地，我心里就越打鼓：山路崎岖，蜿蜒不绝，公路两旁紧邻河流与高山峡谷。有一些很烂的路，车辆都没办法通过，会擦到底盘。后来，我还看到有公交车被巨大的泥坑挡住去路，最后还是等乘客下车后，用石头把坑垫起来，才勉强开过去。因为弯路多，四五百公里的路程，竟然开了 11 个小时。

再后来，我已经无心欣赏沿路风景，开始变得沉默。夫人见我情绪不对头，就安慰我说："老刘，越是条件艰苦的地方，越是需要扶贫干部的奉献。我知道你放心不下父母，没关系，家里有我，你放心去干！"她在妇联工作，平时就专门做思想工作的，这下是把思想工作做到我身上了。有她这句话，我心里踏实了不少。2016 年 12 月，我就到九龙县上任了。

上任九龙的前半年，都是艰难的适应期。除了饮食上的变化让我不习惯，我还出现了严重的"高原反应"。因为缺氧，感觉整个人是飘的，走路没劲儿，想走也走不快，稍微走快一点还喘粗气。晚上也很难入睡。有时晚上 11 点入睡，凌晨 3 点就醒了，之后就再也睡不着，一直挨到早上 7 点半，再昏昏沉沉爬起来上班，人感觉很疲倦。另外，由于气候干燥，我的大拇指和脚后跟也开裂了，晚上痛得难以入睡。我买了很多滋润身体的东西来涂抹，都没有

---

① 九龙县，位于甘孜藏族自治州东南部，处在雅安、凉山、甘孜三市州的接合部，辖区面积 6770 平方公里，辖 17 乡 1 镇，总人口 5.2 万人。

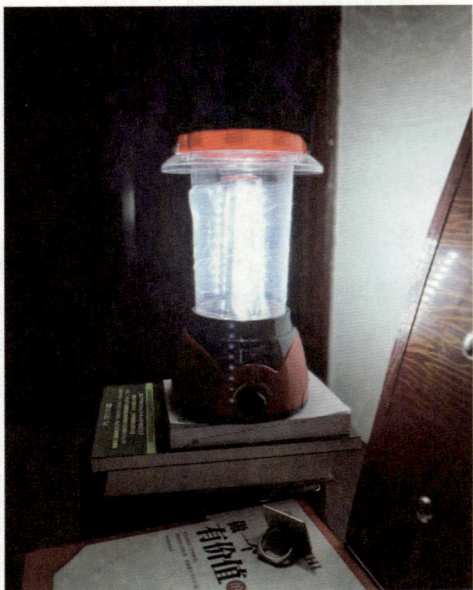

刘朝华在九龙挂职期间使用的充电台灯。由于山区偏远，人口较少且居住分散，电力设施投入大，部分乡镇没有照明电源。该台灯主要起备用作用。刘朝华在调研过程中靠它来整理贫困户基本情况，同时利用业余时间读书学习

效果。可以说，直到离开九龙，我都没能完全适应这里的气候。

按照分工，我作为副县长主要分管经济信息招商和金融。我原来在都江堰支行担任行长，有300多人的团队，遇到任何困难都是团队来共同解决。但到九龙后，全部工作都要靠自己独立摸索，这是一种全新的考验，刚开始也有过迷茫。

我想，既然组织信任我，派我过来，我就必须把这个工作给干好，不能给组织丢脸。九龙县委书记很关心我，他对我说："这里的生活、工作条件虽然艰苦，但既来之则安之，希望你把专业的金融知识运用到脱贫攻坚里，为我们县做些事。"我一直记得这句话。政府对金融挂职干部非常重视，对我的工作也非常支持，县委书记和县长让我该做什么就做什么，大胆地甩开手干，有问题他们会帮助解决。我想，身为金融干部，我得利用好金融专业知识，为当地作一点贡献。

乡路崎岖

要让九龙县的经济发展起来，就要先了解九龙县的扶贫情况。我虽然听乡镇政府介绍了各贫困户的情况，但始终觉得耳闻不如目见，应该到现场了解情况。所以只要有空，我就会去走乡。

　　九龙全县地广人稀、道路险峻，最近的乡镇距离县城 70 公里，需要途经 400 多个弯道；最远的乡镇距离县城 300 多公里，来回一趟需要三天时间。加之当时已入冬，道路上布满暗冰，每次出行都非常危险。

　　当地道路以机耕道 ① 为主，相当窄，加之弯道多，非常容易晕车，每次我都要嘱咐驾驶员开慢点。有一次在走乡途中，我的胃病突然犯了，痛得全身无力，喘上不气来，县委书记和县长急得差点打 120 叫救护车。

　　走乡时，我基本会在乡镇住三五天。有的贫困乡以前从来没有用过电，照明全靠蜡烛和油灯，手机也没有信号。镇上的宿舍没有写字台，只有一张单人床和一个条座，卫生间也是公用的。如果需要洗澡，只能用开水瓶里的水将就着冲一下。

　　记得走访过的一户贫困户住在山顶，我们去的时候，车开到一半陷在地里走不动了，就只能走路上山。他家是个低矮的房子，只有一间房，床、餐桌和灶房都在这个很小的空间，生活用品和衣服摆得很凌乱，房间里光线也很暗。他家的情况让我受到很大冲击。

　　除了物质条件落后以外，贫困户的思想情况也比较让人伤脑筋。有的贫困户习惯了"等靠要"，甚至还有人觉得自己没当成贫困户，是错过了政策红利，想方设法想来"占便宜"。我对他们说："怎么能有这种思想？靠自己双手挣来的，才是最好的。要靠自己努力，才是长久之计。"

　　我深切明白，虽然国家下了这么大的功夫，也花了很多扶贫资金，但如果贫困户缺少内生动力，外部帮扶就不会起到很好效果。所以我就想办法改变贫困户的思想，让他们真正干起事来。

　　我对口帮扶的贫困户里面，有一位不到 40 岁的父亲，有两个小孩。父亲对孩子的学业管得很少，领了补助金就去喝酒赌博。我跟他说："如果靠这

---

① 机耕道，指乡以下可通行机动车辆和农业机械的农村道路，包括乡村道路、村组道路和田间道路，行车速度不超过 20km/h。

2017 年 5 月 13 日，刘朝华到三岩龙乡田埂村色脚组贫困户宋福文家中走访了解情况，宣传政府救助政策，叮嘱身患重病的他一定要及时就医，帮助他树立过上美好生活的信心

三岩龙乡白杨坪村贫困帮扶户杨友祝身患心脏病和严重癫痫，生活不能自理，刘朝华常送去生活物资等，关心杨友祝的生活状态。2018 年 12 月，刘朝华同志挂职结束回到原单位，杨友祝的侄女第一时间发来信息表达感谢

种方式来帮助你，无论一年给你多少钱，你都会把它花掉，根本解决不了问题。你还有两个小孩，需要承担一个父亲的责任，得想办法把这个家扶起来。"我去看过他的地，土质不错，适合种果树，于是劝说他把地种好。他听了我的话，种上了果树。

后来我还让他去当地信用社办了一张银行卡，并给他定了一个小目标：一年至少存 3000 元钱。如果存到了 3000 元钱，我就私人奖励他 1000 元钱。他感到我很关心他，后来有了很大的改变。

另一个对口帮扶的贫困户，患有疾病，不仅有个读二年级的儿子，姐姐去世后也把小孩留给了她，生活非常艰辛。我经常关心、帮助她，平时送去米、油等生活用品，还时常关心她家小孩，与学校的老师交流小孩的学习情况。我回成都过后，还和她家保持着联系。身边的朋友、同学也会给小孩送一些学习用具。在大家的热心帮助下，这个贫困户的思想有

了很大改变，做事更
积极主动，对生活也
更有信心了。

虽然下乡走访非
常辛苦，但看到贫困
户转变思想，燃起对
生活的信心，把日子
过得越来越好，我很
高兴，觉得再辛苦都
是值得的。

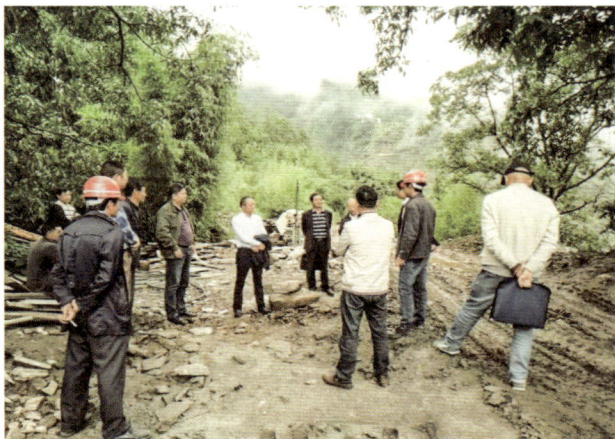

2017 年 6 月 8 日，刘朝华带领县水利局工作组一行，到三
岩龙乡白杨坪村地质灾害治理现场查看建设进度，要求施
工方在工程上一定要保质保量，做到让老百姓住得安全、
生活得放心

从"输血"到"造血"

除了对口帮扶，我认为脱贫攻坚最重要的是帮助当地人实现从"输血"
到"造血"的转变。九龙县经济亟待发展，我首先想到，想要扶贫，就要让
大家知道，利用金融工具可以更好更快地发展经济。正好四川省在 2016 年出
台了四川省普惠金融的五年规划[①]，我就跟县长申请，在县政府常务会上对相
关知识进行解读，让大家了解政府可以通过适度融资加快发展步伐。例如，
在基础设施建设方面，通过融资就可能更高效地完成脱贫攻坚的任务。

在领导班子达成共识之后，我就想办法去找融资渠道。我了解到，当地
政府也有平台公司，但这些公司只做了常规的资产管理，没有做融资，也没

---

① 2016 年 12 月 26 日，四川省人民政府办公厅印发《四川省推进普惠金融发展规划（2016—2020
年）》（以下简称《规划》），提出四川省未来五年普惠金融发展规划。《规划》提出四川省"十三五"
期间发展目标为：到 2020 年，建立与全面建成小康社会相适应的具有四川特色的普惠金融服务和保
障体系，使四川省普惠金融发展水平居于全国中上游水平。提高金融服务可得性，加大对城镇低收
入人群、困难人群、创业大中专学生等初始创业者的金融支持，加大对电子商务等新业态、新模式、
新主题的金融支持。

有把金融的优势发挥出来。所以我给政府建议，把国有公司的资源整合，通过国有公司的平台来做融资。政府也说，他们一直想做这个事情。

在这种情况下，我到州里开会的时候，就站在金融角度，到人行甘孜分行、银保监局去拜访，请他们介绍甘孜州的一些银行给我们。后来，我了解到中国农业发展银行有相关政策，就请他们来考察，了解县财政的情况，包括县里下一步的规划和产业布局等。最后，我们按扶贫过桥贷款[①]的思路，申请到贷款，从而解决了基础设施建设的资金投入，帮助九龙县进行通信网络、电力设施和道路建设。

> 为解决城市建设资金需求，刘朝华通过运用国家对深度贫困县的扶贫过桥贷政策，成功申请到 2.5 亿元贷款；为降低融资成本，刘朝华指导当地企业充分运用县政府产业分险担保基金政策，发放返乡创业及产业扶持贷款 339 笔共计 915 万元，发放金融小额扶贫信用贷款 1410 户共计 6875 万元。[②]

为了脱贫，我们也努力在产业发展上动脑筋。养牦牛在当地是比较有名的产业，此外就只能种玉米和土豆、捡野菌来增加收入。2016 年，当地年财政收入不到 2 亿元，整个九龙县的地区生产总值仅约 23.4 亿元，需要拓展其他产业

---

① 扶贫过桥贷是针对有稳定还款来源的扶贫项目，在国家、省或市级政府财政投资资金到位前，由银行提供过渡性资金安排，以保证项目及时启动和不间断实施而发放的政策性贷款，这是中国农业发展银行落实《中共中央 国务院关于打赢脱贫攻坚战的决定》中"对有稳定还款来源的扶贫项目，允许采用过桥贷款方式，撬动信贷资金投入"政策的举措。由于扶贫任务时间紧、任务重，亟须上级财政投资资金的及时到位，在到位之前，扶贫过桥贷较好地补充了上述资金缺口，受到地方政府的欢迎，对于解决财政投资因时间错配形成的资金缺口、保障扶贫项目及时启动和不间断实施有重要意义。

② 四川学习平台.【奋斗】刘朝华：援藏，让我增加生命的厚度与高度 [EB/OL].[2019-04-19].https://article.xuexi.cn/articles/index.html?art_id=9559966049217992354&source=share&study_style_id=feeds_default&share_to=wx_feed&study_comment_disable=1&ptype=0&from=timeline&isappinstalled=0.

三岩龙乡种植的白芨

领域来促进经济发展。为此，我联系了负责对口帮扶九龙县的青白江区政府，与他们一起引进中草药种植，拉动老百姓增收。

根据九龙县的特点，我们首先引进了白芨①种植。按计划，如果能够顺利产出，农户每亩每年可以得到6000元左右的收入。当时老百姓对此有所顾虑，一是不知道能不能种得出来，二是担心种出来以后卖不掉。我们就把收购中药材的老板请来，考察当地的土质，也给老百姓做了宣传和动员，并承诺收购，老百姓因此信心大涨。后来，白芨种植基本上达到预期收益。

九龙县当地还种植花椒、大蒜、土豆等，这些土特产的品质都很高，但碍于交通不便，产品运费往往比农作物自身的价格还贵，因此产品的销量一直不高。借助政府大力推广电商脱贫攻坚，我便联合邮政公司，把农产品放在电商网站上销售，打开了土特产的销路。

2018年，温江要举办一个座谈会，政府和很多龙头企业都参加。当时的温江支行行长为了帮助我们推销土特产，便邀我参会。我在会上宣传了九龙县产业情况，带过去的农产品在现场售卖效果很好，成交额有10多万元，还有很多想要签单的老板留了电话。

---

① 白芨，兰科、白芨属地生草本植物，块茎具有消毒止血以及预防伤口感染等诸多功效，杀菌抗癌的效果也较好。

2018 年末，县政府到山东东阿阿胶集团有限责任公司（以下简称"东阿集团"）实地考察，了解他们的产业情况，向他们学习了毛驴养殖知识，发现九龙县很适合养殖毛驴。因为九龙县的生态条件很好，草料质量和空气质量都适合毛驴生长，种植玉米剩下的秸秆也能作为毛驴的饲料。

为此，我们就带动大家一起养殖毛驴。银行先把养毛驴的本钱贷给愿意养的贫困户，并在 2 ~ 3 年的养殖期里，持续提供帮助。我们和东阿集团也达成了合作，毛驴出栏后，由他们收购。这不仅解决了农户的顾虑，还切实增加了农户的收入，也助力了九龙县经济发展。

现在，中草药已经成了九龙县的主导产业，适合白芨生长的乡镇都在种植白芨。毛驴养殖也在持续开展，老百姓的经济收入随之提高。在我去九龙县以前，九龙县农村的人均可支配收入是一年 1 万元左右，现在已经翻了几倍，达到了 3 万元左右。

2018 年 11 月，我的挂职期正式结束。虽然在九龙县工作时间不长，但对这里充满感情。记得离开的那天早晨，我本来希望低调一点，没想到同事们专门赶来给我献哈达，好多当地居民也赶来送行。这就是纯朴的九龙县人民，他们记得我们对他们一点一滴的好。

现在，我每年都会到九龙县去看一看，也感受到九龙县这几年的变化非常大，修了很多新的高楼。2022 年，九龙县的地区生产总值增长到 34.2 亿元，比 2016 年增加了约 46%。我相信，九龙县人民的生活会越来越好。

作为成都农商银行的扶贫金融干部，我切实感受到，因为我们长期深耕"三农"，在扶贫工作开展上有着得天独厚的优势：我们在各个乡镇有网点，各村还有村级金融服务站，现在还有乡村振兴金融助理，可以第一时间了解农民的资金需求，并能根据当地产业情况提供信贷支持，而且通过参与乡镇产业的经营管理，我们可以掌握资金去向，保证资金不被挪用，这在风险控制方面是很大的优势。

扶贫于我而言，是事业的沉淀，更是心灵的净化。虽然扶贫工作不能增加生命的长度，但可以增加生命的厚度。

刘莉，1994 年入职新都联社，现为总行办公室副主任。2016 年，刘莉作为金融扶贫干部，前往广安市广安区挂职副区长。三年时间里，刘莉充分发挥金融专业能力，将扶"志"与扶"智"相结合，通过推动产业发展、建设金融人才队伍，带领当地成功脱贫。

刘莉：扶"志"与扶"智"

采访、文字稿整理、拍摄｜成都农商银行口述访谈组

打通扶贫信贷堵点

2016 年 9 月，四川省委组织部、四川省金融局、四川省银保监局共同召开了全省金融干部人才挂职培训动员会，委派全省金融机构正处级金融干部到 88 个贫困县去挂职分管金融。我就是金融干部中的一员，被派往广安市广安区担任副区长，分管金融工作。

任命来得很突然。当时孩子年龄尚小，还需要母亲的陪伴。但金融扶贫对我来说，是一个非常好的锻炼机会。而且广安是邓小平同志的故里，我一直都非常崇敬他，能到他出生的地方工作，我觉得很有意义。因此，在和家

人沟通后，我动身去广安报到了。

到广安的第二天，我得知广安区的扶贫小额信贷①的落地工作遇到了瓶颈，进展比较缓慢。正好之前我也曾经从事信贷业务多年，对于贷款流程非常熟悉。于是，从到岗第二天起，我用了半个月的时间，跑遍28个乡镇，了解具体情况，并找到问题的根源——政府部门同志对金融不了解，对银行业务、具体操作流程和所需贷款资料更不清楚。而银行工作人员对于政府工作的环节、流程也不清楚，因此彼此之间的信息屏障，造成了贷款发放的堵点。

此外，我还总结出三个业务上的关键问题。第一，产品设计跟实际情况不匹配。当地大部分青壮年在外面务工，留下来的都是老年人和未成年人，但贷款条件却要求申请人年龄不能超过60岁。因此，很多贫困户无法满足条件。第二，贷款流程过于复杂。由于申请贷款需要将申请资料递交到银行，其间还可能因为资料缺失反复补充，老百姓跑了冤枉路，产生抵抗情绪，就不愿意申请贷款了。第三，组织安排不够人性化。贷款申请都是由贫困户自行将申请材料交到银行，大家散居在乡下各处，离镇上银行网点较远，想趁着赶场的时候再去交资料，但往往去了之后，人又过于集中，排长队等待时间过长，很多人又着急回家，造成又得"跑空趟"，感觉非常麻烦。

在找到症结之后，我将所有服务银行的负责人召集起来，一起商讨解决办法。第一，银行以镇为单位，按村组织贫困户办理业务。而且银行工作人员一定要下村，这样既能让组织更有序，不让老百姓白跑，又能确保申请书的真实性，控制金融风险。第二，将贷款申请年龄变为65岁，使覆盖面更广。这样的情况下，99.9%的贫困户都能够申请贷款。剩下的0.1%，则由他

---

① 扶贫小额信贷，是专门为建档立卡贫困户获得发展资金而量身定制的扶贫贷款产品。主要是为贫困户提供5万元以下、3年以内、免担保免抵押、基准利率放贷、财政贴息、县级建立风险补偿金的信用贷款。

们的儿女作为共同借款人[①]，通过远程进行申请。

通过这些方法，我们将金融扶贫工具送到每一位贫困户手里，扶贫小额信贷覆盖率达到100%，这是我到广安后做成的第一项扶贫工作。

产供销一体化

在推动扶贫小额信贷落地的过程中，我也对广安区的产业现状有了更全面的认识，于是开始思考如何从金融角度来支持当地产业发展。

当时，当地产业发展面临三大主要问题：一是产业技术比较落后，二是产品宣传推广不到位，三是金融扶持的深度不够。针对这些问题，我带动合作社，采取"产供销一体化"的模式来逐一解决。

在"产"方面，合作社要帮助社员提高种植技术，推动规模化种植养殖。比如，柠檬种植作为广安地区"一乡一业"的特色产业，合作社有30户农户、100亩柠檬，那么该施药的时候大家要统一施药，施药的量和时间点都是进行标准化管理。如果张三今天施了药，李四不施药，那李四家的柠檬长了虫，就会爬到张三家去，从而影响整个产区的柠檬质量。

站在"供"的角度，则需要合作社积极对外接洽，把农药、肥料等生产必需品提供给农民，统一供应不仅能保证生产资料的质量，而且能通过批量购入降低生产成本。

最后就是"销"，要改变原来小商贩收购价低的情况，合作社要积极对接市场，寻找更好的收购渠道。对此，我们在商务部的帮助下[②]，教各合作社开辟电商渠道，同时想办法让产品市场化，让当地合作社抓住电商渠

---

① 共同借款人，即共同申请同一笔贷款的两个或两个以上借款人。必须具备三个条件：第一，年龄在30～60周岁；第二，具备完全民事行为能力；第三，户口在本县。

② 1986年，广安县被确定为国家扶贫开发重点县，1987年，广安县被确定为商务部定点扶贫县，1998年广安撤地建市，广安县改为广安区。2017年10月，广安区脱贫摘帽，成为四川省首批脱贫摘帽的贫困地区之一。

2016 年 12 月，刘莉（左一）在革新村调研龙安柚产业

道带来的流量，进行产品推销。我们还和邮政公司合作，解决了物流问题。把这些环节都打通了，才能保证农民种养有信心，脱贫有信心，推动产业发展。

另外，我们还通过联合国开发计划署①的"扶贫与可持续发展项目"②，为合作社赋能，帮助合作社提升能力、把农民组织起来，帮农民提高生产技能和产品销售能力。

而要实现"产供销"统一管理，首先就要让农户加入合作社。然而，一

———————

① 联合国开发计划署（UNDP，英文全称为 The United Nations Development Programme），是联合国下属机构之一，总部位于美国纽约，是世界上最大的负责进行技术援助的多边机构。

② 联合国开发计划署扶贫与可持续发展项目，是 2017 年 11 月启动的扶贫项目，针对湖南省城步县、四川省仪陇县和四川省广安市广安区进行扶贫支持。在项目支持下，四川省广安市广安区建立了社会化的农民合作组织综合服务平台——民富农村可持续发展服务中心（简称"民富中心"），帮助农民合作社联合社开展农产品市场对接与信用合作，以实现生产、供销、信用"三位一体"，最终帮助农民致富。

开始村民的意愿并不强。我们经过调研发现，在农村地区，信任程度低的问题是普遍存在的。比如，有些老百姓觉得合作社或村支书肯定会在收购环节吃差价，但是碍于村支书的身份，他们觉得自己只能吃"哑巴亏"，还不如自己卖。如果任由这样的想法延续，合作社就会虚化，成为摆设。我们真正要解决的就是凝聚力的问题。于是，我们俯下身、弯下腰，慢慢和农户拉近距离。平时，常去和他们拉家常，询问他的家庭情况、收成情况，了解种植中遇到的问题。他们真正感受到我们的诚意后，才敢开心扉，讲出自己的困难和担忧。

比如，有一位农户说，看到别人贷了款，他也想贷款，但他当时并没有种什么经济作物，只是觉得"别人有，自己没有，就亏了"。我就问他："你家还有几亩地，也种上柠檬怎么样？以前没种过没关系，可以加入合作社学习技术，不仅节约成本，还不愁销路。买种苗、化肥、农药缺钱不用担心，咱们的扶贫小额贷款是全额贴息的，你赚了钱还给银行，付的利息还能全部由国家补贴给你。"经过反复的沟通，后来，他加入合作社，银行再把信贷资金交给他，就有了保障。对农户、金融、产业发展来讲，这是良性发展的状态。

除了与农户沟通交流外，最重要的是要发展致富带头人，用榜样的力量去影响和带动发展更多农户。当时，商务部派出的一位"第一书记"①是80后，从城市到农村做扶贫工作，天天吃住都在革新村里头。他所在的村子不时停水停电，条件比较艰苦。但他不怕苦、不怕累，深入老百姓的生活中。在融入当地农村的基础上，他了解到广安种植龙安柚已有接近70年的历史，被誉为"龙安柚之乡"。老百姓的龙安柚种植技术比较成熟，稳定性也较强。

---

① "第一书记"，指从各级机关优秀年轻干部、后备干部，国有企业、事业单位的优秀人员和以往因年龄原因从领导岗位上调整下来、尚未退休的干部中选派到村（一般为软弱涣散村和贫困村）担任党组织负责人的党员，其主要任务是到农村去当基层党组织书记，带领贫困地区老百姓实现脱贫。

因此，龙安柚产业的发展在于如何提高它的附加值。他找到村支书深入沟通讨论，成立了合作社，经过摸索，带着村民，克服困难把龙安柚小果制成中药原材料，成果加工成饮料。通过这样的产业升级，再搭上电商渠道，龙安柚的经济附加值提高了，销量也很好。就这样，他带领当地老百姓一起把龙安柚产业发展起来了。后来，除了发展龙安柚产业，他还发展了手工豆瓣、腊肉香肠等乡土特产产业，帮助村民致富。每个月，他们合作社都把账目公开，每年给大家分红，做到公开、公正、公平。

他们村发展好了之后，实际上就解决了农民最深层次的信任问题。很快，各个村都来学习，越来越多村成立合作社，村民加入合作社，齐心发展产业。我们就把制度、机制都传授给他们，帮助他们尽快走上正轨。

良性循环

在带动既有产业发展之外，我也在思考如何扩大产业范围，为广安区创造更多发展机会。在走访和调查时，我看到由于许多青壮年外出务工，所以村里有大量闲置房屋。从金融的视角看，这就是资源闲置。所以我就想，如果能够发展旅游业，利用闲置房屋为游客提供住宿，就能把闲置资源盘活。但事实上，这里的气候舒适度不高，冬天很冷，夏天很热，高温时会达到40 ℃，并不适合发展传统旅游业。但转念一想，许多城市父母不正希望孩子接受"吃苦教育"吗？也许可以此为切入点，打造农旅融合项目，让城里的孩子到农村来参加劳动，吃住在农户家里，体验乡村生活。这样一来，原本的不利因素就成了有利条件。

2018 年初，在国家乡村振兴战略[①]的政策背景下，我们通过联合国开发

---

① 　2017 年 10 月，习近平总书记在党的十九大报告中指出，农业农村农民问题是关系国计民生的根本性问题，必须始终把解决好"三农"问题作为全党工作的重中之重，实施乡村振兴战略。这成为新时代"三农"工作的总抓手。

2018 年，刘莉正在向龙孔村村民宣讲"乡村振兴、儿童志行"项目的未来规划

计划署"扶贫与可持续发展项目"，设立了"乡村振兴、儿童志行"[1]这一创新公益项目。按项目设计，参加活动的城市儿童会到广安区的农村，与当地儿童共同生活 7 天，一起劳动、一起玩耍、一起吃住，通过体验式成长、参与式教育及融入式生活等形式，锻炼和提升孩子的自尊力、耐挫力、合作力、沟通力、创造力等五大积极心理品质。在这个过程中，合作社就把村民组织起来，为城市儿童提供餐饮、住宿等付费服务。

农村的孩子比较胆小，我们就让他们用自己擅长的东西，来教城市孩子。城市孩子到农村，一开始什么都不懂，他们不知道田里种的什么庄稼，看到菜里的虫、墙上的蜘蛛，吓得发怵。如何在农村生活、劳作，就要靠农村的孩子来教。农村孩子成为师傅，自信心马上就树立起来了，孩子们很快就能融成一片。农村孩子会觉得：其实我是很有能力的，在农村生活，会做农活是很了不

---

[1] 该项目全称为："乡村振兴、儿童志行"儿童体验式成长营公益项目。

起的。

城市的孩子也体会到劳动的价值，生活的不易。我们的劳动体验规则要求孩子们在农村田地里劳作一天，去逮虫子也好，除草也好，以田里的瓜果蔬菜作为劳动报酬。第二天一早，孩子们要从村里步行到镇上的集市，把这些瓜果蔬菜卖掉，并用得来的"辛苦钱"买当晚的食材。一开始，有工作人员说："这事简单，我们找两个企业，把果蔬买下来就是了。"但我们觉得这样不行，一定要让孩子们自己去卖，亲身感受把劳动成果销售出去的过程。有些孩子卖不出去，急得哭，最后也只能想方设法卖。很多孩子一边哭一边说："我以后再也不乱用钱了，太难了，挣钱太难了！"这对城市孩子来说，不仅极大地锻炼了他们的生活能力、沟通能力、应变能力，也可以帮助他们树立正确的金钱观和财富观。这个项目真正结合了劳动教育和金融教育于一体，这也是落实教育改革要求中提升孩子综合素养的重要方式。

同时，这个活动的开展，城市家庭会以捐赠的方式，把参与活动的费用捐赠给当地慈善基金会，慈善基金会再把捐赠款划给合作社。由合作社给参与活动的农村家庭记账，再兑付给他们。所以活动一结束，村民全部都能拿到现钱。农村家庭对此的感受是很直接的和正面的，他们没有想到坐在家里面，只用这样的场所和这些普通的方式就可以挣钱，而且收入相对来说比务农要高一些，这就把他们的思维打开了。

有个村民因为同时提供了住宿跟饮食，一周就挣了7000多元钱。他原来从没想过，用这样的方式能够挣钱。同时，村民也感受到了教育赋能的价值。有一个贫困户拉着我的手说："我的孙女参与到这个活动中，有了很大的成长，收获非常大。我自己也挣到钱了，我非常感谢。"当时我的内心特别满足，觉得自己做这件事非常有价值。

我们的活动一年两期，一般会选择在暑期或者长假举行，参与的城市家庭以成都、重庆地区的居多。第一场活动结束后，大家对此就特别有信心了，在做第二场、第三场时，我们已经从一个村扩展到两个村、三个村。渐渐地，其他乡镇的村民都来找我，想加入项目。他们的积极加入极大地提升了我的信心。据测算，活动开展三期的全部收入共有72500元。

因为合作社的农民是不会做账的，所以当时由当地的农商银行派人员去给他们做账。这推动了金融进入产业，为产业服务。金融机构不仅仅要发放贷款服务，还要做综合服务，为合作社的人培训财务知识，手把手教他们进行账务处理。这样一来，银行同时深入了解了合作社的情况，积累了它的信用数据，就可以为合作社进行授信。这样的授信风险可控，所以银行很积极主动。而且如果是把扶贫小额信贷放给有产业、有收入、讲信用的贫困户，金融机构的积极性会很高。这就是一种良性的循环。我们把这个模式走通了，产融结合就走出来了。我觉得这种活动、这种项目最大的价值就在于此。

星星之火

在扶贫的过程中，除了扶"志"，还要扶"智"，我觉得后者是更困难的，因为大家对于经济金融知识知之甚少。我们经过调研发现，广安区的金融支持力度较弱，整个地区出现存款多、贷款少的情况，存贷比只有40%左右。不仅如此，当地还缺乏懂金融、会金融的干部，难以做到资源变现。因此，我建议广安区成立融资管理中心，一方面是为了防范政府平台公司过度融资的风险，另一方面是为了摸清资源，整合成资产，最终实现"资源变资产、资产变资本"。在融资管理中心成立几个月后，我又与总行沟通衔接，为广安区的企业争取到16亿元的授信。这也是我作为金融干部，能为广安区做的一点小事。

同时，要加强当地百姓和干部对金融的理解，提升他们对金融工具的使用能力。于是，在2018年6月，我们开展了"广安区金融能力提升训练营"，对整个广安地区的青年开放，欢迎所有年轻的政府工作人员、村里的致富带头人、创业的农村青年等，免费参加培训。我们结合当地经济发展和产业发展情况给他们讲经济金融基础知识，让他们树立金融理念，深入产业进行调研，告诉他们能运用什么工具，政府能提供哪些帮助和支持。也就是说，要运用好金融工具助推当地经济发展。

训练营为期六个月，我们邀请了联合国开发计划署和商务部的专家，以及大学教授，金融、农业、养殖业的专家，从不同角度为学员授课，提升他们的知识能力。除此之外，训练营还开展了社会研究、金融沙龙等创新活动。当时有一两百人报名，大家一边上课、一边调研、一边通关，最终有88人通过全部考核，进入广安区人才储备库。在活动过程中，大家真正学到了金融知识，获得了成长，实现了我们开展"扶智"活动的初心。星星之火，可以燎原，我希望通过努力，让更多的人为广安区的未来出谋划策，贡献力量。

姚露，2017 年入职凉山分行，现为凉山分行个人客户经理。2021 年 7 月至 2023 年 8 月，为巩固拓展脱贫攻坚成果同乡村振兴有效衔接，姚露积极响应组织号召，前往越西县寒林村担任乡村振兴第一书记。挂职期间，姚露克服人手紧张、语言不通等困难，努力改变寒林村发展现状，被凉山分行授予"乡村振兴特别贡献奖"。

姚露：777 天扶贫路

采访、文字稿整理、拍摄｜成都农商银行口述访谈组

开弓没有回头箭

　　一直以来，因为受家庭环境影响，我特别关注民族地区的贫困问题。我出生在凉山州普格县，这是一个深度贫困县。20 世纪 70 年代，爷爷奶奶因支援民族地区建设来到这里。记得当时我们住的房子，正好在马路边，小时候，我经常看人来人往，印象最深的就是彝族同胞们拉着马儿上街，或者步行去很远的地方赶集。而我父母居住的地方，就更偏远了，在拖木沟（现在叫螺髻山镇），距离西昌 70 多公里的山沟林区。之前曾听父母听说，当地有些家庭穷得连鞋子都穿不上，全家就只有一件衣服、一条裤子，大家轮着

穿。当时觉得匪夷所思，长大后看过许多纪录片和纪实作品，才发现那些情况竟然是真实存在的。这给我的内心带来强烈的震撼，也对扶贫干部充满钦佩。我深知，在这样的环境里，如果缺少外界帮助，他们是很难依靠自身力量摆脱贫困的。

2021年7月，当在工作群里看到关于选拔第一书记的通知时①，我的内心蠢蠢欲动，并主动向办公室主任询问了报名事宜。杜小勇行长知道后，主动找我谈话。杜行长说："论能力，你肯定没问题，但我唯一担心的是，作为女同志，你能否在艰苦的环境里坚持下来？"对此，我也犹豫过，怕自己挑不起这副担子，但观望了两三天，发现没有比我更合适的人选，我就告诉自己，应该主动站出来。

这也是爷爷从小到大对我的教诲。他总是告诉我，共产党员要起好先锋模范作用。去世之前，即使已经患了阿尔茨海默病，他还经常拉着我的手问我："入党了吗？交党费了吗？"可以说，对党的忠诚，已成为烙刻在爷爷心头的信仰。

从小到大，我一直是父母眼中的乖乖女，无论想做什么事，他们都会无条件支持。但这一次，因为担心我在艰苦陌生的环境里适应不下来，他们一反常态地反对我。特别是妈妈，因为生气，一直到我离开家，都没有跟我说过一句话。

亲戚朋友也认为我不该去。反对的理由五花八门：我已经31岁了，作为单身大龄女青年，眼下最紧要的事是结婚生子；我现在工作前景很好，顺利的话，很快就能晋升四星级客户经理，因为扶贫中断业务，不划算；等等。

---

① 为充分发挥定点帮扶工作的示范引领作用，巩固拓展脱贫攻坚成果同乡村振兴有效衔接，中共凉山州委办公室、凉山州人民政府办公室于2021年6月印发《凉山州乡村振兴定点帮扶工作方案(2021—2025年)》，要求各帮扶单位向受扶村选派优秀年轻党员干部担任第一书记，加快推进脱贫地区乡村产业、人才、文化、生态、组织等全面振兴。

　　但开弓没有回头箭。我告诉自己，既然下定决心，就坚持到底。从看到选派通知，到正式出发，只有短短 5 天时间。来不及跟亲戚朋友认真告别，我只简单准备了一些行李——一台笔记本电脑、两三套换洗衣服，以及简单的床上用品、洗漱用品，就是我当时全部的家当。

　　7 月 15 日，分行领导送我到越西县贡莫镇寒林村报到。镇上的党委书记陶光辉接待了我们。由于村上没有适合的地方，陶书记在镇上临时找了一间房子将我安顿下来。之后，我的宿舍被安排在了镇政府二楼，由一间会议室隔出来，大约有 20 平方米。因为没有卫生间，洗澡成为一件奢侈之事。热天，就打两桶水将就擦一擦。冷天就只能开车回西昌或者到县里找个旅馆解决。

　　报到当天，我整夜未眠。出发时，尽管妈妈还在气头上，没有理睬我，我也没觉得有多伤感，总觉得自己是要去干一番有意义的事业，心中充满豪迈之气。但直到夜深人静，所有人都离去时，我才感觉到孤独、恐惧和不安。空旷的房间，一切都安静得可怕，静到连苍蝇飞过，都觉得聒噪。整整一夜，我的眼睛都紧盯窗户，生怕窗帘后会突然闪出一个人头。因为怕黑，我把灯一直打开。手机里的音乐也调到了最大音量，播了一个通宵。

一夜长大

　　来之前，寒林村于我只是一个抽象的概念。我只知道，这里距离西昌100 多公里，车程要 2 个多小时。来了之后，我才渐渐了解到，这里面临着许多棘手的问题。由于是拆乡并镇后组建的新村落，寒林村人口基数庞大，共有 2564 人、567 户，几乎全是彝族同胞。尽管经过为期三年的脱贫攻坚战，全村已顺利通过脱贫验收，并实现了"两不愁三保障"①，但距离实现乡村振兴的目标，还有很大差距。

---

① "两不愁"是指稳定实现农村贫困人口不愁吃、不愁穿；"三保障"是指义务教育有保障、基本医疗有保障和住房安全有保障。

让我印象深刻的是，办公室原本有很多电脑，但因为没人会用，网络已经瘫痪，电脑上满是灰尘和蛛网。还有活动室的厕所，虽然很早就安装了冲水马桶，但由于大家没有养成冲水习惯，厕所里污秽满地、臭气熏天。这也让我意识到，扶贫这条道路，远比想象中更漫长、更艰难。

原本以为，作为第一书记，我的主要职责是协助村上做好产业发展，没想到来了之后，陶书记才告诉我，由于村干部年龄偏大、文化程度不高，需要由我挑起重担，主导推进村上的各项工作。

就这样，几乎是在一夜之间，被父母呵护长大的乖乖女，成为全村人的"大家长"。我还来不及慢慢摸排情况，慢慢适应语言障碍，就被现实环境推着往前走。因为，所有的人都在指望着"姚书记"拍板解决问题：村里有人不肯交医保怎么办，为了避免因病返贫，我就自己垫付医保费；有孩子不愿继续上学怎么办，语言不通，我就带上当地人当翻译，一次次上门做思想工作；有村民反映说蓄水池容量不够大、用水不均衡，我们就对饮水管道进行重新改造；针对硬化道路被毁损、行车不方便的问题，我们对道路进行重新修补。总之，但凡涉及村民利益的事，无论大小，都得一件件来解决。

以前，做客户经理，虽然也遇到过许多困难，但总感觉一切尚在掌控之中。因为心里明白，再艰巨的工作，顶多熬夜加班，总能解决。但在寒林村，我最大的感受是，以往的生活经验全部失效了。也是在这里，我第一次体会到，再怎么努力也无法把事情做完的无力感。

2022年5月，因为第一次防返贫监测集中大排查，按照镇上的统一安排，我们需要在7天之内集中完成村民信息排查和录入新上线的App，时间非常紧急。加之是初次排查，缺乏基础信息，所以工作量非常大。不仅需要安排工作人员入户采集信息，还需要把所有信息全部录入到系统中。但当时和我一起搭班子的"村两委"干部，除了一名会计是年轻人，其余年龄都在50岁以上。别说用电脑，连写字都困难，汉语也不太会讲。

　　眼看着截止日期一天天临近，信息录入的工作却根本无法推进。想到单凭我俩力量，不吃不喝干上几个通宵也完不完这项工作，我崩溃得大哭起来。无奈之下，我决定自掏腰包找外援。最后，通过村上联系，在幼儿园和卫生院找到5位年轻人，对他们进行紧急培训，才终于赶在最后的时刻完成了这项工作。

　　当年11月，是彝族的火把节，这也是彝族最重要的节日之一。眼看着同事们一个个接到家里打来的电话，都是

2023年火把节前夕，姚露走访寒林村百岁老人吉都吾呷木，为她穿上羊毛衫

催着回去杀猪宰羊的，我就索性让大家都回去过节了，自己一个人留下来加班。突然，房门推开了，是一个小姑娘来给我送饭菜。接过饭碗的那一刻，我的眼泪又不争气地流了下来。虽然是万家团圆的时刻，但因为做不完的工作，自己有家不能回；一想到还有人惦记着自己，又觉得必须继续坚持下去，要对得起这些善良淳朴的村民。

　　这大概就是成长。在一次次崩溃中痛哭，哭完又继续给自己加油打气：坚持下去，事情再多，做一点总会少一点……

土豆书记

　　乡村振兴，需要产业先行。在担任第一书记之前，我很热衷于参加各种各样的捐献活动，对扶贫的认识也仅仅停留在捐钱捐物的层面。但寒林村的经历，改变了我的想法。所谓"授人以鱼不如授人以渔"，唯有激发内生动

力，才能让他们真正摆脱贫困。

我于是有了"以购代捐"的想法。这其中最重要的是先确定产品种类。结合当地特色产业，刚开始我们找到了几个备选项，如银器、土鸡、鸡蛋等，但它们要么价格过高，要么储存困难，要么运输不便，最后都被一一排除。最终，我们综合各项因素进行权衡，确定了土豆这个品类。

按活动计划，从村民手中收购来的土豆，将由总行群工部统一进行组织，卖给行内员工。群工部专门为此发出活动倡议，也得到各分支机构的积极响应。但因为缺乏经验，真正实施起来也遇上了许多棘手的问题。

第一是运费问题。寒林村只有一家邮政速递，按照市场价，20斤以下的货物需要收取13元运费，20斤以上为16元。为了控制成本，我们和对方经过协商，按支持脱贫户自产农产品相关政策来执行，运费成本降低了一半，20斤以内为6元，20斤以上为8元。

第二是包装问题。之前，我们找了一些二次回收的纸箱，但发现质量太差，可能导致土豆运输途中损坏，于是又在网上统一采购了一批质量较好的包装箱。

第三是品控问题。为保障产品品质，我们对土豆进行了严格筛选，既要大小匀称、表面平整，还要保证表面干燥，否则容易发霉或长芽。土豆的分量必须要够，只能多不能少。

选品工作由我亲自负责。每天白天我都把时间腾出来，专门负责挑选土豆，晚上再处理其他工作。由于长时间弯腰弓背，到最后累得身体完全直不起来了。因为天天摸土豆，手上也全是裂口。

整个活动从2022年8月持续到9月中旬，共收到1000多份订单，货款10万余元。挑选出来的近12吨土豆，来自寒林村约120户贫困家庭，为每个家庭平均增加了500～600元收入。村民们很开心，我也因此多了一个"土豆书记"的称呼。

此外，我们着眼当地的实际情况，进行更为长远的产业规划。其中，最重要的是肉牛养殖和烤烟种植。肉牛养殖在脱贫攻坚期间曾被作为寒林村的主要产业之一，并建成一处 200 多平方米的养牛圈。当地的村民，家中有婚丧嫁娶的重要事情，都有杀牛宰羊招待宾客的习俗，而普雄地区养牛的少（因为小牛购置成本高、天气冷又只喂草料谷物长得慢等原因），常出现供不应求的情况，一般都要去县城或者其他地方去买。至于烤烟，目前村上将原来脱贫攻坚种植的 200 亩花椒地承包给了一个外地烟农，现在建成了

"以购代捐"消费帮扶活动现场，姚露与村民一起拣选高山土豆并装箱

通水、通电，有配套烟路、烟房的烤烟种植基地。未来，我们计划号召村民们以土地、劳务、自有资金等方式入股，寒林村集体经济合作社牵头，再聘请专业的农业职业经理人进行经营管理，让村民们可以定期分红。

另一种真实

挂职两年，虽然过得很艰苦，每一天都在掰着指头过日子。但真正临近离别时刻[①]，又觉得时光短暂，因为这里留存了太多美好回忆。

---

① 编者注：姚露于 2023 年 8 月结束挂职，回到凉山分行继续担任个人客户经理。

2023 年 4 月，村上老人向姚露咨询免费体检

2023 年 5 月，姚露参观寒林村创业青年笋子达尔的生态平菇大棚

2023 年 6 月，姚露和村里的两位小女孩牵手聊天

记得刚到寒林村不久，有一次我去入户做调查，因为不懂彝语，还带着村支书当随身翻译。但走进一位百岁老人家里，看到对方和蔼的面容，我一下子觉得心里放松了。虽然听不懂对方在说什么，但我们就一直对着对方笑。笑了很久之后，连村支书都觉得奇怪，问我说："你们俩听得懂对方的话吗？"我说我听不懂。那一刻，我觉得语言的障碍似乎没有那么重要，重要的是接纳彼此的态度。再后来，我就尝试着用彝语，一个单词一个单词往外蹦，老人心领神会，带我去看了家里的猪和鸡。

这里的村民也特别朴实，懂得感恩，只要你真心待他们，他们也会真心待你。有一位 80 岁的老爷爷，家里非常贫困。我们经常去帮助他，还给他儿子安排了护路员的公益性岗位，每个月有 300 元收入。一个寒冷的雨天，老爷爷穿着单薄的衣服，跑到我们办公室，掏出一个塑料袋递给我，里面有十几个鸡蛋。同事告诉我，这是他们自家的鸡下的蛋，为了感谢我，他攒了很久都舍不得吃，要送给我。虽然后来我把鸡蛋都退回去了，但当时却感动得热泪盈眶。

村民们的朴实与热情，也渐渐打动了爸爸妈妈。有一次，爸爸开车来村上看我，就有两个孩子一直对着他跳舞。他特别开心，回来就让我把家里闲置的电脑搬到村上去。妈妈在我们搞卫生评比活动的时候，自掏腰包到市场上为我们采购奖品。记得刚到寒林村时，他们还担心我压力太大吃不消，经常宽慰我说，别给自己太大压力，完成任务就行。到后来，他们的态度转变很大，经常叮嘱我，一定要认认真真把工作干好，努力用好扶贫政策，让更多人的生活得到改善。

在前往寒林村挂职之前，和许多同龄人一样，我的生活简单而有规律：喜欢听音乐、追剧，也喜欢和朋友们聚在一起。对我来说，这就是生活的全部。

但在寒林村，因为接触到不同的村民，我看到了不同的世界。也因为远离朋友，我在孤独中多了接近自己的机会，也多了沉淀提升的时间。对我来说，这是更真实的人生。

回想两年前，我也不知道是哪一股劲推动自己做出决定。吾志所向，莫问前路几许，只顾 777 个日夜的风雨兼程。每一个未来都会变成现在；每一个现在，都会变成过去。那刻骨铭心 777 天的一路奋战，不是为了能改变世界，而是努力地让心中的希望和美好不被世界改变。作为一名党员，能在有生之年，投身一项伟大的事业，将是我永生难忘的亲切回忆。就像我的祖辈父辈，他们经历过抗美援朝、上山下乡，为信仰贡献自己的青春。我想，我也没有辜负自己的青春。

第四篇

传承：
凝心聚力　薪火赓续

弦歌不辍载初心，芳华待灼育未来。

70 年青春无悔，一代代农商人以爱行如家的忠诚，书写家园史诗。

70 年风雨兼程，一代代农商人以破茧成蝶的成长，铺就奋进之路。

70 年追求卓越，一代代农商人以匠心传承的执着，创造无限可能。

从过去到现在，从现在到未来，壮阔前行的每一步，都在创造奇迹、书写历史。

第九章

爱行如家：
书写无悔人生

游步林，1962 年入职前进信用社，2023 年因病去世。在职期间，游步林算好每一笔账，管好每一笔钱，绝不让信用社亏损。退休后，游步林依然把单位当成自己的家，关心单位发展，关爱年轻人，用行动阐释爱行如家的精神。

游步林：成都农商银行是我家

采访、文字稿整理、拍摄｜成都农商银行口述访谈组

每年晒脱三层皮

1953 年 6 月，人行邛崃支行工作组在东岳乡^①（现前进镇）诸模村试点成立信用合作组^②。1954 年 2 月，东岳乡信用合作社成立，这是邛崃县第一个农村信用合作社。农村信用合作社成立的时候，选领导很关键。当时我看到人们通过"丢豆子"的方式，选了信用社主任、副主任、会计和出纳。也是

① 邛崃于 1940 年置东岳乡，1958 年更名前进公社，1981 年置前进乡，1992 年建镇，2019 年撤销前进镇划归临邛街道管辖。

② 信用合作组，为信用社试办阶段名称。1951 年 5 月，人行召开第一次全国农村金融工作会议，颁发《农村信用合作社章程准则（草案）》，新中国信用合作组织在广大农村开始建立。

在这一年，农业生产合作社工作队的同志到我家来动员我："明天乡上要开会，讨论参加互助合作的优越性，你也去吧。"[①] 我知道农业生产合作社有三大作用，即人尽其才、地尽其力、物尽其用，是很好的事情。我去了，并在乡大会上发了言，大家选我当了会计。后来，我又担任过乡上的会计、财务部长、团支部书记等职务。

1958 年，人行农金部[②] 部长来找我，让我建设信用站[③]。我便问他："信用站具体是做什么的？"他说："是接收农村闲散资金，支持农业生产的。"我一想，这是好事啊，就答应了。当时农村老百姓在初夏栽红薯，卖红薯藤有了一定存款，我就积极去争取吸收。只用了几个月，信用站就接收了万余元的存款。

1962 年，我被调到前进信用社当主任。刚入社时，人行邛崃支行行长召集信用社主任开培训会，讲怎么开展信用社工作。除了总结经验教训，讲工作开展细则以外，他还说："现在我们国家比较困难，要把有限的资金用在刀刃上。"

进入信用社后，我就把这里当成家，安安心心地工作生活，想办法把信用社发展好。想做好信用社工作，做到"人熟、地熟、情况熟"。我去了之后，就走村串户了解情况。为了摸清全公社 23 个村，130 个生产队，几千户人口，3 万亩耕地的具体情况，我走访了每一个角落。当时下村没什么交通工具，全靠走路。朝东方走，就晒肚皮，朝西方走，就晒后背，朝南方北方

---

① 1953 年 6 月，党中央提出过渡时期的总路线和总任务，即要在一个相当长的时期内逐步实现国家的社会主义工业化，并逐步实现国家对农业、对手工业和对资本主义工商业的社会主义改造。而农业的社会主义改造即农业合作化运动，也就是在人民民主专政条件下，通过合作化道路，把小农经济逐步改造成为社会主义集体经济。

② 农金部，即农村金融管理部，为农村金融管理局下设部门。

③ 1958 年 11 月始，四川全省部分地区实行人民公社、供销社、信用社"三社合一"，信用社下放到大队，农村开始普遍建立信用站，聘请农业社会计或出纳任业务员。

走就晒手臂，两条手臂一年要晒脱三层皮。

规则不可破

走村的一大任务是吸收存款。我经常去各个生产队开会，劝说他们："把钱存到信用社是细水长流，功在国家，利在自己。"有些大队开大会统一存款，我就去现场办理业务。全乡 6000 多户人，工作量很大，有时忙完已经半夜了。但我越干越有劲，越干越高兴。因为我很清楚，只有把存款工作做好，信用社才有钱放款。

1965 年，前进乡十二大队的三中队大概要交六万斤大米，快到春节了，我查到他们的任务已经完成，却没有把钱存到信用社。[①] 我清早吃了饭就跑去找他们队的出纳，但他不在。下午又去了一次，也不在。晚饭过后我又去，这次他终于在了。我喊他出来查账，清点完差了 800 元。我进他屋里一看，喂着七八头猪，原来他是把生产队的钱拿去买猪自己喂。这是挪用行为，我就向人民公社和乡政府汇报了此事，后来乡上开会，还专门提了这件事，告诫大家不能挪用乡亲们的钱。

走村的另一个任务就是将发放的贷款收回来。我对放出去的每一笔贷款，都牢牢记得，而且要想办法收回来。前进乡七大队有一个农户，贷款未还就去世了，他老爹称"子债父不还"。我就去和他讲理："正因为你的儿子不'在'，我才叫你还。死亡之后无财产，可以不还，但他还有几间房产。"陈大爷不服气地问："人都死了，国家连这点钱都舍不得？"我就严肃地告诉他："这不是国家的钱，是信用社大家的存款。你儿子贷了款就要还，不然大家都受损失。如果不还钱，他的房子就要拿去抵债。"就这样，我坚持把贷款要了回来。

我知道要把有限的资金用好，就要把账弄平。为了使存贷账目清楚，我发明了备查簿，一个村或者一个生产队记一个本子。我白天收了款或者放了

---

① 当时生产队交完粮食后，会收到一笔现金，并且这笔现金要求存到信用社去。

款，晚上回信用社就一笔一笔核对，写明他们的贷款金额、还款金额和余额，把内外账都弄平整。

困难的百姓一定要帮

可以说，信用社的工作既重要又危险。所谓重要，钱用在实处，支持了农业，老百姓才有饭吃。所谓危险，工作没做好，生产就管理不好。信用社经营不好是很严重的事情，所以我们也都很小心。那时，中央对信用社寄予了扶持好贫下中农和困难户的厚望。那全村究竟有多少困难户？困难到什么程度？我就要一户一户去走访。

我印象很深刻的是，七大队一个妇女没衣服穿，手里拿着棉衣，把里面的棉花往外揪。起初我怀疑她有精神问题，后来得知，当时已经春天了，她没有薄衣服，只好把国家救济她的冬衣里的棉花揪出来，改成夹衫来穿。六大队有个年轻人，得了肺结核，还出了车祸。他家有中风的老人，还有读书的孩子。一大队有个妇女，爱人卧病在床，她独自养着几个孩子，家庭非常困难，蒸饭的蒸格都塌下去，不能用了。像这样的贫困户，全乡共有37户，我想办法用政府下发的救济款帮他们解决困难，还找生产队给他们送点粮食，也贷款给他们。

我也是农民，知道农民的苦处，所以我对帮扶工作很上心，能帮忙的我一定会帮。当时，国家会发放救济款，我会严格把钱发给真正有需要的困难户。曾有领导想挪用救济款修氨水池，被我严词拒绝了。在原则问题上，我绝不会妥协。

在扶持困难户的过程中，我发现不能单纯靠扶持，只有把生产搞好了，百姓收入增加，才有可能真正地减少贫困户数量。我刚进社的时候，由于种种原因，信用社的发展并不好。我常想，应该怎么搞好我们这个家。如果生产队的生产搞上去了，老百姓就有钱存到信用社，贷款需求也会相应增加，这对搞活信用社经营是有利的。因此，我很注重生产队的生产工作。

那时有个提法叫"三级所有，队为基础"①，所以我决定先从基础入手。在改革开放前，我们前进乡南江村一大队，是典型的困难队。我就秉持一个信念，没有搞不好的生产，有人自有土，有土自有财。于是，我驻扎在他们村，先选出带头肯干的干部，再把其中40亩冬水田变成两季田，上半年种水稻，下半年种菜籽。我还亲自下地实验，与他们交流经验，总结出菜籽高产的施肥口诀：头道淡，二道轻，三道四道下恒心；重施压苔肥，巧施花期肥。

后来一大队成功脱贫，我又去虎墩村一大队驻扎，指导他们变一季田为三季田，早稻、玉米、豌豆结合种。既有精耕，又有细作。这个生产队年底实现了四个第一：增产第一，总产第一，对国家贡献第一，人均分配第一。这样看来，老百姓算是翻了身。

就这样，各村生产慢慢地发展得比较好。虎墩村一大队为了感谢我，敲锣打鼓地送来40元。这钱我不能收，但这是大家的心意，也不能辜负。我就花4元钱买了4个盅盅②当纪念，分给信用社4人每人一个，又花了36元在供销社③买了60张洗脸帕，一张6毛，刚好用完这40元钱。我把60张洗脸帕分给一大队的百姓，一户人领一张，正好领完。我觉得这钱用在我个人身上，只是小作用，但如果用在生产队上，把老百姓的生产积极性调动起来，那就是大作用。

改革开放后，国家要求信用社用金融手段促进经济发展，提高人民的生活水平。为了搞活经济、搞好生产，我就积极创新，支持新兴产业发展。在经济作物收成丰富的村，我一个大队一个大队地开大会，支持他们办油厂和

---

① "三级所有，队为基础"，指我国农村人民公社集体经济组织中曾经实行过的一种经济制度。在比较长的一段时间中，农村人民公社的生产资料一般分别归公社、生产大队和生产队三级集体所有，其中，生产队一级是基本的，公社和大队的所有制是部分的。

② 盅盅，四川方言，即搪瓷杯。

③ 供销社是为满足农村生产和生活需要，所设立的商业机构。销售生活用品、生产工具，并兼收购农产品。在不同的社会经济制度下，具有不同的性质。

酒厂。有的群众希望个人贷款购买拖拉机，但政策不允许个人贷款买这些。我认为这能推动生产发展，于是就积极推动了拖拉机个人贷款的工作，这种做法在全省都是走在前面的。

为推动各村各户平衡发展，我还想出了专业户带动困难户的方法。这是受到邓小平同志"先富带动后富，最终实现共同富裕"的理念启发。村民王得喜贷款办了塑料瓶盖厂，当年就实现盈利，不仅还清了贷款，还存入信用社 1 万元。跟王得喜一个大队的徐华清，一个人带三个娃很困难，那段时间正在找我贷款。于是，我跟王得喜说："你现在富了，但你们队的徐华清依然很困难。你作为专业户要带动困难户。我让徐华清的大儿子去你厂里做活儿，怎么样？"王得喜很爽快地答应了。后来我就推广复制这一办法，让同大队的专业户和困难户订一个口头扶贫协议，利用前者带动后者。于是，很多困难户有了自食其力的能力，生产和生活都搞好了。

对信用社来讲，经营情况也的确一年比一年好。全国开始实行家庭联产承包责任制① 后，农户生产积极性提高，生产水平提高，资金活跃。那时候就不再是生产队管理了，而是按户交户结的结算方式，每户人家都要开银行账户，几元钱都能存。我下村办理有 6000 多户，能搞活信用社，为国家经济发展献力，这让我很自豪。

不给组织添麻烦

关于怎么管好信用社，我认为必须坚持原则。我对来信用社的员工说："你们既然来到这里，就对信用社负有责任。"有位同事曾经与供销公司的采购对接，对方汇了 300 元到他本人的账户上，我就问他："供销公司的采购为什么

---

① 家庭联产承包责任制是 20 世纪 70 年代末 80 年代初在农村推行的一项重要改革，指农户以家庭为单位向集体组织承包土地等生产资料和生产任务的农业生产责任制形式。其基本特点是在保留集体经济必要的统一经营的同时，集体将土地和其他生产资料承包给农户，承包户根据承包合同规定的权限，独立作出经营决策，并在完成国家和集体任务的前提下分享经营成果。

游步林非常关注时事政治，图为游步林退休后在家中研读中国共产党第二十次全国代表大会报告

游步林的印章

游步林所持有的邛崃县第十一届人民代表大会第二次会议出席证

把钱汇到你的账户？"他回答不了，我命令他退回去，他有点不高兴。我说："我们的工作不是为自己干的。"他顶嘴说："我是给你干的。"我很严厉地说："你是共产党员，共产党员的工作是一辈子，不是一阵子，你举起右手宣誓的时候，说的誓言是'为共产主义奋斗终身'，还是'为游步林奋斗终身'？你要想清楚。如果你说的是为游步林奋斗，好，我今天就要辞退你，因为我用不起你。信用社的工作不是为哪一个人干的，是为共产党、为群众干的。"这位同事后来承认了自己的错误。

正因为我坚持原则，所以从1962年到1988年的这26年间，我没有让前进信用社亏损过一笔钱。在1982年的时候，人行邛崃支行的副部长带着四十几个人来信用社查账,每村每户都查,逐笔贷款核对下来,没有一笔坏账。

从 1996 年算起,我已经退休 20 多年了,过上了拿退休金的生活。以前,我的工资全部存在农村信用社。现在每个月发了退休金,我拄着拐杖也要走到其他银行,把钱取出来,存到成都农商银行。有人问我为什么这么做?我说:"成都农商银行是我的家,我不把钱存到这里,存到哪里?"

现在我享受的退休待遇是成都农商银行职工的辛苦换来的。虽然我在信用社工作了 34 年,参与了打江山,但守江山的是现在的同志们。我们过去辛苦,但他们现在更辛苦,比我们过去的任务重,所以能不给他们添麻烦就不要去添麻烦。2021 年推行房改政策的时候,我放弃了资格,我觉得自己有房子住,应该让没有房的年轻人得到更多的照顾。其他同志劝我不要放弃,我就回答说:"虽然我老家的房子在汶川大地震的时候震垮了,但已经修好了。而且习近平总书记也说过,房子是用来住的。"这就是我的真心话。

我们这一代经历过非常艰苦的时期,对于现在的生活感到很满足。以前最困难的时候,我一个月开支不超过 6 元,现在比原来好 100 倍,我就规定吃穿住用行不超过 600 元。我对后代说:"滴自己的汗,吃自己的饭,靠人靠天靠祖上,不算是好汉。"老人要老当益壮,宁知白首之心;穷且益坚,不坠青云之志。所以,我凡事都靠自己努力,不给组织添麻烦。

邱趾信，1990 年入职隆盛分理处，现为金堂支行三溪分理处综合柜员。工作 30 多年，邱趾信大多数时间都住在单位宿舍，与同事亲如一家，真正做到"以社为家""爱行如家"，以实际行动生动诠释了成都农商银行的家园文化。

邱趾信：与同事亲如一家

采访、文字稿整理、拍摄｜成都农商银行口述访谈组

想家难回

进入信用社之前，我是一名数学老师。家里连我一共有 6 个孩子，我是家里的老幺。由于父母年龄比较大，所以我从小就很听哥哥姐姐的话。后来，我哥哥认为搞金融不错，就建议我考到信用社。

记得报到那一天，是我堂兄送我去的。隆盛分理处距离我家所在的三溪镇有十几公里，我俩一人骑一辆自行车，后座用来驮行李。所有行李就是做饭用的煤油炉子、一口锅，再加两件换洗衣服和铺盖棉絮。

宿舍在隆盛分理处的二楼，信用社主任知道我要来，临时腾了一间宿

舍出来。我进门就觉得房间很暗，要把眼睛闭上一会儿才能适应，如果不开门，根本看不到光。那个筒子楼里没有卫生间，洗脸、上厕所要从楼上到一楼去。夏天还好，冬天要是起夜上趟厕所，要把人冷惨。我心里忍不住叹气，心想这里怎么条件比学校还差？

原本以为，信用社的工作就是数钱，来了才发现根本不是这么回事。我先从实习做起，然后做出纳、记账员，有时候也跟着主任下乡去收贷。对于工作上的事情，我适应得很快，但最让我困扰的是想家却很难回去。

隆盛和三溪两地本是相邻的，但那时交通不便，骑自行车需要一两个小时。特别是走到这两个地方的交界处，不能骑车，只能推着车走4公里。冬天本来就黑得早，路也看不清，想要每天回家几乎不可能。再加上当时门市上只有三个人，也没有固定休息日，少一个人都会影响工作，所以能回家的机会少之又少。

刚工作没多久，母亲就去世了。除了二哥，其他兄弟姐妹都在外地，所以80多岁的老父亲很想念我们。有一年端午节，队上就有人开玩笑说："你们家人要回来。"我父亲高兴坏了。平时他节约惯了，我们拿钱给他都舍不得用，但那天他却买了肉、买了菜，左等右等，都没人回来，搞得他空欢喜一场。想着父亲盼儿儿未归，我心里非常难过。所以往后遇上节日，再晚我都要回去。

1995年，女儿出生了，我们也是聚少离多。记得她刚满一岁的时候，有一天，我休假回家，一躺下床，她就开始哭。我才发现是我很久没回家，她已经不认识我了。当时心里非常内疚，也很伤感。

在隆盛分理处的工作非常忙碌，很多时候想回家都回不了，这种滋味真的不好受。尤其是在夜深人静的时候，我常常想家想得睡不着觉。

以社为家

1997年，组织上为了让我离家近些，就把我调到了平桥分理处。在平桥，我住的是一个套间，有水有电，同事们都比我大十来岁，就像老大哥一样照

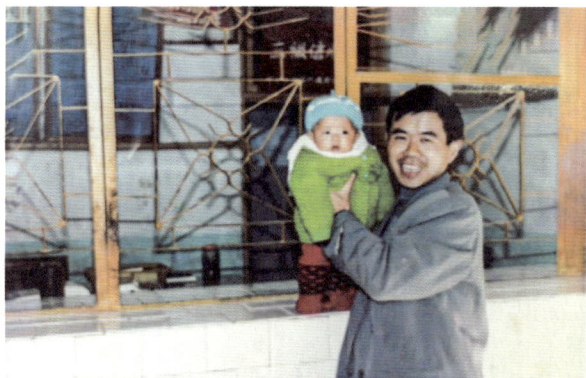

邱趾信与女儿在信用社柜台合影

顾我、处处让着我，这让我感到很亲切，我很快就融入了这个新集体。

平日里，我们关系非常融洽。因为他们都和家属住一起，只有我是一个人住，他们就会邀请我去家里吃饭。晚饭后，大家就在院子里一起玩。我还记得有一次我们玩得很疯，他们把我举起来甩向天空，大家笑得合不拢嘴，非常快乐。而且我们之间有啥说啥，从不会生气，开玩笑也很自在。

那时候，每天晚上都要有人值班守金库，大年三十也不例外。老大哥们知道我想回家过年，就都让着我，说自己住得更近，主动替我值班。所以我从来没在过年的时候守过金库。后来我调到三溪分理处，有一年大年三十轮到我守金库，我才知道那个滋味有多难受。团圆的日子里不能和家人一起，心中的酸楚只有自己知道。直到现在，我都很感谢老大哥们的关爱。

其实在平桥分理处休假的时间也非常少，但老大哥们都大公无私，一直让着我们小辈，让我们多回去，自己就少休点假。有一次，有个同事的爱人看他休假找人调班太麻烦，干脆就说，你不要休了，安心上班吧。看他们这样大公无私，我后来也不好意思再多提休假的事。

我的爱人也很支持我的工作，只要一休假，她就带上女儿来信用社看我。这时，我们住在信用社的几家人就会聚在院子里摆龙门阵，互相逗娃娃。因为有老大哥们的关照，再加上家人经常来探望，渐渐地，我觉得也没那么想家了，信用社成了我的另一个家。

成为"家长"

2001年，我考上了主办会计，被调往金龙分理处。这是我工作中最忙、最累的一个阶段。金龙镇是个养蚕的地方，信贷任务相当重。另外，由于我的岗位变动，不仅要做主办会计的报表，还要做信贷报表，几乎是没日没夜地加班。有时候我和同事熬个通宵，第二天又继续上班。

初到金龙分理处，房屋状况很差，倾斜严重，远看的时候感觉房子快要倒塌了。记得有一次下大雨，房子漏雨，排水管道也被堵住了，导致档案被浸湿，不久后，信用社就把老房子拆掉，开始建新的。当时，因为电脑刚兴起，有些人会偷显示屏，但其实我们知道，真正值钱的是主机。正好当时我们使用的是单机版系统，主机一旦弄丢，就意味着数据丢失，会对业务造成很大影响，所以我和同事每天抱着主机上下班。

2005年，组织上为了照顾我，把我调回了三溪分理处。那段时间，我就和家人在一起生活了。不过4年后，三溪分理处和金龙分理处合并，金龙分理处成为二级网点，需要人去管理，我又被调回了金龙分理处，再次住到了单位宿舍。

这时候，金龙分理处除了我年龄较大，其他员工都是年轻的小伙子、小姑娘。跟他们在一起搭档，让我感觉非常明显的是，他们手脚快，有人一天能办500笔业务，是我的一倍，但不好的是，动作毛毛躁躁的，经常做错账，比如把"取"打成"存"。作为网点负责人，我压力很大。

有一次，有100元的账出错了，我们调出监控，看了一遍又一遍，才发现是客户取800元，柜员给出900元。我跟柜员说，我们一定要去把那个钱要回来。但是柜员觉得，自己人生地不熟，要去找到当事人沟通太麻烦了，加上100元金额也不大，反正钱已经赔了，就劝我算了。但我坚持认为，每一笔钱都不能无缘无故损失，就坚持要带她去把这笔钱要回来。最后，在我们的耐心解释下，客户表示理解，把钱退回了。我后来经常告诫他们说："工作不能只求数量，不求质量。如果账做错了，大家还要一起抹账，时间耽误得更多。"

还有一次，在我休假期间，网点账务出错。但我回来时，却没有看到差错登记。没有登记差错就入账了，相当于造成了一级风险，我当时非常恼怒，把在场的人大骂了一顿，甚至还有同事被吓哭了。等情绪缓和下来后，我又慢慢教导他们："银行账务问题，不管大小，私自处理就是违规行为。以后如果出错，应该第一时间向负责人报备，寻求帮助。"之后，我又给他们讲老一辈的"三铁原则"，他们也明白了我的良苦用心。

严格要求之外，我对大家更多的是关心。他们远离父母、远离家乡，有家难回。想到年轻时照顾我的那些老大哥，我觉得我也应该多体谅他们。但凡过节，我一般就主动顶班，让他们回去和家人团聚。

平时我也努力多带给他们一些家的温暖。下班的时候，我就问他们："我炒了菜，你们想不想吃？"他们说："你炒我们就吃。"我做的菜他们很喜欢，觉得有一种家的温暖。有时下班回宿舍，他们会问我："邱叔，有没有做好吃的？"这样的话语很亲切。慢慢地，我们之间的关系也变得很亲近。到现在，他们见到我还会亲切地说："邱叔，好久又请我们吃你做的盘龙黄鳝哇？"

我离开金龙分理处的时候，大家都舍不得我，我也舍不得大家。经过10年相处，我们都习惯了彼此，关系很融洽。

相互陪伴

2018年国庆节的时候，我感到非常不适，一查发现是脑梗，就住院做了手术。没想到，祸不单行，11月，大哥和二哥相继去世，前后相差不到三天。对于从小视长兄如父的我来说，真的是很沉重的打击。

2019年1月，我再次住院，女儿又查出甲状腺瘤。那两年真的是我人生中的至暗时刻。虽然家里状况百出，但我还是想去上班。我觉得如果一直在家昏昏沉沉的，可能这辈子就完了。2019 年 6 月，我回到了工作岗位。组织上为了照顾我，把我调回了三溪分理处做综合柜员。虽然我家已从三溪镇搬到了赵镇，但整体来说，离家还是更近了。

当时正在重要的营销节点上，营销任务很重。虽然我的身体没完全恢复，脑子还有点不听使唤，但还是尽最大努力去完成工作。我给同事说："我不跟你们抢客户，我去街上做，门市上营销的客户都算你们的。"

有一年，我听三溪分理处的主任说工作任务压力很大，如果完不成，自己可能要被撤职。我就告诉她："没有完不成的任务。我们大家都会帮你的。"后来，在大家的共同努力下，我们成功完成了营销任务。

单位的年轻人也对我很关照，总是让我好好休息，慢慢调养，不让我累着。我这些年能恢复得这么好，有一部分是他们的功劳。和年轻人在一起，心态比较好，而且我们配合才能把工作做得更好。

调回三溪分理处后，因为担心每天早出晚归休息不好，我大部分时间还是住在宿舍里。特别是新冠疫情期间，考虑到封控可能会影响网点正常营业，即使回去休假，我也会提前一天返回宿舍。其实我想的就是，哪怕遇上再极端的意外，也要保证网点有人开门。

这么多年住在单位宿舍，在别人看来可能是一件不可思议的事，但我觉得真的是习惯了，因为这里对我来讲，就是一个家。

严锡柳，1959 年入职吴店子信用社，现已退休。在岗 37 年，严锡柳用心经营信用社，仅三年时间，就使亏损严重的吴店子信用社实现扭亏为盈。严锡柳还奉行"节俭办社"理念，获得"勤俭文明"荣誉称号。

严锡柳：致富的"严财神"

采访、文字稿整理、拍摄｜成都农商银行口述访谈组

搞不好，对不起社员

20 世纪 50 年代初，农民必须参加"三大合作"[①]：生产合作社、供销合作社和信用合作社。信用合作社主要就是让农民在生疮害病、养猪、买口粮时有保障，在结婚、修房子等有困难时可以贷款。这些都与农民生活息息相关。当时如果入股信用社，不仅贷款有优势，还能享受利率优惠，所以农民很愿意入股。有实在交不起股金的人，就靠信用社的无息贷款来交股金。那

①　中华人民共和国成立初期，国家为提高农村的经济发展水平和生活水平，设立了供销合作、信用合作和生产合作等三大合作社，在当时大大促进了"三农"发展，方便了广大农村地区人民群众的生活、生产需求。

时候，每个村都有专门管信用社的监事会、理事会成员各一位。农户要贷款的话，跟副大队长说明情况，走审批流程就能办理。

那个时候人行对信用社员工管得严，我们不能喝酒不能抽烟，并且要严格遵照"三铁原则"。人行流动检查组不定时来社里检查账目、考点钞、查库存，如果被抓到违规，就脱不了干系。吴店子信用社原来的会计就是因为犯了错误才被开除的。1959 年 6 月 23 日，公社把我调到吴店子信用社接替他的工作。当时我是团员，政治面貌好，而且在 1956 年成立高级社①时，入选了四川省评选的十个最典型的财务委员，这些也可能是公社把我调去信用社的原因之一。

信用社当时面临很多困难。虽然我做过大队会计，但对信用社业务半生不熟。别无他法，我只能白天开门营业，晚上背报表数据，搞清楚业务的来龙去脉。而且信用社当时的人员严重不足。主任要去公社搞工作，不常在信用社，所以信用社只有我一个会计。我所在的吴店子信用社又是全县最穷的信用社，经营状况很差。当时全县举行信用社评比，业务最好、存款最多的信用社是"火箭"，接下来是"飞机""汽车"等，而我们吴店子信用社属于最低一级。我当时就想，农村经济是由信用社拉动的，如果我搞不好信用社工作，就对不起大家、对不起每个社员，就像败家子一样。我也知道要想人家瞧得起你，就要认认真真开展工作，不干虚伪的事情，所以我一直觉得责任很重。

与群众打成一片

为了扭亏为盈，我决定首先从外部多组织存款。每年农村收购②季节时，

---

①　高级社，即高级农业生产合作社，是以主要生产资料集体所有制为基础的农民合作的经济组织。中共中央在 1956 年 1 月提出的《一九五六年到一九六七年全国农业发展纲要》中强调："对于一切条件成熟的初级社，应当分批分期地使它们转为高级社。"高级社的土地除给社员户留下 1 至 3 分自留地外，其余都归集体所有。以生产队为核算单位，实行统一经营、统一劳动、统一记工，取消土地分红，实行按劳取酬、多劳多得的政策。

②　农村收购，指国家为了加强粮食管理，维护粮食市场秩序，保障粮食供应，保护农民和其他粮食生产者的合法权益而进行的统一收购行为。

农民卖粮结账，生产队 ① 年终决算要分钱，我就把账本和算盘背到生产队决算现场去发展存款。但是当时有的农民不信任信用社，我去发动存款时，看见两个人正在讨论存款事宜，他们发现我经过，立马转移话题，假装在说其他东西。

要想动员农民存款，最关键的是让他们信任信用社。而要想取得农民信任，诚实办事很必要。我们九大队有一个非常富裕的泥工，他原来都是走10公里路去银行存钱，因为他认为信用社是集体办的，不如国家办的银行保险。后来我动员他，去银行存钱要跑那么远，不如存到信用社，更方便。但他始终不相信信用社。我们还是锲而不舍，经常帮助他。比如，他需要把大额钱币换成小额钱币，我们就把小额钱币准备齐全；他买东西算不明白账，我们就帮他算。一次，他拿了300元来信用社存，自己坐在一边抽烟。我清点后，发现多了1角钱，就如实告知了他。他看我们诚实，就开始信任我们，到信用社来存钱了。

要想取得农民信任，还有个要点就是要为他们保密。在农村，财不外露非常重要。如果大家知道你有钱，借钱的人就多，到时候借不借都不好。所以我们不能把储户信息告诉给别人。一次，我遇到一个从西河 ② 来存钱的人，就笑着问他："为什么要到这么远的地方存钱？"他说："你们这儿保密工作做得好，在我们那儿前脚刚存完钱，后脚就有人来找你借钱了。"他给我举了个例子，说他们那有人把为女儿存的嫁妆钱借出去了，最后钱收不回来，到女儿办婚事时，连买两身衣裳的钱都没有，所以他格外重视保密问题。

很多储户取钱时都是静悄悄的，趁着赶场之便，提前到信用社告诉我要取多少钱，我先准备好，晚上悄悄把钱拿给他们，同时和他们讲清楚他们这

---

① 生产队，是指中国社会主义农业经济中的一种组织形式，源于农业合作化中构建的农村集体经济组织，是农村公社化构建"政社合一"的组织体系。在农村，生产队实行独立核算、自负盈亏。

② 西河，指西河镇，现位于四川省成都市龙泉驿区。

次取了多少，还剩多少。

我还用利息去吸引农户。有一位储户，生产队开大会，他拿到了钱。我问他要不要存到信用社，他拒绝了。之后，我再去找他时，终于说服他一次性存了50元。我对他说："如果你早点存，起码有利息可

1973 年 12 月，严锡柳在"抓革命，促生产"工作中荣获"先进工作者"称号

以用了。"我算账给他看，他存这 50 元的利息，打盐可以吃半年，买火柴可以用一年。他过去一直没有在信用社存钱，但在得到利息以后，开始在信用社存钱。就这样，经我宣传，越来越多人知道了"钱存在信用社要用就用，不用还能涨，钱能生儿"，他们还给我取了个外号叫"致富的严财神"。

我一直很清楚，信用社想要有存款，就要跟农户心连心，要有服务意识，急人之所急。之前有个老年人，他的存单丢了，也说不清是什么时候存的钱，我就回想他大概的存款日期，结合我记的账，帮他走挂失流程把钱找到，他很感激。

我做会计的时候，一年 365 天从不离社，晚上也都在社里守着。每天下班后，我把钱、账本和印章都锁在保险柜里，钥匙揣在身上，人就睡在保险柜旁边。因此，储户晚上到信用社也能找到我。很多人因此觉得把钱存在信用社很方便，就会选择信用社。

除积极动员农户把钱存到信用社之外，我还想办法用贷款业务扶持农户生产生活，因为信用社的初衷就是为农民服务。如果有些农民贷款养的猪死了，我会给他们第二次贷款的机会。如果不贷款给他们，他们没有收入来

源，我们贷出去的款也收不回。贷款给他们买猪，等他们把猪养肥卖了，就可以动员他们还贷款。再如，有些人的父母去世，或小孩得病，把钱贷给他们，能帮助他们解决问题，这样他们会非常感谢信用社。

我记得一大队六分队有个农民，向信用社贷款买了辆拖拉机，但后来出车祸，赔得倾家荡产，还坐了牢。他出来后，我告诉他："你不能倒下，还是要慢慢搞起来。"然后向他提供了第二次贷款，让他去买柴油，开拖拉机、跑运输。实际上，贷款之前，我是经过深思熟虑的。我办贷款很特别，认为越困难越要发展，贷款人只有有收入了，生活水平提高了，贷出去的款才能收回来。他振作起来了，还建了一个厂，生活越来越好。

我还坚持有人情味地收贷款。去收贷款之前，我会先去生产队会计那里了解第一手材料，看哪些人进了钱，哪些人有贷款。比如，有人进了 10 元，贷了 5 元，我就动员他还贷 1 元。农户辛苦一年，进了钱还要拿回去给儿女添衣服，让他一点点地还，大家更能接受。

我到吴店子信用社的第二年，信用社只亏损了五十几元，第三年就开始赚钱了。到了 1990 年，吴店子信用社已经成了全县最富裕的信用社。当时，我们信用社发展到 5 个门市，有 10 多人了，很多人想来这里实习。

守好这个家

大河的水是一点一滴流进去的，大海也是一条条江河汇集起来的。除了发展业务为社增收，我还很注重节俭，实现开源节流。我到信用社那么多年，一个别针、一根麻绳也没买过。以前我们要用麻绳捆单据本，每次捆完之后，我会把麻绳收集起来，需要时再用。有时遇上别的信用社修缮，有桌椅板凳之类的家具要扔，我觉得可能有用，也都捡回来。

铅笔用到只剩一个头，一般人就扔了，但我会将两个铅笔头用胶粘在一起继续使用。扫地的大扫帚，我把它拿回来绑紧，就不会扫两下坏掉。以前的信用社都是瓦房，有的时候漏雨了，请工人修要钱，我就自己去修。有一次信用社搞大维修，县上批下来 400 元，我自己编竹子、调水泥、补房子，信用社修好后还剩下 150 多元。对于信用社的开支，我能省则省，因此还获得过荣誉称号。这是我记忆最深刻的荣誉。

我要退休的时候，看到我们的保险柜、办公桌比较陈旧了，我想到有一天它们可能会被当作垃圾扔掉，我觉得很可惜，所以就提出想把它们都买下来。信用社的同事说："买什么买，送给你了。"我还是坚持要买。因为这是公家的东西，我一定要出钱买，最后信用社还给我开了收据。[①]

要搞好事业，光凭一个人是不行的，要靠大家的努力，所以我们要把人培养好。当时我就要求员工全面发展。搞出纳的，也要熟悉其他业务。不然有些人员休假或外出时，信用社的工作谁去顶上呢？我们的想法是，信用社员工样样都会做，不能单会一个。我对实习生说的第一句话就是："你们在学校里读书，可能得八九十分就是优等生了，但在我们信用社里，你要得 100 分才是优等生，得 99 分都不算。"当时新员工的实习期是三个月，我要求他们第一个月做好出纳工作，第二个月学会做会计工作，把财务、报表全部学好。在吴店子信用社锻炼过后，每个员工不仅工作态度非常积极，而且能力强，把业务做得很优秀。

除了工作能力，我还要求信用社的人要一条心。有人出问题时，不能看笑话，要一起担责任。有一次，我外出不在信用社。一位储户拿来 1000 元工资换取零钱，结果当我们的同事把零钱换给这位储户后却忘记收回整钱，查账时就少了 1000 元。后来，我们的员工去找这位储户，他不认账。于是，我便想办法，通过这位储户所在厂子的厂长出面，动员他把钱退回来。在我们的帮助下，这位同事对信用社产生了归属感。

---

① 接受访谈时，严锡柳老人表示愿意为成都农商银行行史馆建设献出自己的力量，并承诺将购买的旧写字台、凳子和保险柜捐给行史馆。

2022年11月23日，访谈组拍摄于严锡柳家中。图为严锡柳使用了几十年的写字台和凳子。1996年退休后，他不舍写字台、凳子和保险柜被废置，坚持自掏腰包，将它们购买回家

2022年11月23日，访谈组拍摄于严锡柳家中。图为他在吴店子信用社工作时使用的保险柜

正因为大家一条心，希望把信用社建设得更好，所以都很守规矩。信用社的上班时间是早上7点半，大家都很严格地遵守，从来没有人迟到，哪怕有同事住在离信用社很远的地方，也从未迟到过。

我们有个同事原本是山西部队的干部，来信用社干了十个月就离开了。后来他给我写信，说想回信用社来，看得出他对于信用社的感情是很深厚的，哪怕是离开了信用社，也念念不忘我们在信用社共事的日子。

殷碧如，1955 年入职大兴信用社，现已退休。在职期间，殷碧如始终坚持原则底线，不做违规的事，曾在面临火灾时，不顾自身安危，保护信用社财物。退休后，殷碧如坚持"退休不褪色"，以共产党员的标准要求自己，并在新冠肺炎疫情发生后主动捐出 2 万元"特殊党费"。

殷碧如：2 万元"特殊党费" [①]

采访、文字稿整理、拍摄｜成都农商银行口述访谈组

为大家做点事

　　2020 年疫情发生后，我在电视上看到相关报道，武汉人民的情况让我非常揪心。我很想为大家做点事情，于是从退休金里取了 2 万元钱，交给当时蒲江鹤山支行的副行长潘淳，请他帮忙捐给武汉。后来我才知道，这 2 万元钱是作为"特殊党费"捐出去的。

---

① 　编者注：在正式采访殷碧如前，访谈组已了解到，殷碧如多次为地震捐款。"5·12"汶川大地震发生后，殷碧如委托东北信用社（曾位于成都市蒲江县，现已被裁撤）的信贷员姚光成，捐了 2000 元。而这位老人在新冠疫情期间，更是将自己省吃俭用存下的 2 万元退休金捐了出来，用于抗疫。于是，我们的访谈就从这 2 万元"特殊党费"开始了。

很多人问我为什么要捐这么多钱，实际上，我也没有多想，只觉得我作为一名中国人，一名共产党员，不能看着大家受苦，要尽我的微薄之力，除此之外，没考虑过其他问题。

> 提到殷碧如的捐款事迹，潘淳记忆犹新。当时，他作为鹤山支行副行长，正在组织员工积极捐款。殷碧如听说了此事，就从退休金里取出 2 万元，来到鹤山支行交给他。殷碧如对他说："我是一名老共产党员，这是我打算捐给武汉的，代表我的一点心意。"之后，潘淳把这笔钱和鹤山支行筹集到的善款一同上交到蒲江支行。

我在信用社一干就是 30 多年，回想这一路走来，在党的光辉照耀下，我一直坚持以社为家，尽心尽力做好每一项工作。中华人民共和国刚成立后，我父亲在农业社①当会计，受到了共产党的照顾，所以他一直告诉我要感谢国家、感谢党。在父亲的影响下，我一直很期待加入中国共产党。1954年，我所在的村里经常组织党训班，我就积极报名参加。

1955 年 11 月，我获批入党，心情非常激动。我一直梦想着成为党员，更想好了有朝一日成为党员后要如何更好地服务人民，多做对国家对人民有利的事。

同年 12 月，我进入大兴信用社②做会计和出纳。之后有一段时间，我转调到大兴公社担任公社干部。但我不喜欢在公社工作，更喜欢跟数字打交道，所以又主动申请调回。之后，我一干就是 20 多年，直到 1981 年调到东北信用社。

---

① 即农业生产合作社，农业社会主义改造的一种形式，是劳动农民为共同发展生产自愿联合组成的集体经济组织。按照集体化程度的不同，又分为初级农业生产合作社（简称"初级社"）和高级农业生产合作社（简称"高级社"）。

② 位于成都市蒲江县大兴镇，主要提供存款、贷款、个人人民币储蓄等业务。

在信用社工作，要经手很多钱，但我从来没有贪过一分钱。有人因为我的工作想找我借钱，甚至大言不惭地说："你的抽屉里有很多钱。"这话是没错，但我抽屉里的都是公家的钱，我自己是不能动的。父亲经常教育我："公家的钱吃不得。"在大兴信用社工作时，经常要开会，需要找人代班。为了资金安全稳妥，无论谁代班，我回来后都会重新做一次账。我是管账的，要做到对账负责，财务上的事情只能相信自己。

管好公家的钱就是我的本职工作。我曾负责了许多贷款业务，钱应该给谁，不该给谁，我心里有评判。每一笔贷款都要有依据，符合规定，不能乱给。

当时公社有个生产队，没有手续就想找我贷款，我没有同意。公社的书记听说后，就来我们信用社找我。他一句话没说，"啪啪"地在柜台上大力拍了两下。见他这样，我立马撑起身体，指着他说："大兴有这样一个好书记，没有手续，也要强行贷款？"他听后只能悻悻地走了。

后来在东北信用社时，有一些酒厂、砖厂找我贷款，主要是为了买粮食、买煤，等到砖厂把酒厂把酒卖了，砖烧出来了，就能还贷。我对这些企业非常支持。但对于没有信用、没有章程的人，我一分钱都不会贷。

曾经有人和一位行长一起来找我，想让我贷 10 万元给他去新疆做生意。我对行长说："我们东北信用社资金有点紧张，你们银行资金更宽裕，你们给他解决吧。"实际上，就算信用社资金不紧张，我也不可能给他贷款。这个人什么担保都没有，若是赔了钱不还，谁说得清？

在规则面前，就算是银行行长带来的人也没什么了不起。管他是谁，没有手续我就不能贷款，大不了我不当信用社主任了。我不是吓大的，我是共产党培养大的。

信用社的财物比自己重要

1957 年 7 月，大兴街上遭遇火灾。起火的那家人是做猪饲料的，主人在家中燃着柴的情况下出门了，结果柴火掉下来点燃了篾条篱笆，火向上蹿，整个茅草房就起火了。那场火几乎烧了半条街，把街边农户的茅草屋都烧掉了。火灾发生时，很多农民正在薅秧子，回家后才发现家里被烧空了。

起火处距离信用社有四五家店面，一开始火势不大，但很快就蔓延到街上。看着这么大的火，我心里害怕，但第一反应是要把信用社的东西带出去。如果信用社的财物被烧，就说不清了。于是，我赶紧把账本、钱、算盘，还有藤椅等都找出来，搬到了距离信用社步行三四分钟路程的地方。那时候，信用社还有一个旧写字台，因为太重，我搬不动，所以被火烧没了。等火熄灭后，信用社的房屋架子已经垮了。

我知道其他机构也曾遭遇过火灾，有人就会趁机把账目撤了或者销毁，把钱拿走。寿安镇的一个信用社会计，高中毕业，人长得整洁，字也写得好，结果故意把单据毁了，把钱归为己有，后来他被开除了。我听说后非常吃惊，因为我绝不会做这样昧良心的事。

对得起我的工作

这么多年来，组织上交给我的工作，我都会尽力做好。1961 年，大兴营业所由于业务调整，把现有人员撤走了。我作为信用社的会计，得管信用社和营业所的两套账，业务量一下增大了很多。当时的业务比较复杂，信用社和粮站要开户、办托收证明，天天还得汇款。有些工作必须等晚上来处理。当时晚上 10 点就熄灯，我只能自己点煤油灯，在昏暗的灯光下继续算账。那段时间我眼睛熬得反复生疮，痛痒难忍。但我想这是一种锻炼，上级信任我，我要尽力做好。我一直坚持了 6 个月，直到营业所调人来，我才不管这边的业务了。

我在工作时还喜欢想一些创新办法，让工作更好开展。1963 年时，我发现做出纳时容易错账，就发明了在付出传票上登记票面的方法。具体做法

在信用社工作时期的殷碧如

就是在付出传票的右上角上写清楚付款金额，以及相应钞票张数。比如给出去了多少张1元、多少张10元，都登记清楚，之后在核对金额时，就能加强自我复核。即便出了错，也方便回忆，找回错款。当时没有专门的复核岗位，付出传票登记票面的方法起到了一些作用。1976年，这个方法就在全县推广。

重视服务对做好工作也很重要。我经常说："我们干的是服务行业，柜面服务首先态度要好，不管别人来干什么，我们都要热情接待。"我记得在东北信用社的时候，有一天来了一个客户，看衣着打扮比较穷。当时他想换钱，但找了很多家银行，都没人换给他。最后找到我们信用社，我们给他换了。后来他拿了几千块钱来存，说："你们这服务态度好，我就存到你们这里。"正是因为有"服务至上"的理念，我们收获了当时东北信用社金额最大的一笔存款。

信用社可能认为我工作开展得好，还公开表彰过我几次。但我对表彰并没有那么看重，工作也不是为了表扬，不管表扬与否，该怎么做就怎么做。总之，信用社把这份事业交给我，我就要对得起我的工作。该做的事情一定尽力做到最好，这就是我的态度。

第十章

奋勇争先：
实干锻造标杆

李禄兵，1980 年入职清平信用社，2023 年因病去世。其父李华廷在 1956 年获得"全国农村金融先进工作者"荣誉称号，受到毛泽东同志接见。父子两代人的接续奋斗，成为农村金融不断发展壮大的缩影。

李禄兵：两代人的接续奋斗

采访、文字稿整理、拍摄｜成都农商银行口述访谈组

睡在信用社

我父亲出生于 1916 年。他原来是乡政府大队的积极分子，在 1954 年调到了彭县清平信用社（现成都农商银行彭州支行清平分理处）当主任。温江（彭县当时隶属温江专区）在办文盲学习班的时候，他每个月都要去学习几天。在那里，他学会了写自己的名字。

清平信用社刚建立时，我父亲和会计要晚上下乡去动员大家入股，一股是 3 元。清平乡有 12 个乡，108 个生产队，面积很广。但当时信用社只有两个人，所以需要计划行程，每天由谁去哪个村动员，都要提前安排好。老百

姓听说要入股信用社，都很积极，只要喊一声就都来了。

那时，我父亲工作很辛苦，因为是主任，他白天要在生产队干活，每月3日、6日、9日逢场天，上午在门市坐班，下午下乡，一直到晚上还要继续搞存贷款工作。因为当时食品站①收猪都是在夜里，我父亲就在夜里去收贷款，有人晚上卖了猪要存钱也可以办理。哪个生产队分钱了，他们也要去组织存款，建议分钱多的老百姓把钱存在信用社。那时，我父亲会带上单据，现场为农民办理存款。虽然已经上过文盲学习班，但他还是不太会写字，记录存款只能凭记忆，但没有出一点儿差错。比如，张三今天要存20元，就把钱收下，让生产队会计写个单子，标明收了张三20元。那时候信用社没有金库，晚上出门收了钱，只能由自己保管。我父亲收款后，也不会回家，就睡在信用社。人睡在床上，钱就放在身边。等积攒到一定额度，再上交给当地人行营业所。

除了忙业务，我父亲每周还得去温江开会。从彭县（现彭州市）到温江，大约有50多公里路程。他往往是白天做完工作，吃了晚饭就出发，得走七八个小时，几乎一个通宵，才到目的地。每次出发前，他脚上穿一双草鞋，身上还要再背两双新草鞋。只有这样才能走一个来回，不然走到半路，脚上的鞋就被磨烂了。

因为忙，他通常一周才回家一次，农忙时一周都回不来一次。那个年代，周末没有假期，我年纪小，没人照顾，他就把我带到信用社。他工作时我就自己在一边玩。如果实在有家事需要处理，他只能提前和信用社会计商量，将工作重新安排一下，才有半天假期。虽然工作这么忙，但他从来没有怨气，也从来不发牢骚，反而越干越有劲。

---

① 食品站是购买生猪、宰杀生猪、销售猪肉的地方，是政府供应食品的部门。由于国家经济体制由计划经济向市场经济体制转变，食品站于1985年取消。

全国农村金融先进工作者

我父亲本身是穷苦农民，所以他很关心穷苦农民。当时的生活条件差，我父亲当大队的积极分子时，甚至都没有工资，直到1954年，才开始发放工资[①]，大概每月18元。

那时的工资基本没有结余。在这种情况下，他还时常支持一些困难户。我记得有个女孩，她母亲去世了，家里苦（困难）得不行。她父亲疯疯癫癫的，带着她想往哪儿走就往哪儿走，还来过几次信用社。其他人看到他们来，都不会管，只有我父亲端饭给他们吃，还要自掏伙食费。那个女孩现在年纪很大了，但她一直记得这些往事，每次在街上看到我，还会跟我打招呼。

在工作上，父亲也努力帮助农民。当时老百姓没什么花销，贷款主要是为了养猪，一般每家每户都要养两三头，一头需要贷款10多元。大队的支部书记会先去找我父亲，说明他们生产队有多少人要贷款，然后由我父亲代表信用社贷款给他们。等他们把猪卖了，有了钱，我父亲再去收贷款。这在整个四川省都是一个很好的案例。

因为发展养猪贷款很典型，1956年，我父亲获得"全国农村金融先进工作者"荣誉称号[②]。当年7月，他从成都坐火车去北京，参加全国农村金融先进工作者代表会议，受到了毛泽东主席和党中央同志的接见。这件事留有照片、奖状，但父亲认为那都是集体的东西，不能拿回家，拿了就是犯错误。

[①]　1952年，国家分大区进行了第一次全国性工资改革。享受供给制的人员实行"大包干"，供给制标准划分为十等十四级，并增加了津贴。1954年，改为以"工资分"为计算单位的供给制。1955年，全部实行工资制，并统一了工资标准。

[②]　1956年7月12日，农行总行召开全国农村金融先进工作者代表会议，四川省银行、信用社出席会议的代表共24人，其中信用社代表11人，李华廷是其中之一。7月19日，党和国家领导人毛泽东、刘少奇、邓小平、陈云等亲切接见与会代表并合影留念。

父亲的教诲

后来，父亲因病退休（现已去世），我在 1980 年接了他的班，去了清平信用社。当时信用社在一个寺庙办公，大概七八十平方米，被隔成了 3 间，住宿、办公都在里面。最前面那间房的门一推开，就能看到柜台，中间是宿舍，最后面是库房。

起初，我做出纳，后来业务丰富起来，就转为信贷员。那时候，父亲已经病得起不来身了，但经常对我说："工作要态度热情、和善。既不能贪污，也不能受贿。"我延续了父亲优良的工作作风，请客送礼那些事我都做不来。

一路走来，信用社变化很大。下乡开展业务时，我父亲那一辈是走路，而我这一辈是骑自行车，后来又有了汽车。办理业务时，我父亲那个年代只有算盘，现在银行办公则全用电脑了。以前信用社的贷款主要用于扶持农民种田、养猪，现在信用社变成商业银行，贷款种类也更丰富，不仅可以贷款买房，还可以贷款开公司。各个方面的巨大变化，让我感受到了信用社的进步，也让我感受到了时代的发展。

刘应泽，1995 年 12 月入职彭州联社，现为双流支行行长。2018 年，在彭州支行面临经营压力之际，刘应泽重新回到彭州，带领彭州支行全体员工奋起直追，扭转经营困局。2020 年，彭州支行储蓄存款突破 200 亿元，被总行授予"储蓄存款领头羊"荣誉称号。2021 年，刘应泽荣获"全国金融五一劳动奖章"。

刘应泽：在梦开始的地方成就梦想

采访、文字稿整理、拍摄｜成都农商银行口述访谈组

回到家乡

我是彭州本地人。1995 年，我进入彭州联社工作，中途曾借调到市联社工作。2010 年后，我服从组织安排，相继到大邑、蒲江等地任职。那些年，虽然我人不在彭州，但一直关注彭州发展，毕竟那里是我的家乡，也是我参加工作的第一站。特别是有几年彭州支行发展不好，风险贷款比较多，资产质量很差。虽然经过整治，整体在向好发展，但还有些问题没有得到根本性解决，导致业务发展比较迟缓。看到很多以前共事的同事受处分，我感到很痛心。在这种氛围下，客户经理做业务畏首畏尾、瞻前顾后，工作积极性受

到挫伤。

按照惯例，干部交流出去之后，基本都待在外地，能够回本地的很少，能够回来主持工作的，更是没有。所以，我也没想过，有朝一日能重回彭州。

2018 年初，我被派回彭州支行工作，算是开了交流干部回本地的先例。到岗第一天，要召开干部大会。面对曾经熟悉的同事，一开始我真的不知道应该说什么，讲得太严肃不好，讲得太随便也不好。后来我想到一首歌叫《梦开始的地方》，就对大家说："彭州是我的家乡，也是我梦想开始的地方。每一位同事，都是我的兄弟姊妹。把彭州支行带出泥潭，不仅是我的事业，更是我的责任和使命。"

到任后，我也陆续处理了很多人，降职、免职、开除的都有。从情感上来说，处理这些同事于心不忍，但制度的刚性摆在那里，得为以前犯的错承担后果，所以我还是痛下决心要把风气扭转过来。

之后，我也经常和大家交心，给大家传递信心。我对大家说："不管我这次回来能待几年，我都肯定会用心做，哪怕以后又交流出去，我还是这里的人，始终要回来的。等我退休了，去跳广场舞，至少希望遇到大家，还有人愿意递给我一瓶矿泉水，而不是掉头走人。"说这样的话，就是想表达决心，带动大家一起把家乡建设起来。

当好"话事人"

通过交流，大家的思想统一了，行动上形成合力，不管遇到多大的困难，都一起积极想办法克服，不再像原来那样有畏难情绪。我自己也觉得真正成了这个家的一部分。在这个家里，我肯定不是资格最老的，也不一定是能力最强的，但大家把我推到"话事人"这个位置上，不和我见外，有什么问题就来找我交流，这种互信很重要。

紧接着，我们发起了一场大讨论，主题为："当前形势怎么看？对标先进怎么办？立足本职怎么干？"这就类似于诸葛亮会[①]，问需于民，问治于民，问计于民。我想让大家明白，每个人都是彭州支行发展的主体，支行发展不是某个人的事，而是要靠大家共同努力。

首先，通过分析当前形势，我们看到了自己的短板和缺陷，也看到我们的根基还在，本底还在。从地缘情况来看，彭州的三大产业基础，在成都各区县里是非常好的，有很多机会。彭州本就是农业大县，农业产业很强。工业基础也很好，我刚回来那几年，工业税收在彭州地方财政收入中大概占比1/3。再加上有 80 万人口，发展服务业和山地旅游的条件也很充分。此外，我们在本地深耕了数十年，网点遍布各乡镇，数量几乎占了彭州全部金融机构总数的一半，且有金融社保卡的客群基础，这是其他行不能比拟的优势。

其次，对标先进同业，研究它们是如何趁我们打盹的时候抢走份额的，再讨论如何把市场抢回来。同时，我们也在行内发起向先进集体学习，看看在相似的干部员工队伍、经营环境和信贷政策下，优秀的同事是怎样发展业务、搞好管理的。

通过对比分析，我们找到了自己的业务发展特色，明确了下一步的方向，就是要把主战场明确在彭州本地市场，把本地的业务发展好，这一点非常重要。作为本土银行，我们的资源优势都在本地。之前我们出现的不良贷款、案件，绝大多数都在外地，这是前车之鉴。如果一个机构本地业务都还没做好，就把主要精力放到其他区县，那是不行的。

从具体业务来讲，第一，彭州是农业大县，我们明确主责主业，通过支农支小助力地方经济发展。比如，我们的农产品仓单质押贷款此前就在全国打响了名号，我们就把它升级完善，进行扩面增量。第二，彭州的民营企业非常多，我们就抓住每个行业中的龙头企业进行重点扶持。第三，对区域规

---

① 诸葛亮会，即组织专家、学者、内行开展的座谈会，进行调查研究，是我国最常使用、简单易行、可靠有效的一种调查研究方法。

划的重点项目进行支持。例如，政府推动中医药产业发展时，我们参与支持了其中几个大规模药企。围绕彭州棚户区改造，我们也匹配相应的信贷资源做了很多创新业务。

最后，立足本职怎么干？这就要结合形势分析、环境分析、市场竞争分析，来明确怎么干。我们每个人在自己的工作岗位上，就要思考该做哪些事，怎么把事情做好。

我发现，经历过一个低潮期，大家心里都憋了一股劲，都迫切希望能贡献更多力量，所以给大家发展机会很重要。比如，有位中后台员工，有些懒散，工作态度和成果不太令大家满意。但我们没有放弃他，而是给他机会，请他的分管负责人盯着他、带着他做项目，后来他的转变很大，变得积极上进。

还有个小伙子，工作能力很强，但因为行事风格比较高调、稍显浮躁，导致个别同事对他评价不高。我了解到情况后，多次和他交流，既让他感受到了组织关心，也逐渐认识到自身缺点，最终，他通过调整工作状态，把优点和长处用在业务拓展上，工作越来越出色，口碑也越来越好。

争做"领头羊"

2018 年和 2019 年，我们逐步摆脱了考核垫底的局面，员工收入得到提升，精神状态更佳。也正因为有这样的铺垫，回归国有后我们才能抓住机遇，迅速冲上去。

那时，总行提出"三个银行"①发展目标，鼓励大力发展存款。2020 年底，我们的储蓄存款达到 200 亿元，总行还为我们颁发了"储蓄存款领头羊"奖项。这对彭州支行而言，是高度的肯定和认可。

获得荣誉后，大家拓展业务的干劲更大了。2022 年上半年，彭州南部新

---

① "三个银行"目标即万亿银行、上市银行、标杆银行。

时任成都农商银行党委书记梁其洲（右）为刘应泽（左）颁发"储蓄存款领头羊"奖牌

城新设的金彭湖分理处尚未开业，但为了提前积累客源，同事们在网点装修期间坚持到周边 10 余个小区"扫楼"。当时是夏天，高温橙色预警[①]频繁发布。他们毫不松懈地干了三个月，非常辛苦。在他们的努力下，小区居民对我行有了很好的了解，甚至有人主动问起："你们怎么还不开业？我们什么时候能去存款？"2022年底，金彭湖分理处开业后，存款很快突破亿元，远超同期甚至更早开业的同业。

我们还通过网点转型，实现人员离柜入厅、网点环境升级，为客户提供更好的服务体验，从而提高存款收入。比较典型的案例是昇华台分理处，他们进行了很多创新。比如，实行严格的厅堂服务机制，明确每位员工的服务内容，让服务更到位。很特别的是，网点还在细节上下功夫，配置了书柜、多肉植物，并提供茶点饮料，吸引了很多客户专门去办业务。2023 年，昇华台分理处储蓄存款净增 3.54 亿元，在区域中遥遥领先。

回归国有后，我们立足本地的想法与总行指引的战略方向和定位高度契合，能更充分地发挥本土优势，这也让我们感觉好多事情都能做了，发展业务也更有底气。同时，大家在信贷流程、客户识别、风险偏好等方面，有了

---

① 高温橙色预警信号是高温预警信号中的第二级别。2022 年，四川盆地等地发生高温热浪事件，持续时间长、范围广、强度大、极端性强。

更统一的认识。这让我们很快就把业务做起来了。

2020 年，为引入彭州市第一个院士项目——成都天顺保利新材料有限责任公司，彭州市上下都在积极推进，我行也是其中一员。但该公司自有资金总量不大，工程进度相对缓慢，产品尚未得到市场印证，对其提供贷款支持将面临较大风险。之后，我们咨询专家，也与院士本人探讨，在了解产品特性和市场应用后，我们坚定了信心。当时，成都天顺保利新材料有限责任公司的固定资产还没有形成，我们就采用在建工程加股权质押的创新方式，为其提供 7000 万元授信。2023 年，该公司的工厂已经顺利建成投产。

在大家努力下，彭州支行发展不断迈上新台阶。2023 年 3 月，彭州支行储蓄存款达到 300 亿元，再创新高。回想起来，2013 年，我们从 0 跨越 100 亿元，用了 61 年。从 100 亿元到 200 亿元，我们用了 7 年。从 200 亿元到 300 亿元，我们只用了 3 年，这既得益于回归国有后的良好发展局面，也得益于大家的拼搏奋斗。

2021 年，我获得了"全国金融五一劳动奖章"[①]。没有更多的心潮澎湃，我知道，以后必须做得更好，要用更高的要求、更严的标准规范自己。以前，有时候觉得压力太大了，也想歇一下。现在却真的不敢歇了。获得荣誉本身也是一种鞭策。我对家乡的爱也会一直持续下去。[②]这里是我梦想开始的地方，我也会带着我的梦想，继续出发。

---

① 2021 年，经党中央批准，中国金融工会全国委员会发布表彰决定，对 79 家单位授予"全国金融五一劳动奖状"、492 名同志授予"全国金融五一劳动奖章"、115 个集体授予"全国金融先锋号"，褒奖他们在聚焦服务实体经济、防范金融风险、深化金融改革重点任务中作出的突出贡献。

② 刘应泽已于 2023 年 11 月调任双流支行行长。

陈祖超，1990 年入职西河信用社，现为龙泉驿龙泉支行行长。2010 年，陈祖超从后台转型前台，从营销"菜鸟"逐渐成长为受客户信赖的"农商代言人"。多年来，陈祖超始终与时俱进、爱岗敬业，是成都农商银行的奋进代表。

陈祖超：从"菜鸟"到"代言人"

采访、文字稿整理、拍摄｜成都农商银行口述访谈组

"菜鸟"起飞

1990 年 11 月，我考进信用社工作，曾先后从事过出纳员、记账员、网点负责人、主办会计、稽核员及稽核副科长等工作，积累了丰富的后台经验。2010 年 1 月，领导安排我到酱园分理处任主任。

虽然我在基层待过，但之前只负责过日常管理，在营销上完全是"菜鸟"。和我共事的两个客户经理，一位是刚毕业的大学生，有待锻炼，另外一位客户资源也很少。那时，成都农商银行刚挂牌成立，产品增加，工作任务也变重了，我感到压力很大。

酱园分理处的前身是龙泉支行，我去的时候刚拆分为一个纯粹的储蓄网点，没有一笔对公存款，也没有任何贷款。其中95%的客户来自农村，他们多数办理的是个人储蓄存取款业务。因此，为了填补业务空白，我们就要调整客户结构，拓展贷款业务和对公存款业务。

在外跑业务的同时，内部管理也必须跟上。为了统一认识，我们不定期召开内部会议。每个人在什么岗位、什么职责、做什么业务，全部梳理清楚。我对大家说："既然我们是一个团队，就必须要有凝聚力。为了做业务，大家在初期一定会很辛苦，但只要思想统一，我相信我们这个小团队一定会把工作做好。"

业务是跑出来的。客户经理不像柜员，存钱的人会自动来，如果客户经理只是坐在办公室，那么就没有业务，所以只能走出去，自己去找业务。因此，我和两个客户经理就开始打电话陌生拜访。有的客户态度还可以，同意我们去拜访，有些就直接拒绝我们。但我们没有放弃，第一季度就跑了至少40家企业。大家每天一上班就跑，有时候吃了午饭不休息就继续出去跑业务。

拜访头几户客户时，我们信心不足，方法也不对，所以营销效果不好。但我们还是坚持复盘，不断改进。每天早上9点晨会，营业经理、主办会计和客户经理一起总结分析前一天的营销情况，及时调整工作方法。经过分析，我们发现主要存在两个问题：一是对自身业务不熟悉，客户多问两句，自己就答不上话。于是，我要求客户经理每天早晨到岗后，抽时间专门熟悉产品信息，这样拜访客户时，可以根据客户经营情况，快速形成初步授信方案。二是对企业不够了解。拜访前准备工作不充分，在和客户交流时信心不足，严重影响拜访效率，后来我们就提前搜集资料，了解企业经营情况，真正做到知己知彼。

经过总结改进，我们的陌生拜访变得更顺利了。2010年9月，我们通过陌生拜访做成了第一个大项目，与中国中财集团有限公司 [①]（以下简称"中财集团"）达成合作。我记得拜访这家公司时，办公区有三个大门，我和两位客户经理就分头走，想着看谁运气好能够蒙进去。结果其他两个门的保安都把我们的人拦下了。我从正门走的时候对保安说："我来找你们财务老总。"他问："你跟财务老总事先联系了吗？"我就故作镇定地说："联系过了，专门打了电话。"他没有再追问，就让我们进去了。

企业的财务负责人很客气地接待了我们，还告诉我们中财集团正好有一个扩建项目，需要 3000 万元资金。于是，我们在一周内加班加点完成了方案，并上报支行。因为审批快、贷款投放及时，客户对我行工作效率非常认可。

除了营销人员进行陌生拜访以外，我们还充分调动团队力量，推出全员营销制，充分利用每个员工的资源来做业务。只要是我们的员工，不管是前台人员，还是后台人员，只要有业务推荐到分理处，我们就会匹配相应的激励措施。有一位柜员的亲家是开建筑公司的，后来在酱园分理处开了第一个对公存款账户。装修订单多的时候，每天账上存款可达 60 多万元。

另外，我们还与地方政府建立良好关系，依靠社区、街道力量来推动业务。我一有时间，就去街道及社区书记办公室汇报工作、了解政府相关信息。社区举办活动时，我们就去宣传金融服务。久而久之，他们对我行工作认可之后，就会不断给我们推荐业务。

不过，令人遗憾的是，有一些大项目没能做成。比如，旅游学院新校区扩建项目和三岔湖移民拆迁安置房项目，项目金额都是上亿元，作为机构负责人，我很想做点大项目，所以做了很多准备。但当时我行的项目以中小企业为主，对大项目支持有限，最终未成。于是我和客户经理总结，

---

① 中国中材集团有限公司现已与中国建筑材料集团有限公司重组成为中国建材集团有限公司，简称"中国建材集团"。

以后就认认真真做中小企业项目。这件事情让我明白，我们应该和总行的发展相匹配，根据自身特点去调整策略，这样才有机会获得更多支持，推动业务增长。

我在酱园分理处工作了一年，第一次做业务营销，从懵懂到成长，再到充满信心，实现了零的突破。作为一把手，要根据不同的岗位来调动员工、分解任务、管理团队，这是我在酱园分理处的最大收获。在大家的共同努力下，酱园分理处一年之内营销了 6000 多万元贷款业务，开立了 20 多户对公账户。

农商行太厉害了

2012 年，我被调到洛带支行任行长。洛带支行与酱园分理处的情况完全不同，人口约 3 万人，是一个农业乡镇，基本全是农户，企业很少，规模大。由于我在酱园分理处已掌握了工作方法，所以到这里少了一些迷茫，可以很快根据区域的实际情况调整营销策略。

有一次，洛带镇要给一些购房者退款，需要在半个月内发放完。我们主动接下了这项工作。有的客户白天要上班，还有的是从外省赶回来的。为了方便大家，我们向总行请示，延长服务时间，将下班时间推迟到晚上 9 点。镇政府很感激我们的支持配合，后来把拆迁专户开到了我们行。

借着洛带古镇打造国家级 4A 旅游景区的机遇，当地涌现了观光、餐饮、住宿等项目。秉着立足当地的理念，我们把洛带古镇的商户几乎全都拜访了一遍，主要向农家乐商户、景区个体经营户等发放贷款。小额贷款有几十万元，大额贷款有两三百万元。

同时，虽然洛带当地企业不多，但也有一些从事建筑、工程的外地公司，如砖厂，我们为这类客户提供流动资金贷款。我们的本地业务做得好，其他银行的人都说："你们农商行太凶（厉害）了。"

另外，在农业方面，我们也基于地方特点给予支持。洛带农户以水果种植、养殖业为主。通过走访了解每个村的实际情况，我们向当地提供了2000多万元贷款。通过这些做法，当地政府、老百姓知道我们是在实实在在地支持当地经济发展，称赞我们是"对当地支持最大的金融机构"。我们立足当地做好业务，也获得了快速发展。我在洛带支行工作的4年里，储蓄存款增加了10亿元，个人贷款增加了1.5亿元。

当好"救火员"

2014年底，我调任龙泉驿经开区支行任行长。这家支行的情况与酱园街分理处、洛带支行更不一样。它位于主城区，对公业务最齐全，客户数量最多，存贷规模也最大，被称为全区的"火车头"。但去了还不到一个季度，就出现了几笔逾期贷款，总共有1亿多元。虽然这些贷款不是我发放的，但我有责任去化解。

我印象最深的是处理一个工业园区5500万元的逾期贷款。这位老板其实是一个很正直的人，他因为帮朋友担保，致使在我行的5500万元贷款形成了不良。按照流程，应该通过法律诉讼，将老板正在修建的工业园的厂房及土地和房子进行查封、拍卖，用于还款。虽然这个方式可行，但我认为还有更优方法化解。

根据我的调查，工业园的项目一直在正常运行，销售进程也比较良好，具备还款能力。而且这位客户为了还款，已经卖了自己个人的房子和商铺，虽然他过得艰难，但从来没欠过息，这说明他是一个诚信、仁义、能担责任的人。于是，我与领导沟通说："起诉需要花费更多时间和精力，对客户的声誉也有影响。他与我行合作多年，出现风险后，也一直在积极想办法还款。万一哪一天还不起了，我们再起诉也不迟。"

最初提出这个方案的时候，我承受了不小压力。后来我们与客户签订新的还款协议，约定客户销售所得资金，必须进入我行账户，而且还派工作人员对其进行现场监督。后来，我每周至少要到客户公司一次，了解工业园区的项目进度和销售情况。那位老板对我表态说："超哥你放心吧，我一定还农商行贷款。"

2018 年，贷款全部收回，我行还赚了 3000 万元利息。客户感受到我们在他危难的时候没有落井下石，而是实实在在帮助他们，后来和我行的关系越来越好，逢人就说"超哥人靠谱"，还主动向我行推荐了很多业务。

当好"救火员"的同时，业务也必须抓起来，不能落后。2015 年，成都经开国投集团有限公司（以下简称"经开国投集团"）收购当地所有民营公交企业，成立了龙泉公交营运有限公司（以下简称"公交公司"）。为了争取到这个项目，我们及时了解项目信息，收集相关资料，了解公司需求，提前介入项目中。在充分了解后，我们认为客户需要的不仅是单一贷款服务，而是更全面的综合服务。

那时，乘客的公交车车费多为零钱。我们考虑到零钱太多，每天都有几大捆，就提出安排专人提供数钞服务，还为公交公司配置点钞机，提供现金收款等培训服务，帮助其员工辨别假钞。公交公司对这套综合服务方案很认可，最终从多家银行中选择我行负责其全部的贷款、存款和代发工资业务。

每天，公交公司的员工把现金收起来，将钱捆为 100 张一沓，再交给我们整理。我们先要从里面挑出新票作保留，将旧票作废，同时要识别假钞。虽然一开始就知道零钱多，工作量大，但实际情况还是远远超过预期。一个人根本数不完，要两个员工才能完成，我们就柜面人员轮流去做。在这之后，我们和经开国投集团的关系不断深入，开展了更多合作。

在这段历程中，我更深刻地认识到，关系只是让彼此认识的桥梁，更重要的始终是产品和服务。我们要想脱颖而出，争取到客户，就要做综合服务，提供更全面的产品。

很有成就感

2019 年，我经历了岗位再变化，被调任龙泉驿龙泉支行担任行长。换了新地方之后，我还是先积极和政府沟通，很快就得到一个信息：因为柏合街道位于经开区南部，有很多企业，政府为进一步支持企业发展要成立柏合商会①，给辖区企业提供更方便的服务。于是，我就主动申请担任商会监事长，希望让更多企业认识成都农商银行。

柏合商会成立后，我经常带队走访企业，了解他们的金融需求，宣传我行金融产品，给企业提供优质金融服务。比如，我通过商会认识了成都豪能科技股份有限公司老总，这是一家上市企业。通过多次沟通，我们与这家企业建立了信任。2022 年，客户要建一个新项目，我及时向领导汇报，并在三个月时间内，给他们投放了一亿元贷款。并让他们认可了我行的工作高效和专业。加入柏合商会后，我们充分利用这个平台，为商会 20 多家企业投放贷款 2 亿多元。

2020 年，我行回归国有之后，拥有了更多优势和机会。作为市政府领导下的金融企业，我们和国企、民营大企业合作的可能性就更大了。2021 年 9 月，在总行和龙泉驿支行领导的关心支持下，我们与复星集团签订战略合作协议，为其提供 100 亿元意向性授信额度。目前，我行已对复星集团在川的房地产、医药、酒业等行业授信 20 多亿元。

联想到我在酱园分理处工作时没有做成的大项目，我深刻感受到回归国有后，我行发生的巨大转变。十年后的今天，我们能够接触到大项目了，也有了做好的能力，这让我很有成就感。

作为工作了 34 年的老员工，虽然做的是比较平凡的工作，但得到同事和客户的认同。走到哪里，客户都喜欢叫我一句"超哥"，这是对我工作最大

---

① 柏合商会，全称为成都市龙泉驿区柏合商会。

2021年，陈祖超在柏合商会年会做监事报告

的肯定。在他们眼里，"超哥"接地气、为人真诚、工作效率高，是不折不扣的"农商代言人"。

我喜欢这个称号。作为从农村里走出来的人，我觉得自己身上拥有农民吃苦耐劳的精神。无论被领导安排到哪个岗位，下达的任务多么艰巨，我都会尽心、尽力、尽责做到最好。

第十一章

匠心坚守：
平凡成就不凡

张韦韦，2010 年入职双流支行，现为法律合规部反洗钱监测中心风险管理室经理。2011 年至今，张韦韦一直扎根反洗钱领域，参与多个重要试点项目，在成为反洗钱专家的路上不断精进。

张韦韦：双向奔赴　精益求精

采访、文字稿整理、拍摄｜成都农商银行口述访谈组

逼自己一把

2010 年大学毕业之后，我来到了成都农商银行双流支行。2011 年，我被借调到总行会计结算部 ① 反洗钱科室工作。虽然科室名字跟反洗钱有关，但其实当时反洗钱工作仅仅只是科室职责的一部分，我们还需要同步承担账户管理、内部检查等工作。我自己对反洗钱工作的意义也还缺乏清晰认知，只知道以前在支行坐柜时，每天都需要在专门的系统里完成任务提交，对我来说，那仅仅只是一个重复动作，我并不理解其背后的意义。

_____

① "运营管理部"前身，于 2012 年 6 月正式更名为"运营管理部"。

　　那个时候，我行作为中小法人金融机构，反洗钱工作也仅仅处于起步阶段，各项要求相对比较简单，工作内容也较为单一。但随着国有大行的反洗钱体系越来越严密，犯罪分子更倾向于通过中小金融机构来进行资金划转。这就对中小金融机构的反洗钱工作提出了更高要求。由于各金融机构所面临的内外部风险情况不同，无法按照统一模板来开展反洗钱监测，因此，人行在2012年启动了可疑交易报告综合试点工作①，并在全国范围内选取了37家法人金融机构作为试点机构，我行也位列其中。

　　按照要求，我们需要结合自身实际情况，自主建立可疑交易监测标准和系统。为了提升工作效率，行里当时专门组建了十余人的项目小组。作为主要的项目组成员，从撰写试点申请报告、试点方案，到系统建设、制度建设，我都需要全程参与。这项工作对我来说是全新的挑战，也颠覆了以往的工作模式。从被动地执行，到主动去思考、去创新，但凡项目建设过程中涉及的知识，例如监管要求、法律法规要求等，我都要进行系统全面学习。同时，因为时间紧、要求高，我也倒逼自己快速成长。我告诉自己，跳出舒适区域，做难而专的事，一定能够有所收获。

　　整个试点工作中，难度最大的当属反洗钱系统建设。特别在需求编写阶段，我们面临的最大挑战是——如何在没有现成经验可借鉴的情况下，找到契合自身特点的开发需求。需求编写工作持续了近4个月。我们一方面搜集了大量洗钱犯罪案例，通过将特征指标化，汇总形成指标库，一方面又在学习同业的基础上，邀请各业务部门骨干共同参与需求编写工作。这是一个超级烧脑的过程，毫不夸张地说，当时我连做梦都在思考开发需求。最终，我

---

①　2012年，国际反洗钱权威组织FATF（英文全称为Financial Action Task Force on Money Laundering，指反洗钱金融行动特别工作组）修订了《反洗钱准则》，为了和国际接轨，我国进一步按照新的准则，推行反洗钱风险为本的方法。这就需要金融机构自己建立可疑交易的监测指标，因为这样操作的难度非常大，所以人行决定在全国选取37家法人金融机构进行可疑交易报告综合试点工作。

们形成了共 9 万多字的需求分析说明书，涉及 150 多项关键性功能。

但这其中有很多开发需求遭到了供应商的质疑。例如，在做尽职调查模块时，我们希望将客户综合信息进行统一展示，并通过自主渠道去发起客户综合信息查询和尽调结果记录。在我们看来，这是必要的功能，但供应商却觉得，这个功能可以用其他板块替代实现，因此不愿意增加人力和时间投入。再如，为了实现对监测模型中各类指标组合、构成的灵活化管理，我们希望增加对监测指标的自主化设定功能，但供应商认为实现难度过高，不愿意配合。但我们依然认为这个需求是必要的，并积极与供应商沟通，最终完成了相关功能开发。事实证明，当初的坚持是有意义的，很多系统功能直到现在依然在发挥作用。

2013 年，一期系统正式投产上线，成效显著。通过参与试点工作，我们不仅高标准完成了系统建设工作，还实现了建设工作的标准化、流程化。试点结束后，我们形成了最佳实践报告，报送给人行总行。由于试点经验总结全面、成果较为显著，我行试点经验入选了全国优秀案例，在人行组织召开的全国反洗钱电视电话会议上进行成果分享。那次会议规格非常高，全国各地市级的人行中支①都参加了。时任人行总行反洗钱局局长还高度评价我行试点成果，认为我行"建立起适合农村金融机构的反洗钱合规管理新模式，为未来反洗钱工作提供了有价值的借鉴"。

系统上线后，我们发现，随着监管要求提高和反洗钱工作形势变化，系统优化将成为一项持续性的工作。如果一直依赖供应商，将会使自身工作受到很大制约。因此，我们在 2014 年组建了自己的技术团队。这样一来，既可以节省很大一笔采购费用，还能提升工作灵活性，确保开发工作更加贴合自身实践需求。这也为我们后续在行业内进行技术输出奠定了基础。而我自

---

① 人行中支即人行某中心支行。人行系统架构为：总行—省级分行—地市级中心支行—县级支行。

己通过项目锻炼，不仅全面提升了自己的专业能力，而且更懂得反洗钱这个领域各项工作的价值，以前当柜员时那一笔笔的操作，其实都是反洗钱监测工作中不可或缺的一环。

积极融入

2014年，我行又启动了为期两年的反洗钱深化试点工作。由于反洗钱工作专业性高，加之通过前期试点，行里正好培养起了一支人才队伍，因此，在深化试点工作启动之初，我们做的第一件事是成立反洗钱监测中心。该中心属于法律合规部下辖的二级机构[①]，共设三个专业科室，包括监测分析室、信息管理室、检查辅导室。我们不仅成为全国农商银行中首个成立专业反洗钱监测中心的机构，也是全川首个成立反洗钱监测中心的中小法人金融机构。

反洗钱监测中心的设立，也让我有机会踏上专业的反洗钱道路。2013年2月，我从支行正式调入总行。随着中心分工明确，我先后在反洗钱科室承担了制度建设、检查培训、内部管理和案例分析等职责。之后，中心又建立起一整套反洗钱工作管理机制，并将分散在600多个网点的监测工作上收至总行进行集中处理。这不仅实现了降本增效，也有效释放了柜面压力，并大幅提升反洗钱工作专业性。从2014年起，我行报送给人行的可疑交易报告率逐年攀升，并向公安机关提供了许多情报线索，配合破获重大案件。反洗钱的初衷，正是为了监测、预防洗钱及其上游犯罪，而在每天海量的交易数据中，要识别出有问题的客户其实是很难的，而我们每移送一次线索、每提交一份报告，我们的努力就多了一分价值。

2016年，在四川省银行业法人金融机构反洗钱工作座谈会上，我行进行了专门的分享经验，得到了人行成都分行相关领导的高度认可。会上还提

---

① 2012年，反洗钱工作正式移交到合规管理部，即目前的法律合规部。

出要求，省内法人金融机构要把建设反洗钱监测中心作为强化反洗钱能力的抓手，逐步实现反洗钱工作集中分析、集中检查、集中培训、集中管理。当看到我们的经验成果得到监管与同业认可时，我心中的荣誉感油然而生。

为了贯彻落实人行成都分行关于"加强经验输出、促进共同进步"的指导意见，我行在全面总结试点经验的基础上，陆续向同业推出一系列反洗钱产品。一开始，我们也仅仅是计划提供系统开发及监测标准建设方面的支持，没想到，合作过程中，又陆续产生了许多新的需求，包括管理咨询、培训服务等，以至于我们的"产品线"越来越丰富。其实，当时市场上不乏专门的供应商可以提供解决方案，但身为同业，我们更了解中小法人金融机构在反洗钱工作中的痛点和难点，因此我们的产品设计更贴合实际需求，在市场上很受欢迎，为行里成功创收几百万元。

随着反洗钱工作的深入推进，我也更能从更全面的视野看到反洗钱的重要价值。从行内视野看，我们不仅构建了洗钱风险防御体系，还更好地帮助自身健康发展，避免成为洗钱渠道；从行业角度讲，通过分享经验成果、对外进行产品输出，我们促进了行业进步；从社会角度讲，我们和其他金融机构一起，编织了一张金融预防体系的大网，让犯罪资金无处可逃，让客户资金安全得到保障。就如同其他风险合规工作一样，我们的日常工作虽然不能直接创造经济效益，但正是因为日复一日的坚守，才能把风险堵截在门外，把问题扼杀于摇篮，这是一种无形的价值。如果说哪家银行没有做好反洗钱工作，那它就会成为风险防控的洼地、成为犯罪分子的靶点，这是我这些年对反洗钱工作价值的感悟。

深入参与反洗钱工作，也让我自身获得了极大成长。2015年，我被提拔为信息管理室经理，2017年又转为风险管理室经理。岗位的变动和提升，不仅让我有机会接触到不同的反洗钱工作领域，也需要我承担更多的责任和义务，更要站在更高的角度去思考问题、解决问题。这几年我深刻认识到，作为总行管理部门，在制定制度并推动执行的过程中，责任有多么重。举个例子，反洗钱工作需要自上而下推动，又要从基层机构自下而上来执行，哪怕是再小的规定，都会影响全行反洗钱条线上所有人的工作内容，我们在制定任何一项要求时，需要考虑基层的执行情况，尽量平衡监管要求与运营效率。对于我来说，这个岗位的意义，更多的是责任和担当。

持续精进

深化试点工作结束之后，我们也没有停止创新的脚步。特别是在回归国有后，行领导更加重视风险合规管理，我们结合监管新规和全行发展战略，筑牢基础，并不断创新反洗钱工作的管理模式。其中有两个比较典型的做法。

一是开展对村镇银行反洗钱工作的集约化管理。我行提出了中成村镇银行要坚守支农支小的定位，发起行要做好对村镇银行的各项支持。村镇银行因为反洗钱基础薄弱、专业能力不足，面临合规风险。针对这一现状，我们提出了反洗钱集约化管理思路，一方面要提高村镇银行反洗钱履职水平，另一方面要在促进发起行支持、服务村镇银行方面起到示范带动作用。因此，我们于 2020 年 11 月正式启动了"村镇银行集约化管理"试点项目，按照"集中做、专家做、系统做"的总体思路，将发起行的反洗钱经验及资源充分运用到村镇银行管理上。目前，村镇银行的反洗钱工作已逐步走上正轨，反洗钱队伍逐步发展成熟，管理机制也逐渐建立健全，近两年接受监管检查的村镇银行，都没有出现因反洗钱原因受到处罚的情况，行内针对村镇银行的检查中，问题数量也显著下降，充分说明反洗钱合规水平得到有效提升。

二是完成"洗钱和恐怖融资风险自评估"试点项目。2021 年，人行发布相关规定，要求各法人金融机构结合自身实际，建设评估制度和评估体系，开展洗钱和恐怖融资风险自评估。在这项工作中，人行成都分行[①] 走在全国前列，于 2021 年 4 月率先挑选了 5 家法人金融机构作为省内首批试点

---

① 这里的人行成都分行，即为现在的人行四川省分行。

行，我行是首批试点行中唯一一家省重点机构。

试点工作启动之初，我们了解到，其他试点行或者省外已经启动自评的银行，大多选择聘请专业咨询公司来协助完成相关工作。那我们行呢？是交给咨询公司还是自己来做？这是当时我们必须作出的选择。如果换作以前，我会更倾向聘请咨询公司。但这次，我意识到，在新规颁布之初，咨询公司自身也缺乏成熟的产品和项目落地经验，更难以在短时间内掌握我们行的实际情况并快速建立起一套与我行特点相匹配的评估体系，对风险的把控和管理也不一定会比我们更精准，所以我主动站出来，承担起了这项试点工作的牵头实施任务。

这对我来说是一个全新的挑战。以前做项目，有专门的项目经理，他们会负责统筹推进项目进度，我只需要参与某个环节，做好分内的事就行。而现在，我变成了统筹者，不仅要负责把控项目的专业性，还要监督项目进程，做好内外部协调沟通。这对自身能力提出了更高要求。

刚开始的时候，大家其实也没什么底气，总觉得能按照时间节点顺利完成项目就已经很不错。但做到后来，大家的需求越来越清楚，信心越来越足，要求也就越来越高。打个比方，有些金融机构在做产品分类的时候，会基于快捷简便的考虑，将产品分成几类，这样只做几次评估就可以了。但我们从系统的风险防控角度出发，把产品分为几十个明细类目，每一类都要单独做一次评估。因为划分维度更细，风险监测就更细致，对各业务条线的反洗钱工作指导价值也更高。

最后，我们不仅为行里节省了上百万元的采购费用，还因为在试点项目中的积极创新举措，作为反洗钱创新项目亮点之一，入选"2019—2021年任期市属国有企业国资经营创新转型典型案例"。在人行成都分行组织的全省金融机构会议上，我作为成都农商银行代表，向同业分享了项目成果。当年，我还获得了四川省反洗钱人才库的通报表彰。

　　虽然我知道，距离成为专家，还有很漫长的路要走，但我一直没有松懈，也一直坚持学习深造：2014 年，考入西南财经大学 MBA；2018 年，获得中级经济师职称；2017 年，通过人行"反洗钱合规官"认证；2019 年，通过 ACAMS 国际反洗钱师、国际制裁合规专家考试，获聘四川省支付清算协会行业专家；2018 年，作为主要成员参与编写调研文章《金融监测情报的监测边界及拓展》，获得四川省金融学会重点研究课题优秀奖；2018—2020 年连续三年获行内"优秀内训师"称号；积极参与监管项目历练，2021 年获得人行四川省分行反洗钱人才通报……即使在工作最忙碌的日子，我也坚持用好通勤路上的时间和午休时间，见缝插针学一会儿。

　　有人问我，为什么我能持续保持精进的热情？我能想到的是，最好的关系都是双向奔赴——诚然，这些年扎根反洗钱工作，我虽然为行里的合规工作创造了价值，但我也明白，这份工作在成就我，同时在成就着行内反洗钱战线上的同行伙伴们。在我行蓬勃发展的势头下，反洗钱工作变得更为重要。我要一往无前、持续精进，扎根在反洗钱领域。

　　从刚入行的懵懂不自信，到现在能够独当一面，离不开成长路上的伯乐，离不开领导给予的信任与栽培。我非常感谢成都农商银行这个平台，也很感谢领导对我的看重，让我不断成为更好的自己。以前，但凡领导将重要任务交付给我，我总会下意识逃避，并发自内心觉得，如果交给其他人来做，一定能完成得更好。当有荣誉落到我头上时，我的第一反应也是"配不上"。但经过多年磨练，现在我的心态发生了很大变化。再大的挑战放在眼前，我也有了应对的勇气。我能听见，心里有个声音在说："我可以，我值得！"

乔彬，2012 年入职科技信息部，现为科技信息部软件开发岗员工。多年来，乔彬一直保持对工作的热爱，坚持"每天多做一点点"，在不断挑战自我、解决问题的过程中，实现自我成长，也为全行科技发展作出贡献。

乔彬：为热爱，全力以赴

采访、文字稿整理、拍摄｜成都农商银行口述访谈组

废寝忘食

2008 年，我从成都理工大学数学系毕业。因为觉得写程序很有趣，便进入一家软件开发公司。刚开始，由于不懂开发语言，常常看不懂程序代码，但每晚我都会在出租屋里研究。记得当时市面上流行很多小游戏，像俄罗斯方块、贪吃蛇等，但我的兴趣不在玩游戏，而在写游戏程序。看到有意思的游戏，我都会尝试着写一写，写的过程中也不会直接照搬现成代码，而是会研究其是否存在值得优化的可能。

"5·12"汶川大地震发生后，大家都担心余震不敢睡觉。我干脆就整夜整夜地写代码，常常是熬到凌晨四五点，早上六七点又爬起来继续上班，但

因为内心充满激情，完全不知疲惫。

2008 年，公司安排我负责当时市联社的"银保通"项目。在项目执行过程中，我不仅详细了解平台架构、开发工具及开发流程等，还主动加上 XML 报文解析模块，使其能更快接入金融服务平台。到了 2011 年，我又继续参与行里的 IC 卡项目。那时候，金融行业刚开始推 IC 卡，最难的问题是读取 IC 卡卡号。我们前后大概用了一个月时间，一点点调试，才最终实现了这个功能，也得到行里领导和同事的认可。

也因为这个原因，我后来通过招聘进入了成都农商银行科技信息部。不过，刚开始运行维护室缺人，我临时被安排做了运维工作。

从被动到主动

最初，我对运维工作没有什么兴趣。在我看来，运维工作就是每天处理一些生产问题，做数据变更、系统巡检维护，不如软件开发有成就感。这就好比做饭，开发人员就像厨师，负责炒菜，做好看着大家吃就有成就感，运维人员像是饭后负责洗碗的，非常枯燥。此外，由于运维工作比较特殊，系统发版时，每天晚上都要等到 11 点后才能下班，有时候遇上紧急事故需要处理，就算睡了也会被电话叫醒，甚至为此熬通宵。

但正因为加班多，有痛点，我开始思考解决问题的办法。当时有个典型问题是，ATM 机出现故障后，运维人员只有在客户投诉后才知道。我于是思考，可以开发一个软件来监控 ATM 机的实时交易，如果出了问题，它可以及时通知运维人员，不用等客户投诉。

这个想法得到领导认同。由于白天工作很饱和，我只能在晚上下班后再搞，前前后后搞了将近两个月时间。记得做软件测试的时候，系统接入生产系统老是卡死，后面经过反复分析与验证，发现是生产业务量很大，监控软件刷新方式、通信协议不合理造成的，最终修订了好几版，才把问题彻底解决了。

监控软件投入使用后，得到了大家的好评。这件事让我意识到，运维工作也可以和兴趣结合起来，并且可以干出成绩。

那时候运维工作还有一个痛点是进行系统巡检，需要按照一定周期对每一台服务器进行人工检查，把数据、问题记录下来，比较麻烦。于是，我们提出开发一套运维管理系统，可以定时、自动地采集数据，根据设定的阈值自动报警，从而提前发现问题。

这个想法最终也得到领导的认可，并安排我负责项目建设。这是我入行后作为项目经理负责的第一个项目。以前作为乙方，工作单纯，只需要执行指令就行，但现在不一样，从前期和业务人员谈需求、进行采购、签订合同、完成实施项目，再到后期测试上线，全程我都要参与，而且要对过程和结果负责。这就需要进行全面统筹，对我的能力提出了更高要求。

我本来是一个害羞、不善沟通的人，但作为项目负责人，我必须和供应商及业务部门沟通协调很多问题。每次组织会议，都觉得很痛苦，希望能逃走，但又必须硬着头皮坚持。2015年，运维管理平台第一期上线，完成了基础软硬件监控的接入。平台上线后，通过专业化的监控系统，基础软硬件告警信息可以实时在监控大屏展示，并通过短信、微信通知运维及开发人员。生产事件也通过专业的流程系统进行流转处理，大大减少了沟通成本，提升工作效率。而我经过这个项目后，与人沟通就没什么障碍了。

成为"业务通"

随着互联网对业务发展的支撑作用不断显现，行里的系统建设速度也在加快，网银系统、手机银行系统等陆续开始建设，第三方支付业务也提出了很多开发需求。2015年，我被调到开发条线，从事系统开发工作。

刚转过去时，我基本是在被业务的需求推着走。业务部门提什么，我就负责完成什么，加班熬夜成了家常便饭。有时候太累就安慰自己，忙过今年，明年应该会好一些。可是到了明年，发现还有更多的需求在等着我们，根本搞不完。

经过梳理，我发现这些开发需求大多为中间业务，如代收费业务、银保通业务①等。这样不停地做，不仅工作量增加，系统接口也越来越多，变得越来越散。2016年，我就向部门领导提出，希望做一个中间业务平台，把业务重新进行整合。这就好比整理衣柜，我们每过一段时间都会把衣服搬出来，重新归类，保持衣柜整洁。但整合过程也要对系统架构进行优化，这样既可以让开发变得更灵活快捷，也能因为具有扩展性，满足未来更多业务需求。

行里对这个想法也很认同，但由于中间业务平台搭建涉及几个业务部门，而他们各方又都只参与一部分，所以刚开始不知道谁来牵头，最后只能由科技信息部来承担这个任务。

2017年6月，中间业务平台的开发工作正式启动。因为有运维工作的经历，我意识到，开发不只是系统上线的事，而是要着眼整个项目来进行谋划，甚至提前想到后端运维的需求。比如，在和业务部门讨论需求的时候，谈到是否给柜员提供一个查询功能，我就认为需要提供。如果系统不提供这种功能，这些工作都会由运维人员来承担。

准备上线时，我们发现供应商做的一个功能有问题，原因是开发人员写的代码逻辑混乱，很多异常情况没有考虑到。即便加班加点地改代码，也不能从根本上解决问题。思量再三后，我们认为不能留风险隐患，经过向部门分管领导汇报后，便推迟了中间业务平台的上线时间，由我牵头对整个开发逻辑进行修改。

2017年10月，中间业务平台一期功能正式上线，大概迁移了10多个业务。经过这个项目，我对业务的理解更深了。有时候同事也会跟我开玩笑说："你已经主动把所有业务部门的需求都考虑进去了，不用再去找他们提供什么了。"此外，我觉得自己考虑问题也更全面了。之后再做项目，我会融合开发、业务、运维等不同视角来思考问题，用更优的方式完成工作。

---

① 银保通业务，指通过银行的业务处理系统与保险公司系统的连接，实现投保人信息的及时传递，由银行柜面将保险公司予以承保的信息及时传递给客户，并在客户得到保险公司的承保后，在银行柜面及时打出保险单，从而为在银行办理保险业务的客户提供代理保险服务。

挑战"不可能"

2021 年 7 月，为进一步丰富农村居民购债渠道，人行启动了农村金融服务站布设智能 POS 机具销售储蓄国债（凭证式）试点工作①。人行成都分行基于我行在农村市场的网点优势、群众基础，让我们来推动这项试点工作。

不过，人行成都分行要求这项功能在年底上线，在我们看来，这是不可能完成的任务。我们给人行成都分行汇报说，能否采取非 POS 机的方案，如在惠农终端上实现，但没有获得同意。此外，时间也无法宽延。

2021 年 8 月，在人行成都分行组织的一次会议上，有同业表示两周就能完成开发任务。这是因为他们的 POS 机具备改造条件，只需要加一个功能就行，工作量并不大。POS 机上卖储蓄国债的一个前提是：要让 POS 机连接到收单银行，也就是间联 POS。但当时我行的 POS 机均为直联 POS，就不满足这个条件，开发起来会非常麻烦。

但因为回归国有，我们在坚持主责主业方面，有了更多的责任。这在领导看来，无论如何，我们都要完成这项挑战。这时候，摆在我们面前的有两个方案：第一个方案是由终端机具厂商完成全部功能建设，其优点是减轻开发人员压力，但由于厂商不熟悉我行系统，时间风险较大；第二个方案是厂商只做 POS 机程序，我行自己负责后端功能开发。该方案会让我们内部的开发人员面临更大压力，但因为我们熟悉行里系统，风险更可控。经过再三权衡，在部门领导的支持下，我们在当天晚上决定，自主完成系统开发工作。

我们组建了一个 5 人开发小组，包括开发组长、需求对接人员、技术经理、开发人员和测试人员。其中，我是技术经理，负责 POS 机接口设计、通信设计、加密设计及基础功能开发等工作。

---

① 2021 年 7 月，人行、原银保监会、证监会、财政部、农业农村部、乡村振兴局联合发布《关于金融支持巩固拓展脱贫攻坚成果 全面推进乡村振兴的意见》（以下简称《意见》）。《意见》明确，将推动储蓄国债下乡。积极开展储蓄国债下乡活动，支持符合条件的农村商业银行加入国债承销团，鼓励承销团成员在农村销售储蓄国债。

在很紧张的时间里，我们要搭建一个全新的 POS 机前置系统，工程量实在很大。因为我之前负责过与银联业务相关的工作，如 IC 卡、银联清算平台建设等，所以技术难题都能克服。大家加班加点地用三天时间完成了所有功能开发。但在进行系统联调测试时，我们发现，交易在银行内部网络操作时没问题，一旦通过厂商公司的网络进行调试，交易就无法传送到我行系统。

我们在各种网络上都进行了测试，包括家庭网络，都无法联通。为了寻找问题原因，当时我还写了一个小工具，用于模拟发报文和抓取请求报文，来验证分析模拟报文和系统报文之间的差异，也就是分析测试环境和生产环境之间的差异，但发现二者没有问题。最后，我们发现原来是网络的一个参数配置出了问题，调整之后，系统就能正常运行了。我们成功完成一项看似不可能的任务。

我相信，机会只会留给有准备的人。这些年的工作经历也让我认识到，人生没有白走的路，每一步都算数。只要有一颗热爱的心，坚持学习积累，曾经的努力就可能在某个不经意的场合派上用场。比如在做中间业务平台时，自主开发的代发加密工具，我就用到了以前写过的"贪吃蛇"程序。

我很欣慰，这些年我行的科技实力越来越强。2016 年，我们自主完成了国密算法改造；2018 年，又自主开发了银联清算平台，不仅为行里节约了成本，还成功申请到成都农商银行银联清算平台计算机软件著作权这项专利；2020 年，在四川率先推出"支持四川方言的智能银行客服系统"，在拉近与客户距离的同时，节省了沟通时间，提高了服务效率，提升了客户体验……"多点开花"的科技成果，是我行在科技领域取得成绩的缩影，彰显我行始终把科技创新作为未来发展的动力。

坚持热爱，坚持每天多做一点点，我们就一定能不断精进。

后记

知来路，方能识归途。

中国人向来重视血脉赓续，大到民族国家，小到家庭个人，无不在传承中确立自己的生命坐标。从这个意义上来讲，编纂出版《蓉光——成都农商银行口述历史访谈》，既是追溯初心的寻根之旅，也是站在新的历史起点，面向未来的深情眺望。

每一场口述历史访谈，都是一次对话的邀请。我们相信，正是有了无数个体的微声，才汇聚出时代的众声。通过对话，我们于尘封的记忆中打捞历史细节、填充历史血肉，并得以窥见恢宏的发展群像背后，一个个鲜活个体如何聚力推动历史的车轮走向今天。

但要发出这样的邀请，绝非易事。首次对全行 70 年发展历史进行回顾，面对 13000 余名在岗及退休员工，首先需要解决的难题是：和谁对话？聊些什么？为此，项目组查阅大量史料、前往基层网点调研、拜访行内外相关人士，在广泛征询意见建议的基础上，最终通过"以人寻事""以事寻人"，交叉确定访谈主题及访谈嘉宾。

2022 年 11 月，访谈工作正式启动后，依然面临诸多挑战：在辗转各地开展的 80 余场访谈中，针对 80 岁以上老人的抢救性访谈占比超过了 20%。由于年事已高，有些嘉宾是在助听器的帮助下进行对话的；由于部分内容所涉年代久远，访谈过程中不同年代语汇和方言的叠加使用，也在一定程度上增加了理解的困难；由于早期档案资料缺失，以及诸多不确定因素，访谈工作不得不多次摁下暂停键……

回头再看，正是这些困难，促成了更多的情感理解和更深的群体认同。随着记忆被唤醒，许多嘉宾在讲述中潸然泪下。他们炽热的家国情怀，也无数次让访谈组人员泪湿眼眶。

我们深知，再真挚的讲述，也难免存在记忆偏差。为了确保事实准确，访谈组在写作过程中参考了大量档案、图书、论文进行补充和旁证，但仍恐挂一漏万，还望读者批评指正。

此外，由于时间紧、任务重，即使我们努力希望呈现多元声音，但仍无法避免遗漏，许多重要且宝贵的人物和故事未得以一一挖掘。在此，要致敬每一位可爱的同事，无论这本书里是否出现了您的名字，不要忘记，我们都有一个共同的名字——"成都农商人"。

成都农商银行口述访谈组

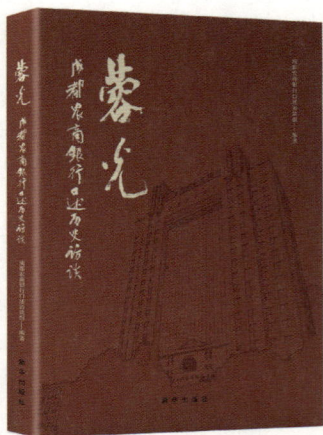

内容简介

　　岁月不居，时节如流。在成都农商银行成立70周年之际，为全面立体呈现70年曲折发展历程，成都农商银行口述访谈组经过长达一年半的口述访谈，编纂而成《蓉光——成都农商银行口述历史访谈》。

《蓉光——成都农商银行口述历史访谈》

成都农商银行口述访谈组◎编著

读者服务

4000213677　028-84525271

著者

成都农商银行口述访谈组

由成都农商银行组织媒体从业者、金融业界权威及行内专家顾问组成。通过收录60余位行内外人士访谈内容，该书旨在全面展示成都农商银行70年波澜壮阔、跌宕起伏的发展历程，并由此窥见成都农村金融乃至中国农村金融的变迁。

策划团队

考拉看看
Koalacan

是由资深媒体人、作家、内容研究者和品牌运作者联合组建的内容机构，致力于领先的深度内容创作与运作，专业从事内容创作、内容挖掘、内容衍生品运作和品牌文化力打造。

A content institution jointly established by media experts, writers, content researchers and brand operators, committed to creation and operation of leading-edge and in-depth contents, specializing in content creation, content mining, content derivatives operation and cultural branding.

天下志鉴
Tianxia Zhijian

四川天下志鉴文化传播有限公司是一家专业从事志书年鉴修编的机构，主要为政府机构和企事业单位提供编纂出版志书和年鉴的全流程服务。

Sichuan Tianxia Zhijian Cultural Communication Co., Ltd provides professional whole process service of editing and publishing annals for government, enterprises and public institutions.

写作 ｜ 研究 ｜ 出版 ｜ 推广 ｜ IP 孵化
Writing Research Publishing Promotion IP incubation
电话 TEL 400-021-3677　　Koalacan.com

特邀编创：考拉看看
装帧设计：云何视觉　汪智昊　漆孟涛
全程支持：天下志鉴

微信二维码
考拉看看

微信二维码
天下志鉴

图书在版编目（CIP）数据

蓉光：成都农商银行口述历史访谈 / 成都农商银行
口述访谈组编著 . -- 北京：新华出版社，2024.4
ISBN 978-7-5166-7371-3

Ⅰ . ①蓉… Ⅱ . ①成… Ⅲ . ①农村商业银行－概况－
成都 Ⅳ . ① F832.35

中国国家版本馆 CIP 数据核字 (2024) 第 075702 号

蓉光——成都农商银行口述历史访谈

作　　者：成都农商银行口述访谈组

责任编辑：王依然　　　　　　　　封面设计：云何视觉

发行出版：新华出版社

地　　址：北京石景山区京原路 8 号　　邮　　编：100040

网　　址：http://www.xinhuapub.com

经　　销：新华书店、新华出版社天猫旗舰店、京东旗舰店及各大网店

购书热线：010-63077122　　　　　中国新闻书店购书热线：010-63072012

照　　排：云何视觉

印　　刷：北京科普瑞印刷有限责任公司

成品尺寸：170mm×240mm

印　　张：32.25　　　　　　　　　字　　数：410 千字

版　　次：2024 年 4 月第 1 版　　　印　　次：2024 年 4 月第 1 次印刷

书　　号：978-7-5166-7371-3

定　　价：128.00 元